华东政法大学高峰高原学科建设专项
"中国法治战略研究"经费支持

2015年上海市哲学社会科学研究一般项目
"审判权运行的职权配置研究"（2015BFX002）的阶段性研究成果

法治战略研究丛书

主　　编：曹文泽　叶　青
　　　　　顾功耘
执行主编：崔永东

审判权运行机制改革研究

卢上需　樊玉成　等/著

人民出版社

序

　　公正是法治的生命线，司法是维护社会公平正义的最后一道防线。在实现国家长治久安、人民安居乐业、社会大局稳定的司法实践中，在加快建设公正高效权威的社会主义司法制度上，人民法院作出了积极贡献，积累了丰富经验。然而，司法领域存在的司法不公、司法公信力不高问题仍然十分突出，究其深层次原因在于司法体制和工作机制不合理、不完善，司法职权配置和权力运行机制不科学，人权司法保障制度不健全。这些深层次原因在法院系统中表现为审级职能定位不明、司法责任不清、审判管理粗放、审判流程不规范等问题。审判权力运行机制的这些问题制约了法官队伍职业品格和职业精神的成长，阻碍了法院队伍正规化、专业化、职业化建设的推进。因此，完善审判管理体制和审判权力运行机制，规范司法行为，加强对司法活动的监督，就成为人民法院现阶段推进司法改革的当务之急和必由之路。唯有在管理体制和工作机制上有创新、突破，努力构建起合法、科学、有序的审判权运行机制，才能全面实现让人民群众在每一个司法案件中感受到公平正义的司法目标。

　　宪法法律是党和人民的共同意志，是现实社会正义的保障。人民法院审判权的职能就在于让这一正义在现实中能够看得见、摸得着、感受得到，给人具体的获得感、安全感。审判权行使的合法性是实现司法公正、提高司法公信的关键，也是司法公正的核心标准。这一标准的实现必须有现实制度和体制机制的支撑。在实现司法公正的过程中,必须坚持全面从严治党的执政规律;必须坚持依法独立行使审判权的司法规律;必须严格规范司法,坚持科学有序的司法资源管理规律。只有这样,人民法院才能确保审判权在法律范围内独立平行运行,才能规范上下级法院职能定位,促进以更为公开的方式统一裁判标准,提高人民法院整体的司法能力和司法公信力。

据最高人民法院公布的数据,2015 年全国各类新收二审案件为 1139812 件,因不服一审裁判上诉或抗诉的案件占 10.48%,申诉和申请再审的案件占 1.53%,经过一审、二审裁判后的服判率达到 98.47%。[1] 尽管从案件审理的绝对数量来看,中级法院所占比重非常小。但我们必须注意到,我国的基本诉讼制度主要是以案件标的和影响程度作为审级划分标准。从涉案的经济指标和权益影响程度来看,中级法院承担着最重的审判任务。在案件的终局裁判权方面,中级法院居于核心位置。人民法院四级二审终审的审级制度中,中级法院具有最普遍的终审裁判权。

基于以上判断,本书以中级法院为主要研究对象,结合近年法院司法改革有益的探索实践,聚焦审判权运行机制改革领域。总结研究和健全完善审判权运行机制,对实现司法公正、提高司法公信力具有重要的作用和意义。

本书有关人民法院审判权运行机制的问题研判和改革对策,具有很强的实践性特点和地域性需求。本书的作者主要是广西壮族自治区钦州市中级人民法院的资深法官。他们是我国西部地区法院法官的典型代表。他们有着对法官职业的无限热爱,对公平正义事业的崇高追求。与东部发达地区的法官有所不同,囿于区位环境和经济社会发展的特点,他们所面对的案件纠纷和司法问题带有很强的地域性。基于差异化司法实践所形成的司法能力以及研究风格,使得他们的研究素材和对策建议带有很强的对地域问题的回应。

本书研究成果能够得以出版,是钦州市中级人民法院与华东政法大学全面战略合作的结晶。我院与华东政法大学签订全面合作战略协议,在华东政

---

[1]　最高人民法院:《人民法院工作年度报告 2015》,法律出版社 2016 年版,第 4—5 页。

法大学党委书记曹文泽教授和校长叶青教授的大力支持下，学校在法官培训、司法实务问题研究、研究生人才培养、学术交流等领域与我院展开深度合作，大大提升了我院法官的职业化、专业化水平。学校委派司法学研究院副院长樊玉成同志在我院挂职副院长、审判委员会委员，在审判一线协助指导全市法院审判工作，受到全市法院法官的欢迎。

在地方党委、政法委的重视，政府、人大和政协的支持下，在上级法院指导和华东政法大学通力合作下，我们将审判权运行机制改革的研究纳入市委全面深化改革的自选课题，用了近三年时间仔细打磨这本著作。在攻坚的过程中，我院许多领导、干警都提供了极其有力的组织、指导和支持。参与写作的法官们在克服"案多人少"的审判压力下，满怀对学术研究的一腔热忱，牺牲休息时间潜心研究。他们对当事人的期待有直接感受，对中级法院审判权运行有深切体会，对司法公正、公信有强烈渴望和使命感，都可以从书中文字窥见一二。他们秉承法官的荣誉和使命，认真对待学术研究，但由于学识和能力有限，在一些研究结果和对策建议方面可能有商榷之处，但所有这些研究却不失真实，引人思考。他们的这份责任和执着值得肯定与鼓励。

在本书写作过程中，我们得到了来自清华大学、中国人民大学、中国政法大学、广西大学、广西民族大学、钦州学院等专家学者的广泛关注与支持。他们为课题的论证、研究方向、重点和难点提出许多建设性意见，为本书的完成作出了重要贡献。在此特致以衷心感谢！

特别感谢华东政法大学中国法治战略研究中心以及中心常务副主任崔永东教授。中心是学校应"全面推进依法治国"战略需求而生，是国内首家法治战略研究高端智库。崔永东教授十分重视钦州的司法改革实践，将钦州的司法改革纳入中心智库建设的日程中，给予我院多方面的智力支持。通过多年深入合作，我们深切地感受到法学智库的重要性和价值。我们认为，对于我国各地法院全面实施的司法改革任务而言，法学智库的参与和协助是非常有帮助的。法学智库是中国司法改革乃至法治战略能够顺利推进的重要催化剂。广西已进入司法改革全面实施的关键时期，对于中央部署的司法改革任务，我们需要智库专家出谋划策,共同做好司法改革的推进工作。

书稿撰写分工如下:前言(樊玉成);第一章审判权运行的政治基础(卢上需、莫乔雅);第二章审判权运行的法理基础(崔永东、李秋华);第三章审判权运行的静态要素(樊玉成、刘平平);第四章审判权运行的动态要素(樊玉成、李夏冰);第五章审判权运行的历史与现状(樊琼);第六章审判权运行的审级机制(梁晶晶、李运增);第七章审判权运行的保障机制(李运增);第八章审判权运行的管理机制(樊玉成);第九章审判权运行的责任机制(黄煜、黄婷婷);第十章审判权运行的民主机制(覃世玲);第十一章审判权运行的公开机制(陈泓霖);第十二章审判权运行的监督机制(何燕飞)。

各地法院在完成首批法官入额改革后,以审判团队独立行使职权,新的审判权运行机制将逐步建立健全,这让我们越来越感受到加快完善人民法院审判权运行机制的关键性、紧迫性和导向性。但愿以本书抛砖引玉,借鉴各地经验,共同探寻司法规律和管理机制,创新审判理论和实践,为构建科学合理有序的审判权力运行机制,显著提高司法公信力作出更大贡献。

钦州市中级人民法院院长　卢上需

于钦州中院

2016 年 12 月 1 日

目　录

前　言

党的十八届三中、四中、五中、六中全会确立了"四个全面"的国家战略。其中的"全面推进依法治国"战略是实现"四个全面"战略的重要保障,居于至关重要的地位。司法改革是实施法治战略的重要举措,有关人民法院审判权运行机制的改革贯穿司法改革始终。审判权运行机制改革的成败,事关"全面推进依法治国"战略能否全面落实,事关"四个全面"国家战略能否最终实现。

我国人民法院审判权运行机制始终处于不断改革和完善的动态过程之中。我们看到,在幅员辽阔的中国,各地的发展阶段和发展水平差距很大,人民群众对于人民法院审判工作的需求和评判标准也十分不同。人民法院的审判工作在总体上仍不能满足人民群众日益增长的对公平正义的渴求。

从 1999 年开始,最高人民法院根据国家法治发展的战略安排,适时推出"五年改革纲要",至今已是第四个"五年改革时期"。在近 20 年的司法改革进程中,审判权运行机制始终是司法改革的起点和归宿。审判权运行机制是人民法院审判工作最为根本的机制,是可以贯穿司法全领域的一条红线。审判权运行机制改革内在地包含着员额制改革、司法责任制、司法人员权益保障、以审判为中心的诉讼制度等诸多专项司法改革。司法改革的各项安排和举措,都可以无缝对接到审判权运行机制改革的图景之中。

目前各专项司法改革所应对的问题在某种意义上都是审判权运行机制问题的具体表现。如法官队伍的职业化和专业化水平仍不能满足审判需求;司法人员职业保障与薪酬待遇仍不能与社会主义法治工作队伍的担当相称;审判权运行仍会受到其他权力的干预和影响;公检法各机关在诉讼程序中仍不能充分落实"以审判为中心的诉讼制度"的要求;等等。加强审判权运行机制改革的整体性研究,努力让人民群众在每一个司法案件中感受到公平正义的崇高目标,使得我们有责任、有义务来探索和推动审判权运行机制的改革。

第一章

审判权运行的政治基础

第一节　司法及审判权力

一、司法概述

（一）"司法"的内涵

"司法"一词,古已有之,但与近代意义上的立法、行政相近的"司法"则"始于清末修律"。[1]

对"司法"有广义和狭义两种不同理解。从广义上理解,司法是指依法享有司法权的国家机关,依据法定的职权和程序处理诉讼纠纷的活动,其涉及的机构包括法院和检察院。如有学者认为:"司法是法治社会中一个极富实践性的基本环节,是连接国家与社会之间的主要桥梁,是法律制度是否完备的检测站,是实现公平正义的殿堂。它既是一个以审判为核心的、结构明晰、内容确定、层次分明的开放性体系,又是一个处于不断发展中的概念。……

司法的核心部分是比较确定的,它是指以法院、法官为主体的对各种案件的审判活动。司法的外围则不那么确定,甚至是不确定的。这部分内容可以划分为两个基本类型:其一是基本功能、运行机制和构成要素与法院相类似的

---

[1]　王利明:《司法改革研究》(修订本),法律出版社 2001 年版,第 3 页。

'准司法'活动,主要包括行政裁判、仲裁和调解;其二是围绕审判和准司法而开展的或者以此为最终目的而出现的参与、执行、管理、服务、教育和宣传等'涉讼'性活动。"[1]这一对"司法"的广义理解使"司法"变成了一个富有弹性和张力的概念,更符合当代世界的司法潮流与中国当前的司法实践。

从狭义上理解司法仅指法院的裁判活动,也就是通常所说的审判活动。如有学者认为"司法"即"国家司法机关根据法定职权和法定程序,具体应用法律处理案件的专门活动"[2];还有学者"将'司法'界定为诉讼,即国家解决纠纷、惩罚犯罪的诉讼活动"[3]。

学界普遍认同的"司法"概念主要包含以下四点内容:第一,司法是国家的一种职能活动;第二,它是与立法、行政等并列的国家基本职能;第三,国家权力来源于政权(人民代表大会制),司法权是国家权力的重要组成部分;第四,司法活动体现国家的意志并以国家强制力为后盾。

(二) 关于司法权的不同界定

司法的核心和实质则是司法权。在西方法学体系中,从古希腊的亚里士多德到当代的著名大法官,从近现代政治学说到马克思列宁主义思想家,都对司法权的作用、意义、价值、性质和特征等进行过研究论述。"司法权"一词最早出现在法国启蒙思想家孟德斯鸠的《论法的精神》一文,孟德斯鸠在洛克分权学说的基础上,进一步将国家权力划分为立法权、行政权与司法权,主张三种权力由不同的国家机关行使,以防止权力的高度集中和独断专行。由此,"三权分立原则"成为现代资本主义国家非常重要的一项政治制度,并在资本主义的历史进程中不断完善和发展。司法权是以审判权为核心,与立法权和行政权相区分的国家权力[4],是一种适用法律、处理案件的专属权力,具有执行、裁判、救济的特性。严格意义上的司法权(狭义)是指法院的审判权。

---

[1] 杨一平:《司法正义论》,法律出版社 1999 年版,第 25—26 页。
[2] 沈宗灵主编:《法学基础理论》,北京大学出版社 1988 年版,第 373 页。
[3] 陈光中主编:《中国司法制度的基础理论问题研究》,经济科学出版社 2010 年版,第 6 页。
[4] See Tim Koopmans, *Courts and Political Institutions: A Comparative View*, Cambridge University Press, 2003, p.11.

改革开放以来,我国理论界和司法实践领域关于司法和司法权的研究不断深化。《法学词典》对"司法权"的界定是:"国家行使的审判和监督法律实施的权力。"[1]有学者认为:"司法权是一种特殊的权力,它是介于国家权力和社会权力之间的权力。"[2]有学者将迄今为止关于司法权的理论界定和不同观点[3]概括为以下几种:

1.大司法权说。认为司法权指审判机关、检察机关、侦查机关、司法行政机关在办理诉讼案件和非诉案件过程中所享有的国家权力,甚至律师、公证、仲裁等组织在从事与司法行为有关的活动时所行使的权力也属于司法权的范畴。这种学说始终是我国有关司法制度的教学体系通常采用的司法和司法权概念,实际上也就是广义的司法概念。

2.三权说。认为司法权包括审判权、检察权和侦查权三权,即审判机关、检察机关、侦查机关在司法过程中代表国家行使的权力。三权说相对于"大司法权说"而言,缩小了司法权的范围,将司法行政机关和律师、公证、仲裁等组织和活动排除在司法活动之外。

3.多义说。将司法权概念分为广义与狭义两种,狭义的司法权就是指法院的审判权,广义的司法权则是指审判权和与审判权有关的其他各种权力的总称。法院是司法权的核心。

4.两权说。根据我国宪法所确立的体制,根据法定标准将审判机关、检察机关明确界定为严格意义上的司法机关,与其他同时兼有司法功能的国家行政机关,如公安机关、司法行政机关等严格区分开来。在阐释法的基本理论,揭示司法的功能等问题上,两权说更为规范,但是为了避免将二者混为一谈,有必要分别阐述审判权和检察权的本质、功能和特点。也就是说,两权说也不能简单地说明司法权的特征。

---

[1]　《法学词典》,上海辞书出版社 1989 年版,第 260 页。
[2]　黄竹生:《司法权新探》,广西师范大学出版社 2003 年版,第 4 页。
[3]　范愉、黄娟、彭小龙编著:《司法制度概论》(第 2 版),中国人民大学出版社 2013 年版,第3—4 页。

需要特别指出的是,当代世界各国由于历史传统、文化理念、政治体制、社会环境等因素的差异,对司法权的界定和职权范围的划分各有不同,司法机关的权限和功能也有所不同。在研究司法权问题时,不能简单地一概而论,而必须根据一个国家的司法体制进行具体分析。

二、审判权力本质及结构运行

审判权与立法权、行政权一样,是国家权力的重要组成部分,学术界认为"审判权"是一项消极性或谦抑性的权力。但自从 2010 年最高人民法院提出"能动司法"理念之后,关于审判权的本质特征又引起了实务界和学术界激烈争论。谦抑论者主张审判权本质上是一种消极、被动的权力,能动司法论有挑战法律常识之虞;能动论者主张法院应当积极主动地行使审判权,能动地参与和谐社会建设,谦抑论者有机械教条主义之嫌。有学者认为:"司法谦抑论与能动论并非不可兼容,毋宁二者一只是对审判权不同层面之属性的描述而已。其中,谦抑论强调审判权本体论意义上的属性,即在本体论上,审判权必须是谦抑的;而能动论则侧重其方法论意义上的属性,即在方法论上,审判权应当被能动地行使。"[1]

审判权结构,即审判权的组成部分及其结合方式。审判权作为国家司法权的重要组成部分,其结构由其所处的社会经济基础决定,具体受行政区划、案件类别、法院体制、审级关系、审判权行使方式等因素的制约,具有与立法权、行政权不同的权力特征。通常审判权的特征有:审判的独立性、审判的中立性、审判的抗辩性、审判的亲历性、审判的公开性、审判的程序公正性、审判的法律真实性、审判的权力分治性、审判的被动性(消极性)、审判的职业性(技术性)等。

这些特征没有解释审判权的本质,而是把审判权当成审判活动,或行使审判权的过程。最高人民法院司法改革意见对审判权的本质特征作了定位,认

---

[1] 江国华:《走向能动的司法——审判权本质再审视》,《当代法学》2012 年第 3 期。

为审判权的本质是判断权、裁量权。我们认为，审判的判断权是运用规则对案件证据和对事实的判断。而审判的裁量权是在证据和事实判断基础上依照法律对法律主体、法律权利义务和法律责任的衡量与决断。审判权离开这一本质特征，也就没有存在的意义了。在这一本质的基础上，审判权还具有其他普遍性特征。

1. 审判权是国家政权的组成部分。审判权始终代表国家意志，保证法律的统一实施，如果审判权不能代替国家意志，只能是"私设公堂"的专制暴力，与国家制度下的审判权毫无关系。审判权并不只有形式，再理想的权力形式也决定不了权力的属性和归属。如果只用审判权的表面形式解释审判的公正，也会落入人治的旧传统之中。

2. 审判权是同级授权。审判权作为一项法律权力则需要同级人大及其常委会的同级授权，并且是单一授权。全部审判权由宪法统一授权，只有人民法院才能行使审判权。对最高人民法院和对基层人民法院审判权的授权内容是一致的，除审判权外，没有另外权能。各级法院只对同级人大及其常委会负责，并报告工作，在授权来源上，审判权不来源于上级法院，上下级法院的区分主要是为了确立司法的终审效力和审判资源优化分配，不是为了确立审判权等级。只有这样，才能确保法院只服从案件事实和法律。因此，审判权的同级授权决定了国家法律统一正确实施，为实现国家统一的法律意志奠定制度基础。而行政机关在宪法授权后，行政权主要依据行政层级由上级行政机关或行政领导授权，以确保行政权的强制性和效率性。

3. 审判权具有平等性。由于审判权的统一性、单一性和同级授权特征，审判权行使的效力是平等的，只要是依法作出的生效裁判对任何领域和主体都发生法律效力。而与行政权不同，行政权的效力仅限于权力的相对人或行政对象，不及于其他领域和主体。审判权的这个特征决定了司法的尊严和权威性，不论哪一级法院，甚至是人民法庭的裁判也是国家司法裁判的代表，具有国家司法效力。因此，所有作出的裁判并不只在辖区内发生法律效力，而且对整个国家领域内都具有约束力、强制力，都具有同等法律效力。

4. 裁判的独立性。法官在法律范围内的自由意志具有独立特质,即法官在认定事实和适用法律上具有独立判断的自由,并凭借内心的意志作出决断。审判独立不是摆脱国家政治理想和法律规定的独立,更不是法官个人的恣意作为,但在服从政治理想和宪法法律前提下,法院依法独立行使审判权必须通过法官自觉的独立意志才能得以实现。因此,审判的独立性本质上是法官的独立性。法官具有意志自由,并独立判断事实真相和公正,不受任何人干预,而且法官的独立合法判断不受法律追究。只有保证法官判断的独立性,才能最终保证法院依法独立行使职权,保证国家法律的统一实施。当然,由于法官的失误、失职或者其他差错导致裁判错误,损害当事人和其他诉讼参与者的合法权利,也应当对法官职业道德和能力进行评估,依照审判管理规则追究审判绩效责任,对不能继续担任法官的,予以辞退或开除。

基于审判权这四个本质特征认识,有利于进一步厘清和规范长期困扰司法实践的如下关系:

第一,正确理顺上下级法院审级关系,自觉预防和减少审判行政化关系。如审判绩效管理行政化,导致对上不对下的责任关系,脱离群众对司法公信的直接感受和评价。有的裁判标准请示成为常态化,下级法院审判组织失去主动司法的积极性。

第二,规范法官之间的职权关系。在上下级法院行政化关系影响下,下级法院法官存在严重的裁判依赖性,遇到疑难问题不是钻研理论、立法,以及总结以往经验做法,而是急于求成,寻找上级法院是否曾经裁判,找到相似裁判则照搬,找不到就请示。甚至有的法官有问题找领导,裁判错了由领导或上级法院纠正,责任由领导和上级法院承担。这种现象的长期存在,严重导致法院整体司法能力无法提高,上级法院不堪重负,并为此承担起监督、指导、培训教育、总结经验教训等一系列工作,最终不堪重负,并严重影响应当着重发挥的指导监督职能作用。

第三,规范法院系统监督审判关系。法院内部的违法干预问题长期存在的根源就是审判权力行政化的结果。违法干预方式有上下级法院的干预过问,也有法院内部的上下级干预过问,也有利用各种监督指导关系违法过问,每一方式的干预过问都有其看似正当理由,但实质上是违反审判权本质要求的,也违反宪法法律规定的审判权运行体制机制和法定程序。揭示和承认审判权的这四个特征,更有利于法院内部预防和杜绝违法的审判干预问题,让审判权和审判职权关系回归到法定关系中来,为实现公正、高效、权威、廉洁司法奠定理论基础。

三、法官与审判组织

（一）裁判者

人是社会关系的总和,也是一切社会行为的主体。在司法过程中,作为司法主体的人的因素至关重要。裁判者是司法审判的主体,也是实现司法公正的关键,司法的成效最终将取决于司法裁判者——法官。

司法裁判者的素质,既有对其法学功底扎实、道德素养良好的要求,更有对其面对司法公正的要求。正是基于裁判者的职责要求和司法公正需要,现代社会中主张法治的国家都要求裁判者必须具备较高的职业素质。我国现行的《中华人民共和国法官法》(2001 年修订)对法官的职责、权利和任职条件提出了明确要求。

（二）审判组织

审判组织是法院审理案件的形式和载体。根据审理案件的性质主要可分为刑事审判组织、民事审判组织和行政审判组织。审判组织使国家司法权得以实现,是司法权有效运行的重要保障。世界上主要存在四种典型的审判组织形式,即独任庭、合议庭、审判委员会、陪审团。其中,独任庭、合议庭是世界各国普遍采用的审判组织形式;陪审团是英美法系国家特有的审判组织形式。我国人民法院通常有两种审判组织形式,即独任制、合议制。审判委员会是我国独有的审判组织形式。

1.独任庭。独任庭是指由法官一人独任审判案件的组织形式。独任庭审判的案件是指事实清楚、权利义务关系明确、争议不大的简单的民事和轻微的刑事案件。这类案件法律规定由基层人民法院和它的派出法庭审理。另外，人民法院按特别程序审理的案件，除选民名单案件或者重大、疑难的案件由审判员组成合议庭审判外，其他案件由审判员一人独任审判。英美法系国家的法院对独任庭的适用相对大陆法系国家广泛得多。

2. 合议庭。合议庭是由法官数人或法官与其他人员（单数）共同组成的法庭集体审理案件的审判组织形式。合议庭是人民法院的基本审判组织，适用十分广泛。合议庭根据其人员组成可以分为单纯由法官组成的单一合议庭和由法官与其他人员如陪审员等共同组成的混合合议庭，二者在法律效力上往往没有差别。

3. 审判委员会。审判委员会是我国特有的一种常设审判组织。根据我国《人民法院组织法》的规定，各级人民法院均设立审判委员会。审判委员会由院长、庭长和资深审判员组成，其成员由院长提请同级人民代表大会常务委员会任免。审判委员会的任务是"总结审判经验，讨论重大的或者疑难的案件和其他有关审判工作的问题"。每个法院只设一个审判委员会，审判委员会讨论案件时采取少数服从多数的原则，多数委员的意见形成审判委员会的决定。对于疑难、复杂、重大的案件，合议庭认为难以作出决定的，由合议庭提请院长决定提交审判委员会讨论决定。如果合议庭的意见与审判委员会的意见存在分歧，合议庭应当服从并执行审判委员会的意见，按照审判委员会的意见制作判决书或裁定书，但判决书或裁定书仍由合议庭成员签名。审判委员会在对案件的实质处理上的职权，决定了它在诉讼中的地位。最高人民法院第一个《人民法院五年改革纲要》第22条指出："人民法院的审判委员会是人民法院内部的最高组织形式。"

我国的审判组织经过几十年的不断改革和完善，基本上形成了以上三种基本形式，但却始终没有形成一种独立而良好的制度和文化。而法院的不独立、法庭审理的不公正、审判委员会对具体案件的干预等阻碍了中国审判组织制度的建立。由于制度的缺失和不完善又加剧了庭审的不公正与程序正义的缺失。

2013年11月,党的十八届三中全会部署全面深化改革,明确提出"深化司法改革,加快建设公正高效权威的社会主义司法制度",全会通过的《中共中央关于全面深化改革若干重大问题的决定》提出,要完善主审法官、合议庭办案责任制,让审理者裁判、由裁判者负责。回归了审判权的本质,为新一轮司法改革特别是审判体制机制改革指明了方向。

然而自十八届三中全会提出司法体制改革这一重大原则至今,司法部门内部及外部学术界对其仍有不同认识和理解乃至争论。有学者认为"法官独立审判"不是让"法官独裁"。

中国法学会副会长张文显认为:"让审理者裁判"不能将审委会、审判庭作为整体排斥在审判者之外。[1] 也有人提出:"审理者不仅指办案的'主审法官'、'合议庭',也包括对该案负有监督职责、进行审批的庭长、院长,以及参加审委会讨论该案的审委会委员等,因为这些人员某种程度都参与了案件的审判活动。"河南省法学会常务理事、省行政法学研究会副会长王韶华则认为,"审理者"只能是直接参加案件审判活动,具有审判过程"亲历者"的主审法官、合议庭,其他与本案件审判活动无关的庭长、院长、审委会委员,以及本案的司法辅助人员均不属于"审理者"范畴。[2]

"让审理者裁判",其重大意义就在于打破过去司法权力运行的"行政化"、"层级化"状况,改变"审者不判、判者不审"、"审与判分离"问题,实现"审与判相统一、相一致",裁判者必须是审理者,必须要有"亲历性"。

四、审判正义的标准

公正审判是一个古老的话题。早在普通法中,作为程序正义理论起源的

［1］ 张文显:《由审理者裁判　由裁判者负责》,法制网,http://www.legaldaily.com.cn/index_article/content/2014-04/19/content_5464723.htm? node＝5955,最后访问时间:2016年4月28日。

［2］ 王韶华:《"让审理者裁判,由裁判者负责"的三维解读》,共识网,http://www.21ccom.net/articles/zgyj/fzyj/article_20140722109854.html,最后访问时间:2016年4月28日。

自然正义的两项原则，即"nemo judex in causa sua(nobody can be a judge in his own cause)——任何人都不能成为自己案件的法官"和"audi alteram partem (hear the other side)——应当听取另一方当事人的陈述和意见"，长期以来一直被视为公正审判的最低限度准则。[1] 美国独立运动主要人物之一的詹姆斯·麦迪逊指出，没有一个人被准许审理他自己的案件，因为他的利益肯定会使他的判断发生偏差，而且也可能败坏他的正直为人。[2] 美国学者约翰·V.奥尔特宣称，审判需要一定程度的公平，而与案件结果有利害关系的法官必然由于其身陷其中而无法公正审判。[3]

第二次世界大战后，联合国先后制定了《世界人权宣言》、《两权公约》、《经济、社会、文化权利国际公约》，它们被称为《国际人权宪章》，是联合国人权保护体系中最基本的人权文件，也是现代国际人权法的核心。其中《世界人权宣言》第10条规定："人人完全平等地有权由一个独立而无偏倚的法庭进行公正的和公开的审判，以确定他的权利和义务并判定对他提出的任何刑事指控。"这是国际人权公约首次明确规定公民享有获得公正审判的权利。

党的十八届三中全会强调指出，要改革司法管理体制，优化司法职权配置，健全司法权力运行机制。具体而言，要进一步健全司法权力分工负责、互相配合、互相制约机制，确保依法独立公正行使审判权检察权。唯此，才能为审判机关、检察机关依法独立公正行使审判权、检察权创造必要的内部机制和外部条件，才能有效排除外部干扰、提升司法公信力和权威、保证司法公开和公平。[4]

一般来说，审判正义包括实体正义和程序正义两种形式。实体正义主要体现在实体法中，贯彻于司法裁判的结论之上。程序公正是实现裁决结果公

---

[1] Richard Clayton and Hugh Tomlinson, *Fair Trial Rights*, Oxford university press, 2001, p.26.

[2] [美]汉密尔顿、杰伊、麦迪逊:《联邦党人文集》，程逢如等译，商务印书馆1997年版，第47页。

[3] [美]约翰·V.奥尔特:《正当法律程序简史》，杨明成、陈霜玲译，商务印书馆2006年版，第12页。

[4] 本书编写组编:《关注全面深化改革热点　专家学者十二人谈》，中共党史出版社2014年版，第155页。

正的手段,一般来说,不公正的程序是难以实现裁决结果公正的。程序公正是实体公正的首要前提,也是司法公正的有力保障,是实现社会正义的内在要求。

程序公正是一个历史范畴的概念,不同时期或不同阶级对程序公正有不同的理解和要求。西方学者认为,程序公正主要包含如下两层意思:一是法官不能自己审理自己,不能审理与自己利益有关系的案件,法官应该是公正无私的;二是应该平等地通知当事人各方,让他们准备陈述或答辩,允许被告为自己辩护,给当事人以同等机会和权利接受审判。[1] 有的法学家则把程序公正概括为:法院公开审判,当事人有权聘请律师,原告负举证责任,陪审团参加裁定,裁判书要写判决理由,判决公开,当事人有上诉的权利,控制可能发生的藐视法庭的行为,等等。

结合我国司法实践,我们认为审判正义的标准至少应该包含以下几个方面:

1. 坚持合法性是审判正义的最高标准。司法审判必须做到合法性优先于客观真实性,合法性首先表现在程序正义之上,即程序合法性。程序正义是司法审判必须追求的目标,如果程序正义缺失就难以实现实体上的正义。司法审判要求法官必须在规定的时间内对具体案件作出裁判,并达到实现化解纠纷、解决矛盾的法律效果和社会效果。但是在日常司法实践中,法官往往受制于自身主客观条件的局限性,有时候无法对全部真相进行查明。而法官的职责又决定了不能以真相尚未查明为理由而拖延裁决,如果拖延不仅矛盾得不到有效解决,反而还会引发更大的系列矛盾。实际上,具体案件中一名法官作出裁判所依据的事实与事物的原本面目可能存在一定差异,但这种差异要保持在法律所允许的范围之内。努力还原事物真相只是在合乎法律规定的前提下尽可能查明真相,在这个过程当中程序正义融合到实体正义当中,使最终的审判结果公平公正。

---

[1]　龚祥瑞:《西方国家的司法制度》,北京大学出版社 1993 年版,第 115 页。

2. 法官中立。程序公正首先要法官处于中立地位。中立性原则是现代程序的基本原则,是"程序的基础"。[1] 中立是对法官最基本的要求。如果不中立便是混淆了法官与当事人的角色,其结果必然是不公正的。法官的中立原则包含两个基本要求:一是法官与争议的事实和利益没有关联性。法官既不能裁判与自己有关的争讼,也不得与案件结果或争议各方有任何利益上或其他方面的利害关系。我国《人民法院组织法》和三大诉讼法都对回避制度作了规定。2000 年 1 月 31 日,最高人民法院又颁布了《关于审判人员严格执行回避制度的若干规定》,对法官应当回避的情形作了进一步具体规定。二是法官不得对任何一方当事人存有偏见。

3. 当事人平等原则。在诉讼中,尤其在民事诉讼中,当事人平等是一项基本原则,一般认为它包括两层含义:一是当事人享有平等的诉讼权利,二是法院平等地保护当事人诉讼权利的行使。[2] 当事人平等是"法律面前人人平等"这一宪法原则的必然派生。这里所称的"法律面前"平等是指在"正式的法庭面前"即"法官面前",并且是在审判过程之中的平等,"法律面前人人平等"是指程序性的权利平等,实质性的权利是无法平等的[3],诉讼权利平等是公正审判的先决条件。第二层含义是平等保护和平等对待,当事人平等的实现还依赖于法官的无差别对待。

4. 保障程序参与机会。这一标准有两项基本要求:一是以当事人对诉讼程序的参与必须是自主的、自愿的,而非受强制的、被迫的行为。自愿参与的要求是基于如下理论预设,即"人在其生活目的、满足方面是一个理性最大化者"。[4] 在民事诉讼中,当事人也是自我利益的最大化者,"不告不理"和禁止利用职权更换当事人的规定体现了当事人参与诉讼的自愿性。二是当事人必须具有影响诉讼过程和裁判结果的充分的参与机会,这是程序参与的核心

[1]　季卫东:《程序比较论》,《比较法研究》1993 年第 1 期。
[2]　江伟主编:《中国民事诉讼法教程》,中国人民大学出版社 1990 年版,第 82—83 页。
[3]　龚祥瑞:《西方国家司法制度》,北京大学出版社 1993 年版,第 117、123、136 页。
[4]　[美]理查德·A.波斯纳:《法律的经济分析》(上),蒋兆康译,中国大百科全书出版社 1997年版,第 3 页。

内容。

5.公开审判。公开审判原则一直以来被视为程序公正的基本标准和要求。一项程序必须接受社会公众的检验,才能获得社会公众的信赖。只有经过公开审判,人们才能了解案情,才能对法院的判决信服。同时公开审判还能起到教育、规范引导社会公众的作用。

6.维持诉讼行为效力。这一标准是指诉讼行为一旦生效之后就要维护其法律效力,不能轻易否定其既定内容,因为,"程序的公正性的实质是排除恣意因素,保证决定的客观正确"[1],维持诉讼行为效力要求立法者必须赋予程序主体的诉讼行为以法定效力,并且禁止任意诉讼,以维护法律权威。

第二节　政权与司法权

一、政权的性质

（一）关于"政体"及其划分标准

《法学词典》的解释是:(1)国家政权的组织形式;(2)我国政体是人民代表大会制;(3)历史上的政体有君主专制、君主立宪制、民主共和制等。

政体是一个国家的政权组织形式,是一个国家的根本政治制度。中华人民共和国的政体是人民代表大会制度。我国宪法第2条明确规定:"中华人民共和国的一切权力属于人民。人民行使国家权力的机关是全国人民代表大会和地方各级人民代表大会。"全国人民代表大会和地方各级人民代表大会都由民主选举产生,对人民负责,受人民监督。国家行政机关、审判机关、检察机关都由人民代表大会产生,对它负责,受它监督。[2]

---

［1］ ［德］黑格尔:《法哲学原理》,范扬、张企泰译,商务印书馆1982年版,第232页。

［2］ 本书编写组编写:《党员干部不可不知的365个常识》,中国方正出版社2013年版,第211页。

政体并不等同于政府机构设置,而是在国家主权层次所展开的国家政权的宏观架构,它为政府机构设置奠定基本原则和合法性源泉。自国家产生以来,基于不同的历史传统和政治实践,各国在不同的历史时期其政体类型也呈现不同的特点。政体类型传统划分标准[1]有下面几种:

(1)依据执政者人数的多寡进行划分。亚里士多德按照执政者的人数多寡将城邦划分为三种类型,一人统治的是君主政体,少数人统治的是贵族政体,多数人统治的是共和政体。西塞罗沿用这一标准将国家政体划分为三种类型,分别是一人掌握统治权的君主制、由少数被选举出来的人掌握统治权的贵族制和人民自己掌握统治权的民主制。

(2)依据政体的价值取向进行划分。最为典型的是亚里士多德和孟德斯鸠。亚里士多德根据统治者是以公共利益还是个人利益为依归,相应地归纳出三种变态政体,即作为君主政体变态的僭主政体、作为贵族政体变态的寡头政体、作为共和政体变态的平民政体。孟德斯鸠按照执政人数多寡将政体分为共和政体、君主政体和专制政体,其中共和政体又包括民主政体和贵族政体,专制政体则是君主政体的变态。孟德斯鸠进一步从价值取向上来划分政体,认为共和政体需要的是道德,君主政体需要的是荣誉,而专制政体需要的是恐怖。

(3)依据执政者的产生、统治方式与任职期限进行划分。法国学者布丹以掌握国家主权的人数多少,将政体分为君主政体、贵族政体和民主政体,并进一步按照君主行使权力的方式将君主政体分为王朝君主制、领主的君主制和暴君制三种形式。王朝君主制以神法和自然法为依据;在领主的君主制下,君主如同家长统治奴隶一样统治臣民;暴君制是一种违反神法和自然法的制度,君主任意宰割人民。洛克认为政体的形式取决于立法权的归属,在此认识基础上,他根据掌握立法权的人数多寡和产生方式,将政体划分为四种类型:社会的大多数人掌握立法权,并通过自己委任的官员执行法律的政体是纯粹

---

[1]　孙关宏、胡雨春主编:《政治学》,复旦大学出版社 2010 年版,第49—50页。

的民主政体;立法权归少数经由选举产生的人或他们的继承人的政体是寡头政体;立法权归一人的政体为君主政体,其中又包括世袭君主制和选任君主制两种;如果立法权起初由大多数人交给一人或数人在其终身期内或一定限期内行使,然后收回立法权,重新交给他们所属意的人,组成新的政府形式,这种政体洛克称之为混合政体。

当代政治学者在传统分类标准的基础上,根据国家最高权力执掌者的产生方式、任职期限以及国家与政府的结合程度等对国家政体提出了更为精细复杂的分类方法和标准。其中,以美国政治学者柏杰斯和亨廷顿的政体划分标准最具代表性。

柏杰斯提出了政体分类的四项标准:第一,以国家主权机关与政府机关有无区别为标准,将国家政体划分为直接民主制和间接民主制,前者是主权机关直接行使政府职权,后者的主权机关与政府机关分别组织,主权机关将政府职权委托一个或几个机关来行使。第二,以国家元首产生的方式为标准,将国家政体划分为世袭制和选任制。世袭制的国家元首由血统有关者世代继承;选任制的国家元首由定期选举产生,并不限于一姓的血统关系。第三,以立法机构与行政机构的权力关系为标准,将国家政体划分为内阁制和总统制。在内阁制政体中,行政机构由立法机构产生,对立法机构负责;在总统制政体中,行政机构与立法机构并无权源关系,是各自独立的。第四,以国家权力的集散为标准,将国家政体划分为集权制与分权制。在集权制政体下,国家事权统归于中央政府;在分权制政体下,国家事权分属于中央政府和地方政府。

亨廷顿则从政治发展的程度,根据政治参与和政治制度化两项标准对政体进行划分。他首先根据政治参与的程度由低到高将政体划分为传统型、过渡型和现代型三种;然后再根据制度化与政治参与之间比率的高低将政体分为公民型和执政官型。两种标准结合便产生六种政体类型:公民型政体中有建制型、辉格型和参与型,与之对应,执政官型政体包括寡头型、激进型和群众型三种。

（二）政治制度

政治制度是基于一定规则和程序之上规范个人和团体行为的长期稳定的安排,体现为各种明确的带有强制性的规则和决策程序,具有正式和合法的特点,通常被视为国家机器的组成部分。[1] 政治制度就是国家权力权威性地配置不同利益群体之间利益必须遵从的规则和程序的总称。从广义上理解,政治制度是指社会政治领域中要求政治实体遵守的各类准则或规范,政治制度随着人类社会政治现象的出现而产生,是人类为了维护共同体的安全和利益,维持一定的公共秩序和分配方式的目的,对各种政治关系所做的一系列规定。从狭义上理解,政治制度就是国家政权的组织形式。

资本主义政治制度是发展到最高发展阶段的剥削阶级政治制度。它具有分权、制衡、政党制、代议制、普选权和限期任职制等特点。从主权归属上划分,可分为君主制和共和制;从国家元首、立法机关和行政机关的关系上看,可分为总统制和议会内阁制等。

社会主义政治制度是建立在生产资料公有制基础上的、由以工人阶级为首的广大人民掌握政权、对反对社会主义的敌对势力实行专政的政治制度。社会主义政治制度的实质是无产阶级专政,是新型的民主,与历史上所有剥削阶级类型的政治制度有着本质的区别。它是由占人口最大多数的劳动人民享有民主,并按照民主集中制原则建立起来的政治制度。它由工人阶级政党领导,以马克思列宁主义为理论基础。

二、政权的功能

政权功能是政权本质的内在要求和具体体现,主要体现在政治统治和社会治理两个方面。

（一）政治统治职能

政治统治是政治权力的运用,是在一定阶段中凭借血缘关系、经济和意识

---

[1]　Andrew Heywood,*Key Concepts in Politics*,N.Y.St.Martin's Press,2000,p.93.

形态优势而居于强势地位的阶级为维护自身的利益而运用国家政治权力对社会的支配和控制的行为;是指统治阶级依靠法律及其设施(军队、警察和监狱等)对被统治者实施镇压、控制等活动,以维护自己的政治统治,统治职能是由政权的阶级特征决定的。政治统治职能一般可以分为民主职能和专政职能,具体来说则是统治阶级运用公共权力的特殊强制力和其他各种手段,包括经济的、文化的、法制的、教育的、社会化的手段对被统治阶级进行政治压迫、管制、控制和管理,也包括对整个社会的政治领导、政治指导、政治控制、政治管制、政治管理以及政治协调和政治整合。具体有四个明显特征[1]。

1.政治统治具有阶级性。政治统治的根本目的是为了经济上维护占统治地位的阶级的利益。政治统治表面执行的是国家意志,实际上是阶级意志。通过掌握政权,把阶级意志上升为国家意志,以此来进行社会价值的分配。在现实中表现为君权神授,是上帝的意志,实际上是封建统治阶级的意志。代议制的议会主权,表面上是人民主权,本质上是经济上占统治地位的阶级意志。[2]

2.政治统治是最高层次的政治行为。政治统治的主体是国家,是国家主权性的直接体现,对内自主处理国内的政治、经济事务,政治统治以公共权力的形式覆盖整个社会,对整个社会及全体公民有普遍的约束力。社会中的其他组织如政党、团体等,都只能对本组织的成员具有一定的约束力。同时政治统治对外能够代表本民族的意志。

3.政治统治在行为方式和手段上具有明显的强制性。国家政权运用暴力作为强制工具强迫全社会服从它的意志,用组织严密和纪律严格的军队、警察等暴力工具来镇压被统治阶级的反抗。

4.政治统治具有秩序性和稳定性。统治行为主体内部的有序性:三权分立,行政机关,程序、原则、活动方式;统治主体与客体之间的有序性:国家公民遵从国家的意志,服从统治、纳税等,以及整个社会的有序运转。

---

[1]　姜安、赵连章、刘彤主编:《政治学概论》(第2版),高等教育出版社2009年版,第36页。
[2]　赵丽江编:《政治学》(第2版),武汉大学出版社2012年版,第173页。

（二）社会治理职能

政权的社会治理职能是从属其政治职能并且是执行政治职能的前提和基础。它包括领导和组织社会生产,维持社会秩序、政治秩序、生产秩序、工作秩序和生活秩序,组织经济建设、政治建设和文化建设,发展科技和教育,治理环境等。[1] 社会职能表面上具有社会服务的公共性,但其本质是为了争取广大群众对国家政权的支持,是为了维护统治阶级的统治秩序。恩格斯曾说:"政治统治到处都是以执行某种社会职能为基础,而且政治统治只有在它执行了它的这种社会职能时才能持续下去。"[2]社会的发展、经济的进步、社会职能的日益扩大都对政权社会职能的发挥提出了更高的要求。

政权的政治统治职能和社会职能虽然在实施方式、地位关系、发展趋势方面都存在着显著的差异,但是二者都是政权本质的表现。社会职能是统治职能实现的前提,二者互相渗透、互相制约。[3] 值得注意的是,政治国家的基本职能在社会中所起的作用并不是一成不变的,随着社会主要矛盾、阶级力量对比、阶级阶层关系的利益格局的辩护、具体任务以及国际形势的重大变化而变化。

三、政权与司法权

人民代表大会制度和西方国家"三权分立"议会制度虽然都属于代议制度范畴,但是二者又有着本质的区别。人民代表大会制度,代表广大人民群众的利益,是更先进的民主制度。而西方国家的"三权分立"制度代表的是资产阶级利益。

我国的国体是工人阶级领导的、以工农联盟为基础的人民民主专政的社会主义国家。这一国体决定了我们国家的一切权力属于人民。人民代表大会

---

[1] 姜安、赵连章、刘彤主编:《政治学概论》(第2版),高等教育出版社2009年版,第36页。

[2] 《马克思恩格斯全集》第20卷,人民出版社1971年版,第195页。

[3] 孙继虎主编:《政治学原理》,华中科技大学出版社2013年版,第27页。

制度作为我国的国家管理形式,是同我国国体相适应的政体形式。[1] "人民代表大会制度"政体符合马克思主义原理,符合中国实际,是新型的政体形式。与资本主义国家的"三权鼎立"模式相比,我国人民代表大会制度具有独特的特点和优势:

1. 我国人民代表大会制度体现了广泛的民主,是人民当家作主的最好组织形式。我国是工人阶级领导的、以工农联盟为基础的人民民主专政的社会主义国家。这一性质决定了在我国国家和社会的主人只能是人民。人民代表大会制度能保障人民行使自己当家作主的政治权利,方便人民群众通过它参加国家的管理,进而使人民群众的积极性和创造性得以充分发挥。而资本主义国家议会无论如何美化和标榜"民主",但其实质上都是被大资本家所操纵的。历史实践已经证明,通过人民代表大会这一先进组织形式,能够把人民群众内部不同阶级、阶层的共同利益集中起来,能够把全国人民的力量凝聚起来,紧密地团结在党中央周围,共同实现中华民族伟大复兴的中国梦。

2. 我国人民代表大会制度充分体现了民主集中制原则,能够使各个国家机关协调一致地进行工作。在社会主义制度下,形成了全体人民根本利益的一致。我国可以而且必须由人民代表大会统一行使国家权力,同时在这个前提下,对于国家的行政权、审判权、检察权等,也都有明确的划分,使国家权力机关和行政、审判、检察等国家机关能够在各自的职权范围内进行工作。国家机构的这种合理分工,既可以避免权力过分集中,又可以使各项工作有效地进行。人大、政府、法院、检察院都是代表人民利益、为人民服务的,它们的根本目标相同,只是分工不同、职责不同。人大同政府、法院、检察院之间的关系不是对立的,而是监督与被监督的关系。资本主义国家大都实行三权鼎立或三权分立制度。立法、行政、司法三个国家机关之间经常摩擦、扯皮、互相牵制,看起来争争吵吵,很热闹,实际上国家大权向总统和政府手上转移,议会成了

―――――――――――

[1] 中共中央宣传部理论局:《六个"为什么":对几个重大问题的回答》(2013 年修订版),学习出版社 2013 年版,第 52 页。

"清谈馆"、"表决器",致使许多重要国事无法得以及时决断。一些资产阶级学者也认为,权力分立论不符合积极增进效率的原理。美国第28任总统伍德罗·威克逊在《国会政体》一书中,总结美国实行这个制度一百多年的历史后得出的结论是:"这种制约和平衡,在实际生活中恰好是功过参半。"[1]一些西方学者认为,他们国家实行这个制度,在一定程度上防止了个人独裁专制,但也暴露了严重的弊端。

3. 我国人民代表大会制度是党领导的人民民主制度,它便于实现党对国家的领导。人民代表大会制度是党领导人民创立的,它的发展和完善也是在党的领导下进行的。中国共产党的领导地位和作用,是在长期革命斗争中形成的,是我国宪法确认的,是由党的先进性以及它与人民群众的密切联系所决定的,代表了全国各族人民的根本利益。因此,党对人民代表大会的领导,有利于发挥国家权力机关的作用,便于把党的主张变为国家意志,动员和组织全国人民一起行动。

四、国体与司法权

国体指国家的阶级本质,它表明了国家的阶级属性。它是由社会各阶级、阶层在国家中的地位所反映出来的国家的根本属性。国家的性质主要是由各阶级、阶层在国家中所处的统治与被统治地位所决定的。[2] 在各阶级社会中,有不同的阶级,其地位亦各有不同,因而也就出现了不同的国体。从根本上看,不同的国体设计体现出一个国家不同阶级、阶层、民族、利益集团等群体在国家政治生活中的地位、权力分配和利益格局。

马克思主义认为,国家是社会在一定发展阶段上的产物,是社会陷入不可

---

[1] 刘政、程湘清:《人民代表大会制度的理论和实践》,中国民主法制出版社2003年版,第6页。

[2] 本书编写组编写:《党员干部不可不知的365个常识》,中国方正出版社2013年版,第207页。

解决的自我矛盾,分裂为不可调和的对立面而又无力摆脱的结果。"为了使这些对立面,这些经济利益互相冲突的阶级,不致在无谓的斗争中把自己和社会消灭,就需要有一种表面上凌驾于社会之上的力量,这种力量应当缓和冲突,把冲突保持在'秩序'的范围以内;这种从社会中产生但又自居于社会之上并且日益同社会相异化的力量,就是国家。"[1]因此,"国家无非是一个阶级镇压另一个阶级的机器"[2],"是维护一个阶级对另一个阶级的统治的机器"。[3]

一国的政权性质决定了司法权的性质,在资本主义社会中,国家是建立在资本主义经济基础上,资产阶级掌握政权,对工人和其他劳动者实行专政,就主权归属而言,有君主制与共和制。我国的国体决定了我国的一切权力属于人民,司法权也必须以人民性为基础,努力回应人民群众日益增长的司法需求。我国宪法规定:"中华人民共和国是工人阶级领导的、以工农联盟为基础的人民民主专政的社会主义国家",根本的社会主义制度决定了政治制度和体制及运行机制。

在西方国家实行多党执政,相对于政党来讲司法权是独立的。从司法的职能上来看,西方的司法由于具有这种监督、制约立法和行政这样一种职能,它的独立看起来更加超然一些。如果不这样就无法发挥它的职能。西方的司法是三权分立下的一个权力分支,对行政权、立法权起到一种制约和监督的作用。

中国共产党是执政党,要按照我们党制定的路线、方针、政策,全面推进社会主义建设事业、建设法治中国、实现中国梦,司法要发挥司法的作用。司法职能主要是按照法律的规定来审理相关的案件,按照民事诉讼法、刑事诉讼法、行政诉讼法,受理并处理相关的案件。我国司法权是为了执行国家的法律,从和立法机关的关系来看,是执行立法机关制定的法律,向立法机关负责,

---

[1]《马克思恩格斯选集》第4卷,人民出版社1995年版,第170页。

[2]《马克思恩格斯选集》第3卷,人民出版社1995年版,第13页。

[3]《列宁全集》第37卷,人民出版社1986年版,第66页。

并报告工作,不是监督和制约的关系,而是执行人大制定的法律。我国依法独立公正行使司法权,只是一种实施执行法律的一种权力,而不是对立法、行政、政党的监督权。

我国宪法规定最高人民法院院长由全国人大选举和罢免;最高人民法院副院长、审判员等由最高人民法院院长提请,由全国人大常委会任免。同时,司法机关的人事、组织、待遇、职级、奖励、晋升等管理都沿用的是公务员制度,采用国家行政干部的管理模式,这些规定在实践中增加了法官独立从业的难度。2015 年 9 月 15 日,中央全面深化改革领导小组会议审议通过《法官、检察官单独职务序列改革试点方案》《法官、检察官工资制度改革试点方案》,提出要突出法官、检察官职业特点,对法官、检察官队伍给予特殊政策,建立有别于其他公务员的单独职务序列,这充分尊重了法官、检察官的独特性,有利于审判独立、检察独立,有利于树立司法的公正、权威。

党的十八届四中全会《决定》提出,"健全公安机关、检察机关、审判机关、司法行政机关各司其职,侦查权、检察权、审判权、执行权相互配合、相互制约的体制机制。"在我国,司法权分别由公、检、法、司等不同机关行使。在刑事诉讼活动中,公安机关行使侦查权,人民检察院行使检察权,人民法院行使审判权,司法行政机关行使刑罚执行权,这四种权力既互相配合又互相制约。但宪法和刑事诉讼法只规定了公、检、法三机关分工负责、互相配合、互相制约的原则。《决定》首次明确提出"四机关"各司其职,互相配合、互相制约,反映了新中国成立以来特别是改革开放 30 多年来司法实践形成的重要制度成果,体现了我国社会主义司法制度的鲜明特色,是对我国司法管理体制的重大发展和完善。

值得注意的是,近年来,有人借深化政治体制改革为话题,鼓吹中国要搞西方宪政民主,说这是所谓"人类文明发展道路"。放弃人民代表大会制度,照搬外国政治制度模式,不仅在理论上站不住脚,在实践中也是行不通的。[1]

---

[1]　中共中央宣传部理论局:《六个"为什么":对几个重大问题的回答》(2013 年修订版),学习出版社 2013 年版,第 64 页。

五、国家结构与司法权

（一）国家结构

国家结构也称国家结构形式，是关于国家如何设计国家权力的构成及其相互关系的体制。一个国家有什么样的国体往往决定设计与之相适应的国家结构。国家结构是具体承载国体格局，实现国家中不同阶级、阶层、民族、利益集团等群体的权利、权力分配、利益保障的体制性安排。

它是国家政治制度的组成部分，是指一个国家内中央政权和地方政权之间、国家整体和部分之间相互关系所采取的制度形式。国家结构的选择受制于经济、文化、传统、民族等一系列因素。国家结构依据中央与地方的关系，主要分为单一制和复合制两种类型。

联邦制国家除了有整个联邦的宪法、法律和最高国家机关以外，各组成单位还有自己的宪法和法律及最高国家机关，根据联邦宪法的规定，行使自己的国家权力。联邦的权力可以遍及全国，而各州或共和国的权力只能在各州或共和国内部行使，各成员国的公民同时又是联邦公民。有的联邦成员还有进行国际外交活动的权力。但在对外关系中，大多数联邦各组成单位不是单独的主体。美国是世界上首先建立现代联邦制的国家，实行联邦司法体系与各州司法体系并行的两套司法体系。除此之外，还有印度、俄罗斯、瑞士、巴西等国都实行联邦制。随着政治、经济和社会的发展，联邦中央政府的权力有加强的倾向，但联邦各组成单位的权力仍很大，权力下放和权力集中是联邦制国家并存的两种发展趋势。

单一制国家设立有统一的立法机关和统一的中央政府；全国只有一个宪法；按行政区域划分行政单位和自治单位，各行政单位和自治单位都受中央的统一领导，没有脱离中央而独立的权力。地方行政单位虽然也设有相应的权力机关或立法机关、行政机关和司法机关，但它们的权限有的是宪法授予的，有的是由中央政府直接授予或委托的，地方权力的大小完全取决于宪法的规定或中央的授予。在对外关系中,它是单一的主体。在它的领土上没有其他任何类似的国家组织存在,如中国、英国、法国、日本等都是单一制国家。

司法权在国家权力结构中具有独立性,司法权的配置服务于国体目标,为国体中的群体权力和利益分配服务。联邦制国家与单一制国家司法权配置各自具有特点。

联邦制国家司法权配置特点主要有:①在司法权配置上实行"双轨制"。在联邦和各个成员单位之间形成了两套既有联系又有区别的行使司法权的法院系统。②联邦法院系统在诉讼结构上十分复杂。虽然联邦最高法院发挥着最高权威和至高无上的作用,但并不意味着就能够取代其他级别较低的地区法院的作用。③司法审查权作用表现突出。

单一制国家司法权配置特点主要有:①在司法权的配置上主要形式是"单轨制"。国家权力由中央统一享有,地方权力来源于中央的授予,并接受中央的统一领导与管理,地方没有脱离中央而自行存在的权力。在司法权划分上形成的结果就是从中央到地方只有一套法院系统。②与地方法院相对而言的"中央"法院系统,在诉讼结构上呈现出简单性的特点。在配置司法权时,"中央"法院系统的诉讼结构比地方法院的诉讼结构简单。③普通法院一般没有违宪审查权,违宪审查权一般由立法机关或者专门设立的机构来行使。

(二) 我国大陆地区的司法体制

我国的司法制度体现"工人阶级领导的、以工农联盟为基础的人民民主专政的社会主义国家"的国体性质。"一切权力属于人民","人民依照法律规定,通过各种途径和形式,管理国家事务,管理经济和文化事业"体现在司法之中。"人民代表大会制度"的政体,这种能够保障人民实际上而不只是形式上当家作主的政体和制度,体现在司法之中。

1. 人民司法体制

我国实行人民代表大会制度,与西方三权分立的体制不同。国家的一切权力属于人民,最高权力机关是全国人民代表大会及其常务委员会。国家行政机关(政府)、审判机关和检察机关都由人民代表大会选举产生,对其负责,受其监督。在国家机关中,国务院即中央人民政府,是最高国家权力机关的执行机关,即最高行政机关;最高人民法院是最高审判机关;最高人民检察院是最高检察机关;三机关称为一府两院,与中央军事委员会并列。

此外,我国历来将仲裁、人民调解、公证等民间性机构组织也涵盖在广义的人民司法体制之中,从而构成了从国家专门机关到人民群众和社会团体,从司法到行政及各种法院外机制,从正式的司法制度到基层自治性组织,从事后救济到纠纷预防的综合治理的多元主体、功能和形式的大司法体制。

2. 人民司法的组织体系

我国人民司法的组织体系由国家审判机关(法院)、国家检察机关(检察院)、行使司法职能的行政机关及社会团体构成。[1]

(1)审判机关

我国《宪法》第 123 条规定:"中华人民共和国人民法院是国家的审判机关。"我国人民法院组织体系由基层人民法院、中级人民法院、高级人民法院和最高人民法院组成,此外,还包括军事法院、海事法院等专门法院。最高人民法院是最高审判机关,监督地方各级人民法院的工作,上级人民法院监督下级人民法院的工作。上下级法院之间的关系是审级关系。

(2)检察机关

根据《宪法》和《人民检察院组织法》的规定,人民检察院是国家法律监督机关,国家设立最高检察院、地方各级人民检察院和军事检察院等专门人民检察院。地方各级人民检察院分为:省、自治区、直辖市人民检察院;省、自治区、直辖市人民检察分院,自治州和省辖市人民检察院;县、市、自治县和市辖区人民检察院。最高人民检察院是国家的最高检察机关,领导全国各级人民检察院和专门人民检察院的工作,对全国人民代表大会及其常委会负责。

(3)公安机关与国家安全机关

公安机关是人民政府的重要组成部分,是国家的行政机关,同时它又担负

---

[1]　范愉、黄娟、彭小龙编著:《司法制度概论》(第 2 版),中国人民大学出版社 2013 年版,第 44 页。

着刑事案件的侦查任务,因而它是国家的司法机关之一。公安机关是政府的一个职能部门,依法管理社会治安,行使国家的行政权,同时公安机关又依法侦查刑事案件,行使国家的司法权。公安机关的性质具有双重性,即既有行政性又有司法性。国务院设公安部,各省、自治区、直辖市设公安厅(局),各省、自治区的地区、自治州,以及省和自治区辖市设公安局,县、自治县设公安局,城市区设公安分局。在城市街道和县属区、乡镇设公安派出所或公安特派员。公安派出所是县、自治县公安局或城市区公安分局的派出机构,不是一级公安机关。公安机关在军队系统设保卫机构,在铁路、交通、民航系统设有公安局(处)。国务院设国家安全部,各省、自治区、直辖市设国家安全局,其下则根据需要设置国家安全机构或人员。国家安全机关依法行使侦查权。

(4)司法行政机关

国务院设立司法部,主管国家的司法行政工作,包括全国的监狱、律师、基层法律服务、公证、人民调解、普法、法律培训与司法考试等工作,但法院和检察院系统的司法行政工作不属于司法部主管。各省、自治区、直辖市以及县级行政单位均设立司法厅(局),并在乡、镇和大城市的街道办事处设司法助理员或司法组,指导基层的司法行政工作。

(5)行政机关与地方政府

因为目前许多司法职能是由多个主管机关分工协作、共同完成的,所以,其他行政机关往往也承担着纠纷解决或与司法相关的职能。例如,劳动部门负责劳动争议仲裁机构的组建和管理;教育部门承担法学教育与培训工作;民政部门负责婚姻登记等事务,参与基层社区和纠纷解决机制的创建,并与劳动部门和公安机关共同组成劳动教养委员会;卫生部门承担对医疗纠纷和医疗事故的处理和调解职能;工商管理部门和其他行政机关都负有受理消费者投诉、进行行政调处等职能。地方政府承担着指导人民调解委员会工作的责任,可以通过行政调解、信访等渠道参与纠纷调处,并与司法秩序形成衔接。

(6)基层自治组织

村民委员会、居民委员会是村民、居民自我管理、自我教育、自我服务的基层群众性自治组织。它们既不是按照行政区划设立的一级行政单位,也不是以一定社会阶层为主体而组成的一般社会团体,而是按居民居住地区划分且以社会各阶层的人民为主体建立的基层群众性自治组织。我国现行宪法第111条对此予以确认;1987年11月24日颁布了《村民委员会组织法(试行)》,2010年10月28日第十一届全国人民代表大会常务委员会第十七次会议修订;1989年12月26日,第七届全国人民代表大会常务委员会第十一次会议又通过了《中华人民共和国城市居民委员会组织法》。上述法律对村民委员会和居民委员会的性质与基层政权的关系作出了具体规定:①自治组织不属于国家行政系统,而是依据法律创立的自治单位;②自治组织不是基层人民政府或者它的派出机关的下级单位,它与基层人民政府没有隶属关系;③基层自治组织可在宪法和法律规定的范围内,自主地开展活动,独立地行使民主权利,决定本居住地的自治事务;④基层人民政府对自治组织可予以指导、支持和帮助,但不能以行政命令的方式对其自治范围内的事务直接指挥和管理;⑤村民委员会和居民委员会有义务遵守国家宪法和法律,接受基层人民政府指导、协助基层人民政府开展有关工作[1]。基层自治组织设有负责治安、调解的专门人员,承担着维护治安和解决纠纷的任务,并且能够防患于未然,进行综合治理、道德法律宣传教育、维护社区自治,与正式的司法制度和司法程序形成了一个有机的整体。

(7)社会机构与民间团体

广义的民间组织是指除党政机关、企事业单位以外的社会中介性组织。1998年我国新颁布的《社会团体登记管理条例》第2条规定,社团指公民自愿组成,为实现会员共同意愿,按照其章程开展活动的非营利性社会组织。这是我国对"社团"这个概念的权威解释[2]。社团具有组成自愿性、内部互益性和团体非营利性。根据社团的性质和任务来划分,可分为学术性团体、行业性团体、专业性团体和联合性团体。仲裁机构、人民调解委员会、消费者协会以

---

[1]　许崇德主编:《宪法学》,当代世界出版社2000年版,第173页。
[2]　齐炳文主编:《民间组织:管理·建设·发展》,山东大学出版社2000年版,第6页。

及各种行业协会、人民团体和新型社会组织、律师等通过参与纠纷解决,已成为人民司法中不可或缺的组成部分。

(三) 特别行政区的司法体制

1. 香港特别行政区的司法体制

在"一国两制"的整体框架下,香港特区、澳门特区有各自的司法体系,与我国整个国家的司法主体体系不尽相同。《香港特别行政区基本法》规定了香港特别行政区司法体制的基本原则和重要内容,是香港特区司法体制建立的主要依据。香港特区的司法体制既保留了一部分英国普通法的传统,同时根据"一国两制"的需要进行了创新。其基本构成[1]如下:

(1)法院

香港特别行政区的法院包括终审法院、高等法院、区域法院、裁判署法庭和其他专门法庭。审判活动的基本原则包括:①独立审判的原则;②遵循先例原则;③陪审原则。刑事诉讼的原则主要有合法公平原则和无罪推定原则。民事诉讼的原则主要有平等原则、处分原则及和解原则。法院的程序和审判方式基本延续了普通法的传统,但在民事诉讼中已很少使用陪审团。

(2)检察机关

香港特区没有设立专门的检察机关,《香港特别行政区基本法》第 63 条规定:"香港特别行政区律政司主管刑事检察工作,不受任何干涉。"律政司具有检察机关的地位与性质,但并不是专门从事检控的机构,也不是唯一可实行检控职能的机构。除律政司外,警务总署和廉政公署等机构在特定方面和特定情况下,也承担部分检控职能。

(3)律政司

律政司是隶属于香港特别行政区行政机关的法律部门。其三大主要职能是:对刑事被告提起诉讼、为政府提供法律服务、代表政府草拟法律。律政司下辖五个科,各有一名律政专员负责。刑事检察科,负责对刑事被告人提起诉

---

[1] 范愉、黄娟、彭小龙编著:《司法制度概论》(第 2 版),中国人民大学出版社 2013 年版,第 46 页。

讼;民事检察科,负责对民事事宜提供法律指导,并且处理一切涉及政府的民事诉讼,代表政府出席法庭;法律草拟科,负责草拟法律议案交立法会通过;政策及行政科,主要负责律政司内部的行政事务工作;国际法律科,研究国际交往方面的法律事宜。

（4）犯罪侦查机关

香港特区的犯罪侦查机关包括警察机构、廉政公署和海关三种。

警察机构的设置分四个等级:警察总部、区警察总部、警察分局和警署。警察总部又称警务处,兼有行政机关和司法机关的职能,负责管理全港的警察,维护治安。其负责侦缉犯罪的部门有:有组织及严重罪案调查科;防止劫机组;反黑组;商业罪案调查科;侦查部、重案组、区罪案调查科;扫毒组、反黄组;非法入境情报科;防止罪案科;国际刑警科;刑事记录科。

廉政公署对政府人员的贪污、贿赂、滥用职权敲诈勒索、巨额财产来源不明案件进行侦缉。

海关负责毒品、应课税品、侵犯版权、假冒商标等案件的调查、处罚和侦缉工作。

2.澳门特别行政区的司法体制

《澳门特别行政区基本法》规定了澳门特区司法体制的基本原则和重要内容,是澳门特区司法体制建立的主要依据。澳门特区的司法体制保留了以葡萄牙为样板的大陆法系传统,同时根据"一国两制"的需要进行了创新。其基本构成[1]如下:

（1）法院。《澳门特别行政区基本法》规定了澳门回归后的法院体系。澳门地域狭小,没有必要按地域分设不同的地区法院。普通法院共分三级:初级法院,为初审法院,可根据需要设若干专门法庭,如刑事、民事、经济审判庭等。中级法院,行使初审管辖权和上诉管辖权;终审法院,行使特别行政区的终审权。

---

[1]　范愉、黄娟、彭小龙编著:《司法制度概论》(第2版),中国人民大学出版社2013年版,第47页。

专门法院只设立了行政法院。行政法院是澳门特别行政区受理行政诉讼、税务诉讼和海关诉讼的专门法院。行政法院在审级上属初审法院,如不服其判决,可上诉到中级法院。

(2)检察机关。《澳门特别行政区基本法》规定,澳门特别行政区设立检察院,它是行使澳门特别行政区检察权的法律监督机关,是特别行政区的司法机关。在设置上,检察院与立法会、政府并列。在行使职权上,检察院独立行使检察权,不受任何干涉。检察长与其他行政长官一样,由中央政府任命。

(3)刑事侦查机关。《澳门特别行政区基本法》规定,特别行政区检察院领导刑事侦查工作,对警察机关工作进行监督。警察行使监视和检察权、调查权、侦查权。

第三节　政党制度与司法权

一、政党制度与法治

在西方,"政党"一词(英文"party",法文"parti",德文"partei")由拉丁文"pars"演变而来。其意思是指社会的一部分,后来引申为一种社会政治组织。[1] 关于政党的定义,西方学者主要有以下几种观点:

1.结合说。认为政党是公民的结合,是公民为了某种目的组织起来的较为固定的团体。"政党是从现实角度设想的,它是一群人的联合,这群人一心要占有宪法所批准的政府,并运用政府的各种手段来制定和实施他们认为公正、适当或对他们的利益有好处的法律"。[2] 这种说法强调政党作为公民集合体的特征,但是政党的政治目的亦是其关注的重点之一。

---

[1] 孙继虎主编:《政治学原理》,华中科技大学出版社 2013 年版,第 73 页。

[2] [美]查尔斯·A.比尔德:《美国政府与政治》(上册),朱曾汶译,商务印书馆 1987 年版,第 61 页。

2. 中介说。认为政党是"个人与政府之间的一个链环"[1]，"是社会与政府之间的中心媒介和仲裁人的组织"。[2] 这种看法比较注重政党的职能，由于在一定程度上政党必然代表着特定的社会集团，这种特定的背景决定了政党在一定的社会大众与政府的冲突和融合中会起到别的社会团体起不到的作用。

3. 选举说。认为政党是为政治选举应运而生的政治组织。政党产生和存在的目的就是"吸收和动员游荡于政治领域的各种利益及思想，并试图以这种力量为依托去夺取政治过程的持续支配权"[3]，由此，政党就是一个"为争取选民投票支持它所提名的候选人而高度组织起来的集中统一的全体"。[4] 这种说法把政党的政治性局限在了选举功能上。

4. 折中说。认为"政党是这样一个组织，它通常是通过选举它所提出的候选人担任公职，以达到政府机构之目的。政党有很多形式，但它们的主要职能都是相同的，这便是：提供担任政府职务的人员；组织这些人员制定和执行国家政策；以及在个人和政府之间起桥梁作用"。[5] 这种说法既看到了政党的选举功能，又看到了政党的其他政治作用，同时对政党的媒介角色也有所关注，显得较为全面。

国内学界对政党的概念也是众说纷纭。有学者认为："政党是由一定阶级、阶层或集团中的中坚分子组成的，并为实现反映其政治、经济利益的政治纲领、政治主张而奋斗的政治组织。"[6]何华辉教授认为政党就是"一个阶级的、具有政治纲领的组织"。[7] 这种观点强调了政党的政治性，并且看到了

---

　　[1]　[美]哈罗德·F.戈斯内尔、理查德·C.斯莫尔卡：《美国政党与选举》，复旦大学国际政治系译，上海译文出版社 1980 年版，第 6 页。

　　[2]　罗豪才、吴撷英：《资本主义国家的宪法和政治制度》，北京大学出版社 1983 年版，第130 页。

　　[3]　[日]冈泽宪芙：《政党》，耿小曼译，经济日报出版社 1991 年版，第 4 页。

　　[4]　转引自王惠岩：《政治学原理》，高等教育出版社 2006 年版，第 215 页。

　　[5]　《新哥伦比亚百科全书》，哥伦比亚出版社 1975 年版，第 2076—2077 页。

　　[6]　周叶中主编：《宪法》，高等教育出版社、北京大学出版社 2000 年版，第 334 页。

　　[7]　何华辉：《比较宪法学》，武汉大学出版社 1988 年版，第 318 页。

政党形成的利益因素。也有学者认为政党是"以沟通政府与公民之间的关系，通过选举制度争取国家权力，实现公共权力和平转移为目的的组织"。[1]这种看法强调政党的选举职能，试图以政党的和平夺权方式论证政党对于现代民主制度的进步意义。还有学者认为"政党是具有明确具体的政治纲领、系统化的组织体系和特定的组织纪律，为实现特定的政治目标而形成的政治组织"。[2]这种看法注重通过与利益集团的区别强调政党的特殊性，但是忽略了利益集团本身恰恰是政党的来源之一。

政党一般是指代表某一阶级、阶层或社会集团利益而进行活动的政治组织。按照在本国政治领域中的不同地位，政党通常可分为执政党、在野党、反对党。执政党，即掌握国家政权的政党；在野党，即不掌握政权的政党；反对党，即直接与执政党对立的政党。但在资本主义社会中，往往有这样一种情况：政府（行政）权力由这一政党掌握，但在议会中，反对党却占有优势。[3]

政党作为现代政治社会中最重要的政治组织，在政治生活中扮演着重要的政治角色，发挥着重要的作用，集中体现阶级的利益要求和政治意识；争取群众和教育群众，发展、巩固、扩大阶级基础和社会基础；培养本阶级的政治骨干分子；掌握、参与国家权力，影响社会政治生活。[4]

关于政党制度，也有人称之为"政党体制"，中西方学者对此的认识也不尽相同。有人认为，政党制度是指制度化了的政党执掌、参与国家权力以及由此形成的政党关系的模式，简单地说就是政党从政的固定化了的模式。[5]美国学者迈克尔·罗斯金认为："政党制度是指各政党之间以及各政党与整个政治制度之间的相互关系的总和，表明政党如何相互作用。"[6]

政党制度是一个国家的各个政党在政治生活中所处的法律地位，政党

[1]　韩大元主编：《比较宪法学》，高等教育出版社2003年版，第274页。
[2]　朱福惠主编：《宪法学原理》，中信出版社2005年版，第108页。
[3]　沈宗灵：《法理学》（第4版），北京大学出版社2014年版，第168页。
[4]　孙继虎主编：《政治学原理》，华中科技大学出版社2013年版，第78页。
[5]　梁琴、钟德涛：《中外政党制度比较》，商务印书馆2003年版，第11页。
[6]　[美]迈克尔·罗斯金等：《政治科学》（第9版），林震等译，中国人民大学出版社2009年版，第233页。

同国家政权的关系,政党对政治生活的影响;是指政党自身的运转方式和模式,政党在行使国家政权或干预政治的活动方式、方法、规则和程序,或者是各个政党在争夺对国家政治权力的掌控时逐渐形成的一种权力、地位划分的类型和模式。[1]　政党制度是现代民主政治的重要组成部分,它既包括政党的社会政治地位、作用,又体现出政党与政权的关系以及不同政党之间的关系等。一个国家实行什么样的政党制度,是由该国的国情、国家性质和社会发展状况所决定的。各国政党制度的不同体现出了人类文明发展的多样性。[2]

政党制度的根本功能是:适应国家经济基础和社会制度的要求,规范政党关系,使政治权力合法地掌握在统治阶级手中;规范和保障政治主体权力的行使和权利的实现,为一定经济基础和社会制度服务。[3]　按照不同的分类方法可以分成不同的政党制度:

(1)以社会制度为划分标准。如资本主义制度下的政党制度。有一党制度、两党制度和多党制度之别;社会主义制度下的政党制度。其中有一党制和一党领导下的多党合作制度的区别。新兴发展中国家的政党制度,开始时多为一党制,后多向多党制度转化。

(2)以执政或轮流执政的政党的数目为标准。其中又包括两种具体分类方法:一是将政党制度划分为一党制和多党制两大类型。然后再以执政党执政的作风和特点,细分为若干种。如:属于"一党制"的包括一党专制、一党权威制、一党多元制、实用一党制、一党霸权制、一党优势制等;属于"多党制"的包括两党制、温和多党制、碎分化多党制、极化多党制等。二是把政党制度划分为一党制、两党制和多党制三大类型。[4]

---

［1］　周淑真:《政党和政党制度比较研究》,人民出版社 2001 年版,第 165 页。

［2］　孙继虎主编:《政治学原理》,华中科技大学出版社 2013 年版,第 80 页。

［3］　袁廷华:《中国特色政党制度研究》,中国书籍出版社 2013 年版,第 11 页。

［4］　袁廷华:《中国特色政党制度研究》,中国书籍出版社 2013 年版,第 13 页。

二、中西方政党制度不同模式比较

由于各国的民族习惯、文化传统、宗教信仰、政治体制、选举制度、阶级状况和其他社会历史条件存在不同,世界各国政党制度在历史发展、制度模式、运行机制等方面存在着诸多差异。

(一) 英、美两党制的不同模式

英、美两国都是两党制,但由于国情的不同,英国为议会制的两党制,而美国则是总统制的两党制。英国是君主立宪制的议会制国家,两党的轮替由议会下院选举所得席位决定,上院即贵族院的议员由贵族世袭或国王任命,与选举关系不大。势均力敌的保守党与工党,谁在议会下院选举中得到绝对多数即半数以上议席,就组成一党的内阁,成为执政党,党的领袖即为内阁首相,内阁成员全都是下院议员;在议会中获得次多席位的另一政党则为法定的反对党,组成"影子内阁"。

在英国两党制度的模式和运作中,执政党、在野党界限分明,责任清楚,组织政府的模式为责任内阁。美国的两党制是通过总统选举实现的。美国政党执政的标志不是在国会中占有多数席位,而是取得掌握行政大权的总统职位。哪个政党推出的总统候选人入主白宫,这个政党即为执政党。掌握立法权力的是国会参、众两院,两院以不同方式构成,两院议员任期不同,但均经选民直接选举产生。掌握行政权力的总统不从国会产生,而以选民间接选举和选举人团直接选举相结合的方式产生,因此国会中的多数党与少数党并不构成执政党与反对党的关系,所以两党的对抗时常演变为总统与国会的严重对立。执政党与反对党之间责任不清、界限不明是美国两党制区别于英国两党制的一大特点。

(二) 意、法、德、日多党制的不同模式

多党制是一国之内多党并立、互相争夺政权的政党制度。各政党都有一定的意识形态导向和基本立场,因而执政联盟在施政过程中,在内政外交的一

些基本政策上难以协调,相互关系时常紧张。一旦小党撤回对大党的支持,政府就会倒台,一般来说政局不稳是多党制最大的特点,也是最大的缺点。同是多党制,在法、意、德等国运作方式又各不相同。

意大利是典型的议会制多党制,政局动荡、内阁更迭频繁是其突出特点。从1945年到2000年,意大利55年间更替了55届政府。在法国,自1958年法兰西第五共和国成立以来,实行"半总统半议会制"的多党制。这种体制使总统的权限大大扩张,议会权力削弱,因而使政府的稳定性和连续性增强。德国的多党制则实施"门槛条款",即规定只有得票数达到有效投票总数的5%以上或直接取得三个议席的政党才能进入议会,这样就克服了政党林立,难于形成有执政能力的多数,从而导致政治上四分五裂的局面。日本多党制的特点是多党并存,一党独大。日本目前多党林立,主要的政党有9个,自民党一党独大的特征依然保持不变。

(三) 中国的政党制度模式

中国实行的政党制度是中国共产党领导的多党合作和政治协商制度,它既不同于西方国家的两党或多党竞争制,也有别于有的国家实行的一党制。中国共产党作为执政党,长期处于领导和执政地位。按照《中国共产党章程》,中国共产党是中国工人阶级的先锋队,同时是中国人民和中华民族的先锋队,是中国特色社会主义事业的领导核心。共产党是执政党,就是领导和支持人民掌握管理国家的权力,实行民主选举、民主决策、民主管理和民主监督,保证人民依法享有广泛的权利和自由,尊重和保障人权。八个民主党派作为参政党,与中共共同构成多党合作的制度体系。这一制度在中国长期的革命、建设、改革实践中形成和发展起来,与中国人民民主国体和政体相适应,是适合中国国情的一项基本政治制度,是具有中国特色的社会主义政党制度,是中国社会主义民主政治的重要组成部分。

我国1993年《宪法》修正案第一次以国家根本法的方式对此进行了确认:"中国共产党领导的多党合作和政治协商制度将长期存在和发展"。同时,《宪法》序言还规定:"全国各族人民、一切国家机关和武装力量、各政党和各社会团体、各企业事业组织，都必须以宪法为根本的活动准则，并且负有维护宪法尊严、保证宪法实施的职责。"《宪法》第 5 条第 5 款又规定："任何组织或者个人都不得有超越宪法和法律的特权。"这些规定，确立并构成了我国政党制度的宪法原则，确定了政党和政党制度的基本法律地位，它们同相关习惯性惯例、相关文件规范共同构成了我国政党制度之法律制度。

（四）我国依宪执政与西方宪政的区别

党的十八届四中全会《决定》指出，"坚持依法治国首先要坚持依宪治国，坚持依法执政首先要坚持依宪执政"。依宪执政与西方宪政有根本差异，主要有以下几个方面的本质区别[1]：

第一，理论基础和宪法理念上的差异。宪政（constitutionalism），是对资产阶级自由主义政治理论的核心总结。1789 年法国《人权宣言》第 16 条规定："凡是各项权利未得到可靠保障、权力没有分立的社会，都不存在宪政体制。"

西方宪政民主之"宪"，是按照以"三权分立"为核心的资产阶级宪法来进行统治，用西方的政治制度和政治模式来管理国家，以达到维护和巩固资产阶级统治这一根本目的。我国坚持的依宪治国、依宪执政所依据的是中华人民共和国宪法。作为社会主义性质的宪法，它以国家根本法的形式，确立了国家的根本制度和根本任务、国家的领导核心和指导思想，确立了国家的国体、政体及基本政治经济制度，确立了社会主义法制、民主集中制、尊重和保障人权等原则。这些制度和原则，反映了我国各族人民的共同意志和根本利益，体现了社会主义民主的本质和内在要求。

我们全面推进依法治国建设社会主义法治国家，所依据的理论基础是马克思主义的基本原理。党的十八届四中全会《决定》认为，"宪法是党和人民意志的集中体现，是通过科学民主程序形成的根本法。"习近平总书记也曾指出，"捍卫宪法尊严，就是捍卫党和人民共同意志的尊严。保证宪法实施，就是保证人民根本利益的实现。"这些都体现了马克思主义的重要论述。

---

[1] 马钟成：《依宪治国、依宪执政与西方宪政的本质区别》，华夏网，http://www.hxw.org.cn/html/article/info3715.html，最后访问时间：2016 年 4 月 30 日。

第二,政治主体和利益主体上的差异。宪政理论否定剩余价值学说,认为社会并非由马克思主义所指出的阶级和人民构成,而只是存在着诸多利益不同的群体、团体、阶层或个体。这种个人主义、自由主义的宪政理念,必然派生出多党竞争制、三权分立、军队非党化、司法独立等制度架构,建立一个所谓全民性的国家,其本质上只能代表大资产阶级和帝国主义。马克思主义认为,只有保障无产阶级和劳动人民的根本利益,才能从根本上维护个体的基本权利。

我国宪法作为根本大法,反映了党带领人民进行革命、建设、改革取得的成果,反映了在历史和人民选择中形成的党的领导地位,体现了人民当家作主,保证了社会主义国家政权性质。社会主义"依宪治国"、"依宪执政"的实质,就是要实现人民民主,维护劳动人民的根本利益。

第三,制度基础和运行机制方面的差异。马克思曾指出:"选举是一种政治形式……选举的性质并不取决于这些名称,而是取决于经济基础,取决于选民之间的经济联系。"西方宪政尽管标榜"主权在民",但是公民选举、政策制定常常被金钱、财团等影响和操纵,成为"金钱的政治"。这种民主本质上是资本的民主,服务于以私有制为核心的资本主义经济基础,保障的是资产阶级根本利益。美式宪政实行多党竞争、三权分立的政治制度。但是无论是民主党,还是共和党,都受垄断财团所控制,其内政外交大同小异,本质上是一个资产阶级政党内的不同派别。而所谓被分立的三权,不管是总统、议会还是联邦最高法院,其实都在垄断财团的金钱控制之下,选出的总统和议员都只能是垄断财团的代理人。

与西方宪政模式不同,我国国体是工人阶级领导的、以工农联盟为基础的人民民主专政。国体得以保障的经济基础,是以社会主义公有制为主体的基本经济制度。在社会主义初级阶段,落实公有制和按劳分配为主体的基本经济制度,能够从根本上杜绝资本寡头的出现,从而确立劳动人民当家作主的主体地位,为实现真正的人民民主奠定经济基础。我国政体是议行合一的人民代表大会制。人民代表大会作为国家权力机关统一行使国家权力,国家行政、审判、检察机关由它产生、对它负责、受它监督。人民代表大会制度作为我国的政体,体现了我国的国体,既能充分反映广大人民的意愿又有利于形成全体人民的统一意志,既能保证国家机关协调高效运转又有利于集中力量办大事。

第四,宪法解释权和审查权上的差异。在美国宪政制度下,虽然宪法解释权(即"违宪审查权"或"司法审查权")至关重要,但这一权力却被联邦最高法院的9位大法官所控制。这9个大法官由总统提名而非民主选举产生,既不对民众负责,也不受议会控制。他们一般都是代表大资产阶级利益的著名法学家和律师,少部分则是资深政客,其中基本上不可能产生无产阶级等弱势群体的代言人。美国所谓的宪政,本质上是由大资产阶级挑选代理人来制定、修改和解释宪法。主导美国法治如何运行的,其实是大资产阶级的人治和专制。

我国宪法规定,人民政府、人民法院、人民检察院都由人大产生,对人大负责,受人大监督。人大则由民主选举产生,对人民负责,受人民监督。全国人大的职权包括修改宪法、解释宪法、监督宪法的实施等。党的十八届四中全会《决定》还提出,要"完善全国人大及其常委会宪法监督制度,健全宪法解释程序机制"。与美国宪法的解释权、审查权被少数垄断寡头的代理人控制不同,我国宪法的解释权和审查权在全国人大,在党和人民群众,充分体现了人民利益的至上性。

第五,司法机构政治属性上的差异。在美国宪政模式中,司法机构的确独立于人民,但是并不独立于大财团。例如在2000年美国总统大选中,小布什和戈尔都是华尔街金融资本的代理人,尤其是小布什,更加赤裸裸地站在垄断财团一边。在选举过程中佛罗里达州长杰布·布什(小布什的亲弟弟)进行了严重的选举舞弊,这一案件充分展示了美国宪政模式的实质和困局。

我国宪法规定,全国人民代表大会选举产生最高人民法院院长,并对其有监督权、罢免权。我国的司法制度坚持党和人民对司法机构的领导、监督,从而确保司法公正。党的十八届四中全会《决定》指出,"坚持党的领导,是社会主义法治的根本要求,是党和国家的根本所在、命脉所在,是全国各族人民的利益所系、幸福所系,是全面推进依法治国的题中应有之义"。党对司法机构的领导、人民群众对司法机构的监督都要公开化、透明化、制度化、法律化。

三、政权组织的政治领导

政权组织形式又称政体[1]，是指一国统治阶级按照一定的原则建立起来的行使国家权力、实现国家统治和管理职能的政权机关的组织与活动体制。[2] 政权组织是国家存在的组织基础，是国家最主要的外在表现形态，是广义的政府。它是具体代表国家进行政治统治和社会管理的组织机关。主要包括立法机关、行政机关、司法机关、军队、监狱等机关。政权组织是构成国家的不可缺少的要素。

由于国情和政治体制的差异，西方各国政党在对政权组织进行政治领导的方式并不完全一致，但仍有共同的特点：一是西方政党谋取执政权力的活动以竞选和组阁为中心；二是执政党对政府过程以间接调控为主；三是政党政治运作制度化、规范化。概括起来可分为两大类[3]：

第一类，实行总统制国家。如美国，政党常被视为提供选举供给，即在政党政治中主要是推荐和提名候选人、组织竞选。选举结束后新政府一旦产生，政党就退居次要地位，其使命接近完成，影响逐渐淡出。

第二类，议会内阁制国家上台执政的政党。在这些国家，选举获胜后在议会中占多数席位的政党和政党联盟的领袖负责组阁，并担任内阁首相。内阁总揽国家行政权力，对议会负责。这样，执政党通常既操纵议会，又控制了政府，在政策制定与实施过程中处于比较有利地位。

由于历史沿革、社会制度和现实状况等具体国情的不同，中国共产党在国家政权中执政活动的组织形式和活动方式与西方国家有着根本相同。我国现

---

[1] 有的学者认为政体和政权组织形式既有联系又有区别，参见何华辉：《比较宪法学》，武汉大学出版社 1988 年版，第 136—147 页。

[2] 许崇德主编：《宪法》，中国人民大学出版社 2009 年版，第 126 页。

[3] 李良栋：《执政党应当善于通过国家政权领导国家生活》，《理论视野》2010 年第 1 期。

行的政党制度中国共产党领导的多党合作和政治协商制度,也是中国的一项基本政治制度。其基本内容包括:第一,中国共产党是执政党,各民主党派是参政党,中国共产党和各民主党派是亲密战友。中国共产党是执政党,其执政的实质是代表工人阶级及广大人民掌握人民民主专政的国家政权。各民主党派是参政党,具有法律规定的参政权,包括参加国家政权,参与国家大政方针和国家领导人选的协商,参与国家事务的管理,参与国家方针、政策、法律、法规的制定和执行。民主党派对中国共产党及中国共产党领导下的国家机关实行民主监督。第二,中国共产党和各民主党派合作的首要前提和根本保证是坚持中国共产党的领导和坚持四项基本原则。第三,中国共产党与各民主党派合作的基本方针是长期共存、互相监督、肝胆相照、荣辱与共。第四,中国共产党和各民主党派以宪法和法律为根本活动准则。

四、政党领导与司法权的关系

西方国家的政党与司法之间存在着某种结构性的关系,政党对司法的作用表现在重要的人事任免和监督过程中。比如在美国,总统提名联邦最高法院法官的一个重要条件就是被提名者是否是总统所在政党的成员。而参议院对法官人选的审查以及对法官的弹劾程序则更多受到了政党政治的影响。表面上看,美国的司法要独立得多,但事实上,司法与政党确也存在着千丝万缕的联系。[1] 由此可以看出,在西方国家由于政治过程存在着多党竞争并且作为公共政策的法律也被看作是这种竞争的结果,与这种政治过程和法律相适应的司法必须表现出超越党派之外的特征,政党仅通过其在人事任免和弹劾程序中的作用对司法保持一种制度上的张力就可以了。

中国近代政治转型以来,从北洋政府严格按照西式司法与独立原则推行的"司法不党",到南京国民政府时期实行另一极端的"司法党化";从新中国

---

[1] 李亚虹:《从美国大选看政党政治与司法独立》,《二十一世纪双月刊》2001 年第 4 期。

成立初期的"党法不分"和"以党代政",到依法治国条件下既坚持党的领导又尊重"司法独立",近代中国的政党与司法之关系可谓复杂多变。[1]

政党作为国家政治结构的一部分,它应该接受国家法律的约束应是一个不争的要求,但受中国革命形式以及有关认识的影响,这却是我国成为一个长期的理论和实践问题。新中国成立之初,党的领袖曾说过:"法律只能作为办事的参考。"[2]这表明受传统政治文化和法治经验的局限,当时党对现代法治认知不充分,对法律在国家建设中的地位和党与法律的关系更合乎中国传统集中有序、权力至上的观念。正是由于缺乏法律规范的权力不仅将中国带入了十年"文化大革命",而且它对我们今天的法治建设仍有极为消极的影响。[3]事实上,这种认识和实践在一定程度上延缓了中国社会进步的历史趋势。

改革开放以来,我们最重要的认识成果之一就是搞清楚了执政党与法律的一般关系。中共十二大提出了"党必须在宪法和法律的范围内活动"的基本政治规范;十六大提出了依法执政的政治原则;十八大又强调"党必须在宪法和法律范围内活动。任何组织或者个人都不得有超越宪法和法律的特权,决不允许以言代法、以权压法、徇私枉法"。这意味着在理论和观念上,我们已经承认和确认了法律至上的价值原则,但对社会主义法治国家建设来说,更为重要和关键的是根据这个价值原则理顺党与法律、与司法以及其他政府职能的现实关系。

党和法治关系的问题是全面推进依法治国、走中国特色社会主义法治道路的核心问题。习近平指出,"党和法治的关系是法治建设的核心问题。"其实,党和法治关系的问题,早在新民主主义革命时期的红色根据地就发生了。从那时开始,直到新中国成立,再到改革开放新时期,我们党都对这个问题进

---

[1]　张恒山等:《法治与党的执政方式研究》,法律出版社 2004 年版,第 221 页。

[2]　全国人大常委会办公厅研究室编:《人民代表大会制度建设四十年》,中国民主法制出版社 1991 年版,第 102 页。

[3]　关于权力膨胀对法治建设的负面影响,参见蔡定剑:《历史与变革——新中国法制建设的历程》,中国政法大学出版社 1999 年版,第 274 页。

行了深入思考和探索。党和法治之间的关系，不是存在着党较于法治处于"高"、"上"、"大"、"先"的关系[1]，两者之间不是冲突、对立的关系，而是具有内在一致的关系。党要按照法治的要求，在处处维护法治和促进法治的同时，还要接受法治的管治。

（一）关于党和法治的地位高低问题

1982 年《中华人民共和国宪法》序言指出，本宪法"是国家的根本法，具有最高的法律效力。全国各族人民、一切国家机关和武装力量、各政党和各社会团体、各企业事业组织，都必须以宪法为根本的活动准则，并且负有维护宪法尊严、保证宪法实施的职责"。这句话中所说的"各政党"，显然是包含了中国共产党在内的所有的政党，中国共产党和其他民主党派都要以宪法为"最高的"法律。2014 年 12 月 4 日，习近平明确地指出，"宪法是国家的根本法，是治国安邦的总章程，是党和人民意志的集中体现，具有最高的法律地位、法律权威、法律效力。"[2] 在这里，习近平也使用了"最高"的限定词，并且肯定了宪法在三个方面都是最高的。

（二）关于党和法治上下关系问题

1979 年 9 月中共中央在下发的《关于坚决保证刑法、刑事诉讼法切实实施的指示》中规定，对各项法律制度，从党中央主席到每一个党员，都必须坚决遵守。绝不允许有不受法律约束的特殊公民，绝不允许有凌驾于法律之上的任何特权。[3] 1982 年《宪法》第 5 条更明确地规定，"一切违反宪法和法律的行为，必须予以追究。任何组织或者个人都不得有超越宪法和法律的特权。"2012 年，习近平《在纪念现行宪法公布施行 30 周年大会上的讲话》中也明确指出，宪法和法律"具有根本性、全局性、稳定性、长期性……任何组织或者个人，都不得有超越宪法和法律的特权。一切违反宪法和法律的行为，都必须予以追究"。这些论断都是要视法律的位置在党之上的意思。

---

[1] 许耀桐：《论党和法治的十大关系》，《科学社会主义》2015 年第 1 期。

[2] 习近平：《切实增强宪法意识　推动全面贯彻实施宪法》，《人民日报》2014 年 12 月 4 日。

[3] 胡鞍钢等：《中国国家治理现代化》，中国人民大学出版社 2014 年版，第 27 页。

（三）关于党权和法治权大小关系问题

由于受到两千多年封建思想的影响,一些干部法治意识薄弱,遇到涉及处理与法律有关的纠纷冲突的事,不是寻求司法途径解决,而是热衷于运用各种潜规则,绕过法治解决问题,因为他们信奉的是"权比法大"。从人民是主人、党是仆人的理念出发看待法治问题,法治就是人民意志的反映,而不是党的权力的体现。党的十八届四中全会《决定》明确地指出,"要恪守以民为本、立法为民理念,贯彻社会主义核心价值观,使每一项立法都符合宪法精神、反映人民意志、得到人民拥护。"2014 年,习近平《在第十八届中央纪律检查委员会第二次全体会议上的讲话》说得更清楚了,"各级领导干部都要牢记,任何人都没有法律之外的绝对权力";2015 年 2 月 2 日,习近平在省部级主要领导干部学习贯彻党的十八届四中全会精神全面推进依法治国专题研讨班上指出,"我们说不存在'党大还是法大'的问题,是把党作为一个执政整体而言的,是指党的执政地位和领导地位而言的,具体到每个党政组织、每个领导干部就必须服从和遵守宪法法律,就不能以党自居,就不能把党的领导作为个人以言代法、以权压法、徇私枉法的挡箭牌。我们有些事情要提交党委把握,但这种把握不是私情插手,不是包庇性的插手,而是一种政治性、程序性、职责性的把握。这个界线一定要划分清楚。"

（四）关于党权和法治权先后关系问题

党对司法工作的领导不是具体业务领导,而是政治领导、组织领导和思想领导,党不参与司法过程,不干预审判权的独立行使。党的领导不否定、不妨碍司法权独立行使。中国的司法独立是一种党领导下的司法权独立行使,是在中国特色社会主义历史条件下合理选择的一种司法独立模式。[1] 2014 年2 月 28 日,习近平主持召开中央全面深化改革领导小组第二次会议并发表重要讲话,他指出,"凡属重大改革都要于法有据。在整个改革过程中,都要高

---

[1]　夏锦文:《当代中国的司法改革:成就、问题和出路——以人民法院为中心的分析》,《中国法学》2010 年第 1 期。

度重视运用法治思维和法治方式,加强对相关立法工作的协调。"[1]十八届四中全会《决定》明确指出,"必须坚持立法先行,发挥立法的引领和推动作用。""实现立法和改革决策相衔接,做到重大改革于法有据、立法主动适应改革和经济社会发展需要。"这就确立了在改革的发展进程中,法治要始终走在前列的理念。党对改革的领导,不是先于法律的领导,而是先行立法的领导,事先要寻求改革的法律根据,也就是说,党的领导必须纳入法治的轨道,遵循着法治的轨迹前进。

第四节　党的领导与审判权运行

一、党的领导与依法治国

党的十八届四中全会通过的《中共中央关于全面推进依法治国若干重大问题的决定》明确指出:"党的领导是中国特色社会主义最本质的特征,是社会主义法治最根本的保证";"党的领导和社会主义法治是一致的,社会主义法治必须坚持党的领导,党的领导必须依靠社会主义法治";要"加强和改进党对全面推进依法治国的领导","把党的领导贯彻到依法治国全过程和各方面"。这些重大论断是对新中国成立 65 年特别是改革开放 36 年以来法治建设基本经验的高度概括,体现了坚持党的领导地位和发挥党的政治保证作用的高度统一,深刻揭示了我国社会主义法治本质,科学回答了党的领导和依法治国的辩证关系,为建设社会主义法治国家提供了根本遵循,体现了党全面推进依法治国的决心,对我们在新的历史条件下全面推进依法治国具有重大指导意义。

---

[1] 习近平:《凡属重大改革都要于法有据》,《新京报》2014 年 3 月 1 日。

（一）坚持党的领导是全面推进依法治国题中应有之义

我国宪法在"序言"部分庄严宣告我国的政党制度是"中国共产党领导的多党合作和政治协商制度"，赋予了党治国理政的重大使命。习近平总书记也指出："我们治国理政的根本，就是中国共产党领导和社会主义制度。"中国共产党的领导地位有着历史渊源和现实基础，这是历史发展的选择，更是中国人民的抉择。中华民族的独立和解放，是在党的领导下取得的；解决 13 亿人民温饱问题和初步建成小康社会，也是在党的领导下实现的。中华民族要走向繁荣富强，必须有一个坚强的领导核心，这就是中国共产党。坚持党的领导，反映了中国社会发展和文明进步的历史必然，是党和国家的根本所在、命脉所在，是全国各族人民的利益所系、幸福所系。我国的宪法和法律凝结着人民的意志，而人民的意志又是通过党来汇集和凝聚的。如果离开了共产党的领导，就不可能把全国人民的力量和意志凝聚起来，发展社会主义民主、全面推进依法治国也就无从谈起。坚持依法治国首先要坚持依宪治国，坚持依法执政首先要坚持依宪执政。要坚持依宪治国，依宪执政，就必须坚持党的领导。

（二）坚持党的领导和推进社会主义法治相辅相成

把坚持党的领导、人民当家作主、依法治国有机统一起来是我国社会主义法治建设的一条基本经验，是推进政治文明建设必须遵循的基本方针。党的领导和社会主义法治在本质上是一致的，缺一不可。社会主义法治必须坚持党的领导，这是社会主义法治的根本要求。中国特色社会主义制度是中国特色社会主义法治体系的根本制度基础，是全面推进依法治国的根本制度保障。中国特色社会主义法治理论是中国特色社会主义法治体系的理论指导和学理支撑，是全面推进依法治国的行动指南。党的领导保障依法治国。只有坚持党的领导，贯彻中国特色社会主义法治理论，才会不被错误思想所左右，不受制于人，才能保证方向不偏离、规定不走样。只有在党的领导下依法治国才能有序推进国家和社会生活法治化，才能真正实现人民当家作主，建设中国特色社会主义法治体系和法治国家才有可靠保证。与此同时，坚持党的领导又必须依靠社会主义法治,依法治国从根本上讲是对党自身建设提出的要求。党的领导接受宪法、法律和党内法规的双重规范与监督。依法治国要求党依据党内法规从严治党。依法执政,既要求党依据宪法法律治国理政,也要求党依据党内法规管党治党。邓小平同志指出:"没有党规党法,国法就很难保障。"[1]党的领导不是随意所为,是有规则的领导,是在法治轨道上的领导。

(三)党的领导贯穿于依法治国全过程

坚持党的领导,既要始终把握法治建设的政治方向,使中国特色社会主义法治理论成为依法治国的指导思想,又要统筹依法治国各领域工作,具体体现在党领导立法、保证执法、支持司法、带头守法上,实现科学立法、严格执法、公正司法、全民守法的顺利推进和有效实施,促进国家治理体系和治理能力现代化。正如《决定》所指出,"党依据宪法法律治国理政","必须坚持党领导立法、保证执法、支持司法、带头守法"。党保证执法,就是在党的领导下建立权责统一、权威高效的依法行政工作体制,为行政机关执行法律提供后盾和保障,使执法者在思想上行动上同宪法法律保持一致。

二、党的领导与公正司法

党的十八届四中全会《决定》,对加强和改进党对司法工作的领导高度重视,作出了很多新的规定,提出了明确要求,为如何坚持党对司法工作的领导和司法机关如何在司法工作中坚持党的领导,明确了思路,完善了制度,统一了思想,指明了方向。

(一)只有坚持党的领导,才能保证人民法院依法独立行使职权,实现公正司法

一个国家的法院坚持什么或服从什么,无一不来自于本国宪法法律的规定。《宪法》第 126 条和第 131 条确立了司法机关独立行使职权,不受任

---

[1] 《邓小平文选》第二卷,人民出版社 1994 年版,第 147 页。

何机关和个人干涉的基本原则。但由于我国传统上是人情社会,公众的法治意识普遍不高,一些机关、团体、企事业单位及一些领导干部尊重人民法院依法独立行使职权的意识不强,导致一些案件的公正审判备受干扰,且由于司法机关的人财物保障受制于地方政府的原因,司法审判还常受地方保护主义的干扰。为此,党的十八届三中全会提出了对省以下法院、检察院人财物实行统一管理的改革举措。十八届四中全会《决定》更是明确提出,要"建立领导干部干预司法活动、插手具体案件处理的记录、通报和责任追究制度"。2015 年 3 月,中共中央办公厅、国务院办公厅印发了《领导干部干预司法活动、插手具体案件处理的记录、通报和责任追究规定》,为确保司法机关依法独立公正行使职权,人民法院依法履职提供了有力保障。而要把这一规定落到实处,从制度、体制和机制上建立防范各种干扰的防火墙或隔离带,切实实现人民法院依法独立行使审判权,关键也要在党的领导下,协调各方支持才能实现。

(二) 党的领导有助于建设高素质司法队伍,提高司法水平

法治工作队伍在党和国家公职队伍体系中具有特殊的地位和作用。坚持党的领导有助于建设高素质司法队伍,有助于提高思想政治素质、司法业务能力、司法职业道德水准。党的十八届四中全会《决定》提出,建设高素质法治专门队伍,加强法律服务队伍建设,创新法治人才培养机制,着力建设一支忠于党、忠于国家、忠于人民、忠于法律的社会主义法治工作队伍。建设高素质法治工作队伍必须坚持党的领导,把拥护中国共产党领导、拥护社会主义法治、拥护中国特色社会主义法学理论和法治体系作为律师及其他法律服务工作者从业的基本要求,增强坚定法治理念、法治道路、法治体系建设的自觉性和坚定性,推进法治专门队伍正规化专业化职业化。使党性观念强、法律素养好、有执法司法丰富经验的干部执掌执法司法权力,带领执法司法队伍恪尽职守,做中国特色社会主义法治建设的守卫者和推动者。

三、党的领导与审判权运行机制改革

（一）党的领导是司法体制改革的最根本的保证

中国共产党作为执政党在国家生活中发挥领导作用,是中国特色社会主义最本质的特征。党领导人民建设社会主义司法制度,也领导人民坚持和完善社会主义司法制度。改革社会主义司法制度,坚持司法体制改革的社会主义方向,离不开党的领导。司法体制改革属于政治体制改革的重要部分。作为国家治理体系中的重要部分的司法体制是维护社会公平正义的最后一道防线,司法体制的改革和完善,关系到经济社会发展的各个领域、各个层面、各种利益,可谓牵一发而动全身。司法的体制性改革,必须经周密论证,使制度设计既要注意总体上符合社会各界和人民群众的期望,也要使改革的力度与经济和社会的承受能力相符合。对于一个有着13亿人口的发展中国家,任何一项改革都不会一帆风顺,也不可能一蹴而就。

深化司法体制改革,我们要坚持党总揽全局、协调各方的领导核心地位,充分发挥各级党组织的作用,从大局出发,从维护法制权威高效统一的高度,正确处理全局和局部、长远和当前的关系,正确对待利益格局调整,坚决克服地方和部门利益掣肘;加强对深化司法体制改革涉及各部门间的统筹协调力度,加大支持保障力度,确保改革在统筹协调中有序推进;推动各级政法机关切实增强责任感和紧迫感,抓住机遇,乘势而上,以攻坚克难的精神推动司法体制改革,有效解决影响和制约政法工作发展进步的突出问题。进行司法体制改革,必须在党的领导下实施。

（二）党的领导是全面深入推进司法体制与机制改革的前提

司法体制改革是我国政治体制改革的重要组成部分,具有很强的政治性、政策性、法律性。执政党在国家民主政治建设上起着重大作用。一个国家民主政治建设的成败,很大程度上取决于执政党选择怎样的民主政治发展道路。中国共产党作为中华人民共和国的缔造者和执政党,对于中国特色社会主义民主政治建设,特别是我国社会主义法治建设起着更为直接的关键性作用。党的十八届四中全会着眼于解决影响司法公正、制约司法能力的深层次问题,着眼于破解影响法治社会建设的体制机制障碍,对深化司法体制和社会体制改革作出了全面部署。为确保司法体制改革不入歧途、不走弯路,确保中国特色社会主义司法制度始终顺应改革开放的潮流健康发展,始终随着法治建设的步伐不断推进,始终与人民群众对公平正义的呼唤同步深化,必须始终坚持党的领导不动摇。

(三) 加强和改进党的领导是司法体制改革的重要内容

党的十八届四中全会提出,必须加强和改进党对法治工作的领导。因此,加强和改进党对司法工作的领导,提高党领导司法工作的能力和水平,是司法体制改革的重要内容。

1. 加强和改进党对司法工作的领导,前提是加强和改进党领导人民制定宪法与法律的体制及工作机制。在我国,宪法和法律都是党领导人民制定的,体现了党和人民的意志与利益。因为实现"良法善治"是全面推进依法治国的重要任务,也是加强和改进党对司法工作的领导的重要内容。另外,还要求党必须在宪法和法律范围内活动,不得随意干涉个案的审理,对于属于司法领域的具体事务应当由司法机关处理。党领导人民制定宪法和法律的同时,要带头遵守宪法和法律,党自身必须在宪法和法律范围内活动,真正做到党领导立法、保证执法、带头守法。

2. 加强党对司法工作的领导有利于统筹政法委工作,促进司法全面协调发展。党委政法委要明确职能定位,善于用法治思维和法治方式领导政法工作。加强党的领导有助于统筹政法工作,促进司法全面协调发展。一方面,保证司法机关依法独立公正行使职权是党的明确主张,各级党组织和领导干部要带头尊重和维护宪法法律的权威,带头排除各种干扰,协调好各方面关系,切实增强法治观念,支持人民法院、人民检察院依法独立公正行使审判权和检察权,维护司法的统一和权威。另一方面,政法委员会是党领导政法工作的组织形式,必须长期坚持。基于一些地方政法委员会偏离自身职责,危害法治的情形,有人主张干脆废除政法委员会;持该主张者认为政法委员会在党委外形成一个中心,不利于党的领导;政法委员会制度与宪法规定的公检法三家分工制约的宪政体系格格不入,对司法公正构成根本性的伤害;因此,他们主张要完成建设社会主义法治国家的历史任务,废除政法委员会势在必行。但从客观实际来看,迄今为止地方主义、部门保护主义等一直是中国政府职责履行特征的一部分,而克服分散主义的方法只能诉诸某种具有统一性的机构。因此,无论对公检法,还是对职责范围更大的政府机构来说,政法委员会的存在都是必要的和有意义的。

徒法不足以自行,只有加强党的领导才能保障依法治国。党的十八届四中全会提出,"党的领导是中国特色社会主义最本质的特征,是社会主义法治最根本的保证。"这一论断深刻阐明了依法治国的根本政治方向。党的十八届四中全会还着眼于解决影响司法公正、制约司法能力的深层次问题,提出"保证公正司法、提高司法公信力",并具体提出将审判权和执行权分离、设立巡回法庭、设立跨行政区划的法院和检察院,以确保独立公正行使审判权和检察权。就目前我国党与司法关系的实际状态来看,为了避免一些党的组织特别是领导干部直接干预司法过程的现象,将尊重司法权的独立行使确定为党政必须严格遵守的政治规范是绝对必要的。

在中国搞"三权分立",既无政治基础和社会基础,更无经济基础和阶级基础。历史实践证明,照搬外国政治制度模式,不仅在理论上站不住脚,在现实中也是行不通的。值得注意的是,近年来,有人借深化政治体制改革为话题,鼓吹中国要搞西方宪政民主。如果不顾我国国情,违背人民的根本利益,照搬资本主义国家"三权分立"的政治制度,必然会从根本上动摇人民当家作主的政治地位,动摇我国政治稳定的根基。必须加强和改进党对全面推进依法治国的领导,只有这样才能使社会主义法治建设顺利开展,中国特色社会主义事业才能长治久安。

第二章

审判权运行的法理基础

第一节　审判权的性质

一、人类社会生活的共性与审判权存在的必然性

审判权是维护统治秩序,实现社会管理职能的必要途径。像任何其他权力一样,审判权的确立及发展也经历了一个曲折的过程。

以原始公有制为基础的氏族社会,由于国家尚未出现,人类还处于蒙昧和野蛮的状态,社会关系比较简单,并不需要借助法律制度等国家机器调整规范。当时社会关系的调整,主要依靠氏族内部的生产生活习惯与伦理道德规范、氏族首领威信等为保障。这就是恩格斯所说的,"没有士兵、宪兵和警察,没有贵族、国王、总督、地方官和法官,没有监狱,没有诉讼,而一切都是有条有理的。一切争端和纠纷,都由当事人的全体即氏族或部落来解决,或者由各个氏族相互解决"。[1] 在一些极端场合也采取血亲复仇、同态复仇、战争的方式解决。随着奴隶制国家的产生,统治阶级需要建立军队、警察、监狱、法庭等国家暴力机器维护剥削和统治。为维护阶级统治,统治阶级需要借助法律制度调整人与人之间的行为规范,维护统治秩序,确保统治阶级意志得以实现。

---

[1] 《马克思恩格斯文集》第4卷,人民出版社2009年版,第111页。

而法律的实施,则需要借助司法机构行使审判权得以实现。

在奴隶社会和封建社会,司法权长期与行政权合一甚至是行政权的附庸,司法的主要职能是维护统治而不是保障人权。古代律典大多是以刑为主、诸法合体、刑民不分。从公元前18世纪巴比伦的《汉谟拉比法典》,公元前5世纪罗马的《十二铜表法》,到中国战国时期李悝编制的第一部比较系统的封建成文法典《经法》,都是"诸法合体,民刑不分"类型的法典。调整社会关系的主要手段是刑事制裁。中国古代行政长官同时兼行审判权。在审判过程中,为维护统治秩序和司法权威,可以采取各种酷刑刑讯逼供,当事人只是诉讼的客体,被动接受司法审判。当事人并不当然享有提出效力瑕疵异议的权利,人民仅仅止于消极地接受其反射性利益,而没有受审判权。[1]

随着生产力的发展,资产阶级民主革命的胜利,人民权利意识的觉醒,资本主义国家通过审判权的运行,维护阶级统治;解决矛盾纠纷,实现社会管理职能;通过实行民主法治,保障人权,维护民主权利等理念维护自由竞争的市场秩序。审判活动不再只是统治阶级维护统治的重要途径,通过审判活动解决大量民事纠纷,获得平等公正对待,防止未经受审而获刑,成为民众的需要。自1215年英国《自由大宪章》订立以来,英美法系的一些立法体现了公正审判权的一些内容,比较典型的是1787年美国联邦宪法第5条修正案规定:"无论何人,除非根据大陪审团的报告或起诉书,不受死罪或其他重罪的审判……任何人不得因同一犯罪行为而两次遭受生命或身体的危害;不得在任何刑事案件中被迫自证其罪……"。第二次世界大战后,公民享有接受公正、独立的法院审判的权利成为国际共识。[2]

我国审判权的性质与社会主义国家的本质是一致的。它体现人民当家作

---

[1]　宁立标:《论公民的受审判权及其宪法保护》,《西北政法学院学报》2004年第2期。

[2]　《世界人权宣言》第10条规定:"人人完全平等地有权由一个独立而无偏倚的法庭进行公正的和公开的审讯,以确定他的权利和义务并判定对他提出的任何刑事指控。"《公民权利和政治权利国际公约》第14条规定:"所有的人在法庭和裁判所前一律平等。在判定对任何人提出的任何刑事指控或确定他在一件诉讼案中的权利和义务时,人人有资格由一个依法设立的合格的、独立的和无偏倚的法庭进行公正的和公开的审讯……。"

主的地位,审判权运行的目的是为民司法,它通过审理刑事案件,维护人民群众的生命、财产、民主权利,维护社会秩序,实现公平正义;通过审理民事案件,定分止争,调整人与人之间的关系,维护平等、自由、法治的社会主义市场经济秩序,实现社会管理职能;通过审理民告官的行政案件,维护公民的合法权益不受权力机关的非法侵犯。

二、审判权是人类分工与合作的制度基石

社会分工是指人类从事各种劳动的社会划分及其独立化、专业化。社会分工是人类文明的标志之一,也是商品经济发展的基础。社会分工的优势就是让擅长的人做自己擅长的事情,使平均社会劳动时间大大缩短。社会分工的发展,导致社会分化,社会分工越精细,社会分化越复杂,社会关系趋于多样化。在原始公有制为基础的氏族社会,部落组织与社会关系比较简单,并不需要借助法律制度等国家机器调整规范,社会长期处于"刑政不用而治,甲兵不起而王"、"无制令而民从"的状态。在人类社会早期,人们认知水平有限,普遍有着对超自然存在的信仰,神判形式成为具有公信力的裁判手段。

随着社会生产力的提高,剩余产品和私有制的出现,社会分工越来越细,社会关系趋于多样化,迫切需要制定共同遵守的行为准则以调整人与人之间的关系。随着阶级和国家的产生,统治阶级有必要通过设立和行使审判权确保被统治阶级严格遵守法律,维护阶级统治和权威,实现社会管理职能。审判权对于阶级统治的重要性为封建君主所重视。封建社会实行高度集权的封建君主专制,封建君主除了行使行政权,还牢牢掌握最高审判权,具有生杀予夺的权力。君主颁布的诏令、敕条,以及经过君主钦定的判例,无不具有比律更高的法律效力,经常在审判中被援引,甚至可以代律、破律。

随着社会分工的进一步细化,经济社会的进步,审判机构得到发展。秦设廷尉,管理天下刑狱;隋设刑部掌管法律刑狱;唐进一步细分审判职能,设大理

寺,审理中央百官与京师徒刑以上案件,设刑部,履行复核职能,承担着地方徒刑以上案件和大理寺所报的徒以上案件的审核驳正;清设刑部、大理寺,执掌全国法律刑名事务,下设 17 清吏司分掌京师和各省审判事务,还设有追捕逃人的督捕司、办理秋审的秋审处、专掌律例修订的修订法律馆。在中央集权的君主专制制度下,没有审判权独立,最高审判权掌握在封建君主手里,地方官员既行使行政权,也行使审判权。

近代法律制度是在反封建压迫,争取民族独立、民主、人权的基础上发展起来的。17 世纪英国著名政治学家洛克提出的行政、立法两权分立,用以巩固当时英国的资产阶级革命成果。后来该学说被法国著名思想家孟德斯鸠诠释为行政、立法、司法三权分立的形式。行政、司法、立法三大权力分属三个地位平等的国家机关,三者互相制衡,避免独裁专制的产生,是当前世界上资本主义民主国家广泛采用的一种民主政治思想。司法独立是西方宪政的重要组成部分。西方国家的"司法独立"是指"司法权从立法权和行政权分离出来,再赋予独立的国家机构场合,进行权力分立"。这个定义是有特定含义的。

在 1983 年出版的日本《新法律学辞典》里,概括了西方法学界关于"司法独立"的特定含义:(1)独立行使司法权,只受宪法和法律的约束;(2)司法权完全独立,不受立法权、行政权的任何干预和束缚;(3)法律上司法不受其他国家机关(包括总统)和任何政党的监督与管理;(4)司法权行使时,不受其他任何事物和形势的牵制与影响;(5)在审判案件中审判权完全独立,不受任何人指挥和命令的拘束;(6)保障法官独立性,按照日本《宪法》的规定,"所有的法官依据良心办案",为维护司法权的独立,承认对法官特别强的地位保障和身份保障。这六个方面,完整涵盖了西方国家"司法独立"的要点。[1]

我国宪法明文规定,人民法院依法独立行使审判权。审判权的运行体现社会主义制度性质,与西方的审判独立有根本区别。1999 年九届全国人大二次会议通过宪法修正案规定:"中华人民共和国实行依法治国,建设社会主义

---

[1] 刘瑞复:《我国独立公正司法与西方国家"司法独立"的根本区别》,http://theory.people.com.cn/n/2014/1226/c143844-26280659.html,最后访问时间:2016 年 6 月 7 日。

法治国家。"中共十六大提出全面落实依法治国基本方略。十八届三中全会公报指出："要维护宪法法律权威,深化行政执法体制改革,确保依法独立公正行使审判权检察权,健全司法权力运行机制,完善人权司法保障制度。"《中共中央关于全面深化改革若干重大问题的决定》明确要求,"改革司法管理体制,推动省以下地方法院、检察院人财物统一管理,探索建立与行政区划适当分离的司法管辖制度,保证国家法律统一正确实施"。在探索审判权运行规律过程中,为保障裁判正确性,提高审判工作效率,审判权行使的专业化分工日益受到重视。除了基本的刑事、民事、行政等审判工作分工,更细分为以案件类型为分类标准的专业化审判分工。如近年来成立知识产权法院、环境资源审判法院/庭等。

审判权是现代社会分工与合作的制度基石。法律是规范分工与合作的社会关系的制度保障。"法官就是法律由精神王国进入现实王国控制社会生活关系的大门。法律借助于法官而降临尘世"[1]。法律机器得以完善的运行,得益于程序完备的司法制度。社会个体活动的合规性与否,最终通过审判活动得以评价,实现法的指引、评价、教育、强制作用。审判权在根本上将社会个体的活动纳入社会整体规范体系当中。

三、审判权与其他权力的关系

西方国家基本政治制度建立在三权分立基础上,司法是三权分立的内容之一,即立法、行政和司法机构相互独立相互制约。司法机构一方面要适用立法机构制定的法律,部分国家如美国的司法机构还拥有依照宪法对立法机构制定的法律进行违宪审查的权力。法官一方面要由行政机构首脑或立法机构任命,一方面又具有独立的地位和终身任期,除遭受弹劾外,不受任何其他官员的控制。我国实行社会主义国家制度。人民法院依照法律规定独立行使审

---

[1] [德]古斯塔夫·拉德布鲁赫:《法学导论》,米健译,中国大百科全书出版社1997年版,第100页。

判权,不受行政机关、社会团体和个人的干涉。党的十八届四中全会《决定》明确要求:"任何党政机关和领导干部都不得让司法机关做违反法定职责、有碍司法公正的事情,任何司法机关都不得执行党政机关和领导干部违法干预司法活动的要求。"

(一) 审判机关与权力机关的关系

人民代表大会制度是我国的根本政治制度。人民行使国家权力的机关是全国人民代表大会和地方各级人民代表大会。我国宪法规定,国家行政机关、审判机关、检察机关都由人民代表大会产生,对它负责,受它监督。法院由人民代表大会产生,向人民代表大会负责并报告工作,接受人民代表大会的监督。人大行使立法权,人民法院要在宪法、法律的规范内行使审判权。人民法院审判具体案件要以人大制定的法律作为裁判依据。人民法院向人大及其常委会报告工作,接受人大代表的质询,办理人大代表提出的建议、批评和意见等。法官通过人民代表大会及其常务委员会任免。

人大在监督法院的同时,也要尊重人民法院依法独立行使审判权。人大不能直接介入和从事案件的审理工作,不能要求法院按建议或决议执行,即不能对法院具体案件的审判工作发号施令,更不得通过决议的方式直接撤销和变更法院已作出的生效判决。人大行使监督权应遵守法定程序,对法院监督的内容和范围应当予以明确化、规范化。

(二) 审判权与行政权的关系

在中国,国家行政机关、审判机关、检察机关都由作为国家权力机关的人民代表大会产生,对它负责,受它监督;国家机构按照民主集中制的原则活动。从国家机关产生的依据看,法院和政府是各司其职,相互协调配合的关系。然而现实情况是地方法院人财物高度依赖当地政府,司法地方化顽疾长期被人诟病,地方政府将法院视为地方的法院,重大案件公诉和审理容易受到地方干扰。在这种情况下,要求法院完全摆脱行政的干预、充当公正的居间裁判人的角色是十分困难的。

《最高人民法院关于全面深化人民法院改革的意见》中提出要改革司法

机关人财物管理体制,将法官任免、人员编制、人事管理提高到省一级统管,经费保障纳入省级和国家财政预算,这一举措是解决司法地方化问题的重要环节。为进一步保障法院依法独立行使审判权,《中共中央关于全面推进依法治国若干重大问题的决定》提出各级党政机关和领导干部要支持法院、检察院依法独立公正行使职权。建立领导干部干预司法活动、插手具体案件处理的记录、通报和责任追究制度。任何党政机关和领导干部都不得让司法机关做违反法定职责、有碍司法公正的事情,任何司法机关都不得执行党政机关和领导干部违法干预司法活动的要求。

审判权与行政权的关系还体现在行政审判当中,人民法院通过行使行政审判权,对行政权的行使进行监督和控制,防止行政权的恣意滥用,规范政府行为,促进政府依法执政。行政诉讼既要维护公民合法权益,也维护政府依法正确行使职权的权力。

(三) 审判权与法律监督权的关系

我国宪法规定,人民检察院是法律监督机关,依法独立行使检察权。二者之间是分工负责、相互配合、相互制约的关系。人民检察院对民事、行政、刑事诉讼实行法律监督。人民法院行使审判权受人民检察院的监督。

在民事、行政诉讼中,人民检察院通过抗诉行使监督权。在刑事诉讼中,检察院既是控诉机关,又是法律监督机关。人民检察院行使法律监督权要遵循合法性原则,只能在法律规定的范围、方式内行使监督权,尊重人民法院依法独立行使审判权的权力;遵循居中监督原则。在民事诉讼中,人民检察院不是一方当事人的代言人,应当保持客观、公正、中立的立场。遵循谦抑性原则,在民事诉讼中,尊重当事人的意思自治,避免监督权过度膨胀,损害当事人的意思自治。人民检察院通过对具体案件的再审检察建议和对审判人员的违法行为提出检察建议,行使法律监督权。对于人民检察院提出的抗诉案件,接受抗诉的人民法院要依法作出再审的裁定。

第二节　审判权的功能

一、保障社会价值观与社会认同的权威制度

司法系统在社会控制体系中具有极其重要的地位,伴随着法治现代化,司法机制在社会治理中扮演着日益重要的角色,通过司法裁判保障国家和人民认可的最基本的社会价值观的实现。最高人民法院常务副院长、一级大法官沈德咏说:"立法主要是在法律和制度层面解决正义分配的问题,而司法则是对失衡的社会关系进行矫正、对受损的公平正义进行修复的重要防线。"[1]

国内学者认为,社会认同是社会成员共同拥有的信仰、价值和行动取向的集中体现,本质上是一种集体观念,在各个领域表现为国家认同、文化认同、职业认同等,与社会价值观有一定的重合。审判要实现的价值常常与社会认同趋于一致,不可能总是背离广泛的社会认同,否则裁判的权威性会受到质疑。社会认同作为一种集体观念,既有理性也有非理性的部分,审判工作也要避免受到非理性的社会认知的影响,避免受到非理性的舆论影响,即避免受到舆论审判的影响,要依法独立行使审判权,保障裁判的正确性。

二、保障社会个人权利与自由的基础制度

随着依法治国基本方略的推进,司法公正伴随着公民法治意识和权利意识的增强也越来越为人们关注。没有司法公正,宪法和法律赋予人民的权利和自由就得不到保障。在专制社会,审判权的目的主要在于维护专制统治,接受审判主要是人民的法律义务。在法治社会,通过司法裁决维护和实现个人

---

[1] 沈德咏:《推进三项重点工作　服务大局保障民生》,http://www.court.gov.cn/xwzx/rdzt/2011qglh/twzb/tjssbzms/,最后访问时间:2016 年 9 月 22 日。

的合法权益,成为人民的法律权利。人民法院作为代表国家行使审判权的专门司法机关,必须在司法过程和司法结果中体现公平正义。

西方的人权观主张只有西方式的民主才能够实现,而中国则认为各国应根据自己的国情来寻找适合自己的民主模式和人权实现途径,但对于公民生来应享有的最基本的权利即生存、安全、民主、平等、自由等,中西方的认识基本是一致的。法以权利为本位,权利保护尤其是人权保障理念也成为现代法治和古代法制的重大区别。

习近平总书记在首都各界纪念现行宪法公布施行 30 周年大会的讲话中指出:"我们要依法保障全体公民享有广泛的权利,保障公民的人身权、财产权、基本政治权利等各项权利不受侵犯,保证公民的经济、文化、社会等各方面权利得到落实,努力维护最广大人民根本利益,保障人民群众对美好生活的向往和追求","我们要依法公正对待人民群众的诉求,努力让人民群众在每一个司法案件中都能感受到公平正义"。[1] 总书记还强调:"公平正义是政法工作的生命线,司法机关是维护社会公平正义的最后一道防线。"[2]

三、实现国家治理法治化和现代化的关键环节

党的十八届四中全会明确了全面推进依法治国的六项重大任务,其中之一就是保证公正司法,提高司法公信力。为此,四中全会提出一系列具体的措施,首先就是要完善确保依法独立公正行使审判权的制度。

保障人民法院依法独立行使审判权,要求党政领导干部要有法治理念,正确处理党政机关和人民法院的关系,自觉尊重和维护司法权威,主动运用法治思维和法治方式推动发展。"通过支持法官依法独立办案,可以有效推动司

[1] 习近平:《在首都各界纪念现行宪法公布施行 30 周年大会上的讲话》,新华网,http://news.xinhuanet.com/politics/2012-12/04/c_113907206.htm,最后访问时间:2016 年 12 月 4 日。
[2] 习近平:《坚持严格执法公正司法深化改革 促进社会公平正义保障人民安居乐业》,《人民日报》2014 年 1 月 9 日。

法的现代化。而司法体系和司法能力现代化,又是整个国家治理体系和治理能力现代化的突破口"[1]。

司法改革的影响不仅局限于司法领域,也是在全社会进行的一场普法教育,能够促进人民群众和领导干部法治意识的提高。建立权责明晰、权责统一、监督有序、配套齐全的审判权力运行机制是确保人民法院依法独立公正行使审判权、提高司法公信力的实现途径。

法律的实施不仅需要社会个体的自觉遵守,也需要通过裁判的权威保障社会个体遵守法律。守法的主体包括人民群众,也包括党政机关、社会团体等,在法治社会执法机关严格守法的意义更为重要。

人民法院通过审理民告官的行政案件,促进行政机关依法行政,提高执法人员依法行政的水平。通过对贪污腐败犯罪分子行使审判权,依法惩治犯罪,对犯罪行为予以震慑,使意志薄弱的公职人员不敢犯,将权力严格限制在法律规定的范围内,实现国家治理的法治化和现代化。

第三节　审判权的基本特点

司法是维护社会公平正义的最后一道防线。审判权的运行是依照实体法和程序法解决公民之间的各种纠纷以及公民与政府之间各类纠纷的司法活动。

具体而言,它具有以下特征。

一、审判权的独立性

审判独立在西方称为司法独立。我国宪法规定:"中华人民共和国人民

---

[1]　孙佑海:《司法审判去行政化是国家治理体系和治理能力现代化的重要突破口》,《法制与社会》2014 年第 6 期。

法院是国家的审判机关。"审判权只能由人民法院行使,其他机构无权行使。

我国独立行使审判权的概念应包含两种含义,一是人民法院依法独立行使审判权,二是法官依法独立审判案件。人民法院依法独立行使审判权有根本法保证,然而法官依法独立审判案件的权力却鲜少有人重视。

长期以来审判权运行机制与行政管理有相似之处,裁判文书需要庭长或主管院长签发,个案请示、汇报等,这种运行机制的一个弊端就是容易给他人插手、过问、干预案件审理的情况,是违背司法规律的。当前司法改革就是要改变过去审判权力运行的"行政化"状况,从根本上解决"审者不判、判者不审"、"审与判分离"等问题,实现由"审理者裁判,由裁判者负责"。

法官在审理和裁判案件时在法律规定的权限范围内,根据自己对案件事实的认定和法律的理解,独立提出合议意见或者裁判(在独任审理的情况下),不受行政机关、其他组织和个人非法直接或间接的影响与干涉,也不受法院内部的违法干预。

二、审判权的被动性

司法公正属于矫正正义范畴。审判权行使的前提是有纷争存在,由当事人提起或控诉机关提起公诉,以"不告不理"为原则,非因诉方、控方请求不主动干预,实质上是法律主体之间存在法律冲突和纠纷,并请求司法机关公正裁决。法国学者彭纳德认为争讼状态的存在是审判权作用的前提条件,而所谓争讼状态是指有关法律问题的争议,因该争议进入司法机关,而使司法职能发挥作用。

审判权的被动性在诉讼程序中大量存在。第一审审判程序的启动需有当事者发起控告或起诉,第二审审判程序的启动,需要有当事人上诉。一审、二审的审理范围局限于起诉书或上诉状中载明的请求范围和与案件有关的事实。审判权的被动性是司法公正的要求,也是公民权利的完整体现和享有人权资格的标志。有学者认为:"维持司法的被动性,可以确保裁判者保持中立、超然的诉讼地位,而司法裁判者的中立性和超然性,对于实现程序的正义而言,属于最低限度的价值要求。"[1]

三、审判权的中立性

黑格尔指出,"在特殊场合,这样的认识和实现法,而且不带有对特殊利益的主观感情,系属一种公共权力即法院的事"。[2] 法院应以中立地位,不偏不倚地裁判是非曲直,解决纠纷,这是程序正义的要求。学者常用等腰三角形来形容诉讼的基本结构,争端的诉讼双方分置于三角形一端,法官居中裁判,与诉讼双方形成等距关系。"审判中立仅仅要求审判人员在对立的诉讼双方之间保持中立,但并不要求裁判者对于诉讼所涉及的类型化的争议事项保持中立"。[3] 审理和裁决具体案件的法官,不能与当事人或诉讼标的有利害关系,不能私下接触当事人或者有其他可能影响公正裁判的利害关系,否则要依法回避,不得参与案件的审理。只有法院或法官在诉讼中保持中立的立场,对任何当事人都不存有好恶或偏见,当事人才能够相信案件的裁判结果是公正的。审判人员根据对案件事实的分析和对法律的理解,对案件的实体处理所作出的倾向性意见,不能认为是一种偏见。审判中立并不是要求对案件的实体作和稀泥处理,也不是各打五十大板,双方平分秋色。

四、审判权的程序性

法律程序伴随着审判的全过程。从程序工具论的角度看,程序是为实现实体目标或裁判结果的工具和手段。程序本位主义理论则更加注重程序的价值,认为"程序正义优先于实体正义"。两种理论虽有区别,但都揭示了程序

---

[1]　陈瑞华:《司法公正与司法的被动性》,《人民法院报》2001 年 3 月 19 日。
[2]　[德]黑格尔:《法哲学原理》,范扬等译,商务印书馆 1961 年版,第 229 页。
[3]　刘中欣:《审判中立论——以刑事诉讼为视角》,中国政法大学博士学位论文,2011 年。

对于司法的重要性。

司法公正包含程序公正和实体公正两层含义,而程序公正是实体公正的前提和保障。程序正义被认为是看得见的正义,"正义不仅应得到实现,而且要以人们看得见的方式加以实现"。换言之,只有过程公正,才能通往结论公正;评价判决是否合理,不能从判决本身自证,而应从过程中推断。这就是日本学者谷口平安所说的"程序是实体之母"。

从一定意义上说,其实审判追求的就是一种程序的正义,因为审判本身是个事实证明和法律选择适用的过程,而审判不可能还原所有案件的全部事实,实体的公正永远是相对的,司法正义乃是一种"以实现矫正正义为基本目标的程序正义"[1],这就是程序正义的价值所在。

五、审判权的权威性

司法是维护社会正义、实施权利救济的最后一道防线。审判权威表现在法院生效判决具有终局性和权威性,各方当事人必须遵从,必须尊重已发生法律效力裁判的权威性和严肃性,非经法定程序不得随意变更之。不仅如此,每个生效裁判都是对法律规则的每次具体化,是确定了的法律规则,其效力及于整个国家领域,因此,审判权威是国家法律的权威,具有普遍的强制约束力。

为保障和实现审判权威性,审判权必须体现在对法官履职保障上,任何人不得非法妨碍、侵害法官依法履行职权,否则要受到民事制裁,严重的依法追究刑事责任。

审判权威还体现在遵守庭审秩序是诉讼参与人的法定义务。对于聚众哄闹、冲击法庭等行为,法院可采取罚款、拘留等措施,情节严重构成刑事犯罪的依法追究刑事责任。

---

[1]　杨一平:《司法正义论》,法律出版社1999年版,第4页。

第四节　审判权运行的中外考察

一、中国司法传统中的审判权运行

（一）中国古代司法传统中的审判权运行机制

奴隶制社会时期（公元前 21 世纪至公元前 476 年）夏、商、西周和春秋时期，奴隶制的司法制度有了一定的发展。从司法机构设置来看，夏商时期没有形成和设置专门的司法机构。夏王和商王集最高司法权、立法权和行政权于一身，国王的裁断具有最高法律效力。西周时期周王及各诸侯国的内部开始设有专职的司法官员。

中央为司寇，地方有乡士、遂士、县士等专职司法官员，但周王仍然掌握国家最高司法权。中国古代奴隶制社会时期司法机构设置的主要特点就是司法权高度集中，未设置专门司法机构，但出现了专职辅佐王权、具有最高司法裁决权的司法官员。

封建社会时期（公元前 475 年至公元 1840 年），从秦代开始，一套从中央到地方、基层的完整的司法机构的设置逐渐建立并不断丰富完善。

从中央司法机构纵向沿革演进来看，秦汉最高司法机关设廷尉；汉代尚书开始参与司法审判；三国两晋南北朝时期司法机构名称出现变化，北齐以来设大理寺，司法官员称为大理寺卿，隋唐演变为大理寺、刑部、御史台三大司法机构。唐刑部负责复核流刑以上案件，监察机构御史台的监督职能得到加强。宋增设审刑院，地方上报案件必先送审刑院备案，后移送大理寺、刑部复审，再经审刑院详议，交由皇帝裁决。加剧了审判的复杂化。元朝设大宗正府。清代设立了处理少数民族事务的司法机关理藩院和维护旗人利益的特殊司法机构。

会审制度是封建社会时期司法制度的重要特色。唐大理寺卿会同刑部尚书、御史中丞共同审理,称"三司推事",这是最早正式设立的会审机构。明清会审制度更为完备。明代在中央专门设"三法司"的联合审判组织,由刑部、大理寺和都察院组成,对重大或疑难案件会同审理,称为"三司会审"。清朝称"九卿会审",并在明代的朝审制上,发展成为秋审、朝审和热审三种形式,分别复审各省上报的斩绞监候案件和刑部判决的案件以及京城附近的死刑案件。会审制度,是强化中央集权、维护封建君主对司法权控制的重要方式,同时会审制度,起到对司法机关活动实行检查和监督,纠正冤假错案,保障封建法律统一适用的作用,从慎刑角度来说,有积极意义。

(二) 现代审判权运行机制情况

《中华人民共和国宪法》第 126 条规定:"人民法院依照法律规定独立行使审判权,不受行政机关、社会团体和个人的干涉;⋯⋯"。社会主义制度下的人民法院依法独立行使审判权,与封建专制制度下的审判权运行机制有着根本区别,也与资本主义制度的司法独立有着本质区别。社会主义制度下的审判权运行的目的是为民司法,通过对审判权运行机制的科学合理设置,实践司法为民、公正司法的目的。

现行的司法体制形成于计划经济时期,司法权的中央事权属性与人财物管理保障上的地方属性产生冲突,审判权运行的过程存在一些严重的体制缺陷,导致审判权运行不利于国家法律的统一实施。

1. 审判权运行地方化

虽然宪法规定人民法院依法独立行使审判权,不受政府、社会团体等影响。但我国法院是按照行政体制的结构和运作模式来构建与运行。各级人民法院的行政经费、人员编制等均是由同级人民政府划拨、审批,司法机关人财物由地方掌控,依赖于地方。法院作为地方政府管理的一个机关,不可避免地导致审判权地方化。

2. 审判权运行行政化

依法独立行使审判权的主体分为两个部分,一是人民法院依法独立行使审判权,二是法官依法行使国家审判权,依法审判案件不受行政机关、社会团体和个人的干涉。长期以来,各地法院均实行由庭长、分管院长签发法律文书,部分案件裁判前需要向领导汇报等情况,审判权行使实际上变成法院领导行使裁判审批权,法官和审判组织没有充分的依法独立行使审判权。

3. 职能设置行政化

人民法院是专司审判职能的机构,主要职责是依照法律对刑事案件、民事案件、商事案件、行政案件和其他案件进行审理与判决,通过审判活动惩办一切犯罪分子,解决民事纠纷、行政争议,以维护社会主义法制和社会秩序。

目前我国法院除依法履行司法审判职能外,还要承担大量的行政管理职能,如参与普法教育工作,配合地方政府征地拆迁等,有些法院甚至需要完成地方政府分配的招商引资工作等。大量的行政管理工作占据了司法资源,削弱了法院的专业审判职能。

4. 法官身份行政化

为保障人民法院依法独立行使审判权,保障法官依法履行职责,1995 年 2 月 28 日第八届全国人民代表大会常务委员会第十二次会议通过了《中华人民共和国法官法》。该法规定:"法官的等级编制、评定和晋升办法,由国家另行规定;法官的工资制度和工资标准,根据审判工作特点,由国家规定。"

在制度上法官又区别于行政机关公务员。但是,《法官法》颁布 19 年来,因为没有依照该法建立起相关配套保障机制,导致《法官法》相关规定一直未得到落实和执行。法院在编的所有工作人员均被纳入公务员行政级别体系,完全按照《公务员法》进行管理,依照公务员的标准享受工资和福利待遇,进行考核、奖惩和晋升,法官职级与公务员一样都以副科级、科级、副处级、处级、副厅级等确定行政级别。在法官的补充和选任方面,也按照公务员以及其他行政领导干部一样的标准研究、审批。

5. 审判资源配置不科学

不同审级职能同等化,一审、二审、再审职能定位不清,导致有的法院对重大复杂案件不严格查实事实证据,正确适用法律,而是把问题上交,被二审、再审法院以事实不清为由经常发回重审,严重浪费司法资源,影响审判效率。有的法院还把再审作为化解申诉信访的补充方式。

审判委员会职能定位不准。《人民法院组织法》规定,各级人民法院设立审判委员会,审判委员会的任务是总结审判经验,讨论重大或者疑难案件和其他有关审判工作的问题。实践中,审委会的职能定位不准,存在总结审判经验少、讨论案件范围不明确等问题。

审判人员配备不合理。法官应当是具备较深法律造诣的专业化、精英化人才,法官的工作重心应该主要放在审判工作上。目前各级法院办案法官普遍只有书记员配合工作,没有配备法官助理,法官基本承担了庭前准备阶段、庭审阶段及裁判阶段的所有职责。

法官事无巨细地全程参与每个案件,无疑会消耗其大量的时间和精力。在案多人少矛盾突出的基层法院和法官人才流失严重的西部法院,在审判人员本就稀缺的情况下,一些有审判资格、业务能力突出的法官还被分配到了司法行政工作岗位。审判资源配置的不合理,弱化了审判工作的专业能力。

二、西方司法文明中的审判权运行

各国审判权运行机制产生的经济社会环境、文化背景、发展路径各有不同,审判权运行的机制有着一定的差异化需求。同时,各种司法文明也有一些共性。

(一) 德国审判权运行情况

历史上的德国在结束分裂实现统一的历史过程中,形成了较为强烈的国家主义情结,国家权威在德国人心中是相当神圣的。较其他国家而言,德国民众的诉讼意识更高。高度发达的工业化程度以及相应的工人运动的蓬勃发展是德国特色法院体系形成的重要原因。

19世纪末德国就设立了许多专门法院。现在德国的法院体系中,联邦宪法法院行使违宪审查权,审理案件实行一审终审制度,享有最高的特殊地位。除宪法法院外,德国的法院系统分为专门法院和普通法院。普通法院由联邦法院、州高等法院、州法院、初等法院(区法院)组成,拥有民事审判权和刑事审判权,实行四级三审终审制。专门法院由行政法院、财政法院、劳动法院、社会法院、联邦专利法院等组成。

德国审判权配置的特点是:(1)审判权配置的专业化。审判权由普通法院和专门法院分别行使。普通法院审理除宪法法院和专门法院管辖权限范围外的民事、刑事案件。在民事审判方面还有进一步的分工,如民事审判和家事审判的分工。专门法院内部分工更加专业化,如劳动法院处理劳动纠纷,社会法院受理因社会保险、补偿、救济而产生争议的案件。联邦专利法院审理对德国专利局的授予、商标的登记或注销不服,向判决委员会提出申诉的案件。法院的成员既精通法律又是技术专家。(2)审判权运行机制的高效性。为解决案件数量的不断增加,司法系统扩张有限的矛盾,德国一直就简化司法程序和提高司法效率作出努力。1993 年的《司法减负法》扩大了地区法院由一名法官独任审理案件的范围。

(二) 法国审判权运行情况

法国是大陆法系的发源地。现代法国司法体制的形成与法国大革命的成果密不可分。法国资产阶级革命是世界近代史上规模最大、最彻底的革命,它摧毁了法国的封建专制制度,震撼了整个欧洲大陆的封建秩序,传播了自由民主的进步思想。

法国大革命开始后,1789 年 8 月 26 日制宪会议制订了《人权与公民权宣言》,即著名的《人权宣言》,旧制度被废除,建立了新的国家制度,它宣布人人享有与生俱来的权利。制定了依据法律定罪量刑、无罪推定以及分权原则,建立了新司法体系的根基。

在新司法体系下,民事与刑事案件被区分开来,实行两审终审,司法权被分为三个等级,对于较轻的违警罪,由治安法院负责,轻罪由轻罪法院负责,重罪由省刑事法院负责(重罪法院的前身),同时还引入英格兰重罪法庭的陪审团制度。刑事诉讼领域,对旧制度的打破是很彻底的。

19 世纪初,拿破仑一世主持制定了民法、刑法、商法、民事诉讼、刑事诉讼等一系列重要法典,设置了普通法院系统和行政法院系统,确立了司法人员的独立地位,使法国司法制度自成体系并完备起来,形成全国统一的司法体系。

现代法国的司法机构分为完全独立的两套系统即普通法院系统和行政法院系统。这种双重制度源于旧制度和1790年8月16日、24日法律的禁止性规定:普通司法机构不得干扰行政机构行使职权。这项法律禁令加速了行政法院的建立过程。[1] 普通法院审理民事、刑事案件。

民事第一审法院包括小审法院、大审法院。小审法院审理标的额较小的动产诉讼和不动产诉讼,采用独任制审理。小审法院审理的案件程序简单、便利、费用低、案件和解率高。大审法院审理标的额较大的动产、不动产案件,知识产权案件和涉外案件等。大审法院的内部组织原则为合议制,但也可以根据需要变通执行,改为独任制审理。现在独任制已经取代合议制原则成为常例。此外在民事审判领域还有商事法院、劳动法院、农村租约法庭、社会保险法庭。

商事法院引入助理法官制度,法院由职业法官和选举出来的商人共同组成处理诉讼事务。劳动法院负责处理与劳动合同有关的个人诉讼,采用均等原则,法院的组成人员保持双方人数相等,都是从雇主或者工人中间直接选举出来的非职业法官,劳动法院的首席法官和次席法官由劳资双方轮流担任。社会保险法庭采用助理法官和均等原则。

刑事第一审法院根据犯罪的分类,即违警罪、轻罪、重罪,相应划分为治安法院(设在小审法院)、轻罪法院(设在大审法院)、重罪法庭。重罪法庭不是常设机构,其成员由上诉法院和大审法院的法官每季度进行轮换担任。审理刑事案件的还有未成年人犯罪法院、军人犯罪法庭、政治法庭、海上刑事法院。

上诉法院按区划设置,实行两审终审制,但民事小标的额案件和违警罪处罚较小罚金刑的案件不得上诉。上诉法院审理上诉案件既审查法律也审查事实。上诉法院实行集体负责制,法庭审理至少有3名法官,重要案件的审理需

---

[1] 参见[法]皮埃尔·特鲁仕主编:《法国司法制度》,丁伟译,北京大学出版社2012年版,第53页。

要 5 名法官,保持人数奇数。

最高法院主要职能是行使撤销权,统一司法规则的解释。最高法院审理案件既不进行事实审查也不进行法律审查,只审查裁判是否与法律规则相符合,是否违反了法律。如果最高法院受理后撤销裁判,必须将案件发到另一个上诉法院重新审理。基层法院在遇到法律问题和疑难问题时可以申请最高法院的意见,但其意见不对审理法院构成约束。

司法行政事务由司法部统一管理。司法部是一个独立的司法行政机构,负责法院系统的行政组织、人事调动、经费预算管理以及法官的培训等行政性事务。司法部通过授权给上诉法院对本院和下级法院行使管理权等分权方式,保证上诉法院管理的有效性和统一性。

(三) 英国审判权运行情况

英格兰是普通法系的发源地,后在大英帝国的殖民统治下,司法体制传播到美国、加拿大、澳大利亚、印度与中国香港等地。英国的审判权运行机制与其君主立宪制政体相适应。英国是一个推崇经验、讲求实效的国家,英国的法院组织形式多样,结构繁杂。英国的法院按审理案件的性质可分为民事和刑事两大系统。

民事法院系统由四级法院组成:郡法院(County Courts)、高等法院(High Court)、上诉法院(民事庭)(Court of Appeal〈Civil Division〉)和上议院(House of Lords)。高等法院分为王座庭(Queen's Bench Division)、家事庭(Family Division)和大法官庭(Chancery Division),王座庭又分别设行政庭(Administrative Court)和上诉庭(Divisional Court)。

刑事法院系统分为以下四级法院:地方法院(Magistrate's Court,青少年法院〈Youth Court〉作为地方法院分支,受理被告为10—17岁的案件)、刑事法院(Crown Court)、上诉法院(刑事庭)(Court of Appeal〈Criminal Division〉)和上议院。

除上述法院外,英国还有一些特别设立的专门法院,独立于民事和刑事法院系统之外,主要有枢密院(Privy Council)、反垄断法院(The Restrictive

Practice Court）、验尸官法院（Coroners' Court）、专业法庭（The Tribunals Service）和军事法庭（Courts Martial）。[1]

英国审判权运行机制的特点：

1. 法官的地位和作用突出。美国法学家沃德金说过，法院是法律帝国的首都，而法官是帝国的王侯。在英国民众眼里，法官是社会的精英，是法律权威的化身。法官也以声望卓著和公正威严而受到民众的高度信任。法官职业较之其他行业、阶层相比，地位和声誉都比较突出。作为普通法系的典型代表，英国法官创制法律，在英国的法律渊源中占据很大比例。随着普通法系和大陆法系的融合，相互取长补短，成文法的重要性受到重视，英国也制定了不少成文法。

2. 执法的社会性。英国十分重视执法、司法工作的社会化，注重普通公民的参与。陪审制度是指法院依法吸收普通公民参加案件审理，与职业法官共同行使审判权的一种重要司法制度。陪审制度源于古希腊罗马，体现了民主法治的精神，现代陪审制度成型于英国。在英国，对被告人不认罪的较大刑事案件，采取陪审团制进行审判，陪审团由普通市民组成，被告人是否有罪，由陪审团决定，法官对陪审团进行法律指导和对陪审团认定有罪的被告人量刑。

3. 推崇程序正义。程序正义起源于英国，人们称之为"自然正义"，其核心思想被凝练为两句法律箴言：任何人都不得做自己案件的法官；任何人在受到不利影响之前都要被听取意见。在现代英国，人们更多地使用"程序正义"一词代替原先的"自然正义"。

（四）美国审判权运行情况

美国是英美法系国家。独立前，作为原英国殖民地基本沿袭英国的法律传统。独立后，1787 年美国宪法对司法权作了原则性规定，1789 年美国国会颁布的《司法条例》规定了联邦法院的组织、管辖权和诉讼程序，逐步形成了现有的司法制度。美国司法制度的主要特点有：贯彻三权分立的原则，实行司

---

[1] 资料来自 http://www.chinese-embassy.org.uk/chn/lsyw/lsbh/ckzl/t520956.htm，最后访问时间：2016 年 12 月 4 日。

法独立;法院组织分为联邦和州两大系统;联邦最高法院享有特殊的司法审查权;等等。

美国法院组织分为联邦法院和州法院两大系统,适用各自的宪法和法律,管辖不同的案件和地域。联邦法院系统由地区法院、上诉法院和最高法院组成。联邦地方法院是审理联邦管辖的普通民事、刑事案件的初审法院,每州根据本州人口多少,设立1—4个地方法院,法官1—27人不等。

联邦上诉法院分设在全国11个司法巡回区,受理本巡回区内对联邦地方法院判决不服的上诉案件,以及对联邦系统的专门法院的判决和某些具有部分司法权的独立机构的裁决不服的上诉案件,法官3—15人不等。

联邦最高法院是联邦法院系统中的最高审级,由1位首席大法官和8位大法官组成,其判决为终审判决,并享有特殊的司法审查权。州法院系统极不统一,一般由州初审法院、州上诉法院和州最高法院组成。州初审法院是属州管辖的一般民事、刑事案件的一审法院。州上诉法院审理不服州初审法院判决的上诉案件。州最高法院是州的最高审级。此外,还有国会根据需要通过有关法令建立的特别法院,如联邦权利申诉法院等。法官实行不可更换制、专职制、高薪制、退休制。美国没有统一的行政法院,行政纠纷案件除由普通法院审理外,各独立机构也有权受理和裁决。

民事诉讼程序采用辩论制,独任审理;部分诉讼,特别是侵权诉讼等由陪审团裁断,法官判决。刑事诉讼程序的特点是:联邦和若干州保留大陪审团审查重罪起诉的制度;非法取得的证据不得采纳;广泛使用审判前的"辩诉交易",辩护时,民事案件中的原告、被告律师,刑事案件中的公诉人和被告律师相互对抗争辩,法官不主动调查,仅起"消极仲裁人"的作用。[1]

司法审查制度作为联邦原则正式确定,始于1803年联邦最高法院的"马伯里诉麦迪逊案"。首席法官J.马歇尔代表法院认为,"违宪的法律不是法律","宪法取缔一切与之相抵触的法律",明确宣布国会1789年颁布的《司法

---

[1]　参见 http://www.china.org.cn/chinese/2015-02/15/content_34832063_12.htm,最后访问时间:2016年12月4日。

条例》第 13 条违宪,从而确立了法院拥有审查国会通过的法令的职权,逐步形成司法审查制度。这一制度成为维护统治秩序,实行权力制衡的一种政治手段,以后为许多国家所效仿。美国的司法审查权主要由联邦最高法院行使,其方式是审理具体案件所适用的法律是否违宪,审查对象除国会制定的法律外,还包括总统的行政措施。

联邦法院行政管理局负责联邦司法系统的司法行政管理,是联邦司法会议的执行机构。联邦法院行政管理局为联邦法院的运行提供项目管理和行政支持,制订长期计划和预算,并协调司法部门的建筑与设施的管理,基本上负责全部联邦法院的日常运行,其工作范围包括人事、工资、器材与办公用品、收集信息等。

三、我国审判权运行制度的发展基础

(一)经济的发展是推动审判权运行制度改革的物质基础

经济基础决定上层建筑,司法改革受到一定经济基础的制约,并取决于生产力的发展状况。目前我国的司法制度总体上是与社会主义初级阶段的基本国情相适应的,符合人民民主专政的国体和人民代表大会制度的政体。

随着改革开放的不断深入特别是社会主义市场经济的发展、依法治国基本方略的全面落实和民众司法需求的日益增长,中国司法制度迫切需要改革、完善和发展。

市场经济具有平等性、竞争性、法制性和开放性等特征。在抑制不合理垄断、破除地方保护主义,打击商业贿赂等不法行为,维护市场经济平等、公平竞争的经济秩序,市场经济主体,特别是私营企业者要求享有更多公平公正的商业机会,迫切要求司法改革以适应经济发展的要求,促使司法机关依法独立公正行使审判权。提倡依法治国,将权力关进制度的笼子里,强调政府担当"守夜人"的工作。公正、高效地解决商业纠纷,维护市场经济的法治秩序。

（二）权利意识的增强是推动审判权运行制度改革的动力

随着我国经济社会的发展，人民群众的民主意识、权利意识日益增强，对公平正义要求日益强烈，对法治建设的需求日益增多。诉讼成为人们解决矛盾纠纷的重要选择途径。大量矛盾纠纷以案件的形式涌入司法领域，司法审判成为调节社会关系的重要手段。目前，我国的司法现状与民众期望之间还存在较大的差距。司法不公、司法腐败、时有发生的冤假错案等现象严重阻碍了司法公正的实现，人民群众对司法公正的期待高，满意度却不高。

新时期，人民群众对法院工作提出了一系列新期待、新要求，他们要求司法公正和效率并重；要求实体公正并且注重程序公正；要求受到司法保护的权利范围更加广泛；要求司法过程的公开透明，保障司法过程的知情权、参与权和监督权；要求司法为民亲民，期待给予更多的司法便利和诉讼服务。当前的司法能力与人民群众的期待还存在一定的差距。

《最高人民法院关于全面深化人民法院改革的意见》中指出，全面深化人民法院改革的总体思路是：紧紧围绕让人民群众在每一个司法案件中感受到公平正义的目标，始终坚持司法为民、公正司法工作主线，着力解决影响司法公正、制约司法能力的深层次问题，确保人民法院依法独立公正行使审判权，不断提高司法公信力，促进国家治理体系和治理能力现代化，到2018年初步建成具有中国特色的社会主义审判权力运行体系。

（三）法学理论的进步和司法实践的发展为改革提供智力保障

法学家的法律思想和对法学的教育，对法治进程的发展有着深刻的影响。这种影响是理念性的、指导性的，是渗透式的影响，有些法学专家也应邀参加法律、法规的修改，参与司法改革的制定，或者提供专业意见，直接影响改革的进程。法学家们的研究为掌握审判权运行机制的科学规律，为司法改革提供理论指导和科学合理的改革措施，保障审判权运行机制改革的科学性和合理性。

法官专职从事司法实践活动，他们以一种更为直接的方式影响着司法改革的进程。他们是司法实践活动的最直接的感受者，他们熟悉当前审判权运行机制的特点和规律,也直接发现和感受到其中存在的弊端,能够直击问题,对于如何改革,他们提出的措施往往更加切实可行。人民法院是司法改革的重要实施者,习近平总书记指出:人民法院要"为全面深化改革提供有力司法保障,不断促进法治中国建设"。部分试点法院成为司法体制改革的先驱,在司法体制改革中积累了丰富的经验,不断完善具体的改革措施,为全国法院深化司法体制改革提供了宝贵的实践经验。

第三章
审判权运行的静态要素

第一节　审判工作人员

一、法官

（一）"法官"的定义

法官是审判权的执行者,是审判权运行的核心要素和中轴力量。"法"字在古代写作"灋",从"水",平之如水;从"廌"(zhì),即解廌(獬豸),一种中国神话中的图腾神兽,代表正直、公正、正义,具有审判的功能,传说能辨别是非曲直。"法官"一词最早出现于战国时期的法家著作《商君书·定分》:"为置法官,置主法之吏,以为天下师,令万民无陷于险危",大意是:为百姓设置法官,作为百姓的老师,使万民不致陷于危险的境地。[1] 在实行人治的封建社会,并没有法官这一专门称谓,多数情况下,行政首长(皇帝、知县等)行使审判职能,与尧、舜、禹齐名的上古四圣之一的皋陶被奉为我国司法鼻祖,而历代从事类似审判职务的官职有大理、司寇等。

1995 年第八届全国人大常委会第十二次会议通过了《法官法》,该法从法官的职责、权利义务、准入条件、任免、任职、等级、考核、培训、奖励、退休等方

---

[1]　谭世贵等:《中国法官制度研究》,法律出版社 2009 年版,第 2 页。

面进行了详尽的规定。与法官有关的规定还有《法官等级暂行规定》、《法官行为规范》等。

《法官法》第2条对法官下了明确的定义:依法行使国家审判权的审判人员。法官被视为正义的化身,坚守正义是法官的天职。[1] 实践中,法官的主要职责是依法参加合议庭审判或者独任审判案件。除办案外,法官还要兼顾部分法官助理和书记员的工作以及参加院里的办公例会、党支部会议以及各类专题教育、扶贫等政治任务。如何把法官从各类事务性的工作中解放出来,专注于审判工作,是改革的方向。

法官的准入途径是司法考试和公务员考试。要求本科毕业,从事法律工作满两年,最低年龄限制为23岁。我国实行法官等级制度,设四等十二级,其中首席大法官即为最高人民法院院长。法官等级对法官本人的影响不及行政级别的影响大,法院内部"行政化"的倾向长期存在,司法权和行政权的混合降低司法效率,审判独立一直是学界探索的问题,也是司法追求的目标。法官是司法的主体,司法改革说到底还是法官的改革,员额制即是本轮司法改革提出的方案之一,针对存在的问题进行整改,推进法官职业化、精英化建设,将是今后的发展趋势。

(二) 法官的现状

1.收案数日益增多、工作日益繁重

2008年至2012年,全国地方各级人民法院平均每年受理1122.1万件,2013年为1421.7万件,2014年为1565.1万件,2015年为1951.1万件。[2] 从以上数据可以看出,法院受理案件的数量每年大幅增加,远超法官人数的增长量。与此相反,近年来或调离或辞职的法官越来越多是不争的事实,案多人少的现象日益突出。

2.审判工作压力和心理压力日益增大

法律与人们的日常生活息息相关。随着法律意识的不断增强,人们对生

---

[1] 江必新:《法官良知的内涵、价值及其养成》,《法学研究》2012年第6期。
[2] 全国地方各级人民法院受理案件的数据来自最高人民法院2008—2015年度工作报告。

存环境的法治现状的关注度和要求也越来越高,互联网的普及也给了群众监督法院和法官各种方便快捷的途径。审判流程公开、裁判文书公开、执行信息公开的司法公开三大平台建设、庭审录音录像、听证公开等阳光司法制度成为法院工作的重要内容。法官的每个工作步骤、每项工作内容基本上都要接受来自各方面的监督,法官承受社会舆论的压力越来越大。

另外,司法责任制的改革对法官的监督和评价等作出了严格的规定,"终身负责"让许多法官倍感压力。法院系统开展的培训中,也鲜有关于如何舒缓心理压力的培训,造成许多法官的心理实际上处于"亚健康"的状态。

3. 人员流失加剧

近年来,法官辞职的信息不断见之于报。职级待遇偏低,办案数量、工作压力以及社会舆论压力的增大,职业自豪感和尊荣感的缺失,与付出不成比例的报酬,使得部分法官特别是基层法院的年轻法官不断流失到律师事务所、公司等行业。在办案模式基本不变,案件逐步增多的今天,法官的流失造成的损害倍增,形势愈加严峻。人民法院是社会矛盾的最后一道防线,作为主力军的法官不断流失,长此以往,将引发社会的不稳定。这应当引起足够重视。

4. 队伍管理模式存在缺陷

目前,法官队伍按照公务员的管理模式进行管理,套用行政机关的职务层级,忽略了法官职业的特殊性和审判工作的特殊规律,导致法官职务的司法属性被淡化和边缘化,法官的专业化、技术性不能像医生、教师等职业的职称一样得到体现,对法官队伍产生了负面影响。行政化的管理模式在一定程度上挫伤了法官工作的积极性,削弱了法官队伍的尊荣感、凝聚力和稳定性。

(三) 法官职业化建设

当然,法官队伍出现的问题不仅限于前述,法官以及法院系统存在的问题,已不适应当前中国经济社会的发展,改革迫在眉睫。中共十八届三中全会审议通过的《中共中央关于全面深化改革若干重大问题的决定》,对司法体制改革作出了总体部署。随后,中央全面深化改革领导小组第二、第三次会议均审议了相关方案,对建立法官员额制等七项内容作了相应的规定,明确了政策导向,并在东、中、西部的上海、广东、吉林、湖北、海南、青海六省(市)先行试点。

目前法官职业化改革主要有以下五项措施:(1)配合省以下法院人事统管改革,推动在省一级设立法官遴选委员会,从专业角度提出法官人选,由组织人事、纪检监察部门在政治素养、廉洁自律等方面考察把关,人大依照法律程序任免。(2)推进法院人员分类管理制度改革,将法院人员分为法官、审判辅助人员和司法行政人员,实行分类管理。与之配套的,则是拓宽审判辅助人员的来源渠道,建立审判辅助人员的正常增补机制,减少法官事务性工作负担。(3)建立法官员额制,对法官在编制限额内实行员额管理,确保法官主要集中在审判一线,高素质人才能够充实到审判一线。(4)完善法官等级定期晋升机制,确保一线办案法官即使不担任领导职务,也可以正常晋升至较高的法官等级。(5)完善法官选任制度,针对不同层级的法院,设置不同的法官任职条件。初任法官首先到基层人民法院任职,上级法院法官原则上从下一级法院遴选产生。

下面主要介绍前三项改革措施。

1. 法官遴选(惩戒)制度

"遴选"一词有"谨慎选拔、择优选拔"之义。法官遴选制度是法院人事改革的重要部分。事实上,法官遴选制度并不是新概念,1995 年审议通过的《法官法》明确规定,担任法官必须通过国家统一司法考试,这实际上就是法官遴选,并作了遴选的具体标准——司法考试。只是此种遴选的对象是所有参试者,而本轮司法改革法官遴选制度的不同之处在于,遴选的对象和范围是法官,从现有的法官中再择优选取。遴选时,由法官遴选(惩戒)委员会主持和决定,遴选的主要标准是法官个人的学历、年龄、工作经验、办案水平、职业素养、职业道德和司法良知等,从德、绩、勤、能、廉方面进行全方位综合考察,做到"从严准入、逐级遴选、择优选任"。法官遴选(惩戒)委员会的另一职能是惩戒,对法官的违法审判行为依法审查、认定并提出惩戒意见。

法官的来源和渠道主要有以下几种,一是来自法院系统内部,大部分从院部机关现有的法官中选任,也可从下级法院中产生,遴选亦将越来越看重其基层工作经验;二是从社会上的优秀法律人才中遴选,范围一般局限于检察官、律师和法学教授,对这些人员,应分配一定数量的名额(应是少数)并设置一定的准入条件。

2016 年 6 月,中共中央办公厅印发《从律师和法学专家中公开选拔立法工作者、法官、检察官办法》,让优秀的专业人才加入审判队伍,意味着审判权的运行将更加专业。遴选的程序包括初任法官、上级法院法官和领导职务法官的遴选程序。考核内容包括法律专业知识、法律职业经验以及法律职业伦理等。我们认为,遴选的程序和标准应当在国家或省级层面进行顶层设置,以保证遴选机制的公正、科学、透明、合法。

作为全国首批司法改革试点的上海市 2014 年 12 月 13 日成立了全国首个遴选(惩戒)委员会,并在上海市高级人民法院和上海市人民检察院分别成立法官检察官遴选(惩戒)工作办公室,负责全面考察法官、检察官参选人员的各方面表现和业绩。该委员会附设专家库,由资深的法学专家、律师代表等组成。首批受聘的有 15 名委员,包括 7 位专门委员(分别来自政法委、组织部、纪委、人大内司委、公务员局、法院、检察院)和 8 位专家委员(分别来自上海的 6 所高校以及律协),委员的来源呈多样化态势。上海市作为此次司法改革的先行者,给其他省份提供了宝贵的经验。

2. 人员分类改革

2015 年 2 月,最高人民法院发布《人民法院第四个五年改革纲要》(以下简称《纲要》)。《纲要》提出:要坚持以法官为中心、以服务审判工作为重心,建立分类科学、结构合理、分工明确、保障有力的法院人员管理制度。这是人员分类改革的制度设计。具体来说,人员分类改革,将法院工作人员分为法官、审判辅助人员和司法行政人员三大类。

人员分类管理的理论基础可追溯到亚当·斯密的劳动分工理论。亚当·斯密在《国富论》中以扣针为例说明了分工的巨大作用。他指出,扣针的生产可以分为 18 道工序(抽铁线、拉直、切截、一头磨尖、一头磨平、包装等),如果

18 种工序由一个人完成,一天做不出 20 枚,甚至可能 1 枚都做不出来;如果将这 18 道工序分配,每人做 1 道或几道工序,就可以做成很多枚,1 个小工厂,1 人 1 日可成针 4800 枚。

用劳动分工理论的视角考察和审视法院人力资源的配置,就很容易勾勒出这样一幅画面:如果一个法官既要办案,又要处理送达、归档等程序性、事务性工作,甚至兼顾书记员的庭审笔录工作,在人的时间和精力有限的前提下,办案的质量和效率不言自明。如果分工明确,法官专注于审判,而程序性、事务性工作交由法官助理和书记员办理,则会大大提高工作效率,不需要调配或招录人员,案多人少的矛盾在合理配置人力资源的情况下即可得到有效解决,进而形成良性循环。

总之,人员分类改革是司法人力资源的一次科学化调整和重新配置。人员分类改革是一个系统工程,分类定岗只是其中一步。还需要做好后续配套工作。在设置人员分类的方法时,须考虑人员的年龄构成、学历状况、司法资格情况、工作业绩等综合因素,确保审判工作顺利开展。

3. 法官员额制

所谓法官员额,即法官人数的编制限额。[1] 最高人民法院发布的《中国法院的司法改革》白皮书表示,建立法官员额制,就是要通过严格考核,选拔最优秀的法官进入员额,并为他们配备法官助理、书记员等审判辅助人员,确保法院 85% 的人力资源配置到办案一线。法官员额制的目标在于建立一支正规化、专业化、职业化的法官队伍。

法官员额制是司法改革的重中之重,关系人心向背、关系改革成败。因此,要谨慎实施,步步推进。能否入额关系到法官本人的职业前景、工资福利,要保持人心的稳定,思想工作时刻不能放松。员额的比例亦关系到法院人力资源能否合理配置,进而影响司法效率。实践操作中,各法院配置法官员额的比例应有不同,既要考虑本地区人口分布情况、经济发展水平、居民文化水平

---

[1] 郭毅敏等:《法官员额:理论逻辑、现实背景及制度构建》,《湖北行政学院学报》2007 年第 1 期。

和法律意识等诸多因素,又要考虑法院队伍年龄结构、学历水平、案件数量类型等各类相关因素。

在配置法官员额的比例时,原则上向一线审判业务部门倾斜,立案庭、执行局(庭)等部门适当配置,纪检监察室、政工部门、办公室等综合管理部门不予配置。根据改革目标,法官的比例应在39%以下。作为司法改革首批试点省份的上海的做法是:以人员编制总数为测算基础,依照向审判一线倾斜的原则,设定法官、审判辅助人员和司法行政人员的员额比例分别为33%、52%、15%,其中审判辅助人员中的法官助理、书记员、司法警察比例暂定为26%、16%、10%。各地各法院的比例应有所不同,且比例不是一成不变的,可建立法官资源的动态调配机制,即各法院可在确定的法官员额和编制中预留一定比例的法官数(如5%),然后根据收案数量的变化进行合理调整。

实行法官员额制,必须要有一系列的配套措施。完善法官等级定期晋升机制,提高法官职业保障和薪酬待遇,确保法官即使不担任领导职务,也可晋级到较高的法官等级。建立法官业绩评估制度。设立法官考评委员会,建立法官考评方案,首先是合议庭成员之间的互评;其次是第三方评价机制,适当吸收当事人、代理律师和公众对法官的工作作风、职业道德进行评价。建立法官业绩档案,将法官的职业道德、审判技能、审判绩效的考评情况及案件差错责任的认定结果纳入业绩档案,作为评先评优、晋级晋职的重要依据。

二、审判辅助人员

(一)法官助理

法官助理是协助法官从事审判业务的辅助人员。现行的《法官法》、《人民法院组织法》以及三大诉讼法对法官助理没有作出规定。自2004年9月开始的法官助理试点工作在全国18个法院铺开后,我国正式开启了法官助理模式的探索之路。当前,《法官法》和《人民法院组织法》处在修改准备阶段,法官助理作为司法改革人员分类管理的要素之一,其地位与职责有望在修改后的《法官法》和《人民法院组织法》确定下来。

法官助理出现的初衷是分担法官的部分审判工作特别是事务性的工作，把法官从繁杂的工作中解放出来，以便能投入更多时间和精力去分析、审理案件，使审判权能更加有效运行。随着经济社会的深入发展，案多人少的矛盾更加突出，特别是对于中级法院而言，受理的案件数量有增多的趋势。例如，2015 年 5 月 1 日起施行的新行政诉讼法作出了新的规定，被告为县级以上地方人民政府的案件由中级法院审理。另外，与基层法院不同，中级法院的案件很少有简易程序案件，基本没有人民陪审员参加案件的审理，每个案件必须组成由 3 个法官组成的合议庭，每个案件都必须由 3 个合议庭成员（法官）共同开庭和合议共同审理案件。此种情况下，法官助理的必要性和作用发挥将愈加明显。

具体而言，法官助理在法官的指导下从事辅助性的工作，主要有：审查诉讼材料；确定举证期限，组织庭前证据交换；代表法官主持庭前调解；办理指定辩护人或者指定法定代理人的有关事宜；接待、安排案件当事人、诉讼代理人、辩护人的来访和阅卷；依法调查、收集、核对有关证据办理委托鉴定、评估、审计等事宜；草拟法律文书；安排开庭日期等事务。这些工作兼有事务性和裁量性，由法官助理来完成最为合适。实行人员分类管理后，应充分厘清法官、法官助理和书记员之间的关系、定位和职责分工，以期达到分类管理的价值目标。

最高人民法院在 1999 年颁布的第一个"五年改革纲要"中指出，要推行法官助理制度。这是我国首次正式提出法官助理的概念。最高人民法院从 2004 年 9 月开始，在全国范围内选定了 18 家法院，作为推行法官助理制度的试点法院。而本轮司法改革中的人员分类改革的重要一环亦是推行法官助理制度。如果改革衔接得不好，可能会出现法官和法官助理职务与行政职级的失衡现象——在审判职称上，法官高于法官助理，但在行政级别上，法官却可能低于法官助理。

对于将何人选任为法官助理并无明确规定，对法官助理的地位和职责也仅限于"辅助"、"协助"等概括性的描述而未从立法上进行明确。上海的做法是取消助理审判员的设置，转为任命首批法官助理。2014年9月，全国首批289名法官助理、检察官助理在上海市接受任命。可以预见，取消助理审判员、任命法官助理将是全国法院的主要做法。法官助理还可以考虑从社会公开招录。

法官助理在我国法治进程中是个新事物，还需进一步深入探索如何建立合理高效的法官助理单独薪酬体系和管理制度；法官助理的等级、选任的资格条件程序、晋升渠道、待遇、任期、激励和奖惩措施；法官助理制度的推行应该与诉讼制度的改革相衔接等问题。

（二）书记员

书记员是审判工作的事务性辅助人员。[1]《人民法院组织法》第40条规定，各级人民法院设书记员，担任审判庭的记录工作并办理有关审判的其他事项。书记员是审判权运行人的要素中除了法官和法官助理外的重要部分，与法官助理一起协助法官完成审判工作。书记员与法官助理相同，均不具有审判权，对案件不发表处理意见，不能主导案件处理的走向。但书记员是审判权运行中不可或缺的要素，庭审是一次性的不可逆转的过程，诉讼参与人发表的意见、举证质证过程等均需要书记员如实记录。

书记员重在"记"字，记录是其主要职责，其中重点是庭审笔录和合议庭评议笔录。《人民法院书记员管理办法（试行）》第2条规定，书记员履行以下职责：（1）办理庭前准备过程中的事务性工作；（2）检查开庭时诉讼参与人的出庭情况，宣布法庭纪律；（3）担任案件审理过程中的记录工作；（4）整理、装订、归档案卷材料；（5）完成法官交办的其他工作。该办法还对书记员的定义、职责、担任条件、考核奖惩、招聘解聘等作出了详细规定。书记员和法官助理虽都在法官的指令下从事辅助性的工作，但区别是明显的：法官助理重在执行法官指令，书记员重在如实记录法官的工作过程；法官助理一般为法学本科

---

[1] 本书在解释概念时范围均框定于人民法院系统内部，后述的司法警察、司法行政人员的概念范围同此。

或硕士毕业生,书记员则不限于法学专业;法官助理多为未能进入员额的具有审判职称的审判员或者助理审判员,书记员则多数不具有法律从业资格;法官助理多具有中央政法专项编制,书记员多为社会招聘人员。与法官助理相比,书记员更加远离审判权的运行中心,其"辅助性"、"事务性"体现得更加明显。

新中国成立以来,书记员与审判人员同属国家干部序列,沿用书记员到助理审判员到审判员的晋升模式,也就是说,只有升任法官才能解决书记员的职务和职级问题。导致书记员的招录标准过高、法官队伍膨胀、法官与书记员比例失调、审判辅助工作与司法行政事务混杂等问题。

2003 年,中央启动书记员单独序列改革,打破以往的"铁饭碗",引入新的竞争择优机制,实行聘任制的管理模式,从社会招聘年轻的大学毕业生进入法院工作。考试一般分笔试、面试和机试,机试的目的在于测试书记员的电脑打字速度,这是书记员最重要的技能。如今多数法院的书记员为聘用制。书记员的改革为人员分类改革奠定了基础,也是推进法官职业化建设的必由之路。我国长期以来缺乏对书记员的培养,没有将书记员纳入法律人才进行培养。应该进一步探索书记员,在待遇、培训、晋升渠道等方面,有学者提出可参考军队的士官进行管理,经书记员分等级进行管理。

(三) 司法警察

司法警察是人民警察的独立警种。[1] 在审判权运行的过程中,司法警察不行使审判权,不参与审理案件,与法官助理和书记员相同,处于辅助性的地位,属于审判辅助人员的其中一种。《人民法院司法警察暂行条例》规定人民法院司法警察在法官的指令下履行职责:(1)警卫法庭,维护审判秩序;(2)值庭时负责传带证人、鉴定人,传递证据材料;(3)送达法律文书;(4)执行传唤、拘传、拘留;(5)提解、押送、看管被告人或者罪犯;(6)参与对判决、裁定的财产查封、扣押、冻结或没收活动;(7)执行死刑;(8)法律、法规规定的其他职责。

---

[1]　与其他人民警察不同,司法警察穿警服、有警衔但不出警。相同的是,依照《人民警察法》的规定,司法警察可以使用武器、警械、执行拘留等强制措施。

司法警察作为司法资源的一种,配置是否合理将直接影响审判质效。中级法院设司法警察支队,对应于高级法院的司法警察总队和基层法院的司法警察大队。司法警察队伍设队长、政委、教导员等职位,编制纳入全院干部编制内统筹,防止因长期不录用或少录用而导致的断层现象,满足不断增长的司法需求。还须根据工作需要合理配备女性司法警察,对女性的人身安全检查、违法行为的制止、女性被执行人的搜查、女被告人的押送看管等,都应由女性司法警察执行。一般而言,专职司法警察应按所在法院控编总数的12%配备,女性司法警察按不低于司法警察20%的比例配备,同时可根据审判工作的实际需要配备一定数量的聘用制司法警察,以弥补警力不足的情况,保障审判权的安全运行。

中共十八届四中全会提出,优化司法职权配置,推动实行审判权和执行权相分离的体制改革。强化执行权是今后的发展趋势。司法警察作为人民法院重要的执行力量,也参与了此项改革。

三、司法行政人员

司法行政人员指法院系统内部除法官和书记员、司法警察等审判辅助人员外,从事行政管理、后勤服务、党务工作、纪律监督等方面的人员。具有公务员身份。司法行政人员一般包括除业务庭之外的办公室、政工部门、纪检监察室、研究室、司法行政装备管理科、审判委员会办公室等综合部门的工作人员。不同岗位的司法行政人员,其职责有所不同。通过不同的司法行政部门,亦可窥见司法行政人员的工作职责全貌。各地各法院的综合管理部门的名称和职责有些许差异,但大同小异,以中级法院为例,司法行政部门的主要职责大体如下:

办公室:组织、协调、处理政务性工作,包括组织院务会、办公例会等会议事务;起草综合性文件、报告;内外联络和协调;文件签发、新闻宣传、信息报道等信息、文秘、档案和办公自动化管理;电脑系统及科技法庭、视频设备的调试、维护。

政治部：下设组织人事科和宣传教育科，协助院党组抓好队伍建设工作；主管思想政治工作；负责机构编制工作；组织干警参加各类学习教育活动；负责干部人事任免、晋级晋档、工资管理、评先评优、表彰、教育培训、文化建设、招聘解聘、退休、计生、老干部工作。

纪检组、监察室：纪检组由市纪委派驻，和法院的监察室合署办公，共同协助法院党组抓党风廉政建设和反腐败工作；监督检查全院干警的执法执纪情况；开展廉政教育；受理对法院及法官和其他干警的控告、检举；接待、处理违法违纪问题的来信来访；协助审查干部、对干部任用进行监督；办理干警违法办案责任追究工作；受理干警不服处分的申诉。

研究室：负责开展学术研讨和调研活动；总结推广典型经验；负责工作报告、调研报告及课题的撰写；负责司法统计与分析工作；组织、汇总对法律法规草案的意见；负责机关内刊的编辑发行工作；处理人大、政协议案提案事项。

司法行政装备管理科：含财务室及后勤服务中心，负责机关的基础建设工作；车辆、办公设备、服装等司法装备的采购、管理及分配工作；负责司法技术咨询、对外委托司法鉴定、检验、评估、审计、拍卖等工作；与办公室共同负责信息化工作；处理诉讼费收缴、工资发放、年度预决算的编制、定期审计、清产核资和食堂管理等后勤保障工作。

审判委员会办公室：审判流程管理，从立案、分案、审限、卷宗归档等各节点进行监控；审判态势分析，在司法统计基础上展开调研、分析和发布审判质效评估数据，提供决策参考；案件质量评查，对已审结的案件全面评查并及时通报、分析，总结经验；组织庭审观摩，对庭审礼仪、程序和驾驭能力进行考评；推选优秀裁判文书和精品案件；负责本院审判委员会会务工作；两级法院审判中遇到问题的汇总分析，总结推广审判经验。

司法行政人员主要呈现以下特点：（1）通过公务员招录或接受行政命令从审判岗位调配到司法行政岗位，其中大部分具有审判资格；（2）调配时未充分征求、调查或考虑被调配人的意见；（3）一般都为复合型人才，综合能力相对突出;(4)由于工作繁重枯燥,司法行政人员特别是具有审判职称的人员,认为司法行政工作都是服务于审判,大材小用、工作无激情无成就感,具有审判资格但在司法行政岗位上的年轻干警,对改革的前景感到忧虑,认为自身前景不明朗,害怕在司法行政岗位待的时间长了,竞争力相对下降,改革后不能入额,在法官晋级、待遇等各方面会与相同条件的人员有差距,容易导致人心不稳。

法院虽以执法办案为第一要务,但司法行政人员是法院必不可少的司法资源,是法院的重要组成部分,司法行政人员的工作围绕审判工作开展,通过人财物的资源调配,让审判权得以顺利运行。实施法官员额制后,司法行政人员数量所占比例不超过所在法院人员编制总数的15%。这一比例不是一成不变的,可根据实际情况不断更改,但浮动幅度不宜太大,应保持其稳定性。如前所述,法院内部的司法行政部门承担了大量的政务工作,与审判权行使的相对纯粹性不同,司法行政工作的纷繁琐碎和承受的压力非经亲身体验难以为外人道。这必然要求司法行政人员具备更高效的业务能力、工作技巧和心理承受能力。

司法行政这一概念包含了司法和行政两大要素,揭示了法院内部行政权和司法权(审判权)的并存关系。法院行使审判权的人的要素是法官,但审判权的正常运行,不仅需要法官,也需要有司法行政人员从事各类综合管理后勤服务。而法院内部的行政权的人员安排、机构设置和运行管理,直接影响审判工作的质量和效率。如何划分行政权和审判权各自的职权范围,如何有效整合行政权和审判权之间的资源,将会对法院工作有着重要的影响。

司法的本质是判断,要求法官在裁判过程中公正无私保持中立;行政的本质是服从,要求下级听从上级的命令行事。司法和行政似乎天生就无法融合。现实中的情况是行政权对司法权的"入侵"过多,导致司法权和行政权混乱,从而导致法院内部行政化严重。去行政化成为司法改革中法院必须面临的一个问题。

司法行政化是存于法院的根深蒂固的问题,去行政化也是目前学术界、实务界共同的价值取向。法院作为审判机关,是国家机关不可或缺的一部分,是社会秩序正常运行的一部分,无法完全抹去上下级从属的现象。行政权在法院会长期存在,关键在于如何平衡司法权与行政权之间的关系。人员分类管理改革明确将司法行政人员作为单独一类进行管理,符合司法和行政的规律,是目前为止较为科学的管理方法。

中共十八届三中全会通过的《中共中央关于全面推进深化改革若干重大问题的决定》提出,改革司法管理体制,推动省以下地方法院、检察院人财物统一管理。人财物是法院履行职能的必要资源,司法行政管理权和审判权相分离,目的在于确保法院独立公正行使审判权,同时将审判工作者从司法行政事务中解放出来,让审判回归审判、行政回归行政,是今后的发展趋势。

四、人民陪审员

在我国,近代的陪审制度最早出现在清末。清末沈家本编订的《大清刑事民事诉讼法》对陪审制度规定得较为详细,但该法最终因重重阻力而并未正式颁行。民国时期的武汉国民政府和中共地方政权也制定实施了陪审制度。这个时期著名的"马锡武审判方式"就采用了陪审制度。进入共和国时期,陪审制度经历了辉煌——重创——重建——淡化——重新重视五个阶段。

2004年8月,第十届全国人大常委会第十一次会议通过《关于完善人民陪审员制度的决定》,正式建立了人民陪审员制度并明确规定了人民陪审员的性质、地位、职责、选任、权利和义务等内容。为深入推进司法民主、促进司法公正,中共十八届三中、四中全会相继就完善人民陪审员制度作出了重大部署。2015年4月1日,中央全面深化改革领导小组第十一次会议审议通过了《人民陪审员制度改革试点方案》,并在10个省(区、市)选择50个法院开展试点。

中华人民共和国成立后,就人民陪审制度制定了一系列的法律规定,散见于《人民法院组织法》和三大诉讼法这四部法律以及一些规范性文件及地方性法规中。《人民法院组织法》第 9 条第 2 款规定："人民法院审判第一审案件,由审判员组成合议庭或者由审判员和人民陪审员组成合议庭进行。"《刑事诉讼法》第 149 条第 1 款规定,基层人民法院、中级人民法院审判除简易程序外的第一审案件应当由审判员和人民陪审员共 3 人组成合议庭进行审理;高级人民法院、最高人民法院审判第一审案件,应当由审判员 3 人至 7 人或者审判员和人民陪审员 3 人至 7 人组成合议庭进行。《民事诉讼法》第 39 条规定,人民法院审理第一审民事案件,由审判员、陪审员共同组成合议庭或者由审判员组成合议庭。虽然《人民法院组织法》和三大诉讼法都对陪审员制度作了一些规定,但作为国家根本大法的宪法及其数次的修正案并没有对人民陪审员制度作出规定,以民主政治建设为基本纲领的形势下,这是立法上的一个缺憾。

人民陪审员是审判权运行中的一个重要部分,审判权主要由法官行使,但吸收人民陪审员参与审判,在审判的法律效果和社会效果上将体现出一系列好处,正如某位学者所述:"陪审员参与司法可以实现分权制衡,预防司法腐败,拉近判决与社会的距离,减弱国家与民众之间张力,是提高司法公信力不可或缺的举措。"[1] 2013 年,最高人民法院启动实施人民陪审员"倍增"计划,努力在 2 年至 3 年内将全国法院人民陪审员数量从目前的 8.7 万名增至 20 万左右。2014 年年底全国人民陪审员总数达到 21 万人,共参审案件 219.6 万件。人民陪审员在审判权运行中的作用越来越重要,是人民参与中国法治化进程的重要途径。

当前,全国各地法院均纷纷开展了人民陪审员招录、调研等工作。以广西法院为例,自治区高院对人民陪审员工作提出了具体的要求,包括人民陪审员人数达到本院法官人数的 70% 以上等。基层法院的人民陪审员"倍增"计划的推进工作稍显被动。在人员配备、岗前培训、随机抽取等要求上基本上满足上级法院的规定,而这些都是通过绩效考评的硬性要求去完成的,在人民陪审

---

[1] 参见齐文远:《提升刑事司法公信力的路径思考——兼论人民陪审制向何处去》,《现代法学》2014 年第 2 期。

员工作推进的过程中显得甚为被动。

近年来,人民陪审员工作虽取得了一定成绩,但仍有需要改进和完善的地方。主要表现在:一是少数陪审员参审时间难以保证。大多数的人民陪审员都是企事业单位、政府管理部门的工作人员,都有各自所从事的工作,而且居住分散,出庭以及参加合议案件时间上难以保证。二是参与陪审的案件数量不平衡。有的陪审员一年参审案件上百件,有的陪审员一年不到 10 件,陪审员与陪审员之间参审率差距较大。三是陪审质量和效果还有待提高。个别陪审员法律业务不熟,不能很好地履行陪审员职责,有的陪审员参与案件审理流于形式,"陪而不审,审而不议"的现象仍有发生。四是庭审礼仪和审判纪律需要强化。极个别人民陪审员在参与陪审案件期间,不注重自身形象,开庭时接打电话、随意离庭现象时有发生。

第二节　审判组织

审判权本身是一个抽象的概念,这种抽象概念通过审判工作相关人员特别是法官的活动来实现,而在实现过程中,审判工作相关人员的活动并不是无序的、个体化的活动,而是有组织的、集体的活动,这种由审判工作相关人员组成的,以实现审判权为目的的组织就是审判组织。

审判组织是审判权运行的主体。没有审判组织,审判权就无法运行。《民事诉讼法》第 39 条规定,人民法院审理第一审民事案件,由审判员、陪审员共同组成合议庭或者由审判员组成合议庭。《刑事诉讼法》、《行政诉讼法》中同样对审判组织的构成有所规定。《刑事诉讼法》第 178 条规定,基层人民法院、中级人民法院审判第一审案件,应当由审判员三人或者由审判员和人民陪审员共三人组成合议庭进行,但是基层人民法院适用简易程序的案件可以由审判员一人独任审判。《行政诉讼法》第 68 条规定,人民法院审理行政案件,由审判员组成合议庭,或者由审判员、陪审员组成合议庭。由三大诉讼法的上述规定,结合《人民法院组织法》第 2 条的规定,我国的审判权由下列人民法院行使:(一)地方各级人民法院;(二)军事法院等专门人民法院;(三)最高人民法院。由此可以梳理出这样的脉络:即审判权经过法律规定授予给了人民法院,而人民法院依照法律规定,组成合议庭来承接并行使法律授予的审判权。

中共十八届三中全会《决定》提出要健全司法权力运行机制,完善办案责任制,让审理者裁判,让裁判者负责。改革和完善审判权运行机制是达到这一目标的重要途径。作为审判权运行核心的审判组织,如何合理界定各类审判组织的种类和职权范围,理顺各类审判组织之间的关系,调动法官积极性,是审判权运行机制改革的目标之一。

《人民法院组织法》第 9 条规定,人民法院审判案件实行合议制,人民法院审判第一审案件,由审判员组成合议庭或者由审判员和人民陪审员组成合议庭进行;简单的民事案件、轻微的刑事案件和法律另有规定的案件,可以由审判员一人独任审判。第 11 条规定,各级人民法院设立审判委员会,任务是总结经验,讨论重大疑难案件或与审判工作相关的问题。据此,可知中国法院内部有三种审判组织,独任庭、合议庭和审判委员会。

一、独任庭

独任制是指由一名审判员对案件进行审理和裁判的制度。《民事诉讼法》第 39 条规定,适用简易程序审理的一审案件,由审判员一人独任审理。《刑事诉讼法》第 178 条规定,基层法院适用简易程序的案件可以由审判员一人独任审判。传统民事诉讼中,为确保案件质量和司法公正,审判主要以合议制为原则,独任制为例外。

独任制适用的条件是由法律明文规定的,其适用的前置条件是简易程序。《民事诉讼法》第 157 条规定,基层人民法院和它派出的法庭审理事实清楚、权利义务关系明确、争议不大的简单的民事案件,适用本章(简易程序)规定。

《刑事诉讼法》第208条规定,基层人民法院管辖的案件,符合下列条件的,可以适用简易程序审判:(1)案件事实清楚、证据充分的;(2)被告人承认自己所犯罪行,对指控的犯罪事实没有异议的;(3)被告人对适用简易程序没有异议的。《行政诉讼法》第82条规定,人民法院审理下列第一审行政案件,认为事实清楚、权利义务关系明确、争议不大的,可以适用简易程序:(1)被诉行政行为是依法当场作出的;(2)案件涉及款额二千元以下的;(3)属于政府信息公开案件的。除前款规定以外的第一审行政案件,当事人各方同意适用简易程序的,可以适用简易程序。

综合上述规定可以看出,不论在民事诉讼、刑事诉讼还是行政诉讼中,适用简易程序的案件,或由于其双方"权利义务关系明确、争议不大",或由于"被告人承认自己所犯罪行,对指控的犯罪事实没有异议的"而较为明确,总之,案情简单的案件由法官一人即可独任审理。

另一类适用于独任制的情况是特别程序案件,即《民事诉讼法》第177条规定,人民法院审理选民资格案件、宣告失踪或者宣告死亡案件、认定公民无民事行为能力或者限制民事行为能力案件、认定财产无主案件、确认调解协议案件和实现担保物权案件适用本章(特别程序)规定。这一类适用特别程序的案件,主要体现了人民法院对于某项法律状态的确认职能,具有非诉讼性的特点。

上述两种司法任务,相较于需要通过法庭调查、辩论来明确事实和证据,需要通过听取当事人意见来分析解构案情的普通程序案件,其对司法人员的人力资源和审判设备设施等人、财、物的投入和要求是较低的,因此,面对这类"低能耗"司法任务,人民法院就采用了相匹配的简化审判程序、减少审判人员投入的简易程序和独任制审判方式,达到人民法院司法资源投入与案件的司法资源需求相适应。

同时,人民法院在面对这类"低能耗"的司法任务时,还在民事诉讼和行政诉讼中加入了当事人意思自治的条款,《民事诉讼法》第157条规定,当事人双方也可以约定适用简易程序;在《行政诉讼法》第82条规定,除前款规定以外的第一审行政案件,当事人各方同意适用简易程序的,可以适用简易程序。在民事诉讼和行政诉讼中,人民法院是应当事人一方的要求,对法律地位平等的当事人双方的争议进行裁判,当事人对双方争议的情况是更为了解和明晰的,允许当事人依据自己的情况对诉讼程序的适用进行选择,可以降低当事人参与诉讼所需的时间和精力,同时也进一步丰富了独任制的适用范围,降低司法成本,使司法资源可以更为有效利用。

同时我们还应注意到,相应的法律中除了明确规定独任制适用的条件外,还强调了即使是符合独任制审判使用条件但仍不能适用的特殊情况,如《行政诉讼法》第82条规定,发回重审、按照审判监督程序再审的案件不适用简易程序;再如《刑事诉讼法》第209条规定,有下列情形之一的,不适用简易程序:(1)被告人是盲、聋、哑人,或者是尚未完全丧失辨认或者控制自己行为能力的精神病人的;(2)有重大社会影响的;(3)共同犯罪案件中部分被告人不认罪或者对适用简易程序有异议的;(4)其他不宜适用简易程序审理的。《刑事诉讼法》第210条规定,适用简易程序审理案件,对可能判处的有期徒刑超过三年的,应当组成合议庭进行审判。同时三大诉讼法中都有人民法院在审理过程中如发现不宜适用独任制审判后应转为普通程序进行审理的相应条款。

这些例外情况的规定中可以看出,与自然资源等资源配置中追求以最低投入获得最大产出的效率第一的原则不同,司法资源的配置更多的要考虑社会正义、司法公正,在保障社会正义、维护司法公正的基础上,兼顾诉讼效率。

总之,独任制的适用,一方面是人民法院针对不同案件情况,依据案件复杂程度配置与之相适应的司法资源的一种方式;另一方面也是降低个案司法成本,从而在司法资源总体不变的情况下,解决处理更多案件,提升司法效率的有效形式。

独任庭的优点在于节约司法资源,有利于增强办案法官的责任心和职业尊荣感。不足之处在于,我国独任庭适用案件范围较窄,似乎独任法官只能审理简易程序的案件,这不仅无法理基础,也大大缩小了独任庭的审理范围。独任庭向合议庭的转变没有明确规定,实践中独任法官为了规避责任等原因将简易程序的案件转为普通程序,即转为合议庭审理。对当事人而言,也无法预期自己的案件会以哪种方式进行审理。

针对以上两个问题,可以考虑将独任庭的适用范围扩大至中级法院,独任庭在一定条件下也可以审理某些普通程序案件。打破独任庭与简易程序、合议庭与普通程序相捆绑的界限,能更有效地解决案多人少的问题。有人可能会担心独任庭的扩展,会导致办案质量不高,甚至引发司法腐败。对此,笔者认为独任庭并不必意味办案质量的低下以及司法腐败的频发。关键是要提升法官的司法能力,加强司法监督(内部和外部),从机制上加强独任法官的办案水平、办案责任心。进一步明确简易程序向普通程序转化的条件和程序。司法改革的其中一环是取消院、庭长的裁判文书签发权,独任法官可以自行签发,充分发挥独任法官的审判职能作用。法官办案需层层报批的行政化手续状况得到改变,有利于保障独任法官的独立地位。

二、合议庭

在审理案件的过程中,主要的任务是认定事实和适用法律。对案件真实情况,最理想的莫过于审判人员亲眼目睹整个案件的全过程。而到了庭审阶段,案件的发生和经过都是既成事实,只能通过法庭调查、辩论,依据直接经历事件的当事人和证人对案件事实进行的描述,利用记录或说明案件事实的证据材料,使用逻辑推理等工具来还原案件的真实情况。这种还原必定会受到诸多因素的影响,除了如当事人因故意或过失而提供了有所缺陷的事件描述,证据材料受到自然原因或人为原因损毁等因素外,焦点就集中在审判人员自身的法律素养、司法审判经验和对逻辑推理等工具的熟悉与使用上。

对法律的适用,也会受到审判人员个人因素如对法律的理解、思维方式、教育背景、社会舆论压力甚至个人好恶等方面的影响,而从证据采信、事实认定、法律适用、量刑范围等方面出现不同的理解和判断。

在明确了审判过程中两个主要问题都受到审判人员个人因素影响之后，我们发现，这种影响与法律本身的追求是完全背道而驰的。法律的追求是公平、公正的，不能受到各种人的因素的影响，因此在审判制度的设计中，各国都不约而同采用合议制作为审判中最基本的审判组织形式，就是为了通过多名（单数）审判人员对案件事实形成各自的认识，并依据其对法律的理解作出各自判断后，通过互相沟通研讨，博采众长，在各种意见的冲突中，通过少数服从多数的民主集中制原则，最大限度地抵消个人因素对认定案件事实和适用法律的影响，从而尽可能达到法律要求的公平、公正。

正因为合议制最能够实现法律设计中公平、公正的理想状态，因此合议制能长久地"风靡"于我国及世界大多数国家的司法活动中，处于最基本、最核心的地位，是适用于绝大多数案件的审判组织。

《人民法院组织法》第9条规定，人民法院审判案件，实行合议制。人民法院审判第一审案件，由审判员组成合议庭或者由审判员和人民陪审员组成合议庭进行；人民法院审判上诉和抗诉的案件，由审判员组成合议庭进行。《民事诉讼法》第39条、第40条分别规定了第一审、第二审、再审、提审案件都应当组织合议庭进行审理。《刑事诉讼法》第178条、《行政诉讼法》第68条和第86条，分别规定了刑事案件的第一审、上诉、再审和行政诉讼中第一审和上诉都应当组织合议庭进行审理。

由此可见，在我国司法审判过程中，合议庭是通常、普遍适用于绝大多数案件的审判组织，合议庭成员不是固定不变的，每个案件在收案时可以重新组成一个合议庭，至开庭前，合议庭成员亦可更改。合议庭中的审判长一般由行政职务较高的院长、副院长、庭长、副庭长一人担任。只有确实对司法资源投入需要较少的适用简易程序审理的案件，以及对司法资源投入需要较多的重大疑难案件，才分别需要独任庭和审委会。这充分体现了我国司法资源配置中，以保障社会正义、维护司法公正为基础，兼顾诉讼效率的基本思路。

不足之处在于，相比于独任庭，除了占用更多的司法资源外，在合议庭内部，名义上是合议，实际上是由主办法官一人审理，其他合议庭成员只参与开庭和评议,不参与裁判文书的写作,没有对案件进行深入的分析和思考,没有对双方当事人的证据根据证据规则进行分析及采纳,有的甚至没看完案件材料,也没到现场勘查,评议案件和判决结果也是以主办法官的意见为主,形成了"合而不议"、"承办法官独自办案,三人共同署名"的局面。

一方面,主办法官的法律素养和职业道德会影响判决结果的走向,容易导致案件审理不公,引发司法腐败。另一方面,在合议庭之外,合议庭成员对案件的处理结果形成一致意见的,要报请庭长、主管副院长甚至院长的审批;没有形成一致意见的,要报分管副院长,由其决定是否报审判委员会讨论决定。可见合议庭对案件的处理实际上没有完全的处理和决定权。司法权的行政化,影响了合议庭作用的充分发挥。

《最高人民法院关于人民法院合议庭工作的若干规定》第5条对于合议庭的职责采用列举式的方式作出了明确的规定:(一)根据当事人的申请或者案件的具体情况,可以作出财产保全、证据保全、先予执行等裁定;(二)确定案件委托评估、委托鉴定等事项;(三)依法开庭审理第一审、第二审和再审案件;(四)评议案件;(五)提请院长决定将案件提交审判委员会讨论决定;(六)按照权限对案件及其有关程序性事项作出裁判或者提出裁判意见;(七)制作裁判文书;(八)执行审判委员会决定;(九)办理有关审判的其他事项。以上九项内容基本上囊括了合议庭的职责。该规定还对审判长的职责、案件评议、文书制作等合议庭的工作内容进行了细化。

我国现行的另一部对合议庭作出规定的司法解释是2009年最高人民法院审判委员会通过的《关于进一步加强合议庭职责的若干规定》,该规定第1条明确提出,合议庭是人民法院的基本审判组织。针对"合而不议"、"承办法官独自办案,三人共同署名"的局面,第5条规定,开庭审理时,合议庭全体成员应当共同参加,不得缺席、中途退庭或者从事与该庭审无关的活动。第6条规定,合议庭全体成员均应参加案件评议。评议案件时,合议庭成员应当针对案件的证据采信、事实认定、法律适用、裁判结果以及诉讼程序等问题充分发表意见。合议庭成员评议时发表意见不受追究。针对合议庭对案件的处理实际上没有完全的处理和决定权的情况,第7条规定,除提交审判委员会讨论的案件外,合议庭对评议意见一致或者形成多数意见的案件,依法作出判决或者裁定。下列案件可以由审判长、院长或者庭长决定组织相关审判人员共同讨论……讨论意见供合议庭参考,不影响合议庭依法作出裁判。同时为了加强合议庭职责的落实,第9条规定各级人民法院应当建立合议制落实情况的考评机制,并将考评结果纳入岗位绩效考评体系。

三、审判委员会

审判委员会制度是我国特有的一项诉讼制度。1954年《人民法院组织法》正式颁布,该法第10条规定,在各级人民法院设立审判委员会,实行民主集中制。审判委员会的任务是总结审判经验、讨论重大的或者疑难的案件和其他有关审判工作的问题。第13条规定,各级人民法院院长对本院已经发生法律效力的判决和裁定,如果发现在认定事实上或者在适用法律上确有错误,必须提交审判委员会处理。第36条规定,助理审判员,由本院院长提出,经审判委员会通过,可以临时代行审判员职务。

从《人民法院组织法》的规定来看,审判委员会的主要职责有三点:(1)总结审判经验,讨论重大的或者疑难的案件和其他有关审判工作的问题;(2)对于院长提交的关于本院作出的确有错误的生效判决决定再审;(3)决定助理审判员代行审判员职务。

从三大诉讼法中的相关条款看,除了上述三个职责外,还有第4点:院长担任审判长时的回避,由审判委员会决定(《刑事诉讼法》第30条、《民事诉讼法》第46条及《行政诉讼法》第55条)。

上述4点职责中,第3点职能偏向于法院内部管理,第4点也主要解决院长担任审判长时回避的决定问题,都不实际涉及审判权的运行。而第1、2点职能则可以综合来看,其要求审委会在法院内部组织审判经验总结和交流活动,引导并形成良好的总结并学习的氛围,使得司法工作人员提高自身司法工作水平和能力,适应不断变化的现实情况;同时,更要求审委会自身具备较高的司法素养,有能力分析和处理重大疑难复杂案件,能够对本院已经生效的判决启动审判监督程序。尤其是在刑事诉讼中,还要应合议庭的请求,对于刑事疑难、复杂、重大案件的判决作出最终决定(《刑事诉讼法》第180条)。

从审判权运行的角度看,审判委员会设立的初衷,是针对重大疑难复杂案件投入更多的司法资源,通过集中法院内部具有较高司法素养、专业水平、业务能力和多年办案经验的审判人员,集体讨论探究,为合议庭处理案件提供指导,反映了在司法资源配置中,以维护社会正义和司法公正为首要目标的原则,以司法资源的集中有效配置使审判权所追求的公平公正达到最大化,兼顾了法律的公平和效率。

审判权是由法律创设并授予人民法院行使,人民法院为了行使审判权而设立了三种不同的审判组织,其中合议制是审判组织的核心,是最基本和最通用的审判组织,同时为了有效地分配审判资源,适应实际审判工作中出现的特殊情况,人民法院将一些对司法资源需求较少的案件独立出来,由一名审判人员独任审理;再将一些对司法资源需求较高的重大疑难案件,交由多名资深审判人员组成的审判委员会集体讨论决定,这样就通过独任制和审委会形成对合议制这一基本审判组织的补充,使得人民法院可以依据不同的案件情况适用不同的审判组织,而三种审判组织还可以进行转化,从而形成了审判组织的有机整体,促进了审判权的顺利运行。

第三节 审判权运行规则

法律是涉及社会生活各个方面的重要规则,其实现的过程与每一个人都息息相关,法律的庄严和休戚相关的胜败利益使大众对法院的审判工作有一定的好奇心。大众必然想要了解什么样的人能审理案件、如何审理案件、判决是如何作出的、审判组织是如何构成的、证据是如何采纳的、谁对案件有决定权等。"没有规矩不成方圆",审判规则是审判权运行的核心要素,如果没有公开的成文的审判规则,审判权的运行将是不可捉摸和神秘的,没有合理的审判规则,审判权的运行将是恣意和任性的。法院作为国家暴力机关的重要组成部分,审判权的恣意行使将导致整个社会的动荡和混乱。因此,审判权必须依照预先设定的规则运行。

从内容和程序的角度,可将审判规则分为实体规则和程序规则两大基本类型。

一、审判实体规则

审判实体规则是指在审判权的运行过程中,人民法院应当依据什么规则来确认当事人涉及的法律关系,判断当事人应当承担的法律责任,以及相应法律责任的轻重等。这些问题都需要审判实体规则来规范和指导,因此,实体规则是人民法院裁判案件的规尺,案件的事实认定和法律适用必须依照实体规则这一规尺,才能最终作出裁判决定。

理论上,现阶段我国的成文法渊源包括宪法、法律、行政法规、地方性法规、自治法规、行政规章、特别行政区法、国际条约以及司法解释,尤以前三种为重要和核心渊源,司法解释在我国法律渊源中也占有特定地位。这些法律渊源,构成了审判权运行的实体规则。

(一) 宪法是国家的根本大法,是创设和构建国家制度的基础

人民法院的审判权即是由宪法创设。《宪法》第126条规定,人民法院依照法律规定独立行使审判权,不受行政机关、社会团体和个人的干涉。宪法作为国家的根本法,其法律条文以原则性、概括性的内容为主,其他法律以宪法的原则性、概括性内容为基准,对其进行分解、细化、阐释和应用,将宪法的立法目的通过其他法律更为具体且更具可操作性的法律条文予以实现。

因此,符合立法预期的情况下,宪法的每一条都应当有相应的法律作为其实现的载体,而每部法律都是应当是符合宪法精神和原则的,即《立法法》第3

条规定,立法应当遵循宪法的基本原则。那么在审判权的运行中,宪法是否能够直接成为裁判依据? 可以明确的是,我国现阶段没有规定宪法诉讼或者违宪审查制,对宪法的适用仅是间接式的,即由最高人民法院作出司法解释或者法院在审理案件适用法律时作为说理的补强工具。而不应直接适用宪法条文作出判决,因为任何对宪法条文的直接使用都必然意味着对宪法条文含义的解释和阐发,从而导致对宪法条文阐释权的扩张,同时由于宪法作为国家根本法的特殊性,任何对宪法条文的解释都等同于一次立法活动,人民法院作为司法机关,不应当干涉立法权的行使,因此即使在实践中发生法律与宪法相冲突的情况,人民法院也不应当直接适用宪法,而应当终止相应案件的审理过程,层报最高人民法院,依据《立法法》第46条的规定,请求立法机关对相应法律进行解释说明,期间不中止案件的审理。

（二）法律、法规是审判实体规则的重要组成部分

法律规范是司法三段论中的大前提,没有法律规范这个大前提,法官就无法作出裁判。而法律、法规是法律规范的重点,也是司法实践中审理案件时适用的次数和频率最高的规范,重要性不言而喻。我国现行重要的法律包括刑法、民法通则、合同法、物权法、婚姻法、刑事诉讼法、民事诉讼法、行政诉讼法等常见的法律法规。其他如行政法规、地方性法规、自治条例和单行条例,具备法律效力,也是人民法院作出判决所依据的规则。

（三）部门规章、地方性规章是审判实体规则的重要补充

规章的制定主体是行政机关,如果说法院在适用法律、法规、自治条例和单行条例、司法解释时的方式是"依据",那么法院在适用部门规章和地方性规章时的方式只能是"参照"。"参照"的意思是,部门规章符合法律规定或者法律精神的,可以确认其效力予以适用;但如果部门规章不符合法律规定或者法律精神,法院可不予适用。

（四）司法解释是审判实体规则的适用性工具

这一概念起源于1981年全国人大常委会通过的《关于加强法律解释工作的决议》,其中第2条规定,凡属于法院审判工作中具体应用法律、法令的问题,由最高人民法院进行解释。此后,最高人民法院1997年发布了《关于司法解释工作的若干规定》、2007年发布了《关于司法解释工作的规定》,对涉及法院审判工作的司法解释进行了多次规范和完善。《关于司法解释工作的规定》第6条规定,司法解释有四种表现形式,分别是解释、规定、批复、决定。针对不同的情况采用不同的形式。

司法解释的调整范围十分广泛,针对性强,在我国法律的制定程序严格、制定周期较长的实际情况下,面对时常存在的法律过于原则性和概括性、法律落后于现实情况、立法解释相对滞后的问题,制定程序灵活的司法解释就成为我国司法实践中十分重要的一种实体规则来源。

司法实践中,司法解释除了对现有法律在审判应用中涉及问题的说明和阐释,或许也可以认为司法解释是一种立法的前置手段和步骤,通过司法解释来验证相应立法理念,收集实践中遇到的问题,并通过司法解释自身的完善和精练,如从1992年7月发布的《关于适用〈中华人民共和国民事诉讼法〉若干问题的意见》到2015年2月实施的《关于适用〈中华人民共和国民事诉讼法〉的解释》,不断积累立法所需的素材,从而为今后颁布更加适应社会生活、更能反映司法实践的法律奠定坚实的基础。

二、审判程序规则

审判程序规则,是审判权运行的形式性和过程性的规则。审判程序规则,主要体现在三大诉讼法和司法解释之中。另外,审判权运行的内部过程,也需要相应的规则予以规范。法院内部的管理性规则,也同样属于审判权运行的程序规则。

审判程序规则不涉及实体权利和义务,旨在通过对审判组织的构成、庭前准备、法庭调查、法庭辩论、合议庭评议等每个环节的内容进行明确,形成一套完整的审判流程,以此保证审判工作人员能够最大限度地收集到反映案件事实的证据材料,听取当事人和证人对案件事实的描述,了解当事人对案件的阐述以及对对方的质疑,从而形成对案件事实情况的认知和判断。审判程序规则以成文的形式固化审判权的运行过程,强调通过一系列程序认知案件事实的准确和正当,审判工作相关人员包括法官、法官助理、书记员、法警等必须遵照执行且不得随意更改,保证诉讼参与者的诉讼权利。审判程序规则是诉讼权利的保障,是实现司法公正的必要条件。

审判权的人的要素、组织要素、物的要素、实体规则等,如果没有一套运行机制,那么所有的审判权要素就是一堆零散部件,难以整合成一个整体性的审判权;没有程序规则,审判权就是没有生命的静止的制度,不能处理和应对司法案件,不能发挥审判权应有的解决纠纷,实现公平正义等功能。而通过一系列的审判程序规则,使审判工作人员、审判组织、实体规则能够相互结合并运转起来,是审判权运行的程序保障。

具体的审判程序规则主要散见于三大诉讼法,以普通程序审理的民事案件为例,审判程序主要包括:(1)庭前准备,包括传唤当事人,通知其他诉讼参与人出庭参加诉讼;对公开审理的案件,人民法院应当在开庭3日前公告当事人的姓名、案由和开庭的时间、地点;查明当事人及其他诉讼参与人是否到庭,宣布法庭纪律;开庭审理时,由审判长核对当事人,核对的顺序是原告、被告、第三人,核对的内容包括姓名、性别、年龄、民族、籍贯、工作单位、职业和住所。(2)法庭调查,首先是当事人陈述;其次是出示证据和质证。各类证据按以下顺序出示,由当事人进行质证:证人证言,书证、物证和视听资料,鉴定结论,勘验笔录经过庭审质证的证据,能够当即认定的,应当当即认定;当即不能认定的,可以休庭合议后再予以认定。当事人在法庭上可以提出"新的证据"。法庭调查结束前,审判长应当就法庭调查认定的事实和当事人争议的问题进行归纳总结,并询问当事人的意见。(3)法庭辩论,顺序如下:原告及其诉讼代理人发言,被告及其诉讼代理人答辩,第三人及其诉讼代理人发言或者答辩,互相辩论。法庭辩论结束后,如果案件事实清楚的,审判长应当询问当事人是否愿意调解。当事人愿意调解的,可以当庭或者休庭后进行调解。(4)案件评议和宣告判决。这是开庭审理的最后阶段。法庭辩论结束后,调解不成的,合议庭应当休庭,进入评议室进行评议。合议庭评议案件,实行少数服从多数的原则,少数意见要如实记入笔录。评议笔录由书记员制作,经合议庭成员和书记员签名或盖章,归档备查,不得对外公开。评议结束后,应制作判决书,并由合议庭成员签名。最后是宣告判决,当庭宣判或定期宣判。

简易程序和普通程序在审判流程方面大致类似,区别在于,简易程序只适用于基层法院审理的事实清楚,被告人认罪的初审案件,由审判员一人独任审判,公诉案件检察人员可以出庭,也可以不出庭。法庭调查,法庭辩论程序相对于普通程序更为简化。

三、司法行为规范

司法行为规范,相对于前述的审判实体规则与审判程序规则,其特点在于它是直接与法官发生关系的规则,而前面的规则是与审判组织直接发生关系。司法行为规范包括法官的职业道德规范和职业行为规范。前者针对法官的精神层面,后者针对法官的行为层面。

在审判权的运行中,审判程序规则提供了审判权运行所应经过的一系列环节和程序,审判实体规则提供了审判权在经过上述的程序后,最终转化为判决时的依据和效力来源,而这一切终究是需要人来执行,虽然程序规则和实体规则是统一的,但每个法官由于思维方式、教育背景、审判经历等方面的不同,在同一套审判程序中对事实的认定、证据的采信有可能不同,也可能由于法律的理解、对司法的理念等方面的不同,而在同样的实体规则面前,出现法律适用、定罪量刑的不同,因此司法行为规范同样是审判权运行中不可缺少的重要组成部分。

2001 年 10 月发布、2010 年 12 月修订的《中华人民共和国法官职业道德基本准则》一共 30 条,主要规定法官的职业道德基本准则是忠诚司法事业、保证司法公正、确保司法廉洁、坚持司法为民、维护司法形象。2010 年 12 月 6 日起施行的《法官行为规范》,全文共 96 条。主要内容是要求法官忠诚坚定、公正司法、高效办案、清正廉洁、一心为民、严守纪律、敬业奉献、加强修养,并对立案、庭审、诉讼调解、文书制作、执行、涉诉信访处理、业务活动等进行了规范。除了上述直接规范审判工作人员行为的文件外，仅目前在最高人民法院网站登载的 2010 年 2 月以来关于审判工作人员业务培训、行为规范、思想建设等范围方面的文件就有 154 篇。

司法行为规范是社会规范的一种，旨在让审判工作相关人员共同遵守，以维持审判工作的正常秩序。在审判权运行的过程中，审判工作相关人员可以在已存在、可知晓的司法行为规范的框架内，秉持良好的职业道德，严格司法、公正司法，遵循审判的实体规则和程序规则行使审判权，是司法的内在要求，也是接近公平公正，实现社会正义的必经途径。司法行为不规范，容易引起冤假错案的发生以及司法资源的浪费、司法效率低下。很多时候，社会大众感到司法不公，跟司法行为不规范有很大关系。

规范司法行为，必须内外结合，上下联动，打组合拳。法院内部的规章制度、文件要求和来自法院外部的人大、检察院、社会公众和舆论监督相结合，上级部门的通报检查和下级的举报投诉相联动，形成允许和禁止的规尺，使审判工作相关人员不得越入"雷池"半步。更为重要的是，审判工作相关人员内心要秉承正确的司法理念，忠诚于司法事业，不办人情案、关系案、金钱案。

实体规则解决审判权依据什么运行的问题，程序规则解决审判权如何运行的问题，司法行为规范解决审判权运行是否正确、合法的问题。

第四节　审判设施及载体

一、审判场所

法庭（审判庭）是人民法院案件审理活动的基本场所。基本配置是 4 张桌子、4 至 6 张椅子，旁听席椅子若干。席位是法庭的重要组成部分，具有符号学的象征意义。

一般而言,法庭分审判区和旁听区,审判区正中前方设置法台,法台上设法桌、法椅,为审判席。审判席居中居高,取临下之意,象征威严,又似天平两端的中间,象征公平公正,反映了法官居中裁判的地位以及司法的公正威严;原告席(上诉人席、公诉人席)位于审判席前方右侧,被告席(被上诉人席、辩护人席)位于审判席前方左侧;书记员席位于审判席前下方,被审判席、原被告席环绕,更能快速记录庭审活动。刑事审判庭中被害人席位于审判席的正对方、旁听席中间的前方。旁听区一般设置旁听席,位于审判席的正对方,原告席和被告席的外侧。旁听席,顾名思义是不参与审判的席位,但能近距离现场观摩庭审活动,充分体现了司法公开的原则。审判长席背后的墙壁悬挂国徽。法庭桌椅的颜色应庄重大方,与法庭整体设计和颜色和谐、一致。

法庭的布局和设计,必须依据《最高人民法院关于法庭的名称、审判活动区布置和国徽悬挂问题的通知》的规定进行,并不得随意更改、变换,以保证整个庭审活动合法、合理、顺利开展。

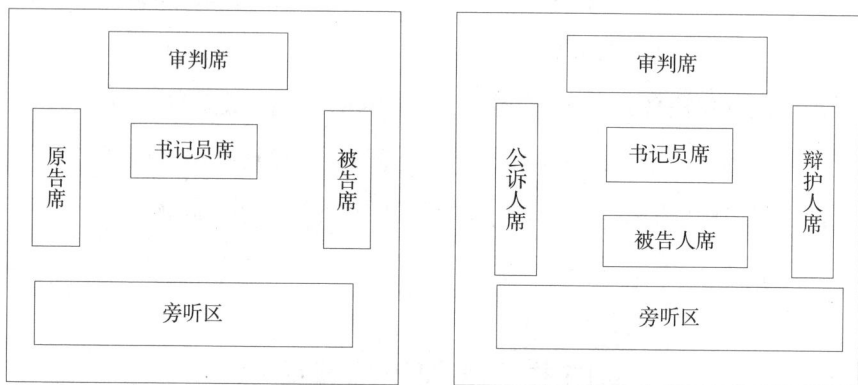

民事、行政审判法庭基本布局(一审)   刑事审判法庭基本布局(一审)

二、司法标识

(一) 法院外观

目前尚未有各级法院统一的外观设计标准,实践中各级法院在建筑和场所的外观上有着高度的一致性或相似性。法院外观代表一种司法形象,直接体现出司法的精神与原则,如公正、独立、权威等。这些精神象征需要法院的外观予以体现。

2011 年 5 月最高院正式启动人民法庭统一标识的设计工作,2012 年 3 月颁布了《人民法庭统一标识设计规范》,对人民法庭统一标识制作、安装的技术和标准进行了规范,四大项 22 条标准,从标识的材料、焊接要求、烤漆到字体大小都做了明确的规定。

人民法庭统一标识包括门楣、名称标牌、路口指示牌三个方面。确定标识图案设计方案时,根据人民法庭建筑的特点,确定了人民法庭统一标识的图案和用色。人民法庭统一标识设计,注重体现"亲民、便民"主题,力求做到外观庄重,标识明显,以达到"见标识即知人民法庭"的效果。人民法庭的标识用色选择了历史厚重感强的赭红色。采用赭红色能体现人民法庭标识色彩的专属性。

2012 年 3 月,最高人民法院下发了《关于统一人民法庭标识工作的实施意见》,要求地方各级法院按照"统一规划、先行试点、分片实施、整体推进、确保效果"的要求,组织专门力量开展工作,到 2013 年年底前全面完成标识的制作和安装。以笔者所在地区为例,全市 11 个基层法庭已经全部完成了统一标识的制作。

(二) 法徽

最高人民法院于 2012 年 9 月发布的法院行业标准,将人民法院的法徽定义为"中华人民共和国人民法院的标识",并对法徽的分类、规格、图案、颜色、结构尺寸、材料、性能、工艺、外观等作出了详尽具体的规定。法徽是人民法院的标志,在法院的相应位置例如法院大楼、法庭审判长席的正后方悬挂法徽。法徽也是法官的身份标志,体现法官代表国家行使审判权。法官穿着法官袍或法服时,应佩戴法徽。

《人民法院审判制服着装管理办法》对法徽的佩戴有详细规定,法袍在制作时已将法徽绣好,不需另外佩戴。在开庭审判时,佩戴大法徽(5 公分),参

人民法庭统一标识（图片来自网络）

加集体活动、会议等应佩戴小法徽（2.5 公分）。着审判夏服时,大、小法徽均佩戴在上衣左胸口袋上沿上方正中,法徽的下沿与口袋上沿平齐;着审判春秋服、冬服时,均佩戴在上衣左胸驳头装饰扣眼处;着防寒服时,佩戴在左胸门襟与袖笼中间处。

审判工作相关人员在进行审判活动时,应集体佩戴法徽。特别是合议庭开庭审判时,要统一着装,佩戴相同规格的法徽,佩戴法徽、敲响法槌,是审判规则的内涵和要求。

法徽的图案由麦穗、齿轮、华表、天平构成（见下图）。在法徽的设计中,麦穗和齿轮图案与我国的国徽图案一脉相承,麦穗代表着农民,齿轮代表着工人,进一步深化为麦穗和齿轮代表广大的劳动人民,体现了人民法院审判权来源于国家政权和宪法,由人民法院作出的依法判决,其判决的效力由国家强制力保证,具有强制执行力,未经依法程序不得更改。华表是中国特有的建筑,在中国古代建筑中有警示、指示的功能,是国家文化和精神的象征,将华表的形象设计在法徽中,体现了审判权的警示、指示功能。天平是自古以来的公平公正的象征,在法徽的正中、华表的两侧,是对审判权追求公平公正目标的寓意和展示。

法徽

（三）法槌

古有惊堂木,今有法槌(见下图)。"槌"意指木制的敲打用具。在现代中国,法槌成为法庭审理案件不可或缺的设施。法槌于2002年后在我国法院普遍使用,除了具有提醒诉讼参与人保持法庭秩序的作用外,主要是在审判程序规则中起到突出阶段性程序变更的作用,如开庭、休庭前敲击法槌,作为相应程序开始的标志。根据《人民法院法槌使用规定(试行)》的规定,审判长在宣布开庭、继续开庭、休庭以及判决、裁定时,应先敲击法槌。其他情形使用法槌时,应当先敲击法槌,后对庭审进程作出指令。法槌敲响后,诉讼参与人、旁听人员应立即停止发言、喧哗或其他有碍庭审进程的行为。

人民法院现在使用的法槌呈红褐色,凝重庄严、烘托法庭庄严神圣的气氛、体现司法的尊严;材质为海南檀(又称花梨木),纹理清晰均匀,质地坚硬,有光泽,抗弯曲耐腐蚀,敲时声音清脆、响亮,寓指人民法官刚直不阿、坚韧不拔的优秀品质。槌身为圆柱形,槌顶镶嵌着金黄色的铜制法徽,槌腰嵌套标明法院名称的铜带;底座为矩台形,表面嵌有矩形铜线和我国传统纹饰,取"规矩"之义,也暗喻司法公正。槌体上端刻有一个独角兽头,即古代的神羊——獬豸;手柄刻有麦穗齿轮,寓意人民民主专政;槌身与底座的深红色,以槌击座,声音清彻响亮,寓指敲定,内含"一槌定音"之意。槌的圆与底座的方,表示"智圆行方"之意,明示方圆结合、有规矩成方圆,象征法官应是智慧和正义的化身。

法槌

　　法徽、法槌等司法标识,是一种符号学象征意义,一方面,起到了标注识别的作用——用统一且鲜明的标识将人民法院与行政机关、社会团体、企业单位等区分开来,以此强调人民法院作为国家审判机关的特殊性;另一方面,人民法院是维护社会秩序的最后一道防线,是国家强制机关,因此具有庄重、神圣的本质属性,表现的载体即为司法标识,利用统一的标识,规定统一的着装和佩戴方法,统一的敲槌程序,使审判权自身的庄重、神圣的内涵属性转化为可视化的标识,贯穿于审判权运行的各个环节,形成整个人民法院庄严肃穆的气氛和环境。

三、司法服装

(一)法袍

　　法官袍又称法袍,是法官身份的象征。目前我国的法官袍是 2010 式法袍,法袍以黑色为底色,款式为黑色散袖口式长袍,从色彩学的角度,黑色代表庄重、严肃,象征法律的威严。红色前襟装饰四颗金黄色领扣,与国旗的配色一致,代表法院代表国家行使审判权;金黄色领扣为四颗,代表审判权由四级人民法院行使,也代表忠于党、忠于人民、忠于事实、忠于法律。衣领、袖口处为对称金色麦穗图案,左胸前为一枚红色法徽。法官袍为开庭审判专用公用服装,个人不得私存或留作纪念,不得在其他场合穿着。

（二）制服

西装式制服是法官在日常工作中穿着的统一服装,1984 年全国法院系统首次统一着装,采取了军警式法官服,佩肩章,戴大盖帽。2000 年起司法制服逐步转变为佩戴胸徽的西服式制服,颜色选用国际司法界常用的深色,取消大檐帽、肩章和领花。2010 年的新款司法制服在衣扣、皮带扣、领带颜色等方面进行了细微调整,总体仍沿用了西服式样的制服。

制服的变化体现了司法理念的变化,从体现服务于专政,反映武力、镇压等信仰的军警式制服到西式制服,反映了现代的法治意识,体现了建设法官职业化趋势的要求。

（三）法警服装

司法警察是人民警察的一个警种,在人事上属于单独序列管理,着公安警察服装。法警的制服和普通民警的相同,仅在臂章和胸徽处注明司法二字。20 世纪 50 年代穿白色制服,六七十年代穿蓝色制服。1983 年启用的八三式制服的式样和衣料质量等与公安警察相同,颜色是橄榄绿,佩戴红领章,警衔佩戴在衣领上。1992 年 9 月人民法院司法警察首次授衔,法警换发了八九式制服并第一次佩戴上警衔。1995 年 5 月警衔从衣领挪到了肩上。2000 年 10 月为了与国际接轨,法警制服换成了现在的九九式制服。

司法服装的作用与司法标识类似,同是审判权内在属性的外在表现形式,致力于营造法院总体的氛围和环境,但司法标识着重于物,而司法服装侧重于人。通过服装的不同来标识出某一类特殊的人群,进而引导其内心的某种感情的做法古来有之,人们见到繁复华丽的礼服便觉得庄重,见到简单明快的夏装便觉得清爽,服装始终都在体现着穿着者的某种属性。

司法服装即是通过统一的服装设计和装饰,引用国旗、国徽等元素,形成一定的仪式功能和象征意义,激发审判工作人员的职业尊荣感和自豪感,配合审判规则,从各方面来形成审判工作人员对维护社会正义和司法公正的追求,促进审判权的有效运行。

四、审判设施

如果前述的司法标识、司法服装主要目的是为人民法院营造出一种主观的气氛和环境,那么审判设施则是从审判权运行所需的客观条件出发,利用各种现代化的手段,以便利审判权运行为目标来配置相应的工具和设备,如电脑、打印机、法台法椅、旁听席、地台、审判台牌等基本的硬件设施。

随着社会经济的发展,人民群众也对人民法院的工作提出了更高的要求,要求审理工作能够更加便利和高效,因此各地人民法院也都在依据本地实际情况,加大审判设施的投入,利用现代化的设施来提高审判效率。

不同的审判装备要实现的审判目标不同。警械主要用于确保审判的秩序,确保审判权在没有任何非法干扰的情况下运行,亦用于应对突发事件;警车主要用于确保审判人员以及当事人等诉讼参与人的安全,尤其是人的要素不受外界的干扰,隔离外界的影响等。同步录音录像设备,在于确保审判权运行的公正性、可审查性,是现代科技和司法审判相结合的必然产物,对司法公开起到了重要作用,用科技的手段记录和监督审判权的运行过程。

如沈阳市东陵区人民法院在原告、被告席位上配置了与书记员屏幕联通的显示器,使得双方当事人能够随时核对书记员的记录情况,提高了庭审后确认笔录的时间和效率。2013年10月,重庆市江津区人民法院研发的流动车载法庭正式投入使用,极大便利了巡回法庭的开展。该车载法庭搭载了审判桌椅、电子公告牌、大型室外LED屏、高功率照明系统、审判法庭信息化系统、GPS定位系统等一系列设备,为保障全天候运行、特殊情况下执法,还专门装配了发电机、行车记录仪、黑匣子、全景摄像头、扩音设备等器材。随后,江西等地的法院均配置了车载巡回法庭。

除了提高审判效率外,审判设施的进步还体现充分利用信息技术,为审判、管理工作提供技术支持。如上海一些法院近年来的装备由过去以限制刑事被告人的驱逐性和约束性戒具发展到今天的警械、通讯、防暴、防护、安检、监控6大类37种装备,配备了防刺背心、防割手套、抓捕网、电子脚扣、安检设备等一些先进设备后,达到了实用性强、科技含量高、技术性能好的标准。

五、裁判文书

裁判文书是人民法院依法行使审判权过程中,向特定争议当事人发出的登载经人民法院确认的权利义务关系的书面凭证。《民事诉讼法》第152条规定,判决书应当写明判决结果和作出该判决的理由。判决书内容包括:(1)案由、诉讼请求、争议的事实和理由;(2)判决认定的事实和理由、适用的法律和理由;(3)判决结果和诉讼费用的负担;(4)上诉期间和上诉的法院。判决书由审判人员、书记员署名,加盖人民法院印章。

从上述关于判决书内容的规定可以看出,裁判文书应当分为案件的提起、审理的过程、判决的结果、诉讼权利的保障四个部分,各部分内容的来源各自不同:案件的提起部分,来源于当事人向人民法院提交的诉讼文件,如起诉书;审理的过程是裁判文件的核心,其中事实部分应来源于经过当事人确认的庭审笔录,对事实的确认、法律适用部分则是人民法院在当事人及证据材料的基础上,应用逻辑判断等工具和对法律的理解认识,形成的判断;判决的结果来源于合议庭评议,是对当事人权利义务关系的决定意见;诉讼权利的保障则直接来源于相关法律法规的规定,是对当事人诉讼权利的提示,是审判程序性规则的组成部分。

对于当事人而言,裁判文书明确了案件当事人就案件争议事实和法律关系的裁判结论,是人民法院代表国家行使审判权过程中,对于特定当事人权利义务关系在实体上和程序上的最终决定意见(从终审角度)。

从审判权运行的角度看,裁判文书是审判权运行的载体,从诉讼的提起,到庭审中案件事实的认定,再到法律适用和依法判决,在裁判文书上记载了审判权运行的全过程,同时也是审判权运行形成的结果的体现,在裁判文书中记载的是经过人民法院审理确认当事人权利和义务,具有法律效力,由国家强制力保证实施。

裁判文书是审判权运行中末端的要素。以前这一要素是不予公开的,只有当事人能够接触到裁判文书。现在随着司法公开的深入,2013 年 11 月《最高人民法院关于人民法院在互联网公布裁判文书的规定》,大力推行裁判文书上网公开制度,让公众都能查阅到每一份生效判决。裁判文书的网上公开,使得裁判文书成为审判权运行中可以被除当事人之外的社会大众所观察和接触到的要素,裁判文书的公开,代表着审判权的要素越来越多的予以公开。

随着审判权各要素的不断公开,审判权运行的过程也更加透明化和公开化,人民群众可以通过多种方式对审判权进行监督,例如现在公众就可以透过裁判文书的内容,可以清楚地了解到当事人的诉讼权利是否得到保障,审判人员是否正当地行使职权、履行职责。[1] 特别是对于有重大社会影响的、复杂案件的刑事案件,要向公众展示充分的量刑理由、过程和结果,充分展示程序公正和实体公正,才能使公众信服,进而平息事态,取得良好的法律效果和社会效果。

---

[1] 曾娇艳、黄书建:《试论刑事裁判文书的量刑说理制度》,《法治研究》2007 年第 9 期。

第四章

审判权运行的动态要素

第一节　审判权的时空配置

一、审判权的流程配置

权力的运行并非是在真空之中,它是运行于现实生活之中,依赖于时间和空间的物质支撑才能落地和发生最终的法律效果。审判权的时空配置主要是审判权运行在时间维度上的流程配置,以及在空间维度上的部门配置。当然这两种配置关系并非是绝对分开的,实际上它们之间有相互交融的部分。

审判权运行是要对案件进行全流程的审理与裁判。这就需要审判权在运行过程中设置一整套流程体系,让审判权在符合司法规律的前提下有序高效地流转。目前,我国法院的审判权运行流程主要分为 10 大环节(节点),它们分别是:立案、分案、审理、执行、审限管理、结案、送达、评查、归档、案卷移送等 10 个节点。

审判流程的配置是人民法院组织法和三大诉讼法中的重要内容,也是审判权运行中的管理活动的主要对象。审判权的流程配置,既是一个法律问题,也是一个管理问题。我们说它是一个法律问题,是因为它涉及审判权这种法律权力的配置问题,如何让这样一种国家权力在一个时间和空间范围内有序流转,如何相互区分不同的审理和裁判活动环节,设置不同启承并转的程序机制等,都是司法原理上必须考虑的,一并都要符合司法公平正义的目标。说它是一个管理问题,是因为审判权运行的效率也是重要因素,如何组织和实现审判权最优化的运行流程,决定了我们投入到审判事业上的资源能否取得最大的公平正义的回报。尤其在当下互联网和信息时代,科学的流程配置成为审判权运行制度改革发展的一个重要时代议题。

审判权的配置是为了有效地实现组织目标,由立法者、法院内部的审判管理人员利用专门的知识、技术和方法对审判活动进行制度设计、组织实施、领导与控制的过程。[1] 审判权流程配置的基础在于有制度性保障,整合资源,优化配置,使整体发挥大于部分之和的合力。法院内部运行职能表现为审判管理、司法政务管理、司法人事管理三大部分,统称司法管理。法院内部的审判权运行流程是审判管理的核心,外围还有相关的支撑管理机制,如司法人事管理、司法政务管理等共同构成法院司法活动的复杂运行体系。依法独立行使审判权是人民法院的核心职能,审判权的流程配置则是实现司法公平正义目标的机制保障。

审判权运行的流程配置,一方面需要解决审判权分工过程中的公正性问题,另一方面要充分兼顾司法成本和效率。尤其在当下案多人少、诉讼爆炸的时代,审判权运行的效率追求在很大程度上能够影响到整体司法权的公平正义的质量。为进一步优化审判工作机制,有效解决案件密集、一线审判力量不足等问题,人民法院需要整合审判资源,重点做好审判权流程配置中的以下几点工作:

1. 彰显审判组织的核心地位。审判组织是审判权运行的主体性要素,在动态的审判权流程中,审判组织掌控着案件审理和裁判的过程,具有核心地位。审判权是一种判断性、中立性的权力,具有公正性、正当性和合法性。审判权的属性和审判组织的核心地位,决定了审判权运行流程的配置都是要围绕审判组织来展开。审判流程的配置,需要充分体现司法公平正义的实现。

---

[1]　陈传明、邹宜民:《管理学原理》,南京出版社 2001 年版,第 11 页。

在当下的司法改革环境中,这样的司法追求意味着我们的审判流程配置要与司法行政化的现象做斗争。我们必须摒弃以行政为本的审判权配置的思想和做法,提倡以法官为本位的配置观念,发挥法官的主导作用。审判权运行的各种程序性、细节性、保障性的机制设置与权力配置,都要围绕审判组织行使审判权的公正性与效率性为最终原则。

我们还要妥善建立合理的裁判责任追究机制。司法责任制是当下司法改革的阶段性议题,也是近一个时期来广受关注和争论的话题。司法责任制的说法,在西方国家很少听到,它们那里提的最多的是法官的司法责任豁免制度和法官职业保障制度。而有关司法责任制度,主要是指法官违法的国会弹劾制度。

当然,这不意味着我们的做法一定是要和西方不同才是好的。当下司法责任制配置进入审判权运行之中,有其历史和现实的基础,并非某些领导和专家的想法。违法意义上的司法责任制,我们的刑法中有专门条款规定,基本上涵盖了审判权运行过程中的严重社会危害性的行为制裁。最高人民法院也制定过审判权合规运行的司法规范性文件,在大体上建构起什么是合规的审判行为的机制体系。但不得不说,我们的司法行为规制还不够成熟,还显得粗糙。相应的实现审判权合规性运行的监督机制不够完善。所以,本轮司法改革提出司法责任制这样一种改革导向。本书后面章节还有更进一步的论述。

优化配置和运行对于提高司法权威、维护司法公正和改善法院及法官形象具有重要的作用,必须遵照司法规律不断加以优化和改革,恪守审判权主导法院行政管理权的准则,围绕审判权的良好运作目的设置行政管理权,满足人民法院审判职能的需要。在合议庭内部,法官之间平等,合议庭内的法官对案件共同审理、共担责任。要改革审者不判、判者不审,审与判脱节的状况,取消层层审批制度,使参加案件审理的法官享有裁判的权力。

司法体制改革全面铺开后,独任审判员和审判长拥有了文书签发权,责任更加重大,对其政治和业务素质的要求也更高。为保证审判质量和效率,必须做好独任审判员和审判长的选任工作,必须建立有效的选择机制,保证品行端正、学识渊博、司法经验丰富的优秀法官脱颖而出。

另外,可以通过院长、庭长亲自开示范庭,亲自分析审判运行态势,亲自点评审判质效指标等形式,指导法官审判活动,提高法官审判水平,将规范司法和审判管理深入到每个基层审判组织。

2. 制定权力清单,明确职责范围,在科学划分权力的基础上对不同性质的权力进行不同的配置,进行适当的分解。将行政管理权和审判权适当分离,保障审判权的依法独立行使。

3. 完善审判流程管理机制。审判流程管理,是在实现立案、审判、执行、审判监督等功能相分离的基础上,根据案件在审理过程中的不同阶段,对案件的立案、分案、送达、保全、庭前准备、先行调解、审限管理、结案、案卷移送等环节进行监督、协调,使审判工作各部分相互衔接。实质是将实体审判权和流程控制权分离,分权制衡,动态监督,增强案件审理的透明度,促进案件审理规范化,实现程序保障作用。

它可以包含两个方面的内容,一是对诉讼程序的直接管理,比如立案、排期等程序性事务或者变更合议庭、延长审限的审批等;二是对程序进展情况的监控,比如案件超审限情况的监控与督查等。案件流程管理贯穿整个审判过程,其侧重点在事前与事中管理。案件审判流程管理是整个审判管理体系的基础和信息操作平台,对于构建现代审判管理体制至关重要。

4. 建立科学有效的法院人员的分类管理模式,确立法院内部法官的核心地位。要确保审判权的主导地位,在分解行政管理权的基础上,还必须通过制度避免法官的行政化管理,确立法官的核心地位,使法官的专业化、职业化水平得到充分的发挥与体现,对法院人员进行科学的分类管理。

司法体制改革将法院的工作人员按照审判人员、行政管理人员和其他辅助性工作人员的标准分为不同类别,并结合各类人员的职业特点,在录用、培训、考核、晋升等方面建立相应的制度,所有人员能够依照其能力和特长被安排到相应的工作岗位,从而优化人力资源配置。建立以审判为中心的运行模式,使从事审判工作的法官成为法院的真正主角,通过相关制度保障其更好地行使职业权力,从而激发法官职业尊荣感,吸引更多的优秀法律人才到审判一线岗位。

同时提高相应的职业待遇,使法官待遇和行政级别脱钩,在总体提高法官待遇的基础上与其他人员适当拉开距离,促使法官把精力放在努力钻研业务知识和全心全意办好案件之上。通过审判权配置优化,争取取得良好效果。一是审判资源投入最大化。通过分类管理模式,重新配置了审判资源,让主要审判人员投身到办案一线,实现资源利用最大化。院领导、庭室长只对自己担任审判长审理的案件负责,不得随意干涉其他案件的审理,不得签发其他案件的法律文书,将审理权和裁判权统一,减少以往层层审批对独立审判的行政化干预,审判长直接对法院领导负责,缩短了管理链条,同时结合量化的审判管理指标考评机制,提高了案件审判质量和效率。二是工作积极性最大化。通过审判长选任机制,挑选经验丰富的法官担任审判长,资深法官通过案件办理,将审判经验、办案技巧等传授给年轻法官,起到传帮带作用,增加了年轻法官的审判经验,提高了办案积极性,促成年轻法官优质快速成长,提高干警的工作积极性。

二、审判权的部门配置

(一) 审判权分工与审判部门设置

法院内部的分配与设置,包括审判机构的职能分工、审判组织的权限、审判事务的管理等内容。法院内部机构的设置是法院内部机构的构成,由于法院组织法没有明确细致的规范,各地、各级实际情况又不同,故其并不完全一致,但大体可分为审判业务机构和综合辅助机构两类,前者如立案庭、民事审判庭、刑事审判庭等,后者如办公室、政工部门等。20 世纪 80 年代以来,我国各级法院的业务庭呈逐渐增多的趋势。从最初的民、刑庭,增加到后来的经济、行政庭等;为加强执行,则设立执行庭,随着经济社会的发展变化,案件类型层出不穷,新类型案件的出现,让法院内部机构设置也发生了新的变化,例如增加了知识产权庭等,而原先的民庭、经济庭,因为案件增幅较大,类型较多,人员也增加较多,部门设立随之增多。一般而言,中级法院部门设置包括立案庭、刑事审判庭、民商事审判庭、行政庭、审监庭、执行局、办公室、政治部、研究室、审判委员会办公室、法警支队、司法行政装备管理科、监察室等部门。

(二) 审判职责与运行流程

在立案、审判、执行、审判监督等功能相分离的基础上,根据案件在审理过程中的不同阶段,对案件的立案、分案、送达、保全、庭前准备、审理、裁判、审限管理、结案、案卷移送等环节进行监督、协调,使审判工作各部分相互衔接,有效实现审判功能。

在审判流程各阶段,以审判权实现为核心,对案件进行动态监督,全程掌握,保障审判工作处于良性循环状态,其目的在于及时保护当事人的诉权,提高办案效率和质量,确保司法的公正性。在审判流程中对案件审理的不同程序进行安排并跟踪管理以保证案件审理的高效。它的实质是将实体审判权和流程控制权分离,分权制衡,动态监督,增强案件审理的透明度,促进案件审理规范化,实现程序保障作用。

第二节　审判权运行的实现机制

一、审判权运行的层级分工

法院审级制度是司法制度的重要组成部分。陈光中教授认为,审级制度是指法律规定的审判机关的级别以及案件应经过几级法院审判才告终结的制度。[1] 几乎所有的司法制度中,诉讼架构都可以分为初审和上诉审理。[2]

我国的审级制度,就审判程序而言是两审终审制;就人民法院体系而言是

---

[1]　陈光中:《刑事诉讼法》,中国政法大学出版社 1999 年版,第 37 页。

[2]　齐树杰:《民事上诉制度研究》,法律出版社 2006 年版,第 35—36 页。

四级两审制。地方各级人民法院对于按照审判管辖的规定由它审判的第一审案件作出判决或裁定以后,若当事人不服,可以在法定期限内向上一级人民法院提起上诉。上一级人民法院对上诉或抗诉案件,经过审理所作出的判决或裁定,就是第二审的判决或裁定。根据两审终审制度,人民法院的第二审判决或裁定,就是终审的判决或裁定,案件宣告终结,当事人不得对终审裁判提出上诉。两审终审制体现了上级法院的司法救济、上诉权利保障程序、终审裁判的终局性和权威性。

我国实行两审终审制,二审法院的审判职能是对一审法院的裁判案件行使上诉审判权,纠正一审裁判中事实认定和法律适用错误,保证案件的审判质量,统一法律适用,实现公平正义。我国实行两审终审制,是立足我国国情,平衡公正和效率价值追求的结果。从制度安排的角度看,设置多个审级体现了"程序正义",案件经过不同级别的法院审理,司法理性裁判合法性和合理性更有保障,从而减少下级法院不当或者裁决,上级法院可以纠正下级法院裁判的错误,保障当事人合法权益。

中国幅员辽阔,很多地方交通仍有不便,法院审判资源和当事人诉讼资源有限,法院层级的设置也并不是越多越好。波斯纳曾说,"一个体系中复审的层级越多,每个层级的复审就会变得越不仔细"[1],而且审级越多,耗费的时间精力越多,当事人的权利义务将长期处于不确定的状态,不利于保护合法权和维持社会安宁。因此,审级制度需要平衡司法公正与司法效率。

我国实行两审终审制,可以提高案件质量。我国"案多人少"矛盾较为突出,法官审判工作压力较大,法官的专业水平参差不齐,对法律理解可能存在差异;同时,法官在判案过程中也可能存在偏私,出现对案件事实认定和法律适用有错误的现象。所以"需要设立一种能够控制法官偏私的程序装置,即给审判者设立审判者,通过法官之间的相克关系,使其偏私受到约束和控

---

[1] [美]理查德·波斯纳:《联邦法院:挑战与改革》,邓海平译,中国政法大学出版社 2002 年版,第 368 页。

制"。[1] 上级法院对下级法院的错误裁判进行纠正,通过审判程序内在制约机理,上下级法院实现系统内部监督,实现审判权力对权力的相互制约。法院之间的审级权力监督和制约保证司法公正,提高司法权威。此外,审级制度也可以促使下级法院在行使裁判权时更慎重,上级法院作为潜在的影响者,督促下级法院谨慎裁判,提高案件质量。[2]

我国实行两审终审制,可以保障统一法律适用。保障国家法律的统一适用,使司法系统在所有的审级都尽量以统一的声音说话是审级制度的最终目的。上级法院的裁判是权威的尺度,通过示范如何解释和适用法律对下级法院的裁判作出指引,实现法律的理解、适用上的统一,树立标杆,指导基层审判工作。

在我国现有司法体制中,中级法院发挥着承上启下的重要作用。我国实行两审终审制的上诉制度,有效保障了当事人上诉的权利,设置了上级法院司法救济途径,又避免了繁复的诉讼程序,减少了重复审理,提高了效率,树立终审法院司法权威。

审级制度决定了各级法院的职责及受案范围各有不同。以民事诉讼法为例,《中华人民共和国民事诉讼法》第 17 条规定,基层人民法院管辖第一审民事案件,但本法另有规定的除外。第 18 条规定,中级人民法院管辖下列第一审民事案件:(一)重大涉外案件;(二)在本辖区有重大影响的案件;(三)最高人民法院确定由中级人民法院管辖的案件。

《最高人民法院关于调整高级人民法院和中级人民法院管辖第一审民商事案件标准的通知》(法发〔2015〕7 号)也对各级法院的受案范围作了规定。

由此可见,基层法院承担了绝大部分的一审案件,中级人民法院主要是发挥其二审法院审查纠错和救济功能,大部分的案件的终审裁判在中级人民法院作出,具有终局性效力。

---

[1]　陈桂明:《我国民事诉讼上诉制度之检讨与重构》,《法学研究》1996 年第 4 期。

[2]　参见 http://cqfy.chinacourt.org/article/detail/2015/10/id/1729148.shtml,最后访问时间:2016 年 11 月 3 日。

二、审判权运行的业务分工

中级法院与基层法院的关系是审判监督关系。审级制度要求上级法院作为上诉审法院要承担纠正错误和权利司法救济的职责,中级法院的主要职能是依法纠错和定分止争。[1] 中级人民法院对于基层法院的业务指导,要基于保障基层法院审判独立又要发挥依法纠错的作用。法院独立是司法独立的一个关键环节,它包括上下级法院之间的独立以及同级法院之间保持独立,不存在隶属关系。法院独立的重要性在于它能够使上下级法院之间形成一个"合理距离",使得上下级法院之间能够产生"独立判断效应",以发挥上级法院和下级法院之间的理性审查与判断作用,保障当事人合法权益。

中级法院对基层法院的审判业务指导应当遵循以下五项原则:

1. 合法性原则。对基层法院的业务指导必须依法进行,指导的主体、指导的形式、指导的内容都应符合有关法律和最高人民法院相关司法解释的规定,不得与宪法、法律、法规及司法解释相抵触。合法性原则是最重要也是最基础的指导原则。

2. 针对性原则。对基层法院的业务指导应当具有针对性,既可以针对某一时期、某一类案件的法律适用进行指导,也可以针对某一类案件中存在的问题进行指导;既可以是规范性指导,也可以是针对个案的指导。

3. 及时性原则。对基层法院的业务指导要遵循及时性原则。无论是指导性规范的出台,还是针对个案的指导性意见,必须适应当时审判实践和个案审理工作的需要,及时、适时作出,否则就会失去指导意义。

4. 统一性原则。对基层法院的业务指导应当具有统一性、一致性。同一审判领域的指导性规范不得政出多门,同一时期同类案件的指导性意见应当具有同一性和一致性,不得前后之间、相互之间矛盾,尽可能避免指导的随

---

[1]　何帆:《论上下级法院的职权配置》,《法律适用》2012 年第 8 期。

意性。

5.公开性原则。对基层法院的业务指导必须遵循公开性原则,规范性指导意见要经过公开讨论,经审判委员会研究后作出。个案的指导性意见要视不同情况在合议庭、审判庭或同业务审判庭之间公开讨论后作出,不得"暗箱操作"。

司法实践中,中级法院对基层法院的审判业务指导主要有以下六种形式:

(一) 个案指导

1. 中院各审判庭在审理刑事、民商事、行政二审案件时,如发现基层法院一审案件中在事实、证据认定、程序方面存在问题时,合议庭评议中除依法提出撤销原判、发回重审等处理意见外,要提出具体的指导意见,通过随卷内部意见函的形式进行业务指导。

2. 中院立案庭在程序性二审案件的审理中,如经合议庭评议,认为一审裁定错误或不当,可在依法作出裁定,改变一审结论的同时,在本院认为部分具体详细说明理由,以此指导基层法院。

3. 中院审监庭在审理再审案件时,如发现基层法院在事实、证据认定、程序方面存在问题时,合议庭评议中除依法提出处理意见、撤销原判、发回重审外,要提出具体的指导意见,通过随卷内部意见函的形式进行业务指导。

4. 中院在审理国家赔偿案件时,发现基层法院在审判或执行、诉讼保全等环节存在违法或不当行为时,通过口头或书面方式向基层法院指出,进行业务指导。

5. 中院执行局在审查当事人不服基层法院采取强制措施的决定或当事人不服基层法院执行行为而提出复议的案件时,如发现基层法院在程序、实体方面存在问题时,除在决定书中依法纠正外,通过口头或书面方式对基层法院进行业务指导。

6. 中院各业务部门在作出各类裁决时,要注重说理,对事实认定、证据采信、法律适用、裁判理由进行充分论证,以此对基层法院进行指导。

（二）类案指导

类案指导是指对某一时期、某一类案件审理中应注意的问题或裁判标准、范围、依据提出指导性意见。中级法院在审理案件中如发现同一时期不同的基层法院、同类案件在同一基层法院的不同时期裁判标准不统一,有必要制定指导意见,统一裁判标准时,相关审判业务部门均可提出指导性意见,并在审判业务部门之间进行讨论研究,或经法官会议讨论,报分管院领导同意后,提交审判委员会研究通过,以指导意见的形式指导各基层法院统一裁判标准。

对某一类案件的规范性指导意见在出台前,一般先经过充分、深入的调查研究,不仅要在中院内部充分讨论酝酿,而且要征求各基层法院的意见,特别是征求各基层法院院长、分管院长的意见,注重指导意见在全市范围内的普遍适用性。

（三）案例指导

中院各审判业务庭在实践中发现具有指导意义的典型案例后,及时向研究室提出,经分管院长同意后由审判委员会讨论通过,在全市范围内公开发布案例作为审理同类案件的参照依据。

（四）部门指导

各审判业务部门对基层法院对口部门之间进行的审判业务指导。中院各审判业务庭通过案件审理发现基层法院在事实认定、证据采信、法律适用、裁判结果、法律文书等方面存在的问题,可以直接向基层法院对口业务庭提出,指导基层法院的审判工作。由于中院的不同审判庭承担不同审判业务,因此部门指导意见在向基层法院提出前,尽量先与中院其他审判庭联系、沟通,防止出现不同审判庭对同一类案件提出的指导意见不同的现象,确保指导意见的准确性、一致性。

（五）会议指导

中院通过组织召开全市刑事审判工作会、民商事审判工作会等专业会议进行业务指导。这种指导意见往往体现为中院领导的讲话、会议纪要等,针对整体工作和普遍存在的问题进行指导。专业审判工作会可以定期举行,对本区域相关审判工作进行分析、研讨、点评,对审判工作提出指导意见。中院在各类专项活动中可以召开专门会议,针对具体问题适时进行指导。

(六) 培训指导

中院定期、不定期地组织针对某一项审判工作的业务培训,参加培训的范围是各基层法院有关业务部门庭长、副庭长、审判人员及分管该项业务工作的院领导。培训内容是本领域的重点问题、热点问题、前沿问题,特别是本领域疑难复杂案件、多发案件的处理等。培训既可聘请专家教授讲课,还可以聘请本省市资深法官讲课,目的是提高基层法官的整体业务素质,从理念、观念、法律适用、实践经验等方面对基层法官进行指导。

三、审判结果评价

审判结果评价主要是综合法律评价和社会评价。现行法院工作的考核评价体系主要是审判质效评估考评。《最高人民法院关于开展案件质量评估工作的指导意见》指出,案件质效评估是按照人民法院审判工作目的、功能、特点,设计若干反映审判公正、效率和效果各方面情况的评估指标,利用各种司法统计资料,运用多指标综合评价技术,建立案件质量评估的量化模型,计算案件质量综合指数,对全国各级人民法院案件质量进行整体评判与分析。为了确保法院审判合法、规范、高率、权威运行,提高审判质量效率,加强审判监督考核是法院管理的重要内容。

(一) 考核指标构成

一般评价指标由以下几个部分构成:

1. 公正指标

公正指标一般由 10 个指标构成,包括立案变更率、一审案件陪审率、一审判决案件改判率、一审判决案件发回重审率、二审开庭审理率、生效案件改判率、生效案件发回重审率、对下级法院案件发改提起再审率、再审审查询问(听证)率、司法赔偿率。

2. 效率指标

效率指标一般由 8 个指标构成,包括一审简易程序适用率、当庭裁判率、法定(正常)审限内结案率、法定(正常)审限内执结率、平均审理时间指数、平均执行时间指数、结案均衡度、法官人均结案数。

3. 效果指标

效果指标一般由 7 个指标构成,包括一审服判息诉率、调解率、撤诉率、实际执行率、执行标的到位率、再审审查率、信访投诉率。

（二）考核指标的意义

1. 反映工作业绩

审判质效评估具有评价、引导和激励的功能。建立科学合理的审判质效指标体系有利于正确反映审判实际工作,有利于全面客观检验办案法官,将这些考查指标与法官业绩档案相结合,是全面动态评价法官工作的重要依据,也是评先评优的重要基础,同时也有利于引导和激励法官多办案、快办案、办好案,形成良好工作氛围。

2. 提高审判质效

审判质效的合理评估具有协调和控制功能。通过大数据分析,总结合理区间,为法官办案设定合理标准,有利于协调内部审判资源,规范审判行为,将审判工作调整和控制在合理的区间范围内。通过横向和纵向的动态比较,让法官与同法院的法官比较,和其他法院的法官比较,发现自己的不足,增强责任感和使命感,不断提高自我素质,提高司法能力水平,提高案件质量效率。

3. 规范权力运行

审判质效评估具有引导工作方向和监督功能。设定一审陪审率、法定(正常)审限内信访投诉率等审判质效指标可以对审判工作进行一定的引导和监督,引导法官按照指标合理安排人民陪审员陪审,约束法官司法仪表和接待当事人的态度,规范司法行为,落实司法为民,确保审判权得到规范、高效、权威运行,防止权力滥用。

4. 服务审判决策

审判质效评估具有预警和调适功能。通过数据动态监控和指标分析,为审判、执行工作提供预警信息,对于长期未结案件、准备到审限的案件、久拖不决案件等都及时提醒反馈,对于超期未结案件及时锁定,督促承办人及时办理,查找发现一定时期内存在的薄弱环节和审判工作存在的问题,深入查找问题根源,及时采取有效措施,适时适当调整工作重心和方向。以问题为导向,有的放矢,成效立竿见影。

要在完善审判质量与效率评估考核体系的基础上,建立与审判质量效率评估考核体系相衔接,客观、公正、科学的审判业绩考评体系,结合法官业绩档案,制定符合审判规律和实际的内容全面、数据真实、结果权威的审判业绩考评办法,对每名法官进行综合考评,不断促进审判工作质量与效率的提高。法官的个人业绩档案应注重工作实效,注重客观数据,注重案件质量效率,作为评定法官业务能力、工作成效、评先评优的重要依据,激发法官的工作热情,用客观数据说话,公平公开,形成努力进取、你追我赶、共同进步的良好氛围。

第三节　审判权运行的现状评估

一、审判权运行的质效状况

审判质量效率的高低,是审判权运行良好与否的重要体现。因此,对审判权运行机制的研究,必须分析审判质量和效率的状况。例如广西壮族自治区高级人民法院关于 2014 年 1—12 月全区法院审判运行态势分析情况通报显示,全区法院 2014 年共受理各类案件 358875 件,同比增长 12.57%。其中新收各类案件 326238 件,同比增长 9.41%;办结 317704 件,同比增长 11.56%;结案率 88.53%,同比下降 0.2 个百分点;未结案件 41171 件,同比增长 21.04%。审判执行工作整体呈现收、结、存案全面攀升,结案率略有下降,结案速度低于收案速度的运行态势。全区各中级法院的结案率、申诉率、改判率这几项与审判权运行状况息息相关的平均值如下：结案率88.53%、申诉率0.27%、上诉案件改判率1.03%、生效案件改判率0.06%。

以钦州市中级人民法院为例，2014年1—12月，全市法院共受理各类案件15697件，同比多收1417件，收案数上升9.92%；审结15414件，同比多结1773件，结案数上升13%；结案率98.20%，同比上升2.67%。法院人均结案34.03件，同比增加4.12件，上升13.77%。未结案件283件，同比减少356件，下降55.71%。全市法院审判执行工作整体呈收案数、结案数、结案率、法院人均结案数上升，未结案件数下降的"四升一降"的运行发展态势。

2015年，钦州两级法院共受理各类案件（含执行）20006件，同比多收4309件，收案数上升27.45%；审结19400件，同比多结3986件，结案数上升25.86%；综合结案率96.97%，同比减少1.23个百分点。其中，办结减刑、假释案件1398件，同比少结84件；审查了行政非诉案件22件。办结执行异议案件37件；未结案件606件。

2015年1—7月，全市法院共受理各类案件13389件，审结10213件，结案率为76.28%（其中诉讼案件结案率为76.22%，排名全区第一）。其中，受理各类执行案件3026件，收案数同比多收37件；执结2304件，结案率为76.14%，执结标的138731.2557万元。钦州市中院受理各类案件1861件，结案1480件，结案率为79.53%。

虽然从审判质量效率指标情况来看，中级法院的审判权运行状况良好，但也仍存在一些问题。如"前松后紧"、"效率不高"、"突击结案"等现象依然存在。从2014年和2015年月度结案统计数据显示，全区法院的案件呈逐月上升态势，其中11、12月的结案增速尤其显著。结案不均衡易引发以下问题：一是案件审理拖延和积压，影响审判效率；二是年底"突击结案"影响案件的审理质量；三是易引发"年底不收案、控制收案"，影响当事人诉权的保护，公信力有待进一步提升。

二、审判权运行的分工与衔接

（一）业务部门的横向分工状况

法院内部机构的设置即单个法院内部机构的构成。由于《人民法院组织法》没有明确细致的规范，各地、各级法院实际情况又不同，故其并不完全一致，但大体可分为审判业务机构和综合辅助机构两类，以钦州市中级法院为例，目前共有内设机构 17 个，即立案庭、刑事审判第一、第二庭，民事审判第一、第二、第三庭，行政庭、审监庭、执行局等 9 个审判业务部门，以及办公室、政治部、研究室、审判委员会办公室、法警支队、司法行政装备管理科、监察室、机关服务中心等 8 个行政综合管理部门。审判业务部门与行政综合管理部门机构数量约各占一半。

（二）业务部门的纵向分工状况

从审判权运行的纵向分工而言，法院现行的内部管理体制大体是：人民法院正、副院长构成院级行政领导层。案件的审理，由法院内部的各审判业务庭完成，庭长是主持审判业务庭工作的中层负责人。法院内部集体领导审判工作的组织机构是审判委员会，具有对重大疑难案件的讨论决定权。合议庭和独任庭则是人民法院具体承办案件的审判组织。除基层人民法院审理一审简单的民事案件适用独任制外，中级以上的各级法院、基层人民法院审理非简易程序的民事案件均适用合议制，即由三人以上单数的审判人员组成合议庭审判民事案件。

（三）综合评估及建议

从调研的情况来看，各审判业务部门分工相对明确，审判业务部门与行政综合部门之间能各司其职，各尽其能，工作协调与配合较为顺畅，有力保障了中级法院各项工作的顺利开展。但是，中级法院在内部机构设置和分工方面，仍有亟待完善的地方。首先，业务庭的划分缺乏统一的标准，收案的范围也没有统一标准，各级法院之间的业务庭衔接不顺畅。存在部门间分工混乱、力量分散、职责不明确。其次，由于在多数情况下，合议庭或审判员在案件审判前须将所理案件向业务庭庭长报批，由后者予以"把关"，结果业务庭虽多，但审判员反而并无权力。

我们建议，明确职权，尽量减缩业务庭的设置，按照科学合理的原则及方案，推行扁平化管理。尤其是对业务庭的庭长，明确其职权，规范其在审判工作中的作用，其主要职责应该是案件业务的指导、日常行政工作的管理以及有关政策的上传下达等，而不应是对具体案件的把关和审批，要落实"让审理者裁判，让裁判者负责"。法院的主业是审判，要以服务审判为中心，而现在的现状是从事事务性、管理性工作人员过多，从事审判的人员较少，管理和服务围绕着本"单位领导"转，管理性辅助工作和审判工作不分。

法院考核缺乏一套完整的法官及法院其他工作人员业绩考评、监督和晋升制度，没有严格按照诉讼法的基本原则去操作，缺少法官自审、自管、自律机制。考核也是行政化的百分制，办案法官考核的指标和项目多，设置不够科学合理，而管理事务性部门考核指标少和项目单一，导致做的工作越多，可找出的问题越多，惩扣的越多，做还不如不做的、多做的不如少做的现象普遍存在，损害了干警的工作积极性。应当撤并减少事务性机构，充实审判主业一线力量，优化人员机构配备，提高审判一线人员的待遇和工作激情，让具备法官资格、能力素质较高的法官主动自愿到审判、执行岗位上发挥其所长，捍卫社会公平正义。

同时，现在的法院内设机构过多，部门分类过细，工作量分配不平衡，有的部门轻松舒适，有的部门加班加点仍旧工作不断，导致工作量大的部门无人愿意去干，都想到风险小、压力小、轻松的部门享清闲，因此应当按照精简、高效的工作要求，设置符合审判特点的内设部门，推行扁平化管理，突出审判为中心，确保审判机制有效运行。

为探索相应的改革机制，钦州中院结合审判工作实际，制定了《关于推行审判权力清单制度的指导意见》，其主要内容包括：

一是明确了建立审判权力清单制度的基本原则，即以个案公正为目标，确保严格执法、公正司法;严格执行诉讼法,确保当事人、诉讼参与人依法行使各项诉讼权利;坚持法定职责应当为,法无授权不可为,违法用权要担责的法治原则,明确各项审判权力的主要内容、要求,以及责任范围;审判权力内容涵盖最一般、最普通的诉讼程序,包括一审、二审、再审、执行等程序;特殊程序的审判权力依照诉讼法规定;积极探索,统筹兼顾,协调推进。

二是明确了审判权力主体和责任范围。即审判权力主体主要包括:主审法官,审判长,参与诉讼或审判管理、监督的院长、副院长、庭长、副庭长、审判委员会、合议庭成员(包括人民陪审员)、书记员、司法警察。规定法院审判管理部门是审判权力主体依法行使职权的管理监督机构;在实行员额制改革前,助审员均可以担任主审法官;审判员均可以担任合议庭审判长;审判权力主体行使的权力,主要包括审判权、审判管理权、审判监督权。根据权责相统一的原则,权力主体同时也是责任主体。权力主体承担责任的范围,包括错案责任和差错责任,差错责任又包括一般差错责任和重大差错责任。审判监督庭负责错案责任和差错责任审查,并报审判委员会讨论决定,纪检监察部门和组织人事部门负责责任追究。责任追究方式包括通报批评、绩效扣分、错案分析报告、不能参加当年评先晋级、纪律处分和承担法律责任。

三是明确了权力清单的基本内容,即健全审判权力运行机制,就是要求审判人员依法履行法定职责规定的审判权、审判管理权和审判监督权,确保人民法院依法独立公正行使审判权。

四是明确了案件的签发和用印管理权。即案件签发权由主审法官和审判长行使,法院通知书、送达证、公告等告知性法律文书经授权由相关人员行使;明确了案件法律文书签发人的责任范围,规定主审法官对裁判文书的事实认定、法律适用、处理意见和裁判主文、法律文书式样等内容全面负责。合议庭成员在法律文书签名后,与主审法官负同等责任。审判长对裁判文书的裁判理由和裁判主文的合法性、准确性、可执行性等内容负责。其他审判人员对自己签发的法律文书内容的合法性、准确性、规范性负责,并对自己负责的案件裁判文书的式样、文字校对内容负责。

五是规定了审判权力正面清单和负面清单。审判权力正面清单,按照立案、审判、执行、审判监督四个阶段,共设定 12 项类权力,91 项具体权力,包括审判委员会、合议庭、院庭长审判权力和审判管理权。

六是规定审判权力保障机制。要求非审判部门应当充分保障和改善审判部门的工作条件、环境,统筹安排非审判工作任务,努力做好相关保障、服务工作。

三、审判权运行困难与原因

(一) 司法审判权的独立性不足

无论从法治的要义、法治的规律,还是司法本身的规律、诉讼的基本原理来说,以及从我国宪法、诉讼法、法院组织法等相关规定来看,法院依法独立行使审判权都是十分重要的。但在现实中,审判权的独立性存在不足,甚至司法权、审判权独立成了敏感词汇,理论界、学术界都尽量回避。从外部看,主要是各种打着“监督”旗号的干预过多。一是出于个人利益,滥用监督权力。目前存在的最突出问题是人大代表、政协委员、纪委个人过问案件。各级人大作为一个整体对法院的监督相对于政法委的监督有所弱化,但是作为人大代表的个体监督却过强,但是人大代表个人针对个案提出监督往往涉及其个人私利,容易演化成为借着监督的名义给法院法官施加压力。二是媒体审判突出。媒体的监督是必要的,但是必须要有一个度,必须符合客观实际,超过合理的限度就会构成对法院独立行使审判权的不当干扰。一些媒体一味追求轰动效应,为吸引眼球、提高发行量和市场份额而不顾底线,丧失新闻的全面性客观性,没有实事求是,没有核实真伪,夸大报道,甚至故意误导读者,引发非理性舆论围观,案件尚未审理已经倾向性引导舆论,将法院和法官置于风口浪尖,影响司法权的正常行使。

(二) 法官素质参差不齐

在改革开放初期,我国的法制建设刚刚起步,因为特殊的国情,我国尚不能从有经验的律师行业中去精挑细选,也不可能要求法官们都是法学本科专业毕业。当时的法官,有的来自部队转业军人,有的来自学校老师,有的来自工厂工人等,这些客观情况造成了法官素质参差不齐、文化水平不一、专业水平较低、缺乏司法实践经验等。有的法官政治觉悟不高,理想信念不强,廉洁意识不够,没有守好廉洁底线,再加上法官待遇不高,职业保障不足,在中国这个特别注重人情及人际交往的国家,有些法官禁不起诱惑、放不下人情、去不了贪婪,导致在司法的道路上出现收受贿赂、接受当事人吃喝等情况。法官自身能力也有局限性,法律条文纷繁复杂,没有哪位法官敢保证自己在办案过程中所应用的法条一定准确。社会在不断发展,法律也在不断完善,每年国家都会颁布许多新的法律条文,法官稍不注意学习,就会落后,导致自己的法律知识结构跟不上时代的发展,在办案过程中就会容易出现差错。然而社会对法官的要求是十分严格的,法官代表了"活的法律",法官办案直接影响到社会对法院的评价,法官办案一般都小心谨慎,如履薄冰,精神压力较大。现在的舆论环境下,法官如出现不当行为或者存在案件错误,社会公众容易对法官队伍大失所望,对法院的权威表示质疑。法官工作压力较大,面对的舆论压力较大,承担的案件风险较大,但是职业保障还不足,一些优秀的法官也在流失,特别是基层法院的骨干法官流动性较大。

(三) 管理权干涉审判权

审判法院内部及上下级法院之间行政化色彩较浓,主要的背景和理由是司法不公,群众不满意,司法公信力低下,所以要强化监督和管理,但是没有做到强化监督管理与独立审判的平衡。审判组织运行的层级化、行政化严重。一是法院内部层级过多。现在法院审判组织的正式层级和非正式层级加起来大致有六个层级,即法官、审判长、副庭长、庭长、主管院长、院长,司法权运行很烦琐很严密很复杂。就是一个案件,当然不是所有的案件,可能就要经历多个层级,才能拿出一个裁决。层级过多不仅影响公正效率,而且一旦出现错案,因各主体职责不明,责任难以划分落实。二是审和判脱节,案件层层把关、审批,与行政机关毫无二致。

长期以来,法院内部庭长和院长不仅对行政事务具有管理权,对案件审理也具有决定权,其意见极大地影响着法官、合议庭的裁判。这种影响不仅有无形的潜在压力,而且有显性的规则支持。如法院内部规定庭长、院长可以要求合议庭复议,可以提交法官会议讨论研究,而且一旦庭长、院长要求复议或上法官会议或提交审委会,个别院庭领导甚至会私下打招呼以影响法官会议的意见。在这样的层级之下,法官、合议庭独立审判权受到较大干扰,"审者不判、判者不审"的现象长期普遍存在,法官不能拥有独立完整的审判权,使得办案法官受到制约,使得办案责任分散,使得审判行政色彩浓重,审判管理无法着力。

（四）司法不廉洁情况仍然存在

司法廉洁是审判权公正运行的基石。作为国家司法机关的人民法院,其法官和其他工作人员的司法行为是否廉洁,事关司法公正、司法权威、司法形象,事关人民法院的廉政建设。司法不廉洁的行为,在司法活动过程的每一个环节、每一个层面都可能发生。其表现形式多种多样,有的直接涉及当事人或其委托的人的财物,此类行为具有很大的隐秘性;有的没有直接涉及当事人或其委托的人的财物。从发生的部门和人员来说,审判机构、执行机构及其人员易发多发,基层法院人员易发多发。从司法不廉洁行为的性质来说,小到一般性违反法官职业道德,大到违法违纪甚至犯罪。司法公正是人民法院司法活动的根本要求,是人民群众及案件当事人的热切期盼。如果法官因不廉洁,违反程序或违背事实和法律办案将会导致司法不公,损害当事人合法权益,损害法院权威,损害社会公平正义。

（五）司法审判权的功能定位出现偏差

司法的功能是多元的,而不是单一的,关于司法的功能、目的,理论界有二元论、三元论、秩序维护论、纠纷解决说、利益保护说、程序保障说等多种学说。我们认为,在司法权多元功能、目的中,其核心在于定分止争、解决纠纷。至于恢复性司法则属于次要功能。主次之间正确的关系,应当是突出主要功能,发挥其他的功能。目前司法实践中,较大问题在于"法官过于希望当事人权利妥协以达到调和"和"法官过于担心当事人上访而看人定案"。法院处理纠纷如果不是从责任上、是非上去评判,去依法裁决,就是偏离司法裁判的引导、规范功能。

法院的审判权是判断权,要以证据事实为基础,要以法律为依据进行判断,明确行为规则让公众遵守法律规则,如果太过于模糊法律规则而只是一味调和,会导致当事人合法权利没有得到充分的保护,导致社会诚信缺失,责任模糊,社会行为规范失衡,如果过于害怕信访故因人而异处理案件,某些部门对于涉案信访案件不问缘由、不论过错、不看过程过于苛责涉案的法院和法官,将会导致法官办案时顾虑加重,难以做到依法公平判断,也将导致法官对于职业尊荣感的质疑,削弱其职业归属感,还将导致社会规则意识更加淡化,变相鼓励"一哭二闹三上吊四闹访"的不当行为。司法作为最终裁决权,当事人在穷尽其他救济途径之后,将纠纷提交法院,就是要让司法进行是非评判,以划分责任,明确规则,具有权威性。但目前存在司法权的边界模糊情况,混同于社会评判、道德评判、舆论评价、伦理评价等,实质上削弱了司法的功能、作用。

(六) 审判管理手段缺失,没有形成科学合理的审判工作评估体系

长期以来,法院的内部机构设置越来越多,管理层级较多,行政化气息浓重,但是尚未形成科学合理的审判评估体系,没有突出以审判为中心,没有突出法官的核心位置。法院内部审判管理方式方法较少,法官许多精力被行政综合事务牵扯,评估考核制度没有体现出办案优先,晋升与办案成绩衔接不力,团队办案的职权不够明晰,办案激励保障不足。

四、现有审判及相关工作机制的客观评估

(一) 党委政法委领导与审判独立的关系仍需进一步理顺

政法委员会作为党委领导政法工作的职能部门,不仅负责宏观指导政法工作,有时还具体协调解决疑难案件。1980 年年初,中共中央决定成立政法

委员会,《中共中央关于成立政法委员会的通知》(中发[1980]5号文件)中对政法委员会职能的表述,首先是联系、指导政法各部门的工作。中共十八届四中全会指出,政法委员会是党委领导政法工作的组织形式,必须长期坚持。同时提出,要完善确保依法独立公正行使审判权和检察权的制度。

我们建议,可以从以下几方面着手:第一,坚持党的领导,政治立场不动摇。第二,突出政法委员会对法院的政治、思想和组织领导作用,减少对法院审判事务的协调甚至替代。第三,加强对法院全局性、整体性工作指导,减少个案汇报请示。第四,逐渐取消政法委员会协调具体个案和党委常委批示具体个案的做法。第五,严禁个人干预案件审理。

(二) 上下级法院监督与指导关系需进一步厘清

上下级法院之间的关系比较复杂,有审判工作指导关系,有独立审判的平等关系,有上诉的审级关系;有抽象问题的协商式关系,也有具体问题的沟通交流关系。按照《宪法》和《人民法院组织法》的要求,上下级法院在审判业务上,应当是监督指导关系,而非领导关系。领导关系核心是不折不扣服从执行上级命令,而监督关系则是发现了错误和不当之处,并且按照程序纠正。上级法院不应对下级法院如何裁判发号施令,也不应未经法定程序干预下级法院审判。这么规定,是为了让各级法院各司其责,依据证据和法律独立裁判,依法公正审判,如果存在错误或者不当,还可以通过上级法院审查,并独立作出判断,保障当事人多一次权利的救济,减少错误的风险。

但是受种种因素影响,我国上下级法院之间的审判"监督指导"机制,带有很强的行政化色彩。无论是自下而上层面的案件请示、重大事项提前报批,还是自上而下层面的提前介入、挂牌督办,都近似于半行政化的操作模式。现行的法院绩效考核制度下,由上级法院对下级法院的绩效考核及排名评比,较大影响了下级法院的独立审判。例如改判率和发回重审率,直接影响了下级法院的绩效考核分数,为了减少上级法院的改判和发回重审,下级法院会提前"请示"上级法院,这样提前获得上级法院的指导方向,以保证二审维持原判。

现行法院绩效考核中,法官主办的案件被发回重审或者改判可能会视为差错案件,许多法官也为了减少自己"差错案件"的几率,出于"趋利避害"的考虑,也会提前和上级法院联系沟通案件的处理,减少被发回重审或者改判的几率。还有一种情况是,下级法院把上级法院视为"上级领导",希望上级法院能够帮助协调各方关系、解决上访纷扰等问题。司法实践中,上级法院一般会通过以下方式对下级法院开展业务指导,例如发布典型审理案例、召开审判业务会议、组织法官培训,以及发送内部函、听取汇报等。但是,由于宪法、法律对不同层级法院对下指导的权限、范围和方式并无规定,审判指导领域一直缺乏规范。

《中共中央关于全面推进依法治国若干重大问题的决定》提出,要完善审级制度,一审重在解决事实认定和法律适用,二审重在解决事实法律争议、实现二审终审,再审重在解决依法纠错、维护裁判权威。中级法院既审理一审案件,又审理二审案件,如何定位,正确把握上下级法院关系,尤为重要。我们认为,中级法院应当将依法纠错、定分止争作为职能定位重点。一手抓好属于中院审理的一审案件,一手抓好二审案件的审理,规范发回重审制度,明确发回重审的条件,建立发回重审案件的沟通协调机制,规范下级人民法院向上级人民法院请示报告制度,中级法院应增强判决书的说理力度,灵活运用调解,推动上诉审定分止争功能的实现。

杜绝上级法院对下级法院审判工作的直接干涉,下级法院不应直接要求上级法院对具体案件直接给出裁判结果,上级法院也不应该直接对下级法院具体案件给出裁判意见。上级法院对下级法院最直接的监督就是依职权通过二审、再审、提审的方式对一审法院裁判结论进行监督,并且作出维持、变更、撤销的裁判。这是审判监督的基本原则,也是上下级法院关系的中心。监督的作用是督促下级法院发现和纠正自身的错误,例如在发回重审的案件中,上级法院发现下级法院在程序上和法律适用上等方面发生的错误或者不当之处,应当及时以书面的形式告示下级法院,以督促下级法院及时纠正错误,这是符合审判程序的,并不属于干扰下级法院的独立行使审判权。中级法院尽可能通过审理疑难、复杂、新类型案件,解决具有普遍适用意义的法律问题,指导基层法院办案。

（三）合议制落实不力的问题需要进一步解决

根据我国诉讼法的规定,合议庭是极其重要的审判组织形式,中级法院的审理均是采取合议制度。"合议制"是人民法院以集体审判的形式行使审判权的组织形式之一,是民主集中制在审判工作中的具体体现。合议庭能否正确履行合议职责,充分发挥合议作用,直接影响到案件质量、司法廉洁乃至司法公信力。在落实合议制的实践过程中,最为常见的问题莫过于"合而不议"、意见不真、"形合实独"。此类问题的存在不能完全归咎于法官个体因素,在一定程度也反映出法院外部和内部审判工作机制还不够完善,实际运行还不够合理,导致合议制在落实过程中偏离了立法本意。具体而言:

一是合议庭受外在因素干扰较大。在现有的机制下,地方党政机关及相关人员、公众舆论导向、信访闹访压力、法院内部领导及干警等,都可能对合议庭成员产生较大影响。二是权责不统一。司法实践中,主要追究案件承办人责任使得合议庭其他成员处于有权无责的状态,合议庭成员履行合议职责的积极性减退。三是合议考核奖励机制缺乏。我国"案多人少"矛盾较为突出,法院审判资源紧张,法官办案压力较大,绩效考评任务重,参加合议庭需要耗费较多时间和精力,合议激励机制缺乏,许多法官个人承办的案件已经压力较大因此不愿花费太多时间精力到合议案件而导致自己承办案件积压,因此会存在参与庭审积极性不高、评议案件不主动,流于形式,裁判文书不认真参与等情况,使得合议庭对案件质量共同把关的作用消弭殆尽,产生差错案件的风险也因此增加。四是监督方式失当。长期以来,为了保证案件质量,以审判长、庭长、院长逐级审批案件制度为核心的行政化的案件质量管理模式较为常见。尽管这一审批制度在保证案件质量方面起到了积极作用,但这种审判监督权与行政管理权并轨运行的方式,合议庭难以对抗外部不当干预,难以保持独立的裁判。当时院庭领导的意见与合议庭意见不一致的时候,合议庭的意见容易被左右,合议庭成员履行合议职能的削弱,同时也为"权力寻租"埋下了隐患。因此,取消案件审批制度,推行审判长负责制,让"审理者裁判,让裁判者负责"，是进一步发挥合议制作用，促进审判权良性运行的必然选择。

（四）建立健全审判问题收集评估制度

对下级法院的监督和指导，是中级法院的重要职能，也是中级法院审判权运行的应有之义。中级法院各审判部门要加强总结审判经验、思考案件共性、方法、流程等经验总结指导，积极形成类案审理的经验，注意事项和适用法律问题，指导审判工作。同时，裁判标准不统一是发改率比较高的原因。要积极推进统一裁判，加大对各类案件特别是民商事案件的裁判标准的研究和指导。

我们建议，通过中级法院下发审委会指导意见、典型案例、完善案件交换裁判意见制度等方式，进一步统一裁判标准，提高案件质量，降低改判率。基层法院审判部门每季度收集裁判标准问题报中级法院对应的审判庭，每个法官争取每月提交1—2个裁判标准问题。中院审判部门要建立裁判问题研究制度，定期答复，对重大问题上报决定是否提交审委会研究。

第五章

审判权运行的历史与现状

第一节　中国审判权运行机制改革历程

一、新中国成立之前的审判权运行机制改革

（一）工农民主政权时期审判权运行机制的确立

1921 年 7 月,中国共产党正式成立。随着第一次国共合作的失败,南昌起义、广州起义和秋收暴动等武装反抗国民党暴政的斗争随之展开,中国共产党领导的工农红军逐渐在各地形成势力,建立起革命根据地,并开始着手建立工农民主政权。1931 年 11 月,中华苏维埃共和国在革命根据地江西瑞金成立。这是中国共产党根据当时革命斗争形势发展的客观需要和现实可能性,在土地革命时期独立创建的第一个中央政权机构。在当时的历史背景下,建立革命秩序、肃清反革命组织及活动作为红色政权的重要内容,因出现无章可循而出现扩大化和秩序混乱的情况,给苏维埃政权的巩固和稳定造成了极大的危害。因此,建立革命的法制秩序,健全司法审判制度,使"革命群众的生命权利和一切法律上应得的权利,得到完全的保障"[1],成为临时中央政府高度重视的重点工作之一,工农审判制度得以初建,审判权运行机制开始走上

---

[1]　熊先觉等选编:《中国司法制度资料选编》,中华苏维埃共和国中央执行委员会训令第六号。

有序状态。

1931 年 12 月 13 日,中华苏维埃共和国中央执行委员会发布第 6 号训令,规定审判权原则上归法院或裁判部,但在革命暴动初期,革命政权机关尚未建立之时,当时革命群众有直接逮捕和处决豪绅地主及一切反革命分子的权力[1]。1932 年至 1934 年 2 月,《中华苏维埃共和国裁判部暂行组织及裁判条例》《中华苏维埃共和国司法人民委员部对裁判工作的指示》《苏维埃组织法》等有关司法工作的一系列重要条例相继公布实施,规定裁判部为法院设立前的临时司法机关,中央最高法庭或最高法院为最高审判机关,地方分省、县、区三级设立裁判部或裁判科,各级裁判部之下,设立裁判委员会,为讨论和建议司法行政、关于检察与审判各种问题的机关。下级裁判部直接隶属上级裁判部,裁判部同时受同级政府主席团的指导,实行二审终审制。同时,临时中央政府决定将审判机关与司法行政机关,在中央采取"分立制",由最高法院专管审判工作,司法人民委员部专管司法行政工作,但对各级审判机关具体案件的审判工作,不加干涉,使其独立行使审判权;在地方采取"合一制",即由各级裁判部兼管审判工作和司法行政工作[2]。裁判部有独立解决案件之权,不是每个案件都需经过政府主席团,只有特别重要的案件,可以经过政府主席团的讨论;每个案件先由裁判委员会讨论一个判决原则,给审判该案的负责人以判决该案的标准,不使裁判发生错误。法庭由 3 人组成,裁判部长或裁判员为主审,其余 2 人为陪审员,但是简单而不重要的案件,可由裁判部长或裁判员 1 人审理;陪审员由职工会、雇农工会、贫农团及其他群众团体选举出来,每审判一次得换掉两人;主审与陪审员在决定判决书时,以多数意见为准,倘若争执不决时,应以主审的意见来决定判决书的内容,如陪审员之某一人有特别意见而坚持保留自己的意见时,可报告上级裁判部作为定案参考。案件审判采取巡回法庭制、回避制、辩护制、公开审理制、即时判决制、上

---

[1]　熊先觉等选编:《中国司法制度资料选编》,中华苏维埃和国中央执行委员会训令第六号。

[2]　张希坡:《马锡五与马锡五审判方式》,法律出版社 2013 年版,第 46 页。

诉制、死刑判决批准制等,判决书面化并须由主审和陪审盖印或签名负责等。1934 年 4 月,《中华苏维埃共和国司法程序》颁布,其强调国内战争环境的紧急性,对审判权作了一定变更,包括区裁判部、区肃反委员会,有审讯和判决当地一切犯人之权;作战时红军保卫局对敌人侦探、特务、团匪等有权直接采取措施处置,不必经过裁判部等。

由上述内容可以看出,工农民主政权的审判权运行机制多带有临时性的特点,是为适应红色政权在白色恐怖的严峻形势和氛围中建立起来的,基于战时状况和条件进行不断调整。其初步构建虽然使司法审判走上规范化的轨道,但由于党内存在严重的"左"倾思潮及机会主义路线的干扰破坏,审判权行使的主体呈现多样化的态势,各项运行机制也未能得到很好的贯彻。

(二) 抗日民主政权时期审判权运行机制的变化

1937 年"七七事变"后,中国进入抗日战争时期,国共两党开始第二次合作。由于国共合作的前提是共产党名义上受国民党中央政府的管辖,因此中国共产党并未建立中央一级的革命政权,而是先后开辟了 18 个敌后抗日根据地,建立了各级抗日民主政权,如陕甘宁边区、晋察冀边区和晋冀鲁豫边区等政权。虽然各边区的抗日民主政府之间无隶属关系,但均受中共中央的统一领导,司法审判制度大同小异,在工农民主政权构建的审判制度的基础上,审判权运行机制呈现一定的变化,马锡五审判方式得到大力推广。

1939 年 4 月,陕甘宁边区效仿国民党政权审判体制,制定了《高等法院组织条例》,规定边区高等法院受国民党政权最高法院管辖,边区参议会监督,边区政府指导,独立行使司法职权;明确了院长、庭长、推事、书记员职责。为体现抗日民主政权的民主性和人道主义,1941 年颁布《陕甘宁边区保障人权财权条例》,除规定各项保障人权财权的原则外,还规定边区人民不服审判机关判决的案件,得依法依级上诉。由于边区撤销了区裁判部,只设立县裁判部、省裁判部和最高法院三级审判机关,边区人民不服边区高等法院的判决而上诉至最高法院无可能,因此,1942 年 7 月 10 日,边区政府发布设立审判委员会受理第三审案件的命令,并在之后颁布的《陕甘宁边区政府审判委员会组织条例》中对审判委员会的组成、职权进行了规定,审判委员会设委员5人,正副委员长各1人,由边区政府主席、副主席兼任委员长、副委员长,其余委员由政务会议在政府委员中聘任,秘书长及秘书由委员会提出政务会议通过委任,书记官由委员会委任,决议或判决须经委员会讨论通过。1943年又增设承审推事一人,承委员长、副委员长之命,审理关于本会一切诉讼案件,承审推事由主席委任。经历一年半的审判实践,边区审判委员会虽然审理了许多重要案件,但因案件逐级上诉到三审,判决不能及时生效,时间长、花费大、对人民诉讼不便,劳民伤财,徒增诉累[1]。1944年边区政府决定取消边区审判委员会,名义上的三级三审制改为二级终审制,对边区高等法院判决不服上诉边区政府者,可由边区政府责成高等法院再审。同时,1941年1月《陕甘宁边区高等法院对各县司法工作的指示》规定:“各县裁判员的裁判是独立的,但为着加强对于各县裁判员工作的领导,在各县成立裁判委员会。裁判员所处理的案件,都应经过裁判委员会讨论。但对比较重大的案件的判决有不同意见的时候,可由裁判委员会将不同的意见直接报告高等法院作最后的决定。”“案件经过侦查审讯,得到了相当的结果,由裁判员根据法律向裁判委员会提出对于案件处理的意见,经裁判委员会讨论判决,再交裁判员宣判。”由于边区地域辽阔、交通不便,1943年春,为了便利群众上诉,节省人力、财力,边区政府决定在各分区设立高等法院分庭,设庭长1人,推事1人,书记一二人,专员兼任高等法院分庭的庭长,有权受理各县不服县司法处判决而要求上诉的二审案件;各县设立司法处,裁判员改称审判员,设处长1人、审判员1人、书记员1人,县长兼任县司法处的处长,审判员协助处长办理审判事务。在审判方式上,把群众路线的工作方法运用到司法工作中,提倡审判与调解、法庭与群众相结合的马锡五审判方式深受人民的爱戴,得到边区政府的总结和推广,成为边区审判方式的主流,并在中国共产党领导的各抗日根据地和解放区得到了全面推广。[2]

---

[1] 张希坡:《马锡五与马锡五审判方式》,法律出版社2013年版,第59页。

[2] 公丕祥:《认真总结审判经验　切实提高司法能力》,《人民司法·应用》2008年第23期。

　　由上述内容可以看出,抗日民主政权时期的审判权运行,其主体由法院延伸至行政机关,由审判员延伸至行政长官,审判组织和运行规则出现变化,具有特殊的时代背景。正如林伯渠1944年在《陕甘宁边区政府一年工作总结》中指出,"司法工作是整个人民政权的组成部分,应该在各级政府统一领导下进行,因此,它的任务也应该是保卫中国、保卫人民、保卫政权。对司法制度进行改革,实行专员兼任高等法院分庭庭长、县长兼任司法处长,人民称便。今后的工作任务是要发扬新的创造,使司法工作完全符合于保卫抗战利益、保卫边区民主政权与人民利益的需要。"[1]谢觉哉在1945年的日记中写道,"政府会议讨论司法案件,高等法院关于死刑案件必须经政府审核,人民对高等法院终审判决不服向边区政府抗告,都不是干涉司法独立。法律不完全,司法人员又幼稚,必须采取这些办法,使判决正确,树立司法威信。"[2]由此可见,审判工作完全为政权建设服务、司法能力不足导致审判权运行主体和规则的变化,是这一时期的必然选择。更为重要的是,抗日根据地推行的新民主主义的社会制度、群众路线作为党的根本路线的大力践行、党的整风运动的开展为马锡五审判方式的产生奠定了坚实的基础,其审判方式要求一切从实际出发,客观、全面、深入细致地进行调查研究,重证据不轻信口供,证据口供都要经过核实;认真贯彻群众路线,依靠群众讲理说法,实行审判与调解相结合,司法人员与人民群众共同断案;坚持党性原则,忠于职守,以身作则,严格依法办事;实行简便利民的诉讼手续,全心全意为人们服务的特点[3],将审判工作为人民服务的宗旨充分体现,直至今天都具有重要的借鉴意义。此外,边区政府抛弃工农民主政权时期一味主张阶级斗争的思维方式,不仅效仿国民党政权的立法的相应规定,而且根据实际情况进行必要的变通、探索与创新,虽然有一时的策略选择的意味,但使审判权运行体现出极强的适应性和创造性。以上种种变化对人民权益的保护、社会秩序的稳定和政权的巩固,均发挥了十分重要

[1]　《林伯渠文集》,华艺出版社1996年版,第360—362页。
[2]　《谢觉哉日记》(下),人民出版社1984年版,第754—757页。
[3]　张希坡:《马锡五与马锡五审判方式》,法律出版社2013年版,第198页。

的作用。

（三）人民政权时期审判权运行机制的发展

抗日战争胜利后，由于抗日民主政权时期的司法审判工作取得了良好的效果，因此，到解放战争开始的最初一段时间里，人民政权的司法审判制度仍沿袭抗日民主政权的成果。[1] 随着中共在解放战争中的节节胜利和解放区的不断扩大，废除封建土地剥削制度、巩固解放战争的胜利成果、建立社会主义新中国成为中共工作的重心，司法审判制度面临转型的抉择，审判权运行机制呈现出新发展。

1946 年 4 月《陕甘宁边区宪法原则》在肯定司法机关独立行使职权的同时，增加了"人民有不论用任何方法抗告失职的任何公务人员之权"[2]。1947 年 9 月 13 日，《中国土地法大纲》颁布，确定在土改时设立人民法庭，人民法庭不同于地方法院，是县以下基层农会以贫雇农为骨干，并有政府代表参加的群众性临时审判机关，专门审判一切违抗、破坏土地法的案件。一般由县政府委派审判员和农民代表会选举的审判员 2 人至 4 人组成，互推一人为主任审判员主持审判。[3] 同时对人民法庭的宗旨、任务、审判权限进行了明确的规定。到 1948 年，各解放区的土改运动全面展开，相继颁布条例，对人民法庭审判破坏土改的犯罪分子进行更加规范的调整，人民法庭的审判工作日趋完善。1948 年 8 月，华北人民政府成立，其组织大纲中确立"华北人民法院为华北区司法终审机关，但重大案件之判决，得经司法部复核；死刑之执行并须经主席之核准，以命令行之"[4]。这是将司法审判机关从属于行政机关的最初的法律渊源和法律依据。[5] 各解放区均设立了大行政区、省、县三级司法机关，一律改称人民法院，同时各解放区根据本行政区的实际情况制定相应的裁判规则。马锡五审判方式在此时期得到进一步的推广和发展，人民调解工

---

[1]　张培田：《法的历程——中国司法审判制度的演进》，人民出版社 2007 年版，第 102 页。
[2]　《中国法制史资料选编》编写组：《中国法制史资料选编（下）》，群众出版社 1988 年版。
[3]　曾宪义、赵晓耕主编：《中国法制史》，中国人民大学出版社 2013 年版，第 314 页。
[4]　《中国法制史资料选编》编写组：《中国法制史资料选编（下）》，群众出版社 1988 年版。
[5]　张培田：《法的历程——中国司法审判制度的演进》，人民出版社 2007 年版，第 105 页。

作得到极大发展。1948 年 12 月，马锡五、乔松山在《陕甘宁边区高等法院工作报告》中指出，边区司法机关的审判方式，主要有庭审、群众参加公审大会、法官下乡就地审判、巡回法庭、人民法庭五种，这既是对陕甘宁边区审判方式的总结，也是对革命根据地各种审判方式历史演变的概括。其中"凡有教育意义的案件，以法官为主审，邀请群众参加，并由群众中选出陪审员，群众有补充事实及出面作证和提出处理意见之权，但判决权属于主审"的群众参加公审大会的方式，自苏维埃时期开始提倡，至今尤为群众欢迎。[1] 1949 年 2 月 28 日，中共中央发布《关于废除国民党的六法全书与确立解放区的司法原则的指示》，对国民党六法全书的阶级本质和其中包含某些所谓保护全体人民利益的条款的性质，以及抗日民主政权时期和人民民主政权时期对其不同选择的依据、对司法干部的教育和改造等，做了深刻的阐释，要求全面废除国民党六法全书，成为司法改革大事记。

人民民主政权时期的司法制度和审判权运行的发展，特别是废除国民党六法全书的指示，不仅体现出无产阶级领导的以工农联盟为主体的政权性质，更反映出中共中央与旧法律旧司法彻底决裂的态度，以及建立新法律的思想、原则指引，体现出司法审判转型时期的特点，为新中国司法审判制度的创建奠定了坚实的政治基础和发展方向。

二、新中国成立后至改革开放前的审判权运行机制改革

（一）新中国审判权运行机制的确定

1949 年 10 月，新中国成立。作为维护政权和保障人民利益的审判制度，在经过了对中共地方政权各个时期审判工作经验的梳理与总结、对国民党统治政权的审判体制的废除、对苏联司法审判制度的学习和借鉴的基础上，开始全面构建社会主义司法审判制度，进行司法审判的改革，新中国审判权运行机

---

[1]　张希坡：《马锡五与马锡五审判方式》，法律出版社 2013 年版，第 131—132 页。

制正式确立。

1949 年 12 月,《中央人民政府最高人民法院试行组织条例》颁布,作为应急立法的措施规定了最高人民法院审判机构的雏形,使之后中央乃至地方各级审判组织的建立有章可循。为保障革命秩序,彻底镇压反革命,实行土地改革,推动"三反"、"五反"运动,各地按照中央人民委员会的指示,在建立地方各级人民法院的同时,设立了相应的人民法庭[1],如镇反与土改法庭、"三反"与"五反"法庭,并根据各个法庭的性质制定了相应的有区别的审判制度,明确不同人民法庭的任务、职能、审判组织、审判权运行规则等。1951 年 9 月,《中华人民共和国人民法院暂行组织条例》颁布,将新中国审判制度纳入正常轨道,虽然比较原则,但进一步规范了各级人民法院的组织建构和审判制度。在"三反"运动胜利的基础上,为清除一切堕落蜕化和恶习甚至不堪改造的分子,肃清反动的司法作风的残余,彻底改造和整顿各级人民法院,从政治上、组织上、思想作风上保持和提高人民法院的纯洁性[2],1952 年 6 月至1953 年 2 月,中央组织全国司法机关开展了一场司法改革运动。这场司法改革运动主要以思想改造与司法组织机构改造相结合的方式,以肃清旧法观点和整顿司法队伍为内容和目标,对国民党的"六法全书"及其法律观进行了深刻的分析和批判,对旧司法人员进行了改造和适当的清理,形成了人民法院向当地党委和政府请示报告制度,也成为司法改革的大事记。

1954 年 9 月,新中国第一部宪法和人民法院组织法正式颁布,正式确立了新中国的司法体制和审判制度,其特点包括:第一,将全国法院分为基层、中级、高级、最高人民法院和专门人民法院,中级人民法院在我国正式设立。第二,确定了从属于人民代表大会的"一府两院"的政治体制构架,实行司法与行政的分离,规定最高人民法院对全国人民代表大会和全国人民代表大会常务委员会负责并报告工作,地方各级人民法院对本级人民代表大会及其常务委员会负责并报告工作,改变了法院是人民政府的组成部分的政治属性。第

---

[1]　张培田:《法的历程——中国司法审判制度的演进》,人民出版社 2007 年版,第 124 页。
[2]　彭真:《论新中国的政法工作》,中央文献出版社 1992 年版,第 70 页。

三,下级人民法院的审判工作受上级人民法院的监督,最高人民法院监督地方各级人民法院与专门人民法院的审判工作,各级法院内部监督机制建立,改变了上级法院领导下级法院的组织属性。第四,正式明确了审判权由法院独立行使,法院只服从法律的司法原则;全面构建了具有中国特色的审判权运行机制,如审级制度、审判人员、合议制、审判委员会制、陪审制等。

新中国司法审判制度的建立,不仅对新中国的审判权运行机制进行了全面的设计和规范,而且揭开了中国法制的历史新篇章,为中国特色社会主义国家的建设和发展奠定了坚实基础。新中国成立五年即取得如此重要的成就,与中国共产党全面总结和正确认识司法审判的发展规律是分不开的。特别是1952年对司法意识形态深刻的司法改造,使党对司法工作的领导得到了切实的加强,对当代中国的司法工作产生了深远的影响,而1954年宪法和人民法院组织法的颁布,正确把握了审判权独立性、判断性、中立性、终局性等特点和为人民服务的宗旨并将这些特点和宗旨切实反映在各项条文的规定中,这些都是对司法审判政治属性和客观规律的认识、对人民司法需求的现实反映,筑牢了中国特色社会主义审判权运行的政治根基和法律根基。

(二) 反右斗争开始后对审判权运行机制的冲击与破坏

1957年,正当新中国各项建设呈现出蓬勃向上的生机时,反右斗争在全国掀起,随之"大跃进"运动展开,再随之"文化大革命"的十年浩劫爆发,在近20年的时间里,中国社会经历了剧烈的动荡和退步,中国的司法审判事业遭受了重创,审判权运行机制不断扭曲,遭受严重的冲击和破坏。

1957年反右斗争开始后,"左"的思想大肆蔓延,批判审判独立被无限上纲上线,斥为否定和排斥党的领导包括党委领导的突出体现。[1] 1957年8月,毛泽东发出各政法部门包括各级法院都应当接受当地党委和人民委员会的领导的指示,被作为否定审判独立的权威依据而被广泛传达和贯彻,导致在法院内部取消了已经确定的审判员或审判长负责制,而代之以案件办理在内

---

[1]　张培田:《法的历程——中国司法审判制度的演进》,人民出版社2007年版,第140页。

部的层级请示汇报制和在外部的请示报告党委政府和党委审批制,作为服从和加强党的领导的具体表现而被推广,对今天中国特色审判制度"司法行政化"现象产生了深远的影响。1957年开始,"以阶级斗争为纲"的理论再次得到强化并在1962年中共八届十中全会被明确提出,由此,"以阶级斗争为纲"成为指导司法审判工作的原则,司法机关的工作不是遵循司法活动的客观规律,而是以对阶级斗争的形势分析作为准则[1],审判权运行的基本原则如公民在法律面前一律平等、无罪推定、自由心证等遭到不适当的批判和否定。1958年至1962年"大跃进"运动中,办案指标被量化,公安局长、检察长、法院院长相互替代的"一长代三长"、公安的预审员、检察员、审判员相互替代的"一员代三员"的三机关联合办案盛行,审判权被公安机关、检察机关随意行使,"调查研究、实事求是、重证据不轻信口供和反对刑讯逼供"等审判原则和审判作风被抛弃,造成审判案件"草率定案的偏向"[2];同时,审判权运行各项机制被简化、改变甚至取消,合议庭上山下乡、"分片包干式"就地审判等审判方式不断涌现;依靠群众办案、采取群众辩论式审判盛行,审判权事实上转由人民群众行使。1960年全国审判机关大精简,司法机关遭受重创,1961年至1963年为纠正"大跃进"错误又开始进行审判制度的重构和审判权运行的再规范,呈现出回归正常审判道路的趋势。1967年"文化大革命"爆发后,砸烂公检法等专政机关成为目标,群众专攻指挥部、军事管制委员会取代了司法审判机关,审判制度和运行秩序完全被否定和破坏,大量冤假错案涌现,新中国的司法工作陷入浩劫。1972年至1975年,人民法院开始得到一定的恢复,但在"左"的思想侵蚀下,1975年宪法却一方面对有关审判的制度只字未提,另一方面将"发动群众讨论和批判"重大反革命刑事案件的方式,作为一项审判原则和制度规定下来,突出专政中的群众路线[3],成为宪制的一大倒退和

---

［1］　公丕祥:《当代中国的司法改革》,法律出版社2012年版,第102页。
［2］　张培田:《新中国审判制度曲折演变的史实考论(1957—1976)》,《甘肃政法学院学报》2005年第3期。
［3］　张培田:《法的历程——中国司法审判制度的演进》,人民出版社2007年版,第178页。

对司法审判制度加以否定的突出表现。

从反右斗争开始至"文化大革命"结束,审判制度被破坏,审判权运行机制遭受前所未有的冲击和破坏,成为司法审判历史上的一大悲剧,究其原因,正在于其作为典型的专政工具的政治属性导致的。在新中国成立后较短的时间内,在治国理政经验欠缺和错误思想的指引下,在各种复杂因素的促进下,整个社会政治、经济生活陷入大动荡,文明进步的历史发展进程被人为破坏,不可避免地导致审判权违背历史发展的规律而呈现出完全混乱和无序状态,司法为民的宗旨事实上被抛弃,人民各项合法权益遭受到难以估计的侵害。因此,牢记这一历史教训,遵循审判权运行发展规律,才是司法审判发展的应走之路。

三、改革开放以来至党的十八大前的审判权运行机制改革

(一) 审判权运行机制的恢复与建设

1. 审判权运行机制的恢复

1978 年中共十一届三中全会召开,彻底冲破"左"的错误思想干扰和束缚,总结了治理国家正反两方面的历史经验教训,作出了发展社会主义民主、健全社会主义法制的重大决定,开启了中国改革开放的伟大历史进程,政治体制改革、经济体制改革开始推进,司法审判工作得到恢复,审判权运行机制开始走上正轨。

1978 年新宪法颁布,在拨乱反正的思想下,再次确立法院为行使审判权的专门机关,但仍然保留了 1975 年宪法对重大反革命案件发动群众讨论和提出意见的规定,影响审判独立。1979 年,全国人大一次性通过刑法、刑事诉讼法、人民法院组织法等七部重要法律,成为中国法制建设的标志性事件,为改革开放后的审判权运行机制规范化奠定了制度基础。其中《人民法院组织法》较为详尽地确定了审判人员任免制、确定了独任制、合议制和审判委员会三种审判组织及其运作要求,体现出严格规范审判人员任免和审判组织运作

的精神;明确了二审终审、再审、死刑复核制等审判权运行制度。同年,中共中央发布了《关于坚决保证刑法、刑事诉讼法切实实施的指示》,确立了党对司法工作的领导主要是方针、政策的领导原则,取消了党委审判案件制度。1982年,宪法再次修订,恢复了1954年宪法关于独立审判的规定,取消了发动群众讨论案件制度而肯定了人民陪审制,进一步确认了体现司法民主精神的审判组织制度。

可以看出,这一期间,由于党正确认识了社会发展规律和司法审判在国家建设中的重要功能和作用,认识到体制机制建设的重要性和迫切性,认识到立法滞后、缺失、不科学等对司法审判工作的制约和对实现公平正义的阻碍,制定符合社会发展的法律成为头等大事,一系列重要法律原则得到宪法确认,符合司法规律的基本法律制度迅速颁行,各级人民法院组织机构得以恢复重建,审判权运行机制才有了宪法和法律制度的保障和规范,正式得到恢复。

2. 审判权运行机制的建设

伴随着国家各项工作摆脱"文化大革命"的影响而得到恢复和走上正轨,政治体制改革和经济体制改革逐步深入,社会利益格局发生深刻变动,法制开始大力普及,人民的法制观念和权利意识逐渐增强,对司法审判工作的要求开始提高,人民法院在组织机构已经稳定和有序的前提下适应社会发展的新要求开始着眼于自身的建设以适应时代的要求。

1988年第十四次全国法院工作会议召开,提出要"以改革总揽全局",搞好人民法院自身的改革和建设,革除目前审判工作中存在的各种弊端,使审判工作正规化、规范化[1],要切实改进合议庭工作、认真执行公开审判、强化当事人举证责任等。由此,民事审判方式改革开始启动,到1991年《民事诉讼法》颁布,弱化了职权主义的民事诉讼模式,引入并确立了当事人举证责任制度,法院依职权全面调查收集证据的职权取消,成为民事审判方式全面转型的标志,同时,也带动了刑事审判方式和行政审判方式的改革。到1992年党的

---

[1]　任建新:《充分发挥国家审判机关的职能作用,更好地为"一个中心、两个基本点"服务》,《政法工作五十年——任建新文选》,人民法院出版社2005年版,第188、203—204页。

十四大提出建设社会主义市场经济体制,为保障社会主义市场经济的健康发展,应对市场经济体制下各种纠纷和矛盾的大量涌入,法院寻求公平公正解决的态势,法院自身的建设和改革在全新的经济体制下展开,全面推进审判方式改革成为法院自身建设和改革的核心。1996 年的《刑事诉讼法》颁布,原有的纠问式庭审方式改变,注重保障人权和平等的控辩式庭审方式基本确立。同年,最高人民法院召开全国法院审判方式改革工作会议,进一步提出了改革的目标、内容、基本要求等。此外,1993 年,最高法审判委员会在总结审判委员会工作经验的基础上,对审判委员会的职能、工作规则、会议流程、保密机制等进行了明确的规范,为各级法院审判委员会的具体运作提供了操作规范。

这一时期,由于经济体制的重大转型,市场经济得到了大力发展。现代市场经济是一种法治经济,必须建立在坚实的法治基础之上。正是在社会主义市场经济的有力推动下,当代中国的社会治理方式正在经历着从人治型到法治型的深刻转变。[1] 这就必然对审判权的运行产生更高的要求和期待,在确保刚刚恢复和建立的体制稳定的前提下,审判方式的改革必然首先成为审判权运行机制建设中的关键。

（二）审判权运行机制的改革与深化

随着市场经济的迅速发展,各项立法的逐步完备,社会秩序的日益规范,个人权利与自由意识的不断扩展,法治已逐步渗透到社会的方方面面。1997年,党的十五大首次将"依法治国、建设社会主义法治国家"作为基本治国方略和国家发展战略目标,同时提出"要推进司法改革,从制度上依法保证司法机关依法公正地行使审判权和检察权,建立冤案、错案责任追究制度",使司法改革首次以党的纲领性文件的形式被确认,有了更加坚实的理论基础和政治保障,中国的司法改革也由此进入统一规划、全面推进的新阶段。[2] 随着"一五改革纲要"、"二五改革纲要"、"三五改革纲要"相继颁布,作为指导人民法院进行司法改革的关键性文件,极大地推动了司法改革的历史进程,而审

---

[1]　公丕祥:《当代中国的司法改革》,法律出版社 2012 年版,第 124 页。
[2]　李静等:《中国特色社会主义审判制度的发展与完善》,法律出版社 2013 年版,第 53 页。

判权运行机制作为人民法院改革的重要组成部分,开始进入全面改革和深化阶段。

1."一五改革纲要"

1999年,根据十五大会议精神,最高人民法院在总结以往审判工作建设和改革经验的基础上,颁布了第一个《人民法院五年改革纲要(1999—2003)》(以下简称"一五改革纲要")。该纲要指出在司法活动中的地方保护主义产生、蔓延,严重危害我国社会主义法制的统一和权威;现行的法官管理体制导致法官整体素质难以适应审判工作专业化要求,难以抵制拜金主义、享乐主义、特权观念等腐朽思想的侵蚀,人民群众对少数司法人员腐败现象和裁判不公反映强烈,直接损害了党和国家的威信;审判工作的行政管理模式,不适应审判工作的特点和规律,严重影响人民法院职能作用的充分发挥等人民法院司法地方化、司法行政化、司法能力不足等严峻问题及产生的后果,强调只有通过改革,逐步建立依法独立公正审判的机制,才能适应社会主义市场经济发展和民主法制建设的需要。

对进一步深化审判方式改革,建立符合审判工作规律的审判组织形式,科学设置法院内设机构,深化法院人事管理制度改革,加强法院办公现代化建设、进一步提高司法效率和法院管理水平,加强制度建设、健全监督机制、保障司法公正廉洁,积极探索人民法院深层次的改革七个方面提出了44项具体的改革举措。"一五改革纲要"的总体目标是:紧密围绕社会主义市场经济的发展和建立社会主义法治国家的需要,依据宪法和法律规定的基本原则,健全人民法院的组织体系;进一步完善独立、公正、公开、高效、廉洁,运行良好的审判工作机制;在科学的法官管理制度下,造就一支高素质的法官队伍;建立保障人民法院充分履行审判职能的经费管理体制;真正建立起具有中国特色的社会主义司法制度。具体目标是:以落实公开审判原则为主要内容,进一步深化审判方式改革;以强化合议庭和法官职责为重点,建立符合审判工作特点和规律的审判管理机制;以加强审判工作为中心,改革法院内设机构,使审判人员和司法行政人员的力量得到合理配备;坚持党管干部的原则,进一步深化法院人事管理制度的改革,建立一支政治强、业务精、作风好的法官队伍;加强法院办公现代化建设,提高审判工作效率和管理水平;健全各项监督机制,保障司法人员的公正、廉洁;对法院的组织体系、法院干部管理体制、法院经费管理体制等改革进行积极探索,为实现人民法院改革总体目标奠定基础。其中,涉及审判权运行机制改革,主要包括如下举措:

(1)进一步深化审判方式改革。1999年年底前,全国各级人民法院根据明确职责、分工合理、动转高效的原则,全面实行立审分立、审执分立、审监分立。建立科学的案件审理流程管理制度,由专门机构根据各类案件在审理流程中的不同环节,对立案、送达、开庭、结案等不同审理阶段进行跟踪管理,保证案件审理工作的公正、高效。2000年年底前,最高人民法院制定有关再审案件的立案标准。进一步完善质证和认证制度。采取有效措施,解决好证人尤其是关键证人出庭的问题。严格执行最高人民法院1999年3月8日发布的《关于严格执行公开审判制度的若干规定》,全面落实公开审判制度。加快裁判文书的改革步伐,提高裁判文书的质量。严格执行刑事诉讼法有关裁判程序的规定,继续深化刑事审判方式改革。民事、经济审判方式改革要进一步完善举证制度,完善行政审判方式。

(2)建立符合审判工作规律的审判组织形式。强化合议庭和法官职责,推行审判长和独任审判员选任制度,充分发挥审判长和独任审判员在庭审过程中的指挥、协调作用。2000年年底前,对法官担任审判长和独任审判员的条件和责任作出明确规定,建立审判长、独任审判员的审查、考核、选任制度。审判长和独任审判员依审判职责签发裁判文书。在法律规定范围内,多适用简易程序审理案件。在审判长选任制度全面推行的基础上,做到除合议庭依法提请院长提交审判委员会讨论决定的重大、疑难案件外,其他案件一律由合议庭审理并作出裁判,院、庭长不得个人改变合议庭的决定。推行院长、副院长和庭长、副庭长参加合议庭担任审判长审理案件的做法。各级人民法院应结合本院的实际情况,对院长、副院长、庭长、副庭长担任审判长审理案件提出明确要求。规范审判委员会的工作职责。审判委员会作为法院内部最高审判组织,在强化合议庭职责,不断提高审理案件质量的基础上,逐步做到只讨论合议庭提请院长提交的少数重大、疑难、复杂案件的法律适用问题,总结审判经验,以充分发挥其对审判工作中带有根本性、全局性问题进行研究和作出权威性指导的作用。完善人民陪审员制度。

(3)深化法院人事管理制度改革。改革法官来源渠道,逐步建立上级人民法院的法官从下级人民法院的优秀法官中选任以及从律师和高层次的法律人才中选任法官的制度。随着审判长选任工作的开展,结合人民法院组织法的修改、高级人民法院或以对法官配备法官助理和取消助理审判员工作进行试点,摸索经验。建立书记员单独职务序列。

(4)建立有效的内部制约机制。严格审判监督制度,进一步加强上级人民法院对下级人民法院审判监督的权威性、准确性、有效性。全面贯彻执行《人民法院审判人员违法审判责任追究办法(试行)》和《人民法院审判纪律处分办法(试行)》,切实加强对审判工作的纪律监督,严肃查处各种利用审判职权违法违纪的行为。进一步完善督导员制度,完善并强化审判监督工作机制。制定人民法院接受社会监督的规范性意见,使人民法院接受监督制度化、程序化、法律化。[1]

"一五改革纲要"实施期间,审判方式的改革因之前的探索改革已积累了许多有益的经验,改革成效明显,如立审分立、审执分立、审监分立机制已经建立;大多数法院审判工作流程管理制度建立;改革了庭审模式,公开审判制度得以落实,庭审功能得到强化;民事诉讼当事人举证责任得到强化,疑难复杂刑事案件庭前证据展示制度和疑难复杂民事、行政案件庭前证据交换制度得到推行,质证、认证得到规范和完善;裁判文书的说理性得到增强,裁判文书质量得以提高等。但是,审判方式改革也存在三个比较突出的问题:一是部分法院案件流程管理制度改革进展不够理想,甚至在有的地方出现反复和倒退现象;二是民事诉讼证据规则的适用,因涉及当事人诉讼能力的差异、举证责任

---

[1]　最高人民法院:《人民法院五年改革纲要(1999—2003)》(法发[1999]28号)。

的分配、证据失权规则的运用等问题,而遭遇社会的不少质疑;三是刑事审判方式改革推进力度不够大,刑事二审案件开庭率偏低,刑事庭审功能未能充分得到发挥。[1] 这些均有待继续改进和调整。对于审判组织改革,由于其是审判权运行的主体,在长期的司法审判制度建设中均受到重视。但是,由于在此之前我国司法队伍人员来源复杂、司法培训工作不健全等因素影响,司法能力不足长期困扰审判权的公平公正行使,出于对司法能力不足的弥补,及对我国几千年来传统的科层制管理模式的深刻影响,通常认为,在"一五改革纲要"之前,各地法院普遍实行审判权高度集中的管理模式,使人民法院依法独立行使审判权的重心掌握在审判管理者手上,忽视合议庭等审判组织在审判活动中的独立作用,导致合议庭等审判组织的审判权不能充分行使,案件主要由副庭长、庭长、主管院长层层审核,逐级报批,审判委员会决定案件的职能被大大扩张,形成了学界常常诟病的审而不判、判而不审、议而不决的现象,不符合司法审判权的运行规律,同时也使合议庭行使审判权缺乏效率性和责任感等[2]。由此,"一五改革纲要"的实施,全国各级法院开展了审判长和独任审判员选任工作,强化了合议庭和法官职责,放权于合议庭和审判员,强调依法独立裁判,审判委员会讨论个案的范围和数量也在缩小。这一改革基本上实现了从过去院长、庭长审判案件到合议庭讨论决定案件的历史性转变,确证了合议制的时代价值,复归了审判权运行的应有状态。[3] 2002 年,《关于人民法院合议庭工作的若干规定》颁布,从制度上巩固了合议庭制度改革的成果。但是,审判组织的改革,不论是放权还是收权,基于诸多复杂的历史和现实因素的制约,还有待于进一步的规范和落实。此外,法院内部监督制约机制基本建立,而改革法官来源、实行人员分类管理的人事改革因为涉及体制性问题而被搁置。2005 年,时任最高人民法院院长肖扬在全国高级法院院长座谈会上总结到,"一五"改革取得了显著成绩,达到了预期目的,但是法院改革进展还

---

[1] 公丕祥:《当代中国的司法改革》,法律出版社 2012 年版,第 130 页。
[2] 胡云腾、范跃如:《审判权与审判管理权运行机制研究》,《人民司法》2011 年第 15 期。
[3] 公丕祥:《当代中国的司法改革》,法律出版社 2012 年版,第 131 页。

不够平衡,改革的统一性和规范性还不够,随着改革的逐步深入,法院改革与相对不完善的现行法律制度的冲突日益明显。这一评价对之后司法体制改革的开展作了正确的说明。

2. "二五改革纲要"

2002 年,党的十六大提出"推进司法体制改革,按照公正司法和严格执法的要求,完善司法机关的机构设置、职权划分和管理制度",司法体制性改革的时代来临。2003 年,中共中央第一次专门成立司法体制改革领导小组,该领导小组的设立标志着主导中国司法改革进程的核心机构的出现,以及一种全新的、自上而下的改革策略和模式的最终确立。[1] 2004 年年底,《中央司法体制改革领导小组关于司法体制和工作机制改革的初步意见》发布,确定了司法体制改革的基本原则、具体改革措施和主要任务等,对司法体制改革工作作出全面部署。2005 年,最高人民法院为贯彻落实党中央部署的司法体制和工作机制改革任务,深化人民法院各项改革,颁布了第二个《人民法院五年改革纲要(2004—2008)》。该纲要指出,目前,相对滞后的司法体制和工作机制已经不能适应人民群众对司法公平正义日益增长的需求,因此,提出要改革和完善诉讼程序制度,实现司法公正,提高司法效率,维护司法权威;改革和完善执行体制和工作机制,健全执行机构,完善执行程序,优化执行环境,进一步解决"执行难";改革和完善审判组织和审判机构,实现审与判的有机统一;改革和完善司法审判管理和司法政务管理制度,为人民法院履行审判职责提供充分支持和服务;改革和完善司法人事管理制度,加强法官职业保障,推进法官职业化建设进程;改革和加强人民法院内部监督和接受外部监督的各项制度,完善对审判权、执行权、管理权运行的监督机制,保持司法廉洁;不断推进人民法院体制和工作机制改革,建立符合社会主义法治国家要求的现代司法制度方面提出了 50 项具体的改革举措。其中,涉及审判权运行机制改革的举措主要有:

---

[1] 夏锦文:《当代中国的司法改革:成就、问题与出路——以人民法院为中心的分析》,《中国法学》2010 年第 1 期。

（1）改革和完善诉讼程序制度。包括改革和完善死刑案件的审判程序。改革和完善死刑复核程序。改革刑事证据制度,制定刑事证据规则,依法排除用刑讯逼供等非法方法获得的言辞证据,强化证人、鉴定人出庭,进一步落实保障人权和无罪推定原则。改革民事案件管辖制度。改革和完善行政案件管辖制度,从制度上排除干预行政审判的各种因素。继续探索民事诉讼程序的简化形式,在民事简易程序的基础上建立速裁程序制度,规范审理小额债务案件的组织机构、运行程序、审判方式、裁判文书样式等。加强和完善诉讼调解制度,重视对人民调解的指导工作,依法支持和监督仲裁活动。改革和完善庭前程序。改革民事、行政案件审判监督制度,保护当事人合法权利,维护司法既判力。探索建立再审之诉制度,明确申请再审的条件和期限、案件管辖、再审程序等事项,从制度上保证当事人能够平等行使诉讼权利。进一步落实依法公开审判原则。

（2）改革和完善审判指导制度与法律统一适用机制。贯彻罪刑相适应原则,制定故意杀人、抢劫、故意伤害、毒品等犯罪适用死刑的指导意见,确保死刑正确适用。改革下级人民法院就法律适用疑难问题向上级人民法院请示的做法。建立和完善案例指导制度。改革和完善最高人民法院制定司法解释的程序,进一步提高司法解释的质量。建立法院之间、法院内部审判机构之间和审判组织之间法律观点与认识的协调机制,统一司法尺度。

（3）改革和完善审判组织与审判机构。改革人民法院审判委员会制度。最高人民法院审判委员会设刑事专业委员会和民事行政专业委员会;高级人民法院、中级人民法院可以根据需要在审判委员会中设刑事专业委员会和民事行政专业委员会。改革审判委员会的成员结构,确保高水平的资深法官能够进入审判委员会。改革审判委员会审理案件的程序和方式,将审判委员会的活动由会议制改为审理制;改革审判委员会的表决机制;健全审判委员会的办事机构。审判委员会委员可以自行组成或者与其他法官组成合议庭,审理重大、疑难、复杂或者具有普遍法律适用意义的案件。进一步强化院长、副院长、庭长、副庭长的审判职责,明确其审判管理职责和政务管理职责,探索建立新型管理模式,实现司法政务管理的集中化和专门化。建立法官依法独立判案责任制,强化合议庭和独任法官的审判职责。院长、副院长、庭长、副庭长应当参加合议庭审理案件。逐步实现合议庭、独任法官负责制。全面贯彻全国人民代表大会常务委员会《关于完善人民陪审员制度的决定》,健全人民陪审员管理制度,制定关于保障人民陪审员公正行使审判权的司法解释,充分发挥人民陪审员制度的功能。

(4)改革和完善司法审判管理。建立健全审判管理组织制度,明确审判管理职责。健全和完善科学的审判流程管理制度。改革庭审活动记录方式,加强信息技术在法庭记录中的应用,充分发挥庭审记录在诉讼活动和管理工作过程中的作用。

(5)改革和完善司法人事管理制度。推进人民法院工作人员的分类管理。建立符合审判工作规律和法官职业特点的法官职务序列。在总结试点经验的基础上,逐步建立法官助理制度。落实法官法的规定,与有关部门协商,推动建立适合法官职业特点的任职制度。

(6)改革和完善人民法院内部监督与接受外部监督的制度。建立科学、统一的审判质量和效率评估体系。改革法官考评制度和人民法院其他工作人员考核制度。建立健全符合法官职业特点的法官惩戒制度。完善人民法院自觉接受权力机关监督的方式、程序,健全接受人大代表、政协委员的批评、建议的制度,完善人大代表、政协委员旁听法院审判以及人民法院与人大代表、政协委员联络等制度。落实人民检察院检察长或者检察长委托的副检察长列席同级人民法院审判委员会的制度。规范人民法院与新闻媒体的关系,建立既能让社会全面了解法院工作,又能有效维护人民法院依法独立审判的新机制。[1]

"二五改革纲要"的实施,大部分是对"一五改革纲要"未完成的改革任务进行部署,如对审判方式的改革拓宽和深入到诉讼程序制度的改革与完善,对

---

[1]   最高人民法院:《人民法院五年改革纲要(2004—2008)》(法发〔2005〕18号)。

各类案件的审判规则、证据规则等有关审判权运行程序和规则有了更清晰的规定,同时对人民法院体制性的问题进行探索性规定。其中,对于审判权运行机制的核心问题——审判权的权力划分和职责分配问题,在"一五改革纲要"放权于合议庭和审判员的司法实践后,虽然充分调动了审判的积极性,一定程度上缓解了司法行政化的问题,回归了审判权的应有之义,但由于监督制约机制的不完善,加之合议庭、独任审判员在应对日益纷繁复杂的社会矛盾时能力素质难以匹配,审判案件质量问题开始凸显,有审判实务界的人士也提出,这种运行机制虽然符合司法理论,但并不完全与中国国情相适应,影响了司法的公信力,突出表现在同案不同判、案结事不了、裁判过程不透明、司法腐败现象滋生等。[1] 因此,为遏制案件质量的下滑,"二五改革纲要"在改革和完善审判组织和审判机构的过程中,在建立法官依法独立判案责任制,强化合议庭和独任法官的审判职责的基础上,强调院长、庭长应当更多地参与到合议庭中,负责重大疑难案件的审理;特别对审判委员会的运作进行了细化改革,凸显出审判委员会作为内部最高审判组织的地位和审判权行使的专业性权威性;进行了案件管理与行政管理相分离的审判管理体制改革和探索,明确审判职责和政务管理职责;同时,配合改革和完善监督制约机制,建立科学、统一的审判质量和效率评估体系以及法官考核机制,进一步完善外部监督制约机制等。这些改革举措的实践,初步建立了以审判中心主义为特色的法院运行模式,并通过完善审判流程管理、案件监督评查、绩效考评、法官惩戒等制度,初步形成了公正高效、结构合理、配置科学、多方制约的审判权运行机制[2],取得了一定的成效。但是,由于各种因素的影响,"二五改革纲要"的许多改革任务仍然未能完成,改革的整体进展仍然缓慢,特别是出于保障审判质量的目的,审判管理被强调,层层考核指标体系被建立,考核中的层层责任制很自然地转化为审判权运行中的层层把关[3],由此导致审判权的下放出现走"回头路"的

---

[1] 蒋安杰:《两权改革:中国审判运行机制的微观样本》,《法制日报》2010年12月1日。
[2] 李静等:《中国特色社会主义审判制度的发展与完善》,法律出版社2013年版,第58页。
[3] 顾培东:《再论人民法院审判权运行机制的构建》,《中国法学》2015年第5期。

趋势,一定程度缓解的司法行政化现象再次反复出现。此外,司法人事改革仍然落后,分类管理仍然未能实现,作为行使审判权的法官的职业保障体系仍然未能建立。因此,审判权运行机制的改革和深化在"二五改革纲要"实施期间未能达到预期的目标,依法独立公正行使审判权依然有待于改革的持续推进。

3."三五改革纲要"

2007年,党的十七大提出要"深化司法体制改革,优化司法职权配置,规范司法行为,建设公正高效权威的社会主义司法制度",司法体制性改革的举措进一步深化。为贯彻党的十七大精神,落实中央关于深化司法体制和工作机制改革的总体要求,维护社会公平正义,满足人民群众对司法工作的新要求、新期待,实现人民法院科学发展,2009年最高人民法院颁布第三个《人民法院五年改革纲要(2009—2013)》。该纲要从优化人民法院职权配置、落实宽严相济刑事政策、加强人民法院队伍建设、加强人民法院经费保障、健全司法为民工作机制五个方面提出了30项具体改革举措,目标是着力解决人民群众日益增长的司法需求与人民法院司法能力相对不足的矛盾,推进中国特色社会主义审判制度的自我完善和发展,建设公正高效权威的社会主义司法制度。其中,涉及审判权运行机制改革的举措主要有:

(1)优化人民法院职权配置。改革和完善人民法院司法职权运行机制。以审判和执行工作为中心,优化审判业务部门之间、综合管理部门之间、审判业务部门与综合管理部门之间、上下级法院之间的职权配置,形成更加合理的职权结构和组织体系。改革和完善刑事审判制度,改革和完善民事、行政审判制度,改革和完善再审制度,改革和完善审判组织。完善审判委员会讨论案件的范围和程序,规范审判委员会的职责和管理工作。落实人民检察院检察长、受检察长委托的副检察长列席同级人民法院审判委员会的规定。完善合议庭制度,加强合议庭和主审法官的职责。进一步完善人民陪审员制度,扩大人民陪审员的选任范围和参与审判活动的范围,规范人民陪审员参与审理案件的活动,健全相关管理制度,落实保障措施。改革和完善上下级人民法院之间的关系。改革和完善审判管理制度。健全权责明确、相互配合、高效运转的审判管理工作机制。改革和完善人民法院接受外部制约与监督机制。完善人民法院自觉接受党委对法院领导班子及其成员、党组织、党员干部进行监督的工作机制。健全依法向人大报告工作并接受监督的工作机制。规范人民法院接受检察机关法律监督的内容、方式和程序。规范人民法院接受新闻舆论监督的工作机制。加强司法职业保障制度建设。加强人民法院依法独立公正行使审判权的保障机制建设。研究建立对非法干预人民法院依法独立办案行为的责任追究制度。研究建立违反法定程序过问案件的备案登记报告制度。加大对不当干预人民法院审判和执行工作的纪检监察力度。完善惩戒妨碍人民法院执行公务、拒不执行人民法院作出的生效裁判等违法犯罪行为的法律规定。完善最高人民法院就司法解释工作与相关部门的协调制度和人大备案制度，保证司法解释的统一和权威。

（2）落实宽严相济刑事政策。建立和完善依法从严惩处的审判制度与工作机制。建立和完善依法从宽处理的审判制度与工作机制。建立健全贯彻宽严相济刑事政策的司法协调制度与保障制度。建立体现宽严相济、促进社会和谐稳定的办案质量考评制度和奖惩机制，改进办案考核考评指标体系，完善人民法院错案认定标准和违法审判责任追究制度。

（3）完善法官及其辅助人员分类管理的制度。改革人民法院司法警察体制。完善司法技术辅助机构的设置。完善人民法院编制与职务序列制度。改革和完善法官工资福利和任职保障制度。

（4）健全司法为民工作机制。加强和完善审判公开制度，建立健全多元纠纷解决机制，完善涉诉信访工作机制，建立健全司法为民长效机制。[1]

"三五改革纲要"的实施，侧重于落实中央要求，加强对权力的监督制约，在继续完成之前改革未完成的任务的基础上，优化人民法院职权配置作为重要内容，对审判权运行机制涉及的主要问题再次进行了规范和改革，特别是在继续改革和完善审判组织的基础上，审判管理得到了进一步强调，审

---

[1] 最高人民法院：《人民法院五年改革纲要（2009—2013）》（法发〔2009〕14号）。

判管理权作为一种重要的法院职权得到充分的重视,权责明确、相互配合、高效运作成为对审判管理工作机制提出的目标,由此,科学界定和厘清审判权和审判管理权的关系、加强对审判权的监督制约成为审判权运行中的重点问题。因此,虽然之前的司法改革对于审判组织的权责划分、职权配置等均进行了改革和规范,但一直以来均属于原则性的规定,诸如合议庭成员内部审判权分工问题、审判委员会讨论案件范围和具体程序等,均缺乏明确和统一的依据。

为进一步落实"三五改革纲要"的要求,2009 年《关于进一步加强合议庭职责的若干规定》、2010 年《关于改革和完善人民法院审判委员会制度的实施意见》相继出台,对人民法院合议庭和审判委员会两大审判组织内部组成人员的职责分工和权力制约做了较具体的规定,审判权运行机制得到了更为明确的规范。与此同时,明确院长、庭长等审判管理者对审判组织的管理权限,建立公开透明的管理机制也逐步步入正轨,审判管理权的行使有了较为清晰的范围,为保障审判权的行使发挥了重要作用。此外,监督机制进一步得到健全,建立对非法干预人民法院依法独立办案行为的责任追究制度和违反法定程序过问案件的备案登记报告制度等开始进入探索阶段,审判权运行的监督机制和保障机制开始走向更为科学和完备的阶段。

总之,审判权和审判管理权的划分、审判监督权的完善,均对保障依法独立公正行使审判权发挥了重要作用,改革至今,取得了较为良好的成效和阶段性进展,司法为民的目标充分得以体现。但是,也应当看到,"三五改革纲要"的实施过程中,司法体制改革的许多举措因为牵涉政治体制等深层次的问题并非可以一蹴而就,仍然存在一些问题需要下一步的明确和深化,如审判权和审判管理权在司法实践中出现混淆的状况时有发生,各项权力的权力清单尚未实现全面明晰,法官员额制和分类管理的改革仍未实现、才处于起步阶段等,导致司法实践中审判权的运行仍然存在诸多严重问题影响公平正义的实现,因此审判权运行机制的改革需要在此基础上继续大力推进。

（三）改革开放以来至党的十八大前审判权运行机制改革成果和存在问题

1.改革开放以来至党的十八大前审判权运行机制改革成果

纵观改革开放以来审判权运行机制的发展与改革,特别是人民法院三个五年改革纲要实施至今审判权运行机制的改革,其作为司法改革这个宏伟的大框架的组成部分和人民法院改革的重点与关键,伴随着司法改革到司法体制改革各项举措的实施和推进,取得了一定的成果,改革成效逐渐显现,主要体现在:

(1)司法职权配置得以优化,审判权行使更加符合司法规律。法院立案、审判、执行分立的工作机制已经全面建立,内设机构职权行使的相互制约得以强化;各审判组织的职权划分和工作流程得以规范,院长、庭长的审判管理权和审判权得以初步区分,审判委员会的专业性与工作的规范化得到强化,审判质效得到不断提升;审判权依法独立公正行使得到一定的制度和体制保障;人民陪审员制度得以不断推进。

(2)各项审判规则得以完善,审判权运行更加科学合理。刑事、民事、行政等审判方式改革成效明显,证据裁判规则全面建立,依法裁判规则全面贯彻,审判流程更加科学规范,在有效保障当事人合法权益的同时科学性和可操作性增强;审判行为得到规范,法律适用的统一性得到加强;审判公开制度得到进一步的落实和完善,审判权运行透明度得以提升。

(3)司法能力得到加强,司法公信力不断提高。法官队伍职业化取得了一定的进展,法官职业培训制度建立并不断完善,法官的庭审驾驭能力、适用法律能力等得到不同程度的加强;基层法院办案效率不断提高,独任法官和合议庭的独立审判能力得以加强,庭审职能得到不断强化,调解能力不断提升,公平公正处理案件的能力增强,司法公信力不断提高。

(4)监督制约机制更加规范与科学,审判权运行的保障机制更加完善。科学、有效的审判管理机制初步形成,绩效考评机制、办案责任制不断得到完善,过错责任追究机制探索建立,廉政监察员制度得已创立,人民法院内部监督制约机制更加完善;人民法院接受外部监督制约各项机制走向制度化、规范化,违法监督、不当干预的预防机制探索建立,审判独立的保障机制逐步走向健全。

(5)公民合法权益得到有效保障,司法为民宗旨充分体现。防范和遏制刑讯逼供,非法证据排除规则确立;严格控制和慎重使用死刑,生命权得到充分尊重;刑事被害人救助制度得到建立,立案信访窗口建设得到加强,调解工作得到全面贯彻,国家赔偿制度得以不断完善,司法为民的宗旨在审判权运行的全过程均得以充分体现。

2.改革开放以来至党的十八大前审判权运行机制改革经验总结

审判权运行机制的发展与改革,在30多年来的司法实践中之所以取得上述成果,与其严格坚持以下几个原则是分不开的:一是始终坚持党的领导。只有始终坚持党的领导,把严格贯彻和落实党的各项方针政策作为改革的依据和指向,才能保证审判权运行各项改革的正确政治方向。二是始终坚持从司法实践出发。不同的发展阶段决定不同的改革目标,只有深刻认识中国的国情,始终从司法实践的大背景中积极探索改革和发展的路径,才能深刻认识改革的主要矛盾和关键问题,进而切合实际、实事求是,确保改革稳步合理推进。三是始终坚持从满足人民群众的司法需求出发。随着社会的日益进步和发展,人民群众对司法审判工作的期待和要求日益提高,只有以人民群众的需求为出发点和落脚点,各项改革举措才能真正以保障人民群众的合法权益得到实现为目标,使公平正义得到诠释,人民群众才能支持和拥护法治,法治信仰才能在人民群众中生成。

3.改革开放以来至党的十八大前审判权运行机制改革存在的问题

虽然审判权运行机制改革取得了一定的成效,但随着改革的不断深入,受到诸多复杂的内在或外在因素的影响,改革过程中的问题和不足也逐渐反映出来,并成为制约审判权运行机制进一步改革的障碍,诸如法院管理体制的问题尚未得到根本改变,人员分类管理不能实现,导致行使审判权的法官职业化、精英化路径阻力重重,不利于司法能力和水平的提高;在整个国家政权稳定的前提下,司法审判为政权建设服务的任务已逐渐细化为为各地方中心工作服务,在地方大力推进经济建设的情况下,审判工作在某种程度上似乎承担起了为地方经济发展保驾护航的使命,许多非审判工作侵袭了本就稀缺的审判资源,不仅使审判权的正常行使受到一定的干扰,而且导致司法地方化的趋势日益明显,在司法改革宏观性指导突出而具体措施缺乏的情况下,司法尺度不统一的问题加剧,进而出现损害司法统一乃至损害司法公正的可能;随着社会利益格局的剧烈变动和人民权利意识的日益增强,大量矛盾纠纷逐渐激化同时新矛盾、新问题又不断涌现,导致对审判权的要求不断提高,而审判权必须严格依法行使,立法的滞后发展和不科学的问题就暴露出来,立法不公现象增加,进而制约了审判权的公正行使和有效运行,但是,审判权运行机制改革乃至整个司法改革举措都大多致力于各种机制的完善,立法体制层面的问题涉及不够不能适应时代的发展等。

因此,审判权运行机制改革的继续深入,必须在深刻总结以往改革各种经验、存在问题的基础上,紧密伴随国家司法体制改革的动向,紧紧把握当今司法实践需求,在体制不断改进和深化的保障下不断满足司法实践需求、解决司法实践问题,最终充分发挥审判权运行的作用,实现公平正义。

第二节　审判权运行机制进一步改革的迫切性和必要性

一、司法消极现象与审判权运行机制改革

司法消极现象是在人民法院审判工作中长期存在的问题,在当前大力推进依法治国、全面推动司法改革的大背景下尤为突出,它主要表现为审判权运行过程中存在的立案难、审判难、执行难"三难"以及人情案、关系案、金钱案"三案"等问题。司法消极现象的存在,极大地损害了法律的权威和尊严、破坏了司法公正、阻碍了人民法院职能的发挥、败坏了人民法院的形象,必须引

起高度重视,进行大力整顿。而审判权运行机制的不规范和不完善,恰恰为司法消极现象的存在提供了条件和机会,因此,司法消极现象是进行审判权运行机制改革的现实依据,要避免司法消极现象,充分发挥人民法院审判职能,必须改革审判权运行机制,使其合理、有序、规范运行,尽力杜绝司法消极现象得以滋生的各种因素。

(一)"三难"问题的有效化解需要改革审判权运行机制

立案、审判、执行贯穿人民法院审判工作的全过程,而长期以来特别是在民事司法领域突出的立案难、审判难、执行难"三难"问题却使法院审判职能的发挥受到了严重影响,一直为社会各界所关注和诟病,不仅使社会公众的合法权益得不到及时有效的保护,也使法院审判权的行使长期受到困扰进而影响了司法公正、司法为民目标的实现。究其原因,"三难"问题的发生,在我国具有相当复杂的社会背景,既有社会经济环境的影响、地方保护主义的阻碍等,又有司法领域本身机制体制的不完善等。

对于法院而言,第一,市场经济的快速发展使各类社会主体之间的关系日益复杂化,导致各种矛盾层出不穷,而社会公众权利意识和法律意识的不断发展,促使其将矛盾诉诸作为公平正义最后一道防线的法院解决的实际需求迅速增长,而法院审判资源的设置和运用却与这种迅速增长的实际需求远远不能匹配和对应。这导致法院在现有的审判资源配置下、在依法立案的前提下,倾向于严把立案关,从形式审查可能发展到实质审查,尽可能把那些在审判中会与其他社会因素有密切联系的案件挡在法院之外,法院系统就可以少承担压力,从而实现利益的最大化[1],却由此引起社会对于"立案难"的现实评价。第二,法院受理案件后,依法独立公正行使审判权本身是宪法赋予的法律职责。但在现实中,特别是在行政案件大量激发的今天,行政审判领域的审判难问题尤为突出。由于司法的行政化和地方化趋向明显,行政机关往往把法院视为下级或者自身的一个职能部门,由此导致大量的行政案件中,行政机关

---

[1]　吕芳:《探索破解法院"立案难"与"执行难"》,《人民法院报》2012年7月29日。

不仅不应诉、不出庭、不执行,而且给法院设置种种难题干扰法院审判权的正常行使;与此同时,法院审判权的运行却缺乏合理有效的保障机制和防止不当干扰机制,造成法院自身陷入审判难的困局,同时也引起社会公众对法院"审判难"的消极评价。第三,强制执行是法院审判权行使终结后衍生的权力,是当事人合法权益得以实现的最终保障。在审判权和执行权未分离的司法实践中,由于缺乏明确的制度支撑和程序理性规范,法院审判权运行的不规范不合理导致部分案件审判质量不高难以使当事人服判息诉、审判权与执行权的行使缺乏顺畅衔接和有效监督制约,加之种种外部因素的不当阻碍,"执行难"问题成为外界责难法院职能发挥不力的严重问题,也成为司法腐败多发的高危领域,严重损害了司法公信。

因此,有效化解"三难"问题,必须改革审判权运行机制,建立合理秩序、明确主体职责、划分权力边界、完善监督制约,从而使审判权的行使成为切实保障当事人合法诉权和权益、真正实现司法为民的重要和关键途径。

(二)"三案"问题的杜绝需要改革审判权运行机制

司法公正和司法廉洁,是对法院审判工作的严肃要求,是人民群众对审判工作的强烈期待,更是司法本身的价值和追求。然而,人情案、关系案、金钱案"三案"问题的多发,成为当前影响司法公正和司法廉洁最为突出的问题,成为司法腐败最典型的表现,严重损害了法院的形象,破坏了司法的权威和公信。"三案"问题的出现和频发,固然有社会大环境的影响、司法工作人员理想信念和职业道德的滑坡和沦丧,也与法院审判权运行机制的不完善、不规范息息相关。法院审判权运行秩序的紊乱,特别是审判权运行过程中制度机制不健全、不完善或不合理,缺乏可操作性或规范性;审判主体职责不清、责任不明,导致追责困难重重;审判权与审判管理权、审判监督权边界不清、权力混淆;审判权运行过程中外部力量的不当介入缺乏制约和限制等,为法院内部人员以权谋私和徇私舞弊,办理"人情案"、"金钱案"、"权力案"提供了机会和条件[1],使得各种

---

[1] 顾培东:《再论人民法院审判权运行机制的构建》,《中国法学》2015 年第 5 期。

司法潜规则有机可乘,为"三案"的出现留下了藏身之所,提供了腐败滋生的土壤。因此,要想全力杜绝"三案"的出现,确保司法公正和司法廉洁,必须从源头上、制度机制上消除腐败滋生的土壤和空间,从改革和完善审判权运行机制着手,确立法院审判权运行完善的基本秩序和基本规范,明确监督和制约机制,确保审判主体严格按照秩序和规范行使权力,才能不给"三案"的出现以可乘之机,对已经出现的"三案"问题能够及时发现和查处,从而减少乃至杜绝司法腐败现象的发生,树立法院的权威和公信。

二、司法内部管理不完善与审判权运行机制改革

任何组织机构的有序运行,必须存在规范的管理。法院作为行使审判权的国家机关,定分止争是其基本职能,而其职能的发挥是完全依靠审判权的运行来实现的,具有自身的独特规律,如独立性、中立性、亲历性、程序性、公开性、终局性等,这必然要求对审判权运行的规制和管理也要遵循其独特规律。

然而,在我国几千年来中央集权模式的传统下,我国法院长期以来在组织建构与管理模式上深受科层制管理模式影响,法官之间、不同审级法院之间形成了一种上令下从的行政关系[1],由此造成法院的审判权基本是以行政审批为基础构建起来的[2]。这种行政化的管理模式与法院审判工作的自身特性和规律相冲突,造成实践当中仍然存在着按行政权的运行规律来指挥审判工作、以行政化管理手段来处理审判实务的习惯和做法,导致在案件管理、审判管理、法院人事管理、上下级法院关系等方面都或多或少地出现司法行政化的现象[3]。

具体到审判权运行过程中,主要表现在:

第一,案件裁判的最终形成大体需要经历庭长、分管副院长以及审判委员

---

[1]　赵学玲:《审判权去行政化的反思》,《中国法律评论》2014年第1期。

[2]　李静等:《中国特色社会主义审判制度的发展与完善》,法律出版社2003年版,第13页。

[3]　龙宗智、袁坚:《深化改革背景下对司法行政化的遏制》,《法学研究》2014年第1期。

会等的层层请示、层层审批才能生效,裁判文书也需要庭长、分管副院长的层层签发才能送达,审批决定制度的存在,造成审者不判、判者不审现象的出现,层层审批的后果导致过多的人干预案件的审理和裁判,但无人对裁判结果负责[1],从而违反了相关法律对审判权的规定,也违背了审判权行使独立、亲历等特征,实际上存在着下级服从上级的关系。

第二,审判权与审判管理权、审判监督权相互混淆,导致界限不清、权力不明,存在以审判管理、审判监督的方式干涉、侵蚀审判权独立行使的现象。

第三,审判主体责任意识不强,个别法官为减轻审判压力或逃避审判职责,案件稍有难度即向院、庭长请示或请求提交审判委员会讨论,这种依赖于上级领导乃至审判委员会把关或决策的做法,为法官逃避审判责任提供了条件和机会;个别法官依赖于案件层层审批的行政管理模式,不深入研究分析案情保证审判质量反而滋生懈怠心理,将案件审判质量的好坏依赖于层层审批中的领导把关,长此以往,不仅不利于法官自身的成长,而且拖延了审判效率,难以提高审判质量。

第四,由于诸多复杂因素的影响,上下级法院的监督关系几乎异化为上令下从的行政化管理关系,特别是在审判质效管理考核指标不甚合理的情况下,下级法院向上级法院请示、汇报案件或上级法院提前介入下级法院审理的案件等情况层出不穷,不仅助长了下级法院的依赖心理、影响了法官审判能力的提高、为司法腐败提供了滋生的空间和机会,而且严重影响了审级独立、干涉了下级法院独立行使审判权、降低了审判效率、削弱了审级监督功能的发挥等。此外,对于法官队伍以公务员人事制度管理,而不按照体现司法审判规律的法官等级制度进行管理,这种行政化的人事管理模式进一步强化了法院管理的行政化倾向,难以调动作为审判权主体的法官的积极性,间接地抑制了法院依法独立行使审判权职能的充分发挥。

这些司法内部管理的不合理不完善,特别是司法行政化趋向的存在,虽然

---

[1]　李静等:《中国特色社会主义审判制度的发展与完善》,法律出版社 2003 年版,第 13 页。

历经几次司法改革的调整和改进,但并未从根本上改变,被认为是导致法官职业化水平低下、审判不独立、审判权运行严重背离自身规律、司法不公的重要原因,是人民法院审判权运行存在的主要问题,一直为社会各界所诟病,导致"去行政化"成为审判权运行机制构建乃至于法院改革的基本任务和主要取向[1]。因此,司法行政化成为审判权运行机制改革的问题依据,完善司法内部管理体制机制、实现司法"去行政化"成为审判权运行机制改革的重要方向、内容和目标之一。

也应当认识到,司法内部管理的行政化模式,在司法环境不佳、司法能力不足、司法公信和权威尚未完全树立的大背景下,有其存在的必然性、合理性和积极意义。顺应司法改革潮流,深化司法改革进程,改革和完善审判权运行机制,必须积极逐步探索审判权运行机制和运行过程"去行政化"的合理路径,从而真正促进审判权合理有序运行。

三、合理区分审判权与司法行政权的边界

法院司法行政化问题的严重以及司法"去行政化"呼声的日渐强烈,是对司法权认识出现偏差和希望纠正这种偏差的现实反映,特别是对审判权和司法行政权相混淆的体现。正如有学者指出,正是由于对司法(权)认定的不准确以及对司法职能配置的差异,从而使得原本同为司法权名义之一的各司其职的司法行政权和司法审判权相互混淆,司法行政化日趋严重,法官所具有的职业特性(如法官保持独立、中立)以及审判活动不同于行政活动的独有特性不断受到行政化的侵袭,于此之下给司法制度带来的最大的危害莫过于审判

---

[1] 相关研究参见赵学玲:《审判权去行政化的反思》,《中国法律评论》2014年第1期;龙宗智、袁坚:《深化改革背景下对司法行政化的遏制》,《法学研究》2014年第1期;陈光中、龙宗智:《关于深入司法改革若干问题的思考》,《中国法学》2013年第4期;张泽涛:《法院向人大汇报工作与司法权的行政化》,《法学评论》2002年第6期;谢佑平、万毅:《司法行政化与司法独立:悖论的司法改革——兼评法官等级制与院长辞职制》,《江苏社会科学》2003年第1期;陈瑞华:《司法裁判的行政决策模式——对中国法院"司法行政化"现象的重新考察》,《吉林大学社会科学学报》2008年第4期。

独立依然是"黄粱美梦",而造成司法不公、司法腐败的体制障碍也与此有很大的渊源[1]。因此,基于当今司法实践需求,正确认识司法权,厘清审判权与司法行政权的概念,合理区分审判权与司法行政权的边界,对于司法"去行政化"、法院依法独立行使审判权以及审判权合理有序运行具有十分重要的意义和迫切性。

(一) 司法行政权的概念

一般而言,司法有广义和狭义之分,狭义的司法专指法院裁判案件的活动,而广义的司法是指为实现狭义司法目的所为的一切与司法性质相符的活动[2]。由此相对应,司法权也有广义和狭义之分,狭义的司法权仅仅指法院的审判权,而广义的司法权则包括审判权和司法行政权。因此,司法行政权与司法权密切相关,是司法行政机关依法拥有和行使的司法行政管理权以及其他职权,是随着司法权的分工细化从司法权中分离出来的一种职权,介于司法权和行政权之间的一种国家权力[3]。它具有一定的司法或准司法的色彩,却又兼具行政权的特征,具有综合的权力属性,但又不同于纯粹的审判权或行政权。

(二) 审判权与司法行政权的区别

对于法院而言,审判权与司法行政权相比,两者的区别主要有以下几点:一是权力行使的主体不同。审判权只能由各级法院行使,而行使司法行政权的主体则包括外部的司法行政机关和法院内部的行政组织。二是权力从属性不同。审判权具有独立性,其行使不受上下级法院的干涉,也不受行政机关及社会各种力量的干涉,这是宪法和法律明确赋予的权力属性;而司法行政权具有比较明显的服务性、隶属性和依附性,以服务司法权为对象,最终以服务审判权为存在依据和目的,虽然其相对于审判权具有自身一定的独立性,但这种独立是有限度的,其所体现出的对审判权的依附性更明显,且上下位级的司法

---

[1]　任永安:《论司法行政化及其解决之道》,《暨南学报》(哲学社会科学版)2009 年第 5 期。
[2]　任永安:《论司法行政化及其解决之道》,《暨南学报》(哲学社会科学版)2009 年第 5 期。
[3]　范愉:《司法制度概论》,中国人民大学出版社 2004 年版,第 278 页。

行政权也具有从属关系。三是权力行使的范围不同。审判权的行使是针对于具体案件而言的,其行使范围严格限定于各种刑事、民事、行政等诉讼案件;而司法行政权行使的范围则涵盖一切与行使审判权相关的司法行政事务,如法院的人、财、物等行政事务管理和司法裁决的执行等。四是权力行使的方式和内容不同。审判权从本质上说是一种裁判权,是由审判主体根据事实和法律,通过法定程序对案件进行判断和裁决,具有立场的中立性、行使的被动性和裁决的终局性等典型特征;而司法行政权的权力核心表现在对司法行政事务的管理权上,是由司法行政机关依照法定职责和行政流程对司法行政事务进行集中、规范化的管理,具有立场的一定倾向性、行使的主动性、社会性、政策性等行政特征,表现出明显的上传下达、上令下从的特点。五是权力行使的目的不同。审判权的行使旨在公平公正地处理案件,实现社会公平正义;而司法行政权的行使旨在保障法院系统和机构的有序运作,从而保障审判权的有序运行。

由此可以看出,要合理区分审判权与司法行政权的边界,必须从其本质特征入手进行分析,从而在实践中厘清两者权力容易混同的领域和范围,明确权力边界,实现审判权与司法行政权的真正分离。

第三节　全面推进依法治国战略与审判权运行机制改革

一、党的十八大以来的司法改革

(一) 十八大"进一步深化司法体制改革"的提出

2012年11月,党的十八大在北京召开。此次大会是我国进入全面建成小康社会决定性阶段召开的一次十分重要的大会。在此次大会上,继党的十五大提出"推进司法改革"、党的十六大提出"推进司法体制改革"、党的十七大提出"深化司法体制改革"后，党的十八大报告提出，要全面推进依法治国。把法治作为治国理政的基本方式。"进一步深化司法体制改革，坚持和完善中国特色社会主义司法制度，确保审判机关、检察机关依法独立公正行使审判权、检察权"，对进一步深化司法体制改革作出了重要战略部署。

（二）十八届三中全会全面深化改革对司法改革的具体要求

2013 年 11 月，党的十八届三中全会通过的《中共中央关于全面深化改革若干重大问题的决定》，进一步明确了深化司法体制改革具体要求。《决定》指出："建设法治中国，必须坚持依法治国、依法执政、依法行政共同推进，坚持法治国家、法治政府、法治社会一体建设。深化司法体制改革，加快建设公正高效权威的社会主义司法制度，维护人民权益，让人民群众在每一个司法案件中都感受到公平正义。"

《决定》对审判权力运行机制的改革提出了明确的要求，审判权力运行机制改革在司法改革的大背景下上升到前所未有的战略高度，迎来了全面推进的历史机遇。

（三）十八大至十八届四中全会前深化司法体制改革的进展

党的十八大以来，深化司法体制改革工作不断取得新的进展，在中央和人民法院两个层面不断得到推进。2013 年 12 月 30 日，中央成立改革领导机构——由习近平同志任组长的中央全面深化改革领导小组（以下简称中央深改组），司法改革由其中的中央司法体制改革领导小组领导，从顶层设计层面进行统筹规划、协调推进；2014 年 2 月，中央深改组会议审议通过了《关于深化司法体制和社会体制改革的意见及贯彻实施分工方案》，明确了深化司法体制改革的目标、原则，确定了 85 项司法改革举措；6 月，中央深改组会议审议通过了《关于司法体制改革试点若干问题的框架意见》、《上海市司法改革试点方案》等，选取上海等 6 省市作为第一批中央司改试点地区先行先试；7 月，孟建柱书记主持召开司法体制改革试点工作会议，对如何科学推进试点工作提出了明确要求；9 月，中央政法委召开司法体制改革试点工作推进会，组织部分省区市交流试点工作经验等。

十八届三中全会召开后,最高人民法院迅速组织力量,结合十八大、十八届三中全会精神,启动了《人民法院第四个五年改革纲要(2014—2018)》的起草工作并于 2014 年 7 月 3 日在"济南会议"上首次发布了"四五改革纲要",随之召开推进会、试点座谈会;最高人民法院还根据中央决策部署,制定了设立知识产权法院的方案、设立巡回法庭、跨行政区划法院的试点方案等,并于 11 月正式挂牌成立了北京、广州两家知识产权法院。其中,最高人民法院于 2013 年 10 月 15 日制定了《审判权运行机制改革试点方案》,确定了上海市二中院等全国九家法院作为试点法院,从 12 月起开始了为期两年的审判权运行机制改革试点工作,对审判权运行机制进行卓有成效的探索和改革。这一系列重大司法体制改革部署和改革试点工作为十八届四中全会的召开奠定了坚实的基础。

二、党的十八届四中全会以来的司法改革

(一) 十八届四中全会关于司法改革的主要内容和任务

2014 年 10 月,党的十八届四中全会召开,第一次以执政党最高政治文件和最高政治决策的形式,专题研究部署全面推进依法治国这一基本治国方略。会议通过《中共中央关于全面推进依法治国若干重大问题的决定》,该决定对加强中国特色社会主义法治体系建设,全面推进依法治国,加快建设社会主义法治国家,具有里程碑式的重大意义。该决定从完善以宪法为核心的中国特色社会主义法律体系、加强宪法实施;深入推进依法行政、加快建设法治政府;保证公正司法、提高司法公信力;增强全民法治观念、推进法治社会建设;加强法治工作队伍建设;加强和改进党对全面推行依法治国的领导六个方面对全面推进依法治国作出详细部署。其中,针对深化司法体制改革等提出了一系列重大改革举措,主要内容和任务包括:完善确保依法独立公正行使审判权和检察权的制度;优化司法职权配置,健全公安机关、检察机关、审判机关、司法行政机关各司其职,侦查权、检察权、审判权、执行权相互配合、相互制约的体

制机制;推进严格司法,坚持以事实为根据、以法律为准绳,健全事实认定符合客观真相、办案结果符合实体公正、办案过程符合程序公正的法律制度。加强和规范司法解释与案例指导,统一法律适用标准;加强人权司法保障;加强对司法活动的监督。

从以上内容和任务可以看出,我国最新一轮司法改革已经完成顶层设计,进入全面实质性推进的时代。

(二) 人民法院"四五改革纲要"的正式发布

2015 年 2 月,为贯彻党的十八大和十八届三中、四中全会精神,进一步深化人民法院各项改革,最高人民法院《关于全面深化人民法院改革的意见——人民法院第四个五年改革纲要》正式发布。"四五改革纲要"从建立与行政区划适当分离的司法管辖制度,建立以审判为中心的诉讼制度,优化人民法院内部职权配置,健全审判权力运行机制,构建开放、动态、透明、便民的阳光司法机制,推进法院人员的正规化、专业化、职业化建设,确保人民法院依法独立公正行使审判权七个方面确定了 65 项具体改革任务。

其中,对于审判权运行机制改革,纲要明确指出人民法院深化司法改革,应当严格遵循审判权作为判断权和裁量权的权力运行规律,彰显审判权的中央事权属性,突出审判在诉讼制度中的中心地位,使改革成果能够充分体现审判权的独立性、中立性、程序性和终局性特征。建立中国特色社会主义审判权力运行体系,必须严格遵循司法规律,完善以审判权为核心、以审判监督权和审判管理权为保障的审判权力运行机制,落实审判责任制,做到让审理者裁判,由裁判者负责。到 2015 年年底,健全完善权责明晰、权责统一、监督有序、配套齐全的审判权力运行机制。主要内容和任务有:

健全主审法官、合议庭办案机制;完善主审法官、合议庭办案责任制;健全院、庭长审判管理机制;健全院、庭长审判监督机制;健全审判管理制度;改革审判委员会工作机制;推动人民陪审员制度改革;推动裁判文书说理改革;完善司法廉政监督机制;改革涉诉信访制度。

该纲要对审判权运行机制改革的明确规定,对于全国九家试点法院改革的推进,以及今后各级人民法院改革的全面展开,确立了清晰明确的方向指引。

(三)"四五改革纲要"发布至今的改革成果

党的十八届四中全会以来,特别是最高人民法院"四五改革纲要"发布至今,司法体制改革大幅推进,多项改革要求得到迅速落实,取得令人瞩目的成果。

一是法院依法独立行使审判权得到制度保障。2015 年 3 月 18 日,中共中央办公厅、国务院办公厅印发《领导干部干预司法活动、插手具体案件处理的记录、通报和责任追究规定》;2015 年 3 月 30 日,中央政法委印发《司法机关内部人员过问案件的记录和责任追究规定》;2015 年 8 月 19 日,最高人民法院印发《人民法院落实〈领导干部干预司法活动、插手具体案件处理的记录、通报和责任追究规定〉的实施办法》、《人民法院落实〈司法机关内部人员过问案件的记录和责任追究规定〉的实施办法》,切实规范内外部干预审判权依法独立行使的行为。

二是法官依法行使审判权的保护和责任承担机制相继建立健全。2015 年 7 月 21 日,中共中央办公厅、国务院办公厅印发《保护司法人员依法履行法定职责规定》,司法人员履行法定职责保护机制得到健全;2015 年 9 月 15 日,中央全面深化改革领导小组第十六次会议审议通过了《法官、检察官单独职务序列改革试点方案》和《法官、检察官工资制度改革试点方案》,法院员额制改革在试点法院先行先试的情况下逐步向全国法院展开,为推进司法责任制改革提供了更加有力的制度保障;2015 年 9 月 21 日,最高人民法院印发《关于完善人民法院司法责任制的若干意见》,司法责任制得到进一步落实。

三是审判权科学合理运行相关机制得到进一步完善。2015 年 4 月 15 日,最高人民法院印发《关于人民法院登记立案若干问题的规定》,变立案审查制为立案登记制,全面改革法院案件受理机制,充分保障当事人诉权,人民群众长期反映强烈的"立案难"问题得到缓解和改善。2014 年 11 月 1 日,新修改的《中华人民共和国行政诉讼法颁布》并于 2015 年 5 月 1 日起施行,明确规定被诉行政机关负责人应当出庭应诉;2016 年 6 月 27 日,国务院办公厅印发《国务院办公厅关于加强和改进行政应诉工作的意见》;2016 年 7 月 28 日,最高人民法院印发《关于行政诉讼应诉若干问题的通知》等,健全了行政机关依法出庭应诉、支持法院诉讼、尊重并执行法院生效裁判的制度,改进了法院审理行政案件受到行政机关干预和制约的现象,有效缓解了审理难的问题。2016 年 6 月 29 日,最高人民法院印发《关于人民法院进一步深化多元化纠纷解决机制改革的意见》,切实深化多元化纠纷解决机制改革、完善诉讼与非诉讼相衔接的纠纷解决机制,从源头化解矛盾纠纷。2016 年 10 月 11 日,最高人民法院、最高人民检察院、公安部、国家安全部、司法部发布《关于推进以审判为中心的刑事诉讼制度改革的意见》,进一步规范了法院审判权力的行使。

四是审执分离改革得以大力推进。推动实行审判权和执行权相分离的体制改革试点是党的十八届四中全会提出的一项任务,是确保审判权合理有序规范运行的重要保障。经过试点法院先行先试的改革探索,2016 年 9 月 12日,全国法院审执分离体制改革试点工作经验交流会顺利召开,审执分离改革试点工作成果显著,为下一步在全国法院全面推开审执分离改革积累了丰富的经验,奠定了坚实的基础。此外,2016 年 3 月,最高人民法院院长周强向全国人民发出"用两到三年时间基本解决执行难"的庄严承诺,全国法院投入到基本解决执行难的伟大历史使命中,执行难问题得到了切实有效的缓解,为审判权的最终实现、人民法院司法权威的真正树立、公平正义的及时兑现起到重要作用。

可以看出,这一系列重大的司法体制机制改革规范性制度的出台和落实,全方面、多层次、多角度规范和改进了现行的审判权运行机制,有效缓解了长期存在的司法消极现象,使得法院长期存在的"三难"、"三案"历史问题和行政化问题得到很大程度的改进和消除。2015 年年底,权责明晰、权责统一、监督有序、配套齐全的审判权力运行机制改革的目标已经基本实现,审判权运行机制改革实现公平正义的最终目标指日可待。

三、中国法治目标与司法改革目标

改革开放以来,中国经济和社会建设进入全面转型和发展的重要时期,治国方略从人治向法治转变,党的十五大首次将"依法治国"确定为基本治国方略,中国开始进入全面建设法治社会的历史时期。党的十八大、十八届三中全会和四中全会的召开,开启了法治中国和国家治理现代化建设的新时期。在现代国家,法治是国家治理的基本方式,是国家治理现代化的重要标志,国家治理法治化是国家治理现代化的必由之路[1]。全面推进依法执政、依法治国、依法行政、依法治理、公正司法对于全面深化改革和实现国家治理现代化具有重大的现实意义。而公平正义、控制权力、保障人权、秩序、效率及和谐等是法治的精神内核和价值追求,因此,中国法治的目标即在于实现法治的精神和价值,建设中国特色社会主义法治体系,建设社会主义法治国家,为全面深化改革和实现国家治理现代化提供根本保障,最终为实现中华民族伟大复兴的中国梦的提供有力法治保障。换言之,正如习近平总书记所强调,"人民对美好生活的向往,就是我们的奋斗目标"。这一目标的实现,无疑依赖于法治目标的实现。"法治中国"只有以公民人权保障和公民的幸福生活为终极追求,才能契合社会主义国家的本质,符合公民的期待。[2]

司法改革是全面推进依法治国、实现中国法治目标的重要组成部分,其对中国法治目标的实现具有关键性的作用。因此,完善司法管理体制和司法权力运行机制,规范司法行为,加强对司法活动的监督,努力让人民群众在每一个司法案件中感受到公平正义,成为我国司法改革的目标。具体而言:

第一,公正是法治的生命线,是法治社会对司法的基本要求,司法公正对

---

[1] 张文显:《法治与国家治理现代化》,张文显主编:《良法善治——民主法治与国家治理》,法律出版社 2015 年版,第 1 页。

[2] 周叶中:《关于"法治中国"内涵的思考》,张文显主编《良法善治——民主法治与国家治理》,法律出版社 2015 年版,第 241 页。

社会公正具有重要的引领作用,因此,司法公正是司法改革的首要目标。公正包括实体公正和程序公正,两者相辅相成、互为依托、不可偏废,实现司法改革的目标,必须按照实体公正与程序公正并重的原则,调整、完善司法权力运行机制,规范司法行为,构建公正保障机制。

第二,高效是对司法制度实现社会公平正义的及时性要求,"迟到的正义是非正义",因此,高效司法也是司法改革的重要目标之一。在社会矛盾多发和诉讼案件大幅增长的趋势下,只有不断改革创新提高效率,保证以最短的时间、最少的司法审判资源投入创造出最佳的司法审判效果,才能让公正在最短的时间内实现,人民群众的合法权益得到及时有效的维护。

第三,权威是公正、高效价值目标能够顺利实现的基本保障,是司法能够有效运作并发挥其应有作用的基础和前提,司法权威的失落标志着司法控制机制的失灵或失效,它的直接影响是削弱法律在社会中的主导地位,导致司法权威的旁落,使人们对司法机关缺失信任,当这种不信任成为一种普遍的态度或情绪时,法律至高无上的权威便荡然无存。[1] 因此,树立司法权威也是司法改革的重要目标。司法制度的权威依赖于制度本身设计的公平、公开和公正程度,也有赖于审判人员的整体素质和司法水平[2],进行司法改革,就是要使各项制度机制的设计公平公正,使审判人员司法能力和水平大幅提升,使司法活动的监督机制完善有效,使司法权威充分树立。

总之,公正、高效、权威是司法改革应当追求的价值目标,各项司法改革的举措都应当以这些价值追求为基本出发点和落脚点,通过积极稳妥的推进各项改革措施,不断完善司法制度和司法权力运行机制,最终实现让人民群众在每一个司法案件中感受到公平正义的目标,促进中国法治目标的早日实现。

---

[1]　陈卫东、方振华:《我国司法改革目标述论》,《江苏社会科学》2002 年第 6 期。
[2]　夏锦文:《当代中国的司法改革:成就、问题和出路——以人民法院为中心的分析》,《中国法学》2010 年第 1 期。

第六章

审判权运行的审级机制

第一节　审判权的社会治理功能

一、社会治理及其结构

（一）社会治理的理解

在特定的活动空间里，人与人之间形成相互联系的一个群体后，人类社会就此产生。这里的"相互联系"，或是物质上共同的生存环境，或是精神上共同的观念想法。通过"相互联系"必然会出现公共事务，社会治理即为管理这些公共事务应运而生。

对社会治理的理解，综合各家学说，主要存在两类观点。一是抽象概念，认为社会治理，就是各种社会权力机关处理各种公共事务所进行的活动的总和。[1] 或是按照全球治理委员会的定义，指各种公共的或私人的个人和机构管理其共同事务的诸多方式的总和。[2] 二是具体概念，认为社会治理是一种制度安排，以协调政府与社会、社会与公民、公民与公民之间的相互关系，平衡国家利益与个人利益、阶层之间以及社团之间的各种利益，并在尊重社会

---

[1]　严存生：《社会治理与法治》，《法学论坛》2004 年第 6 期。

[2]　Commission on Global Governance, *Our Global Neighborhood*: *The Report of the Commission on Global Governance*, Oxford University Press, 1995, p.2.

多元与共识的基础上整合国家意识形态与社会意志、社会公共道德与个人价值观念等。[1]　上述不同定义均肯定了社会治理的对象是共同事务,是一种呈现网格状交错的多层联系,厘清对社会治理的主体、手段上存在的分歧,有助于更深刻理解社会治理。

（二）社会治理的主体

社会治理易与国家治理混淆,甚至很多时候将其两者等同。然而国家治理一方面限定了治理的范围在国界之内,另一方面也限定了治理的主体即国家机关,因而国家治理多数作狭义理解,它是包含于社会治理之中的一部分。社会治理能够放眼于全人类与全球范围,非政府组织的社会治理功能不证自明,而跨国公司也承担了更多社会治理的责任,要想实现治理有序,不仅依赖国家这个最重要的主体,还需要各种不同性质的社会组织以及个人等一切社会的协同参与者。

（三）社会治理的手段

由古至今,社会治理手段是政治家们、思想家们老生常谈的问题,但朝代的变迁必然会在社会治理的手段上推陈出新。以德配天、周公制礼、轻罪重罚、德主刑辅等治国理政思想的变化,凸显出我国古代的社会治理手段,多元——德、礼、法、势、术。而西方社会经历了天命权势、道德教化、宗教控制、武力征服之后,法律逐渐成为近代社会治理的主要手段。

社会治理所追求的目的就是建立和维护秩序。一套健全的制度安排、尊重规则以及依规行事,是社会秩序稳定发展的保障,依“良法”行事必然能走向社会的“善治”。正如我国十八届三中全会所提出深化改革的目标,“推进国家治理体系和治理能力现代化”,立意为国家与社会治理法治化的推进必将成为中华民族伟大复兴的根本动力与根本保障,其实施的过程及成效将成为这个时代的鲜明特色,并将产生重大而深远的影响。

---

　　[1]　参见[英]格里·斯托克:《作为理论的治理:五个论点》,华夏风译,《国际社会科学》1999年第2期。

二、司法在现代社会治理的地位

现代社会的善治取决于法治的程度与水平。在以司法主导法治的时代，社会治理对司法的依赖随之到来。[1] 依前所述，社会治理的主体多元，而国家在社会治理法治化中担当主角，其必然要发挥好立法、行政、司法等职能，而国家这三类职能的地位在法治化沿革中会呈现出此消彼长的变化。一个国家的法治在发展初期，立法机关占据着国家宪政体制的核心地位，因为制定正式的、全面施行的法律是政治社会的第一要务。然而在法律体系逐渐成型之后，立法权便会退居法治建设的辅助地位，相应地高度的行政集权时代崛起，然而法律赋予了行政权力，也通过条文对行政权进行制约和管控，国家行政权源于法律又受制于法律，难以推动法治进程。唯有司法机关能成为国家法治的主导，一方面它能够维护法律的正当性，有效化解纠纷促成良性秩序；另一方面它也能够确保行政的合法性，通过司法审查规制行政过程，进而审查法律的正当性。现代社会治理的核心是法治，现代法治的主导是司法，无司法即无法治。[2]

三、通过审判推动的社会治理

"司法"一词在国外是法院行使司法审判权力的化身。而在我国对"司法"的理解却不能统一，由于我国的公、检、法、司等统称为司法机关，因而很多学者坚持"司法"包含了这些机关以及其享有的侦查权、检察权、审判权等。而侦查权、检察权、司法行政权等由于带有行政管理属性，也常常遭到反对派的诘难。虽然对"司法"的理解并未能盖棺定论，但就社会治理层面上讨论司法的价值，更多地体现在解决社会纠纷、作出公正评价的意义之上。《最高人民法院关于全

---

[1]　江国华：《通过审判的社会治理——法院性质再审视》，《中州学刊》2012年第1期。
[2]　苏晓宏：《法治转型与司法主导——中国社会主义法治的路径选择》，《华东政法学院学报》2003年第1期。

面深化人民法院改革的意见——人民法院第四个五年改革纲要(2014—2018)》也承认审判权的本质是居中对两造争议的判断权和裁量权:"人民法院深化司法改革,应当严格遵循审判权作为判断权和裁量权的运行规律"。法院作为国家司法专司审判职能的最后一道关卡,说明了审判应当成为社会治理的强大动力。

(一)审判具有正式性。审判由法律法规等制度规范要素和法院、法庭等审判组织要素结合起来,这个过程既是一个施行法律的过程,又是一个使用政治组织的强力过程。

(二)审判具有专业性。审判只能由一个专门的、专业的机构来行使而不能由多个机关共享,其权力资源配置是专业的。此外审判人员也必须具备专业水平,才能胜任法官的角色,产生司法权威。

(三)审判具有权威性。审判以国家强制力作为最强大的后盾保障,将社会矛盾化解在一定的范围之内,能够彻底地实现定分止争。

(四)审判具有救济性。从根本的意义上说司法是实现社会公平正义的最后一条防线。法院是社会制度中生产公正的一个渊源,也是人们寻求公正的一个最后场所。

第二节　审判权的审级原理

一、审判权的纵向配置

从世界范围考察,绝大多数的国家实行二审或三审终审制,我国也实行二审终审制,这意味着法院自成一个体系,它是一个金字塔式的、从上而下的、以不同级别审判组织为载体的审判系统。[1] 法院设立这样的多层次体系既有理论层面的原因,也有实践层面的原因。

---

[1]　何贞斌:《我国民事诉讼审级制度与二审具体问题研究》,《四川师范大学学报》2014年第4期。

（一）理论层面

1.法律适用的统一是司法价值之一。若要实现"法律面前人人平等"的法治理想,从应然层面来说,所有的个案都由同一个审判组织根据共同的法律标准来裁判,便能够确保法律自始至终得到最统一的适用。而司法界也存在一个共同的信念,独一无二的法庭是保证终审判决一致的最佳方式。[1] 诚然,实践中一级法院、一个审判组织并不可能做得到肩负起整个国家的定分止争。法律适用的统一性促使国家设立多层次的法院体系,多层次能够实现上诉制度的效能,上级法院能够审查下级法院适用法律的正当性;多层次还能够使处在最高层级的法院排除事实问题的审查,强化法律统一适用功能。

2.司法的公正性是重要的衡量指标。多层次的法院体系是纠错功能发挥的助力器。毕竟法官也是社会的个体,其思考方式受制于社会,对客观的公正裁决必然会产生偏差,因而设立上诉程序,通过上一级法院的纠错和监督功能来打破法官个体的专断与偏私,从而实现司法的公正性。

3.审判价值的分工要求必须要设立多层次的法院体系。审判实质具有解决纠纷和维护法律秩序的双重责任,解决纠纷在于服务个案当事人的私人目的,而维护法律秩序在于服务社会公共目的。如果法官们都疲于应付过多的个案,那么社会公共的目的则难以实现,随着审级由低至高,法院所承担的服务私人目的功能逐渐向服务公共目的的功能偏移,则必然要求多层次的法院体系。

（二）实践层面

设立多层次的法院体系从实践层面上探讨主要为了便利诉讼当事人,提高审判效率以及强化管控。我们可以作以下假设:

1.如果全国只在首都设立最高法院一级而不设立其他层级的法院了,姑且假设最高法院的规模足够庞大到有能力审理全国各地纷至沓来的案件,那么它也无法高效地审理这些案件。因为路程太远,当事人不仅不方便而且浪费时间、浪费金钱,诉讼过程中各种法律文书的送达也耗时耗力,即使审判公

---

[1] 　傅郁林:《审级制度的建构原理——从民事程序视角的比较分析》,《中国社会科学》2002年第4期。

正但是审判效率也比较低下。尤其是不方便各方当事人及其他诉讼参与人远距离出庭。刑事公诉中,还存在押送犯罪嫌疑人的风险随路程和时间的延长而增大的问题。

2. 如果只在各省设立一级法院而不设立其他层级的法院了,那么也面临因路程遥远而效率低下的问题,并且还面临中央政权无法通过法定程序直接有效监督法院,维护法律统一和国家统一的问题,也可能会出现在不同省份同案不同判的问题。

3. 如果只在地级市设立一级法院而不设立其他层级的法院了,那么因路程遥远而效率低下的问题有所减轻但是依然存在,而中央对司法的监督管控就更虚弱了。

4. 如果只在县区设立一级法院而不设立其他层级的法院了,那么虽然便民、高效,但是中央对司法的监督管控就更无力。不仅在全国更容易出现同案不同判的问题,影响法院权威和法律统一适用,而且容易为地方割据、国家分裂埋下祸根。因为真正让人感受到法律威严的地方是法院而非议会,而且人们往往把法院当作公平正义的代表,因此法院具有无与伦比的道德感召力量——尽管它仅仅是通过审判而非新闻发布会或者宣传片来传递信号。如果法院一旦宣布其他国家机关甚至中央机关的行为因为违背公平正义而违法,即使法院根本是越权审判,公众也可能将信将疑。因此,为了维护中央权威和国家稳定,不宜只设置一级法院在基层。

可见,国家设立多层次法院的目的是在既要维护法律适用标准的全国统一、公正、高效居中审理案件以达定分止争之目的,保护和救济合法权利,维护社会稳定,又要便利各方当事人及其他诉讼参与人参与诉讼。

二、法院审级功能定位——以中级法院为分析

（一）设立中级法院的立法意图

我国四级二审制的设立也经过了漫长的探索过程。1949 年 11 月,由中

央人民政府设立了全国最高审判机关——最高人民法院,并在各大行政区设立了最高人民法院的分院。此时并没有任何的规范审级职能的文件,各地的做法相差甚远。至 1952 年施行《中华人民共和国人民法院暂行组织条例》起,我国的法院系统分为三级,最高人民法院、省级人民法院和县级人民法院,并基本确立了三级二审制。然而三级二审制在实施过程中存在难以消解的困难,虽然考虑了司法便民设立了最高人民法院的分院和省级人民法院的分院,但由于法院与地域设置并不完全匹配,诉讼当事人成本并没有因设立分院而减少;刺激诉讼当事人为寻求更高层次的救济,大量的二审案件使最高人民法院备受诉累困扰,也阻碍其维护法制统一的职能发挥;此外由于省级人民法院设立实务分院代表其从事了职务行为,省级人民法院更多时候无法管控所管辖区的审判工作,成为有名无实的审判机构。在对新中国成立五年来省级人民法院的经验总结基础之上,1954 年《中华人民共和国人民法院组织法》诞生,该法将当时的三级二审制重新改制,撤销最高人民法院和省级法院的分院,改省级人民法院为"高级人民法院",在基层人民法院与高级人民法院之间增设中级人民法院,明确了二审终审制,我国的四级二审制正式建立,并沿用至今。

中级人民法院权力来源于 1954 年《中华人民共和国人民法院组织法》,成为一级独立的审判机关。它既便利了诉讼当事人,克服了架空高级人民法院的危险,同时避免了最高人民法院的诉累,最大限度地把案件化解在本地区、本市之内,也使高级人民法院和最高人民法院能够服务于公共目的功能。因而中级人民法院在四级二审制中承上启下的特殊地位必然成为我国法院系统里不可或缺的中坚力量。

(二) 中级法院审判权的功能定位

《中华人民共和国人民法院组织法》第 12 条、第 24 条,《民事诉讼法》第 18 条以及相关的司法解释均明确了中级人民法院的审判权范围,涉及一审程序、二审程序以及审判监督程序,由此可归纳出其审判权运行功能主要有:

1.定分止争功能。中级人民法院审理一审案件追究的最重要的价值就是服务于个案解决纠纷、化解社会矛盾。通过对一审案件"事实审"进行全面审查后，依法作出公正裁判，尽可能以最小的司法成本来化解矛盾。除此以外，我国的二审终审制使中级人民法院肩负起沉重的定分止争的责任。在二审程序中，中级人民法院通过审查一审裁判的法律适用是否合法以及认定事实有无根据的"法律审"，依法作出终审裁判。

2. 审判监督功能。按照《宪法》和《人民法院组织法》的规定，上下级法院在审判业务上，应当是监督关系。因此中级人民法院通过二审程序以及审判监督程序依法纠错，发挥审判监督功能。上级法院不能命令下级法院对某一具体案件如何判决，只能根据法定的上诉程序变更或废弃下级法院的判决和裁定，此外在发现下级法院已经发生法律效力的某一判决和裁定确有错误时，可以根据审判监督程序进行提审和指令再审。[1]

3. 法律适用统一功能。法官运用法律裁断具体个案，审判行为本身就是适用法律的行为。中级人民法院对上诉案件的裁判具有直接的法律效力，相比基层人民法院一审裁判更具有法律适用上的终局性，此外中级人民法院的裁判无疑对本辖区内的类似案件审理具有指导意义，形成了统一的尺度，这对于法律的统一适用发挥着重要的作用。

第三节　与案件有关的审级职能

基于司法实务现状和对各国审级制度经验对比，改造我国审级制度成为三审终审制的呼声一直存在。我国民事、刑事、行政三大诉讼法从颁布至今，经历了多次修改，都没有涉及过对我国二审终审制的变动，这其中的国情以及多元利益抉择等原因错综复杂。有学者认为，虽然三审终审构建了较高的终审审级，但如果对各国的实践作出进一步的了解不难发现，事实上第二审程序

---

[1] 刘崐林：《对"人民法院独立进行审判，只服从法律"的认识》，江西省司法厅编印：《业务学习参考资料》1955 年版，第 52 页。

构成了绝大多数民事案件的终审程序。[1]

基于中级法院审判权运行角度思考,对我国二审终审的大结构进行改造并不存在太多问题,真正存在突出问题的是:在审级制度下厘清其审理各类审级案件的分工及定位的问题。这是在二审终审大结构下其具体制度改造问题,而非另起炉灶。[2]《最高人民法院关于全面深化人民法院改革的意见——人民法院第四个五年改革纲要(2014—2018)》对审级制度提出了"推动实现一审重在解决事实认定和法律适用,二审重在解决事实和法律争议、实现二审终审,再审重在依法纠错、维护裁判权威"的改革目标,进一步强化了我国二审终审制的法律地位。

一、一审案件:事实认定与法律适用

(一) 中级法院受理一审案件的范围界定

以民事诉讼为例,《民事诉讼法》第18条规定了中级人民法院管辖的第一审民事案件:(一)重大涉外案件;(二)在本辖区有重大影响的案件;(三)最高人民法院确定由中级人民法院管辖的案件。通过司法解释可以明确:"重大涉外案件",是指争议标的额大、或案情复杂、或居住在国外的当事人人数众多的涉外案件。只要当事人、法律事实、诉讼标的物三者之一涉外即认定为涉外案件。当然,并非所有的涉外案件都由中级人民法院管辖,非"重大涉外案件"也可由基层人民法院管辖。"在本辖区有重大影响的案件",从《最高人民法院关于调整高级人民法院和中级人民法院管辖第一审民商事案件标准的通知》(法发[2015]7号)可以看出,由于各地经济发展不均衡对本辖区有重大影响的标准划分不一。"最高人民法院确定由中级人民法院管辖的案件",包括海事、海商案件(其中广州、厦门、上海、武汉等地的海上案件由海事

---

[1] 何贞斌:《我国民事诉讼审级制度与二审具体问题研究》,《四川师范大学学报》2014年第4期。

[2] 于群:《民事审级改革略论》,《河北法学》2006年第10期。

法院专门管辖）；部分知识产权纠纷案件；期货纠纷案件；部分企业破产案件；重大涉港、澳、台民事案件；植物新品种纠纷案件；计算机网络域名民事纠纷案件等为最高院明文规定由中级人民法院管辖的案件。[1] 此外当事人在诉讼中增加诉讼请求从而加大诉讼标的额，致使诉讼标的额超过受诉法院级别管辖权限的，管辖权一般不再予以变动，但当事人故意规避有关级别管辖等规定的除外。

由以上法律规定可知，中级人民法院每年所要承担的民商事一审案件并不在少数。从案件的性质、标的额、影响力和涉及利益关系的层面看，中级人民法院所审判的民商事一审案件尤其应当给予足够的重视。

（二）以庭审为中心推进事实认定与法律适用

《中共中央关于全面推进依法治国若干重大问题的决定》指出："推进以审判为中心的诉讼制度改革，保证庭审在查明事实、认定证据、保护诉权、公正裁判中发挥决定性作用。"说明了庭审应当成为固定争议焦点、查明事实和正确适用法律的基础，成为诉讼活动最关键的环节。

在党的十八届三中全会与四中全会之前，绝大多数学者都从刑事诉讼的角度来论证庭审中心主义的重要性，而庭审对民事诉讼的作用却极少能够成为研究对象。普遍认为这是一个不证自明的事实。在民事程序中，诉讼即为审判，当事人的一切诉讼活动围绕法官的心证和法律适用的意见进行，因此以审判为中心，是不言而喻的。[2]

然而即便庭审对民事诉讼，尤其是民事一审诉讼的作用是不争的事实，但当前庭审在一审民事诉讼审判中的中心地位却并未凸显，一些影响案件审判

---

[1] 参见《最高人民法院关于审理著作权民事纠纷案件适用法律若干问题的解释》第2条；《最高人民法院关于审理专利纠纷案件适用法律问题的若干规定》第2条；《最高人民法院关于审理商标案件有关管辖和法律适用范围问题的解释》第1、2条；《最高人民法院关于审理期货纠纷案件若干问题的规定》第7条；《最高人民法院关于审理企业破产案件若干问题的规定》第2条；《最高人民法院关于涉外民商事案件诉讼管辖若干问题的规定》；《最高人民法院关于审理植物新品种纠纷案件若干问题的解释》第1—3条；《最高人民法院关于审理涉及计算机网络域名民事纠纷案件适用法律若干问题的解释》第2条。

[2] 龙宗智：《论建立一审庭审为中心的事实认定机制》，《中国法学》2010年第2期。

质量和效率的庭审不规范行为仍普遍存在。一是由于"案多人少"的困扰,多数法官庭审前准备不足,导致争议焦点归纳不明确,对当事人举证和辩论不能发挥针对和引导作用,白白浪费了很多诉讼成本。二是庭审举证责任分配不当,导致庭审过程拖沓、松散、质量低下。三是在当事人诉讼能力欠缺,事实不清、证据材料不全时,法官释明引导不够,庭审方向不明。四是法官对证据当庭认证缺乏足够的分析能力。五是庭审程序"走过场",事后复庭现象严重。此外,对中级人民法院而言,由于法官资历长、经验丰富、法律功底扎实,更偏向于关注探讨案件的法律问题。这些问题的存在不仅会导致案件的事实认定出错、个案的庭审效率不高、案件裁判质量不高、文书说理难以令人信服,还会严重影响到法院的形象和法律的权威。

民事一审案件的审判,案件事实认定和法律适用是两大基本内容。长期以来理论界和实务界对庭审的作用关注甚微,反之更加注重对法律条文的理解和运用,而司法实践表明,大部分问题案件均是事实认定出现了差错。诚然,"以事实为依据,以法律为准绳。"如果事实认定已经偏离,那么法律说理也会南辕北辙。

中级法院在审判权运行机制中,在一审、二审、再审案件都承担了相应的功能,更应该清醒地认识到以庭审为中心对一审案件的重要性。以庭审为中心推进事实认定与法律适用,不仅能够根本地提高审判效率,解决当前诉累难题,更有助于实现司法公正。

(三) 确保事实准确认定机制

一审庭审的亲历性对事实认定具有重要的根基作用,况且二审对一审法律问题的救济性是全面的,但对事实认定方面确实有限的,二审应当要尊重并以一审的事实认定为基础,这是审判权独立的表现方式之一,因而事实认定应当全面依靠一审庭审。如何发挥一审庭审对事实认定的作用,确保事实认定的准确性,应当从以下几方面作考虑:

1.将事实认定程序客观化。在案件事实的认定过程中,法官的社会性不可避免地产生主观化,要尽可能降低这种主观化对事实认定偏差,必然要通过明确的程序和规则将其客观化。一是遵循证据规则。从规则的角度预先设定在司法审判实践中可能出现的各种情形,尽量缩减法官的自由裁量权的幅度,实行明确的、严格的程序规则体系,使得法官的"心证"最终建立在统一规范的基础上,以力求在追寻客观规律的条件下,尽可能使法官"心证"过程客观外在化,以便从程序公正上保障实体公正的贯彻落实。[1] 二是合理运用经验法则。经验规则是人们在长期的共同生活和工作中所形成的对客观外界普遍现象与一般规律理性感知,虽具有盖然性,但其在一定程度上代表着公众共同的价值观。经验规则能为法官认定事实提供了最基本的认识基础,由此法官可以从显著事实中得出裁判结论,可以基于经验而进行推论的传导,进而最终获得赖以建立案件事实的那些间接认识。[2] 三是确保逻辑规则正确性。所谓逻辑规则,其内容就是同一律、排中律、矛盾律、充足理由律,其作用主要是提供了以经验规则为根据从既知事实推导到未知事实的推理工具。[3]

2. 推进人民陪审制改造。对比英美的陪审团制度,我国的人民陪审员制度从产生之初就带有极强的政治色彩,它首先是一个保障人民当家作主的政治制度,其次才是一项司法制度。人民陪审员制度随着我国审判的发展也经历了数次的改革,然而长期以来在实施过程中仍然存在陪审员"陪而不审、审而不议"等陪审效果不佳的问题。其根本的原因在于制度设计和运行偏离了该制度合理的原初定位。[4] 人民陪审员与法官共同行使认定事实和适用法律的权力。从人民陪审员的选拔和任用培训可以看出,其目标是要寻求一批职业化、精英化,能够服务于司法效率的专业法律人员,换言之,我国对人民陪审员的要求更加注重提高其法律素质,以适应合议庭对法律问题探讨的需求。而这种过高的任职资格却违背了人民陪审员制度的设置初衷——实现司法民主,即人民陪审员参与审判的重点应当在对事实认定的环节,通过有效发挥人

---

[1]　程春华:《民事证据专论》,厦门大学出版社 2002 年版,第 272—273 页。

[2]　吴洪淇:《从经验到法则:经验在事实认定过程中的引入与规制》,《证据科学》2011 年第 2 期。

[3]　王亚新:《社会变革中的民事诉讼》,中国法制出版社 2001 年版,第 321—322 页。

[4]　苗炎:《司法民主:完善人民陪审员制度的价值依归》,《法商研究》2015 年第 1 期。

民陪审员在非法律性知识和实践经验方面的优势来助推审判,尤其是人民陪审员对事实认定方面具备了职业法官所不具备的知识广度和深度。

推动陪审制改造对一审事实认定程序不仅能够解决好陪审效果不佳的问题,更能促进事实认定的公开性和公认性,确保事实认定质量,有利于司法民主和司法公正。

二、二审案件:解决争议与实现终审

《民事诉讼法》第168条规定:"第二审人民法院应当对上诉请求的有关事实和适用法律进行审查。"明确了二审法院除了法律审理之外,并不排斥事实审理,然而这里的事实审理必须是以尊重一审法院事实审理为基础。除了当事人提交新证据,可能需要对案件新的事实进行认定外,二审对事实认定的范围一般会小于一审。中级法院应当更加侧重一审裁判的法律错误,以保障法律适用和解释的正确性。这既是减少司法资源的消耗,也是维护审判权独立的必需。当前我国民事二审程序无论是立法规定还是司法实务上都出现了一些瑕疵,如何通过具体制度的改善,发挥好审级制度的功效,强化二审终审的功能定位,是现实主义的最优路径选择。

(一) 建立二审立案审查程序

依据《我国民事诉讼法》的规定,当事人只要对一审裁判"不服",即构成上诉的理由,现行的标准是上诉立案登记制度,对二审的立案不作实质性的审查,只要在上诉期限内提出上诉、递交上诉状、提出上诉理由和请求,即可启动二审。这样无实质条件限制的启动程序极有可能导致当事人滥用上诉权,以达到拖延滥用司法资源的非法目的。另外,逐年增长的二审收案数量表明,在法官人数难以与收案数量配置均衡时,案多人少的矛盾必然会降低司法效率,影响司法公正。

建立二审立案审查程序,并不是对当事人上诉权的侵害。反而要以当事人的上诉利益作为审查的重点,这里的上诉利益不仅包括对一审实体的上诉利益,也包括了程序的上诉利益。上诉权作为当事人诉权的延伸,应当具备诉权的基本特征。诉权的行使必须具有一定的有用性,也即有一定的利益,没有一定的利益也就没有必要对其是否正当或是否具有合法性进行评价。[1]

实体上的上诉权益如何审查,应当从诉讼请求与当事人权利义务的角度出发考量,这体现了司法公平的价值。一审原被告都应当享有上诉权益,但其二者的主被动地位不同,可能会影响其实体的上诉利益分配。如原告不服法院未支持或未完全支持其一审提出的诉讼请求,即获得了实体的上诉利益,但作为被告,其本身在参与诉讼时就被负担了不利的可能性,如果一审裁判确定了这种不利的可能性,则被告就获得了实体的上诉利益;但如果一审裁判否定了这种不利的可能性,则被告就丧失了实体的上诉利益。

程序的上诉利益如何审查,首先如果当事人在上诉时有证据证明一审裁判违反了法定程序,即使当事人不享有实体上的上诉利益,那么也应当享有程序的上诉利益。其次,除法律对一些重要裁定或决定如回避、管辖的特别规定,程序进行中的裁定或决定一般不应当设置上诉利益。

遵循以上的审查规则,如果原、被告提出上诉,却不符合任何实体或者程序上的上诉利益,应该在审查后作出不予受理的裁定,从而确保二审能够真正发挥好审理争议事实和争议法律适用的功能,合理节约诉讼资源。

(二) 改变二审关于事实审理的现状

虽然从立法精神的层面看,我国不论是《人民法院组织法》、《民事诉讼法》还是相关的司法解释都认可二审审理是事实审和法律审的结合,但是在司法实务上,中级人民法院在一审和二审中都尤为侧重事实审理,甚至都贯彻了事实的全面审理原则,中级法院在一定程度上模糊了两级法院之间的功能定位,导致了在不同的诉讼环节里反复进行事实认定,事实不清又发回重审,循环反复的恶性循环,案件终审不终,久拖不结。我国一审、二审关系通说认为是一种续审模式,即二审程序根据一审言辞辩论终结时的状态为基础审查,

---

[1]　张卫平:《法国民事诉讼中的诉权制度及其理论》,《法学评论》1997 年第 4 期。

但也不一定以此来做唯一裁判标准,当事人可以提供另外的证据加以补充,证明新事实和提出新请求,如果二审法院不同意一审法院的事实认定他们可以重新认定事实并依此作出新的判决以取而代之。[1] 因此,民事二审程序作为一审程序的继续与发展,不仅需要以一审程序为基础,更要凸显好自身独特的功能,强化二审的终审功能,必须对一审法院和二审法院的事实审理分工进行明确细化。

强化一审法院的事实认定的权威性。作为续审模式中的二审,离不开其他程序特别是一审程序的协助。一审程序主要实现私人目的,查清案件事实、公正裁判,即程序制约,增强裁判的正当性与接受度,所以原则上案件证据的提出与质证都应集中在一审程序。如果一审程序的事实审功能得到充分发挥,不仅大量的案件能在一审阶段得到解决,符合审级制度的建构原理,也能在较大程度上避免"不打一审打二审"的程序投机行为,而且还有力地保证了当事人的案件在二审中得到了进一步的审理和验证。

加强一审程序的事实审,至少需要从以下三方面入手:第一,《民事诉讼法》中应规定,一审中的诉讼行为在二审中仍有效,相反证据推翻的除外。第二,由于我国没有实行律师强制代理,许多案件中的当事人对一审的举证、质证规则以及证据失权制度不了解,一审法官应当加强释明权,明确告知当事人一审的审理规则,以及未及时提交证据的处罚原则。第三,通过强化庭前准备效果,发挥好一审查明事实的作用。总之,打造坚实的事实审,一审是基础,二审是关键,着力提升好一审的质量,为二审创造良好的条件。

引导二审法院事实审理走上正轨。二审的审理范围应以法律审为重点,不排除有条件的事实审为限。根据前述,事实审的重心应当由二审向一审转移,二审的事实审理以一审为前提和基础,因此引导二审法院发挥好其独特的功能,应当从以下几方面:第一,要充分尊重一审的事实认定。这种尊重是对一审的事实给予合理的法律逻辑推演,如果认定事实的过程与法律规则并不

---

[1] 江伟主编:《民事诉讼法专论》,中国人民大学出版社 2005 年版,第 395 页。

完全吻合,但并不违背日常生活经验,又未影响到二审对事实审理形成的内心确信,则应当采纳一审的认定,而非一味地认定事实不清、证据不足而随意改判或发回重审。[1]　第二,防止两可规定对事实审的弊端。如果一审裁判直接关系到对事实问题上的认定不清,二审应裁定发回重审,而不能查明事实后直接改判,因为二审直接改判将导致本属于一审管辖的案件提高审级后进行一审,而二审作出的裁判是终局裁判,侵害了当事人的程序利益。

(三) 增强二审法律审理的说理

法律审是二审审理的重心,二审对法律的适用因为涉及同类案件的法律统一问题而需更加审慎,二审也应该对法律适用问题进行更符合法理逻辑的解释推演。立法是对各类主体权利义务进行初次分配,而诉讼裁判则是对双方当事人重新确立权利义务的基础,尤其是二审裁判,因为其具有终局性,强化终审的裁判权威,则法律审的说理必须简明扼要、准确充分、有法可依。

释法明理是法官的责任,一切的裁判都要以事实为依据,以法律为准绳,因而裁判的依据不仅要以事实和法律作为坚实的奠基,还要形成内在的严密逻辑链,法律说理关系到个案的服判息诉问题,也关系到司法公信力的问题。然而当前二审裁判的法律说理部分仍然存在轻描淡写、含混其词、生搬硬套一审裁判中的说理内容或者生硬地以"缺乏事实和法律根据"为由"判决如下"等现象,这既是对法律和当事人不负责的态度,也无法适应现代司法理念的要求。

第一,围绕争议点展开说理。法律说理部分必须具备针对性,法官应当明确归纳出双方的请求和理由,突出争议焦点,分析认定相关证据,就争议的事实认定、争议的法律问题进行逐一说理。法官要在裁判中围绕争议焦点展示出法律推理和法律解释,表明对证据的理性判断和取舍的原因,公布所采信证据的具体内容,并对证据的客观性、相关性、合法性进行分析论证,使证据形成环环相扣,步步推进的锁链式的证据威力。

---

[1]　黄勤武:《中级法院民事二审审判职能冲突之协调》,《法律适用》2007 年第 9 期。

第二,说理用语要简洁明了。裁判文书的受众绝大多数是普通的非专业人士,对法理的了解甚少,因此法官应当注意说理用语,法理要简明透彻,事理要合理明晰,表达要简洁清晰、文字要精练易懂,做到有理亦有据,是非分明。

第三,改革裁判文书,附录法律条文增强透明度。借鉴上海二中院的改革经验,附录法律条文,配合判决书的说理部分,更明确、直观地阐明了判决的法律依据。对于法官而言,能够更好地展示裁判思维,对于当事人和社会公众而言,能够更好地读懂和理解文书内容以及判决依据,并且亲历直接的法治教育与宣传,法治意识得到提高。

三、再审案件:维护权威与依法纠错

《民事诉讼法》专章规定了审判监督程序,又称再审程序。通过再审程序,当事人不仅可以指出生效裁判存在的重大程序或实体错误,还可以再行提出权利主张,请求法院恢复审理程序,作出新的裁判,从而使受损的权益获得补救。因而,再审程序具备权益救济功能。我国审判监督程序的启动有三种方式,分别是因当事人申请再审所引起的再审,因检察院抗诉所引起的再审以及法院主动提起的再审。司法实务中,以当事人申请启动的再审占主导。从对审判监督主体的分类看,当事人启动的再审属于外部的审判监督程序;而检察院的抗诉以及法院主动的再审属于司法系统内部的审判监督程序。

(一) 建立再审案件准入机制

《民事诉讼法》明确了立案审查制度,所以因当事人申请再审所引起的审判监督程序可以划分为两个阶段,以法院裁定再审为分界线,前期为再审案件立案审查程序,也称为申诉程序;后期为真正的再审程序。再审案件立案审查程序包括受理材料、审查、通知驳回或裁定再审三个主要环节。再审立案审查是进入再审的必经程序,应当以保障好当事人的再审申请权利为必要,凡是当事人的再审申请符合一般的形式要件,且在法定期限内提出的,应当采取"有诉必理"的原则,进行立案审查。但是作为特殊救济程序的再审程序,其本身就是实现纠正错案以实现裁判的公正性与维护生效裁判稳定性、实现法的安定性这一对矛盾的产物。[1]　因而再审程序应当是一种相当特殊的、"非常规"或例外的救济手段或程序,避免再审案件这种本来作为补救功能的审判程序成为法院审判活动的常态。为了避免过多再审案件进入法院,应当建立再审案件准入机制。而再审案件准入机制,应当包括以下两个方面的内容:

1.明确准予进入再审的事由。现行《民事诉讼法》第 200 条规定了 13 项的再审事由,最高人民法院《关于规范人民法院再审立案的若干意见(试行)》以及《审判监督程序解释》第 10—18 条对此还作了更进一步的说明,但再审事由规定仍然过于原则化,难以准确理解和把握,操作性差,特别是对于实体性事由中的标准难以把握,容易发生审查和审理的矛盾。如"足以推翻原裁判"的新证据标准在审查阶段难以把握;"原判决、裁定认定的基本事实缺乏证据证明"中的"基本事实"范围笼统;"原判决、裁定适用法律确有错误"中当事人提出再审申请时也往往难以区分事实问题或是法律问题等。

由于再审理由不明确、不具体,许多法院并没有把再审立案标准与再审改判标准具体区别开来,司法实务中出现了两种倾向,一种倾向是有的法院将再审立案标准等同再审改判标准,再审立案即意味着再审改判。表现在审理程序上,就是所有提起再审的案件,必须经审判委员会讨论决定,认为确有错误,才予以裁定再审。由于掌握的标准过窄,在一定程度上造成当事人申诉难问题不易解决。另一种倾向是部分立案法官将再审立案标准与再审改判标准割裂开来,不考虑再审立案改判的可能性,只要当事人提出新的理由,就予以裁定再审。因此再审理由不但应当结合司法实务操作对模糊的规定进一步具体化,而且要明确区分再审的立案标准和再审的改判标准。再审申请人能够证明生效裁判可能有错误,符合法律明确规定的申请再审事由,且确实应当提起再审的,应依法裁定再审。

2.明确禁止进入再审的事由。对于在原审程序中出现的错误,如果可以

---

[1]　蔡虹:《民事再审程序立法的完善——以〈中华人民共和国民事诉讼法修正案(草案)〉为中心的考察》,《法商研究》2012 年第 2 期。

通过上诉、申请复议等通常程序解决时,就应该经由通常救济途径解决,而不应等到裁判生效后通过启动再审程序来纠正,否则,将会产生失权的效果,即使符合法律规定的再审事由,也不应当启动再审。这是再审程序的补充性原则,也是建立再审案件准入机制的导向。此外,还要明确规定不得申请再审的情形。对于一些民事案件,由于案件本身的性质或其他原因,应当禁止适用再审程序,以确保这些裁判的既判力。这些案件主要有:涉及身份关系的案件,不得申请再审;当事人已经行使处分权的案件(如已达成执行和解协议且履行完毕的案件),不得申请再审;非诉性质的案件,不得申请再审;最高人民法院作出生效裁判的案件,不得申请再审;已经经过再审的案件,当事人以相同理由再提起再审申请的,不得申请再审。

(二) 重新审视再审功能:在维护权威与纠正错误之间

世界各国的民事诉讼法都非常重视对既判力的维护,只有当生效的裁判出现严重错误,以致公力救济的功能出现问题时,才会实施再审这种特殊的救济方式。开启再审程序,纠正显著违法或错误的裁判,是既判力的例外。只要选择设置再审程序,纠错与维稳之间的矛盾就不可回避,协调二者关系的关键在于如何给再审程序准确定位并将其贯穿到立法之中。[1] 从国家的角度来审视,则再审的功能是维护秩序、维护司法权威;从当事人的角度而言,若判决并未保障其诉讼权利或实体权利,则须重新再审,以维护其正义。[2] 因此,在维护生效裁判的权威与纠正错误之间,应当重新审视再审功能。

我国现行的再审制度是以监督与纠错作为核心功能定位,在程序价值上过于追求公正,忽视程序效率与安定价值,由此导致了无限再审、终审不终的局面,损害了司法的权威性,最终危及公正价值自身的实现。诚如美国贝勒斯教授所言,"如果争议可被再次审理,则争议并未解决;如果案件可以再上诉,

---

　　[1] 蔡虹:《民事再审程序立法的完善——以〈中华人民共和国民事诉讼法修正案(草案)〉为中心的考察》,《法商研究》2012 年第 2 期。
　　[2] 任俊琳:《民事再审功能的重新审视——兼评我国〈民事诉讼法〉第 179 条的再审条件》,《法学杂志》2012 年第 10 期。

相同的争点在另一案件中仍可提出,则争议也仍未解决。倘若人们求助法律程序来解决争议,那么争议需在某一阶段上最终解决,否则求助法律程序就毫无意义"[1]。将再审程序的功能定位于救济之后,应当相应地在价值选择上进行变更,放弃对公正价值的片面追求,坚持公正、效率与安定的合理平衡,才有可能建构更为科学的再审程序。

（三）再审模式的重新选择:有限再审与无限再审

我国现行民事再审制度存在的诸多弊端,归根到底是无限性的弊端,因此,解决无限再审,建立有限再审模式,应是民事再审程序改革的关键所在。[2] 所谓再审程序的有限性,是指再审程序的引发与进行应当受到限制的特性。构建有限民事再审的法理基础在于三个方面:(1)再审程序受到既判力的前提约束;(2)再审程序不可能提供一切司法错误的补救;(3)再审程序更应满足司法效率的法律要求。

我国法律对于申请再审及启动再审的次数并没有限制,致使一些申请再审人多次重复地申请再审,无限地进行申诉,甚至一路从基层法院申请到最高人民法院,这既对既判力制度产生严重影响,也造成了司法资源的巨大浪费。因此,在对我国现行的民事再审模式进行新的设计时,应当把民事再审程序的有限性作为一个基本原则,确立有限再审模式,这样才能更好地体现现代司法理念的要求。

1. 强化民事再审程序作为纠错程序,救济程序的观念。不应当把民事再审程序作为实现司法公正的关键环节,而应当把实现司法公正的重点放在一审程序和二审程序的科学设计和有效运行上来。民事再审程序只是提供了一种纠错、救济的可能,是一种非常程序,不能作为普通程序来使用,避免本末倒置。

---

[1]　[美]贝勒斯:《法律的原则——一个规范的分析》,张文显等译,中国大百科全书出版社1996年版,第37页。

[2]　虞政平:《我国再审制度的渊源、弊端及完善建议》,《政法论坛》(中国政法大学学报)2003年第2期。

2.确保有限司法资源的合理利用。进行现行民事再审程序的改革,其目的不是降低再审的门槛,而是严格依照程序来进行,降低非程序化倾向的不利影响。提高程序运行的透明度,增加司法公正的要素。严格再审事由,实行有限再审的目的,是把有限的司法资源运用到少数确有错误或者违反法定程序而需要再审的案件上来。

3.保障当事人的再审诉权,降低外界不必要干预。只有实行有限再审,减少再审的发动主体、发动次数,严格再审事由,大大减少民事再审案件的数量,才能把有限的司法资源运用到当事人的再审之诉上来,才能保障当事人再审诉权的行使。

第四节　案件之外的审级职能

一、裁判标准统一

作为中级法院,其肩负着法律统一适用的重任并不仅仅依靠个案的上诉程序或者审判监督程序来完成。即便去行政化成为司法改革的重头戏,但司法行政化所产生的请示指导制度、典型案例指导制度以及审判执行业务问题收集制度等都在一定程度上保证和维护着法律统一适用,这些裁判标准的协调指导也应该通过改造而保留下来,更好地服务于审判权科学运行。

（一）请示指导制度

司法的行政化和官僚化及其由此产生的请示指导制度近年来备受非议,认为损害了下级法院的独立审判,使上诉制度流于形式。但不可否认,在整体司法水平不高、各地司法水平发展不均的现状下,请示指导制度对维护法治统一和确保辖区内法律的统一适用仍然发挥了重要的作用,需要的只是对其进行适当的改造,使其成为规则之治的一项制度。我们认为,可将现行的请示指导制度改造成法律问题预决机制,即中级法院对基层法院请示的疑难案件中的法律问题,不包括事实问题,在其作出裁决前给予规则性的阐释和答复,使其直接影响案件中的法律适用,并通过一定程序对双方当事人公开答复结论。这样不仅可以发挥中院统一本辖区法律适用的作用,但这种影响不是强制性的,而是有指导参考作用。并且,当事人看到法律后果可能会撤诉或调解而避免继续诉讼或上诉,使其纠纷在一定程度上得以提前解决。

(二) 问题收集研究制度

为了进一步加强中级法院对基层法院的服务和指导,规范中级法院在本辖区内的审判执行工作,解决审判执行的实际问题,实现法律适用统一性,有些法院还建立了审判业务问题收集、研究、反馈、成果应用工作机制。[1] 该工作机制涉及的审判执行业务问题是审判程序、法律适用、审判管理方面的问题及其他审判执行业务问题,但不包括对案件的事实认定和实体处理方面的问题。审判业务问题收集研究制度大致有几项具体的内容:一是收集的途径。通过下级法院请示案件;合议庭审理和讨论案件;审判委员会讨论案件;审理被改判、发回重审、指令再审案件;案件专题研讨活动、培训、学习活动;案件评查、庭审评查、裁判文书评查;业务调研和指导活动等途径进行收集、登记工作。二是收集研究的主体。审判执行部门作为审判业务问题的收集、研究主体,要指定专人负责。三是问题收集后的应用和推广。建立各审判执行部门、审判委员会对收集的审判业务问题要定期进行研究,研究得出结论之后,及时与对口业务部门的人员、分管院领导反馈,并指导两级法院相关工作。定期收集研究的审判业务问题交由研究室进行分类、汇编、印发,指导全市法院工作,实行信息共享。

(三) 典型案例指导制度

在当前的案例指导工作中,必须重视中级法院在案例指导工作中的重要地位。中级法院的案例指导,一方面,在于为最高法院、高级法院遴选指导性案例提供资源。其在我国法院体系中处于重要地位,掌握了上级法院很大部

---

[1]　参见《钦州市中级人民法院关于印发〈钦州市中级人民法院审判业务问题收集研究办法〉的通知》(钦中法发[2014]103号)。

分案例的来源。因为其直接面对典型案例的大量素材,受理大量一审和二审案件,而且在其辖区范围内,有不少是具有较典型意义的案件、新类型案件。如果不依靠中级法院的力量对案例进行关注、收集与报送,高级法院和最高法院将会错过大量具有指导意义的案例来源。另一方面,通过典型案例的示范作用,引导辖区法院对法律适用的理解和认识,总结和传承审判经验。中级法院通过案例指导,增进对辖区内法官的业务指导,促进基层法院的法官对法律的理解学习,并在地区内统一法律适用,实现同案同判。中级法院的典型案例指导将作为进一步统一司法裁判尺度的最佳方案。[1] 此外,案例指导能够缓解目前案多人少的困难,提高司法效率,进而促进司法的公开公正,促进社会和谐。当前中级法院的典型案例制度,首先,应当建立好先期的精品案例的发现培育制度,从立案环节开始就应当注重发掘典型,逐步培育出精审、精判、精写的典型案件。其次,注重案件生效后的典型案例收集机制,通过定期梳理生效案件以及通过不同审判组织的推荐收集典型案例。最后,建立报送、宣传和推广制度。精益求精、追求细节,打造精品案件的示范作用,积极向高级法院报送,并利用交流媒介对内对外大力推广,实现典型案件指导的多重价值。

二、司法权威保障职能

司法权威是司法的外在强制力与人们内在服从的统一,它对于实现司法的公正和高效、彰显司法功能、发挥司法效用都具有非常重要的意义。中级法院处于全国法院系统承上启下的地位,对保障司法权威具有不可取代的作用。司法实务中,除了通过一个个具体案件的公正审判,提升司法公信力,也围绕着审判权逐步开展各项社会管理活动,共同维护司法权威。

(一) 司法建议书

最高人民法院于2007年发布《关于进一步加强司法建议工作　为构建社

---

[1]　刘作翔、徐景和:《案例指导制度的理论基础》,《法学研究》2006年第3期。

会主义和谐社会提供司法服务的通知》中提出：“司法建议作为化解矛盾纠纷、提高社会管理水平的司法服务手段，是人民法院审判职能的延伸。”《民事诉讼法》对司法建议的规定，是针对不履行协助义务的单位负责人而向有关机关提出纪律处分的司法建议。司法建议书在立法上并没有获得规则指导和生存空间，因此从全国范围看，其存在并非普遍，以东部沿海和其他经济发达地区所占的比例为重。

现行司法建议的内容往往是建议有关单位提高法律意识、加强法律教育、严守法律规定、执行规章制度，促使各项社会管理工作法治化程度得以提升。案件的审判过程和裁判结果针对个案当事人，但对于与案件有间接关系的政府主管部门、行业协会或者其他社会团体而言，却难以获取到裁判的信息，进而对其工作导向会产生信息不对称的状态，司法建议书这时恰好能够为这些缺乏信息渠道的部门提供引导。司法建议书以外部压力的形式能够有效地督促好受建议者的行动力。因此司法建议书基于法院的社会责任和维护司法权威的职能，应当得到更大范围的推广。

发挥好司法建议书的作用，一方面，应当尽可能实现裁判文书的上网公开，便于社会主体了解裁判信息，其中最为现实的就是通过全面反映司法裁判概貌和纠纷案件特点规律的各种审判报告、白皮书、蓝皮书等形式提出综合类司法建议；另一方面，应当改变司法建议的个案建议形式，通过对司法过程中的类型化问题和前瞻性问题的调研，使司法建议工作的内容更侧重于对类型化案件、整体性情势的分析，即作为社会经济发展动态的“晴雨表”，从司法角度对经济社会中可能出现的风险进行预测，进而积极向立法机关与政府部门提出各种预防、管理和规范的方案。唯有如此，司法建议才能真正成为推动社会管理创新的一种力量。

（二）生效裁判公开

“正义不但要被实现，而且必须以看得见的方式实现。”生效司法裁判的公开是司法权威建设至关重要的环节。生效司法裁判的公开不仅要求裁判结果的公开，而且要求整个裁判过程、裁判事项、裁判依据及理由等都能以透明的方式置于社会大众的视野之下,以接受广大群众的监督,切实的保障人民群众的知情权、参与权与监督权的实现。当然,这一切的公开必须要求建立在法律框架之内,应是在法律允许的前提下进行的公开。要让人民大众对民事裁判产生信任与尊重并自觉执行,尤其是公开生效裁判的理由和依据,务必让其清晰地了解民事司法权是如何行使的,当事人的诉讼权利是如何实现的以及裁判者是如何进行心证,裁判结果是如何形成的等,这不仅有助于当事人服判息诉,还能维护好司法的权威。

生效司法裁判公开应当做到:一是公开司法裁判过程;二是公开司法裁判的理由和依据;三是扩大裁判公开范围;四是在法律框架内公开。裁判公开的越完整,司法的透明度就越高,只有在保障了公民对司法知情权的前提下,才能从他们的内心确立司法公信力,维护司法权威。

第七章

审判权运行的保障机制

第一节　推进审判能力建设

一、法官审判能力是司法的核心能力

能力,是完成一项工作、目标或者任务所具备的素质。审判能力则是指法官在审判活动中应当具有的查明案件事实、分析法律关系、解决矛盾纠纷的基本素质和能力,集中表现为法官运用法律解决和处理各类案件的能力。最高人民法院江必新副院长曾指出:"加强司法能力建设内容十分丰富,任务相当艰巨。但有一点很明确,就是加强司法能力必须最终体现在裁判的公正上,体现在效率的提高上,落实在法官的办案中。因此,提高法官的审判能力,是提升法院司法能力的基础。"[1]

党的十八届四中全会通过的《中共中央关于全面推进依法治国若干重大问题的决定》中明确提出,要"推进以审判为中心的诉讼制度改革"。以审判为中心,顾名思义就是整个诉讼制度和诉讼活动围绕审判而建构和展开,审判对案件事实认定、证据采信、法律适用、作出裁决起决定性和最终性作用。[2]构建以审判为中心的诉讼制度,既将审判的地位提升到了前所未有的高度,也

---

[1]　江必新:《论司法能力建设》,《法律适用》2005 年第 4 期。
[2]　王韶华:《"以审判为中心诉讼制度"的三重意蕴》,《人民法院报》2014 年 12 月 12 日。

对法官的审判能力提出了更高的要求。审判能力是整个司法能力的基础,也是当前司法改革的重点和切入点。推动以审判为中心的诉讼制度改革,就要抓住审判能力这个"牛鼻子",将审判能力作为司法的根本能力来抓。

审判能力是法官独有的能力,是区别于其他职业的基本能力,抓好审判能力,就是要注重培养、提高以下五个方面的能力:

1. 适用法律能力。公正裁判的关键,在于法官在每一个司法案件中都能准确适用法律。理解和适用法律的能力,是法官最基本也是最重要的能力。[1] 当前,我国的法律规定纷繁、复杂,在审判活动中如何快速、准确寻找法律、理解法律、解释法律,将抽象的法律条文运用到具体的案件中,是法官不可或缺的一项基本能力。法官需要通过适用法律的能力去弥补法律的缺陷,从而赋予生硬的法律条文以新的生命。法律适用能力是法官综合能力的一个重要方面,是审判能力强弱的直接体现。

2. 分析判断能力。审判权的本质是一种判断权,审判能力的核心能力就是分析判断的能力。在审判过程中,法官作为中立的裁判者,必须具有透过现象看清本质的能力。在纷繁复杂的证据、事实面前,法官需要通过分析、判断来辨法明理、去伪存真,从而正确地认定事实和适用法律,以实现公平正义。

3. 庭审驾驭能力。庭审是审判程序的中心环节,庭审驾驭能力是审判能力的最好体现。法官居中裁判,以坐庭听审为主要工作方式,法官驾驭庭审能力的高低,直接影响着案件审判质量的优劣。什么样的法官驾驭什么样的庭审,每一场庭审是否精彩,能否达到庭审的目的,是否让当事人在审判中感受到司法的公正、文明、高效,主要取决于法官驾驭庭审的能力和综合素质。法官驾驭庭审的能力强,司法的公信力也会随之提高。庭审驾驭能力是法官在实践中总结出的审判经验,对于庭审质量的提高主要看法官对案件的熟知程度。让当事人有证举在庭上,有理说在庭上,达到真正让庭审成为诉讼的中心,这是庭审驾驭能力的关键所在。

---

[1] 江必新:《论司法能力建设》,《法律适用》2005 年第 4 期。

4.协调平衡能力。由于社会生活的变幻莫测和人的认识的局限性,立法总是滞后的、概括的、模糊的,而判决却必须明确、肯定,无法模棱两可、似是而非,因而法官在对具体案件进行处理时,必须具备协调和平衡能力。在审理案件时保持一种中立和协调的意识,既要正确适用法律、程序合法、实体公正,也要尽可能地让当事人无论输赢都心服口服,做到定分止争,案结事了。法官与控辩双方的关系是一个等边三角形的关系,控辩双方各居一边,法官必须平衡控辩之间的关系,任何的偏袒行为都将动摇三角形的根基,法官必须以中立的立场听取控辩双方的请求,审视双方所提供的所有证据,进行认真权衡对比后给出一个确定性的裁判结果,法官需要习惯于听取不同意见,从对立之中找出最佳解决方案。

5.裁判说理能力。裁判说理能力,是适用法律、分析判断等审判能力的外在表现,也是审判能力高低的最终体现。俗话说,"正义要以看得见的方式实现",裁判文书既是将具体的纷争定格为具体的权利义务关系的载体,也是表达法官如何适用法律、如何进行分析判断,以及法律原则、法律精神的载体。法官所有的审判活动都需要通过语言或者文字的形式来完成,这是审判工作的一个特点。裁判文书是审判活动的最终产品,一份好的裁判文书就是人民法院裁判正当性的最好说明。随着法治水平的提高,社会公众对于裁判文书期待更高,要求裁判文书具有更强的说理性。不同类型的裁判文书具有不同的说理方式,根据案件性质的不同,作出不同的说理理由,是提高司法公信力的关键。

二、强化诉讼活动的程序性和权威性

诉讼活动是一项程序性极强的活动,诉讼的每一个环节、每一个步骤都有着严格的程序性规定。一般而言,诉讼即审判,即各方当事人围绕着形成有利于自己的裁判为目标开展诉讼活动。典型的诉讼活动就是以庭审为标志的审判活动。法官在庭审中的言行会给当事人、旁听群众留下深刻的印象,是社会大众直接感受法院形象、威严、公正的重要途径。司法公正,除了实体公正,还有程序公正。从庭审中,当事人、旁听群众能切身感受到程序是否公正,从而影响其对法院裁判是否公正、权威的评价。诉讼具有定分止争、终局裁决的功能,法院正是通过以庭审为中心的诉讼活动树立司法权威。推进审判能力建设,必须强化诉讼活动的程序性和权威性,特别是要强化庭审的程序性和权威性。

（一）强化庭审程序,充分发挥庭审功能

诉讼程序设计的中心议题就是公平、有序和效率,庭审又是整个诉讼活动的中心环节和裁判纠纷的具体途径,庭审对公平、有序和效率有着更高的追求。当前,我国庭审的程序性规定主要来自于刑事、民事、行政三大诉讼法及其司法解释。按照庭审的类型,庭审程序可分为刑事诉讼、民事诉讼、行政诉讼庭审程序;按照庭审的审级,庭审程序可分为一审、二审和再审庭审程序。不同类型、不同审级的庭审程序,在程序、功能上有所区别,但是不管是何种类型的庭审程序,庭审的程序性安排一般包括庭前准备、法庭调查、法庭辩论、最后陈述(最后意见)和宣告判决五个阶段的程序。庭审活动每一阶段的程序性安排,均有其相应的功能和作用,每一条看似烦琐的诉讼程序的规定,其实都是在保证着当事人的实体权利,最终目的都是查明事实、认定证据、保护诉权、公正裁判。庭审活动展示的不仅是关于审判活动的程序性规定,也是审判活动的实体规范,是法院审判活动内容与形式的统一。

强化庭审程序,充分发挥庭审功能,应当从以下几方面作考虑:

第一,强化庭审程序,要做到庭前准备充分。庭前准备是否充分直接关系到庭审质量和庭审效果。合议庭成员应做好审阅卷宗材料、制作阅卷笔录、拟定庭审提纲、预判争议焦点、检索相关法律等准备工作。对于案情比较复杂、证据众多、争议较大的案件,适时召开庭前会议,以明确当事人诉讼请求、进行证据交换和固定案件的争议焦点,为庭审规范有序打下扎实基础。当然,不能把"必要的庭前准备"任意理解或扩大,否则就回到大包大揽的"老路"上,弱

化了庭审功能。[1]

第二,强化庭审程序,要做到证据认定在法庭。就事实认定而言,审判最重要的特性是亲历性,即事实判定者直接接触和审查证据,直接听取控辩意见及其依据并作出判断。所以,要做到证在法庭,全面贯彻证据裁判规则要求严格依法收集、固定、保存、审查、运用证据,未经法庭调查的证据不作为认定案件事实的依据。证据的举证、质证、认证是诉讼程序的中心环节,也是法院贯彻以审判为中心的核心内容。强化举证、质证、认证程序,使证据的采信程序化、合法化。

第三,强化庭审程序,要做到辩论在法庭。庭审的重要内容就是组织控辩双方就案件事实、证据、法律适用等问题展开充分辩论,通过辩论将控辩双方的意见和观点展示给法官,以此作为法官定案的参考。法庭辩论就是有理讲在庭上,可以就定罪、量刑或者焦点问题展开有针对性的辩论,充分发表辩论意见,提高法庭庭审的精彩程度。

第四,强化庭审程序,要做到最后陈述在法庭。最后陈述权是当事人的一项重要权利,它为当事人实现合理诉求提供了一个平台,通过当事人的陈述,将当事人的动机、目的、过程、要求全面展示给法官,对案件的公正审理有着不可替代的作用。在刑事案件中,被告人的最后陈述权还起到调和剂的作用,可以平衡诉讼结构,防止公权力膨胀。被告人独占性地行使最后陈述权,不受任何人的剥夺,控诉方在被告人进行陈述之后,不能对其陈述内容进行抗辩,将在庭审中占优势的控方对抗权加以排除,显示出最后陈述权在整个诉讼中的平衡作用。此外,最后陈述权的程序价值还在于被告人的参与,被告人在判决之前都是无罪的,依然有权利陈述自己对案件的看法,能够为自己作有利辩解,对于诉讼来讲也更加公平正义。[2]

第五,强化庭审程序,要做到裁判在法庭。当庭宣判作为诉讼法程序中的

一部分,是一个国家司法制度完善与否的重要标志和集中表现,不仅反映出一个国家司法的透明程度,而且体现司法机关的综合司法实力。具体而言,要裁判结果形成于法庭,不断提高当庭宣判率,并明确不当庭宣判案件的具体标准。当庭宣判是提高司法公信度,提高审判效率的最佳方式。

(二) 强化庭审仪式,增强法庭权威

人们对法律的神圣和权威的理解首先是从能够看得见的程序形式开始的,诉讼程序的展开离不开司法活动中的仪式。而庭审仪式是由一系列的象征符号构建起来的,从视觉形式到听觉形式;从独特的服饰到法庭中人们的言行;从法庭布局到按部就班的庭审程序,都是庭审仪式的不同表现形式。在审判活动中,庭审礼仪应包括外观、行动举止和司法"道具"三方面的内容。仪表端庄是对法官仪容方面的要求,举止文明则是对法官言语和行为的要求,司法"道具"则是法官庭审"表演"的需求。

在英国和其他的西方国家,庭审的仪式是非常发达的。在英国以及英联邦国家和地区(包括中国香港),法庭之上的法官和律师都穿着黑色长袍,法官头上会戴着一个披肩假发,律师戴着小假发,法官手中握着标志性的法槌,开庭时会先敲三下,休庭时再敲三下,法官一般高坐中间,原告、被告分坐法官两边。开庭之前,身着正装的书记员总会不厌其烦地核实当事人身份和宣读法庭纪律;法官进入法庭和退出法庭时,全体人员必须起立致敬;证人出庭作证前,必须手按《圣经》,立誓其所言非虚。这些场面和我们平常所处的环境很不一样,给人一种非常礼仪化的感觉,让人留下极为深刻的印象。[1]

当前我国的庭审仪式虽然与英美发达国家相比还有一定的差距,但是也已取得了长足的进步。一是在法庭布置方面,参照了英美国家的布置,法官高坐中间,控辩双方分坐法官两边;二是在庭审礼仪方面,在《人民法院法庭规则》中,明确了审判人员进入法庭和审判长或者独任审判员宣告法院判决时,全体人员应当起立;三是在法袍方面,全国法院从 1999 年起引进西方的法袍,

---

[1] 丁健永:《浅论司法仪式构建与法律信仰》,中国法院网,http://www.chinacourt.org/article/detail/2014/05/id/1287431.shtml,最后访问时间:2016 年 5 月 4 日。

改换了法官的庭审服装;四是在使用法槌方面,2008年1月公布了《人民法院法槌使用规定》,确定了法槌的使用和规范。从庭审仪式的形式上来看,我国与英美国家相比,好像在庭审仪式上除了没有要求佩戴假发,以及没有证人庭前宣誓制度之外,没有多大差别。

实际上,由于我国司法系统长期形成的重实体轻程序、重实质轻形式的思想观念一时仍难以根本改变,司法活动中忽视庭审仪式的行为仍然比比皆是。例如法官庭审时随意离开坐席、庭审打瞌睡等情况屡见不鲜,甚至有的法官在办公室审案,视庭审仪式如无物。法官对庭审仪式的不重视,反映出来的是法官在庭审中对于法律最基本的不尊重、不信仰的心态,对庭审过程的不重视、形式化的心理,对于自己的职业也缺乏深刻的神圣感和角色认同,于是公众产生了庭审是装样子、法院庭审如儿戏等质疑之声。即使最后判决公正,无论胜诉方或败诉方相信都不再会将法官视为公正的化身,或将法庭视为神圣的殿堂,随之逝去的必定还有对法律的信仰。

司法活动的最终目的是为了追求公平正义,通过事实的认定及法律的运用,对于具体案件得出正当合理的判决。这些目标似乎并不能通过敲法槌、穿法袍这些手段来实现,明确的法律、公正中立的裁判者才是寻求公正判决的必要因素,况且有国家强制力作为后盾,法律裁判的效力在现代社会中也根本无须再依靠宗教的力量来保障,庭审仪式似乎并没有太多的价值可言。其实不然,庭审仪式对于司法活动的进行、公正合理判决的作出、判决的执行以及法律信仰的树立都有着重要的意义。

首先,庭审仪式可以营造神圣氛围。法袍、法槌在无形中造就了法庭与世俗社会的距离感,营造了法庭的神圣氛围。也使得法官与案件当事人及案外其他人等世俗保持一定的距离,让法官产生职业的神圣感。法官承担着重大的社会责任和巨大使命,特别的仪式不仅会让法官强烈意识到其工作的特殊性,从而认真对待,同时也让其他人对司法活动有强烈的期望。

其次,庭审仪式可以体现司法的权威性。司法活动不同于其他社会纠纷解决方式的显著特征之一在于其权威性,而这种权威性正是通过庄严的司法仪式,形象地表现出来。这种通过司法仪式所体现出的司法权威正是裁判得以遵守、法律得以施行的重要保障。

最后,庭审仪式可以展示司法的公正。在任何社会中,司法都是一种正义的符号,它不仅是实用的,还是符号化的。司法仪式有别于日常生活中的其他任何活动,这使得庭审的进行有一种"舞台"的感觉,法官通过这个"舞台"向民众展示法律正义的形象,而庭审仪式是展现正义的重要方式。正义的判决固然重要,对正义的展现也绝对不可忽视。

三、提高法官对庭审流程的控制能力

法律必须经由理性的程序运转过程才能转化为现实的公正,庭审的首要价值和目标便是程序公正,中心任务是调查案件事实和相关证据。庭审确保了诉讼当事人及其他诉讼参与人,在法庭上能各自提出自己的主张和对证据进行争辩,法官则居于中立位置、基于国家权力对该争执作出裁判。在司法实践中,庭审查明事实、辨明是非、化解矛盾的功能发挥并不理想。

刑事、民事和行政诉讼庭审程序均不同程度地存在一些影响司法公正的"顽疾":(1)刑事诉讼中,侦查阶段的案卷材料、笔录成为定罪量刑的主要依据,证人、鉴定人出庭率非常低,合议庭成员"陪而不审"、法官"审而不判"的现象较为突出。(2)民商事审判中,以非正式审判组织、非正式传唤方式、非正式庭审运作方式等为表象的"非正式开庭"大行其道。(3)行政审判中,频繁的庭后调查与沟通虽有利于查清案件的来龙去脉,但审判权"滑出"庭审程序、在庭审外运作,无疑是庭审程序的异化。[1]

当前,庭审在审判活动中的中心地位并未凸显,除了上述所称的一些庭审"顽疾"之外,法官对庭审流程的控制能力不强,也是导致庭审流于形式的重要原因。法庭是法官审理和裁判案件从而化解矛盾纠纷的特定场所,法官庭

---

[1]　赵瑞罡、张雪花:《发挥庭审的决定性作用要把握好五项关键》,《人民法院报》2015 年 4 月 22 日。

审能力的高低对于实现审判的公正与效率、维护法庭权威和法律尊严起着至关重要的作用。庭审活动能否顺利进行,并最终达到庭审的目的,是法官的庭审流程控制能力强弱的最好体现。当前,不少法官的庭审流程控制能力不足,主要表现在:(1)庭审前准备不足,争议焦点归纳不清晰,当事人举证和辩论没有针对性;(2)庭审举证责任分配不当,导致庭审过程松散;(3)在当事人诉讼能力欠缺,事实不清、证据材料不全时,法官释明引导不够,庭审方向不明;(4)法官对证据当庭认证分析能力欠缺,不敢在庭审中对于证据进行认定;(5)庭审节奏冗长、低效;(6)应对庭审突发事件时,处置不当。

法官庭审流程控制能力的不足,往往是让当事人"忐忑不安的到来,懵懵懂懂的回去",甚至出现了其在庭上的感受与判决结果截然相反的现象,有损司法公正和司法公信。庭审流程控制能力不足的问题,还导致案件庭审效率不高、部分庭审程序虚置、案件裁判质量不高、裁判文书说理难以令人信服等。因此,要发挥庭审在审判活动中的中心作用,必须实现庭审程序的"过程价值",克服庭审的形式化、虚置化倾向,防止庭审"走过场",而这就要求法官对庭审流程有较强的控制能力,让整个庭审都能围绕着调查案件事实和认定证据上展开,避免庭审要解决的实质性问题没有在庭审中得到解决的现象。良好的庭审流程控制能力,是法官庭审能力的最好体现,更是法官个人审判能力的集中体现。推进审判能力建设,应着力提高法官的庭审流程控制能力。当前,提高法官对庭审流程的控制能力,可以从以下几个方面考虑:

1.制定流程规范,这是提高庭审流程控制能力的主要途径和方法。没有规范就没有标准,没有规范就如"无轨电车"。制定庭审流程规范,既是人民法院管理的需要,也是提高法官庭审流程控制能力的需求。制定庭审流程规范,将使法官就同类案件进行相同的"表演",不致"跑调",表现出庭审流程的严谨性和规范性。

2.加强业务学习,这是提高庭审流程控制能力的基本途径和方法。任何一项工作,没有学习,就不可能提高、进步和成长。书本知识的学习十分重要,丰厚的理论功底是提高庭审流程控制能力的基础。但庭审是一项实践性非常强的活动,借鉴他人之长,不断丰富自己,则是提高庭审流程控制能力一个不可或缺的重要方面。向优秀示范庭审学习,是提高庭审流程控制能力的一个重要途径和方法。

3. 遵守庭审仪式,这是提高庭审流程控制能力的基础。庭审仪式的寓意就在于通过鲜明的符号意象和强烈的心理暗示,唤起人们对法律的信仰、敬畏和对正义的希冀。[1] 法官是组织审判的人,坐在上面代表的是国家、是法律,这就要有一种威严。遵守庭审礼仪,体现了法官代表国家行使审判权的威严,使当事人产生信任感和敬畏感,从而自觉服从法官的庭审指挥。

4. 完善庭审考核机制,这是加强和提高庭审流程控制能力的基本手段。法官的庭审流程控制能力是法官的基本技能,在当前法官的庭审技能参差不齐的情况下,只有通过严格的庭审考核的方式,才能使法官的庭审流程控制能力得到迅速提高。衡量法官的庭审流程控制能力是否达到要求,可以从法官的归纳焦点能力、听讼能力、认证能力、语言驾驭能力、庭审指挥能力、庭审应变能力、释法能力和得体的司法礼仪等方面进行评价。为此,法院应将庭审能力作为法官最重要的业务素质考核,每年组织评委对每位法官的庭审进行旁听,按照考评标准现场打分,并从中评选出优秀庭审,鼓励法官出精品庭审。

四、规范当事人、诉讼代理人的庭审行为

(一) 规范当事人、诉讼代理人庭审行为的法律规定

当事人、诉讼代理人(辩护人)是庭审活动的重要参与人,当事人、代理人在庭审中的行为、表现也是影响案件审判质量的重要因素。因此,当事人、代理人参加庭审的行为理应受到法律约束。当前,规范当事人、代理人庭审行为的法律法规、规范性文件主要有刑事诉讼法、民事诉讼法、行政诉讼法及三大诉讼法的司法解释、《人民法院法庭规则》(以下简称《法庭规则(2016)》)、中

---

[1]　季金华:《理性司法观的培养:司法权威的观念支持》,《法律适用》2014 年第 1 期。

华全国律师协会制定的《律师执业行为规范》等。从相关法律规定及规范性文件的内容来看,规范当事人、代理人参加庭审行为的规定主要有以下三类:

1.许可性规定。一般而言,对当事人、诉讼代理人庭审行为的许可性规定,与当事人、诉讼代理人在庭审中享有的权利是一致的。比如在《最高人民法院关于适用〈中华人民共和国刑事诉讼法〉的解释》第193条中明确规定:"审判长应当告知当事人及其法定代理人、辩护人、诉讼代理人在法庭审理过程中依法享有下列诉讼权利:(一)可以申请合议庭组成人员、书记员、公诉人、鉴定人和翻译人员回避;(二)可以提出证据,申请通知新的证人到庭、调取新的证据,申请重新鉴定或者勘验、检查;(三)被告人可以自行辩护;(四)被告人可以在法庭辩论终结后作最后陈述",而与之相应的则是当事人、诉讼代理人(辩护人)在庭审中可以实施申请回避、提出证据、辩论等行为。

2.强制性规定。庭审活动是一项程序性极强,以及非常严肃、威严的活动,为了保证庭审的顺利进行,以及维护法庭的秩序和权威,必须对当事人、诉讼代理人参加庭审的行为提出强制性的要求。例如在庭审的仪式性方面,2015年12月新修订的《法庭规则(2016)》第12条规定"非履行职务的出庭人员及旁听人员,应当文明着装"、第15条规定"审判人员进入法庭以及审判长或独任审判员宣告判决、裁定、决定时,全体人员应当起立"。《律师执业行为规范》第71条规定"律师在法庭或仲裁庭发言时应当举止庄重、大方,用词文明、得体"。为了维护法庭秩序,必要时,也可禁止当事人、诉讼代理人在庭审中实施某种行为。例如《法庭规则(2016)》规定,除经人民法院许可,需要在法庭上出示的证据外,枪支、弹药等物品不得携带进入法庭,全体人员在庭审活动中不得吸烟、进食、拨打或接听电话等;《最高人民法院关于适用〈中华人民共和国刑事诉讼法〉的解释》第249条规定,法庭审理过程中,诉讼参与人、旁听人员应当遵守以下纪律:(二)不得鼓掌、喧哗、哄闹、随意走动;(三)不得对庭审活动进行录音、录像、摄影等。

3.惩罚性规定。对于当事人、诉讼代理人在庭审中不遵守法庭纪律或者实施了扰乱法庭秩序等行为的,根据情节轻重,由人民法院给予相应的惩罚。在《民事诉讼法》中,对于当事人未经法庭许可中途退庭的,根据第143条、第144条的规定,对原告可以按撤诉处理,对被告可以缺席判决。而对于当事人、诉讼代理人(辩护人)违反法庭规则的,根据《法庭规则(2016)》的规定,人民法院对违反法庭纪律的人员,可以予以训诫,责令退出法庭或者予以罚款、拘留;对哄闹、冲击法庭,侮辱、诽谤、威胁、殴打审判人员,严重扰乱法庭秩序的人,依法追究刑事责任,情节较轻的,予以罚款、拘留。

(二) 当事人、诉讼代理人参加庭审存在的问题

在司法实践中,当事人、诉讼代理人参加庭审时存在的问题,主要体现在以下几个方面:

第一,出庭迟到。在审判实践中,当事人、诉讼代理人出庭迟到的现象较为严重,造成这一现象的原因是多方面的。比如一些当事人、诉讼代理人的时间观念不强,不重视传票规定的时间,因而迟到;一些当事人法律意识淡薄,认为出庭迟到不会承担法律上的后果,而故意迟到;一些当事人因交通拥堵、车辆故障及其他不可预见的事件,而造成迟到。当前,出庭迟到的现象在民事、行政案件中尤为突出,个别情况下还会出现让法官在法庭上苦等当事人、律师的情况。对于出庭迟到现象,法官一般会劝慰先到的当事人耐心等待,并催促迟到的当事人尽快出庭,但是有的当事人不听法官劝说,而是强烈要求缺席审理或按撤诉处理,甚至要求赔偿误工费,有的还借题发挥,把矛头指向法院,以法院偏袒一方当事人为由到处告状,常常使法院处于尴尬地位。在刑事诉讼中,对于出席二审的检察员出庭迟到该如何处理的问题,法律上并没有明确具体的规定;出席二审的检察员如果开庭迟到,法律并没有赋予法院按撤诉处理或者缺席审判的权力,也没有赋予法官惩戒检察官的权力,在检察员迟到的情况下,包括法官在内的全体参加诉讼人员往往只能耐心等待检察员到庭。

第二,着装随意。对于当事人、代理人的着装问题,根据《法庭规则(2016)》第12条的规定,出庭履行职务的人员,按照职业着装规定着装,非履行职务的出庭人员及旁听人员,应当文明着装;《律师执业行为规范》第 71 条的规定,律师担任辩护人、代理人参加庭审应当按照规定穿着律师出庭服装,佩戴律师出庭徽章。在司法实践中,虽然当事人、代理人的衣着达到了整洁的要求,但是代理人穿出庭服装出庭的情况非常少见,一些当事人、代理人甚至穿着过于花哨、暴露的服装出庭,显得极不专业、严肃,与法庭庄严、肃穆的氛围不太协调。

第三,举止不文明。一些案件的当事人、代理人由于其自身的素质不高、诉讼双方矛盾尖锐等原因,在庭审中不注意自己的言行举止,偶尔会出现粗口或者使用侮辱性的词汇等举止不文明的行为。

第四,不听从指挥。庭审活动有着严格的纪律要求,而且一切庭审活动要听从审判长的指挥。然而在司法实践中,不少案件的当事人,甚至是诉讼代理人为了表达自己的观点,或者表达自己的不满等,在庭审中经常不听从审判长的指挥,随意发言、随意打断对方的发言等,造成庭审活动的无序、漫长,甚至将庭审现场演变成了吵架的现场,严重背离了庭审的本质。更有甚者,一些代理人(辩护人)出于一些个人目的,不时在庭审中上演拒绝辩护、中途退庭等扰乱庭审秩序的行为;一些当事人实施哄闹、冲击法庭,侮辱、诽谤、威胁、殴打司法工作人员或诉讼参与人的行为。

(三) 规范当事人、诉讼代理人庭审行为的建议

庭审活动并不是法官的独角戏,而是一场控辩审三方一起参与的活动。庭审活动能否文明公正、秩序井然,并达到庭审的目的,除了对法官的审判能力提出更高要求之外,也需要当事人、诉讼代理人的配合、支持、服从法官的庭审安排,并在法官的指挥、安排之下充分行使自己的权利。针对当前当事人、诉讼代理人参加庭审时存在的一些问题,我们认为,法院可以通过刚柔并济的手段进一步规范当事人、诉讼代理人的庭审行为。

第一,提供服务,加强引导。法院要求当事人、代理人到法院参加开庭活动,就有责任、有义务为当事人、代理人提供必要的服务。比如针对出庭迟到问题,法院可以开辟庭审绿色通道,为当事人、代理人进入法院参加庭审提供安检快速通道等措施,减少当事人、代理人的等待时间;针对着装随意问题,可以在法院设立律师休息室、更衣室等场所,为当事人、律师提供存储、更换服装提供便利;针对不听从庭审指挥问题,可以在开庭审理前送达法庭规则、宣读法庭纪律等形式,告知当事人、代理人相关的庭审纪律、注意事项以及违反庭审纪律的后果等,并在庭审中由审判长引导当事人、代理人通过文明理性的方式行使诉讼权利。

第二,强调纪律,加强惩戒。出庭迟到、举止不文明、不听从庭审指挥等现象既有损法院形象和法律尊严,又增加了办案难度,不利于公正、高效审判。对于上述现象,法院应当在为当事人、代理人提供服务、加强引导的同时,又要强调法庭纪律、加强惩戒。对于时间观念不强或因交通拥堵等原因而迟到的当事人、代理人,以批评教育为主;对于故意迟到或者迟到时间超过一定期限的,依法判决该方当事人承担按撤诉处理或缺席审理的法律后果。对于言行举止不文明或偶尔不听从指挥的当事人、代理人,以批评教育为主;但是对于一些屡教不改或者故意扰乱法庭秩序的当事人、代理人,要根据情节轻重予以惩戒;情节较轻的,予以警告、训诫,对于哄闹、冲击法庭或者侮辱、诽谤、威胁、殴打司法工作人员或诉讼参与人的,予以强行带出法庭、罚款、拘留;构成犯罪的,依法追究其刑事责任。此外,还应将律师、法律工作者故意违反法庭纪律或扰乱法庭秩序的情况及时通报给司法行政部门,由司法行政部门依法进行后续处理;并将当事人、代理人因违反法庭纪律或扰乱法庭秩序而被法院予以处罚的典型案例制作成电子或者书面资料,在开庭前进行播放或者发放,让当事人、代理人更加直观地感受到法庭的秩序、威严不容挑战。

第二节　全面贯彻依法裁判规则

所谓依法裁判,简单来说就是依据现行的法律规定,对案件作出裁决和判断。依法裁判主要包括以下三个方面的内容:一是司法裁判必须遵守法律;二是司法裁判必须根据现有的法律;三是司法裁判必须客观地适用法律。[1]依法裁判是现代法治国家中普遍存在的一项司法原则,现代法治国家往往通过制定一定规模的法律,以此作为司法裁判的标准和依据。在党的十八届四中全会作出的《中共中央关于全面推进依法治国若干重大问题的决定》中提出了"全面依法治国"的战略部署,具体到司法领域,"全面依法治国"的直接体现就是要求司法机关"全面依法裁判"。

一、严格依照法定程序裁判

依法裁判无论是在裁判内容上,还是在裁判程序上,都必须严格遵守法律。依法裁判的根本目的在于通过依法对案件作出裁判,使矛盾纠纷得到公正解决,以实现司法公正。裁判公正不仅包括实体公正,也包括程序公正。因此,依法裁判要求裁判的程序、形式应当合法,才能体现裁判的公正性。司法公正是依靠程序法来保障的,依法裁判所依之"法",除了实体法,还包括程序法。实际上,在谋求案件的公正裁判中,程序法具有实体法所不可替代的地位和价值。[2]程序法在司法公正中具有双重功能,一方面程序法具有辅助实体法实现裁判实体公正的功能,另一方面也具有实现裁判程序公正的功能。在理解和适用实体法方面,法官的行为是受到程序法约束的,案件争议焦点的确定、法庭调查、法庭辩论、案件合议等方面的程序性规定可以防止法官在理解和适用实体法上的任意性。当前,我国司法裁判中存在的"有法不依,执法不严"的现象,通常不是适用实体法不正确,而是在执行程序法上不严格,导致程序违法,影响司法公正。依法裁判必须依照一定的程序进行,并且应当奉行"程序优先"的司法理念。在当前我国的立法数量已经基本实现有法可依的局面之下,树立程序优先的理念对实现依法裁判是非常重要的。

---

[1]　聂德宗:《依法裁判的含义及实现条件》,《社会科学研究》1999 年第 1 期。

[2]　刘成安:《法官依法判案的困惑及应对》,《法律方法》(第 11 卷),山东人民出版社 2011 年版,第 223 页。

　　有学者曾说过:"法律的好坏,不在'法条'的本身,而在'诉讼法'的执行。不在如何处罚犯罪,而在如何确定犯罪。"[1]人们经常将规定正当程序的法律称为"阳光法案",这在刑事程序上能够找到极好的反证:没有程序,就意味着黑暗。[2] 由于诉讼活动过程具有非常严密的程序和严格的规范性,它最大程度地限制了人们在解决纠纷时可能出现的主观随意性,因此为公正合理地解决纠纷,司法机关按照诉讼程序审理案件,本身就是实现法的公正价值的要求,同时严格遵守程序才能保障裁判的公正。只有按照公正的程序作出裁判,才能实现裁判的公正和程序的正义。[3]

二、严格依据法定权利、义务裁判

　　诉讼之所以启动,目的就是为了追求公正,将具体的纷争定格为具体的权利义务关系。在诉讼过程中,当事人对未生效裁判的上诉、抗诉和对已生效裁判的申诉,其主要原因也是对裁判结果不服,希望通过二审或者再审的程序获得满意的裁判结果,以实现实体公正。实体公正是结果的公正,法官审理案件必须依据实体法作出裁判,并依据法律确定的法律责任以及权利、义务作出裁判。具体而言,严格依据法定权利、义务裁判,主要包括以下三个方面的内容:

　　1.裁判确定的法律责任必须有法律依据。"法无明文规定不为罪,法无明文规定不处罚",是责任法定的最好体现。在诉讼活动中,原告或者公诉机关要求法院判处被告承担相应的法律责任,必须要有法律依据,原告或者公诉人不能在法律规定的范围外要求被告承担责任。作为一种否定性的法律后果,法律责任应当由法律规范预先规定;违法行为或者违约行为发生之后,应当按照事先规定的性质、范围、程度、期限、方式追究违法者、违约者或者相关

---

　　[1] 柏扬:《中国人史纲》(下册),时代文艺出版社1987年版,第502页。
　　[2] 胡治超:《程序公正与中国法治之路》,《法律适用》2003年第8期。
　　[3] 蒋伟、黄金波:《现代司法理念与司法公正》,中国法院网,http://www.chinacourt.org/article/detail/2004/07/id/124467.shtml,最后访问时间:2016年5月4日。

人员的责任。责任法定原则的基本特点为法定性、合理性和明确性。依法裁判,就是要禁止司法机关超越法定权限追究责任主体的法律责任,以及禁止向责任主体追究法律明文规定以外的责任。司法机关判决公民、法人承担非法的责罚时,任何责任主体都有权拒绝承担法律明文规定以外的责任,并有权在被非法责罚时要求国家赔偿。责任法定原则还否定和摒弃对行为人不利的溯及既往,强调"法不溯及既往",即司法机关不能用今天的法律去要求人们昨天的行为,也不能用新法制裁人们根据旧法并不违法的先前行为,不能以溯及既往的效力为由扩大制裁面,加大制裁力度。

2. 裁判保护的权利必须有法律依据。由宪法和法律明文规定的公民或者法人所享有的权利,正是裁判所保护的权利,没有宪法、法律依据的权利不受法院裁判保护。在涉及权利争议的个案中,法院可以通过适用具体的法律规定或者通过对抽象规范进行解释,对争议权利作出具体的、终局性的裁决,从而保护当事人的合法权利。立法再怎么完善,始终也会存在法律调整不到的"死角"。在一个行为侵犯公民基本权利的情况下,完全可能既无具体法律规范,也无抽象法律条款可供援引。在此情况下,应当区分不同的情况予以分别对待;如果具体和抽象立法均缺位,但是存在宪法的基本权利条款的情况下,我们认为,应当允许法院直接适用宪法的基本权利条款进行裁判;如果具体和抽象立法均缺位,又没有宪法的基本权利条款,我们认为,该权利显然不应予以保护,例如我国的普通公民在宪法、法律上并不享有持有枪支的权利,如果一个普通公民以政府的行为侵犯了其持有枪支的权利而要求法院保护其持有枪支的权利,那么该请求显然是不能得到法院支持的。

3. 裁判确定的义务必须有法律依据。法律义务同基于道德、宗教教义或其他社会规范产生的义务不同,它是根据国家制定的法律规范产生,并以国家强制力保障其履行的,违反法律义务就要承担法律责任。法律上的义务与权利具有不可分割的联系,没有权利就无所谓义务,没有义务也就没有权利。在诉讼活动中,特别是在民事、行政诉讼案件中,法院往往会判决败诉的一方承担一定的法律义务。例如在一些买卖合同纠纷案件中,法院会判决败诉的一方当事人在法定期限内履行支付货款的义务等。法院在进行裁判时,不能判令当事人承担没有法律依据的义务,也不能创设法律上没有的义务,例如我国法院不能通过裁判的方式要求当事人履行向上帝祷告的义务。

三、严格法定责任承担

全面贯彻依法裁判,要求当事人的程序责任和实体责任的承担及方式都要有法律依据。由于违反法律和约定,或者由于法律规定,违法行为人、违约行为人或其他法律规定的人需要付出相应的代价,承担一定的法律责任。就违反的法律类型而言,法律责任可以分为程序责任和实体责任;就其性质而言,法律责任方式也可以分为补偿性方式和制裁性方式。从部门法的角度来看,法律责任还可分为民事责任、刑事责任、行政责任、违宪责任和国家赔偿责任;从过错的角度来看,法律责任也可分为过错责任、过错推定责任、无过错责任等。一般而言,不管是何种类型的法律责任,法定责任的承担方式主要包括惩罚、补偿、强制三种。

1.惩罚。惩罚即法律制裁,是国家通过强制对责任主体的人身、财产和精神实施制裁的责任方式。惩罚主要针对人身进行,国家使用强制力对责任主体的人身、精神施加痛苦,限制或者剥夺财产,使责任主体受到压力、损失和道德非难,从而起到报复、预防和矫正的作用,实现社会正义。惩罚(法律制裁)具体包括以下种类:民事制裁、行政制裁、刑事制裁和违宪制裁。[1]

2.补偿。补偿是通过国家强制力或当事人要求由责任主体以作为或不作为的形式弥补或赔偿所造成损失的责任方式。补偿包括防止性的补偿、恢复性的补偿、补救性的补偿等不同功能的责任方式。补偿的方式除了对不法行为的否定、精神慰藉外,主要为财产上的赔偿、补偿。在我国,补偿主要包括民事补偿和国家赔偿两类。

---

[1]　张文显主编:《法理学》(第4版),高等教育出版社、北京大学出版社2011年版,第130页。

3.强制。强制是指国家通过强制力迫使不履行义务的责任主体履行义务的责任方式。强制的功能在于保障义务的履行,从而实现权利,使法律关系正常运作。强制包括对人身的强制和对财产的强制。强制是承担行政法律责任的主要方式,强制主要是直接强制,也有代为执行、执行罚等间接强制。[1]

法定责任的承担,要严格按照法律规定进行,不能随心所欲、主观任性。根据我国的法律规定,在符合一定条件的情况下,法律责任可以减轻或者免除,即通常所说的"免责"。免责是以法律责任的存在为前提,部分或者全部免除责任并不意味着特定的违法行为是合理的、法律允许的或法律不管的,也不意味着被免责的行为是法律赞成的。在我国的法律规定中,免责的条件和方式主要有时效免责、不诉免责、自首或立功免责、补救免责、协议免责、自助免责、人道主义免责等。法院通过裁判的方式判令当事人承担法定责任或者减轻、免除责任,一般应当遵循责任法定、因果联系、责任与处罚相当、责任自负等原则。

四、构建以裁判确立行为规则的原则

从历史的角度来看,法律要有一定的稳定性,但又不能停止不前、静止不变,不断变化的社会生活环境要求法律作出相应的调整、变化。社会生活是不断变化发展的,但是法律的制定、修改却是一个漫长、复杂的过程,法律规定赶不上时代发展是一个难以避免的问题。依法裁判,要求法官依据现行法律规定作出裁判,然而由于法律的滞后性,却又不可避免地出现法律规定不明确的案件,这让法官似乎陷入了进退两难的窘境之中。那么,在法律规定不明确的情况下,法官能不能对案件说"不"?答案显然是否定的。当前,"不得拒绝裁判"原则已成为世界多国普遍适用的司法原则。

在英美法系国家,其奉行"遵循先例"的原则,在法律规定不明确的情况

---

[1] 张文显主编:《法理学》(第4版),高等教育出版社、北京大学出版社2011年版,第131页。

下,法官可以通过判例来创设法律,从而为后面的判决提供"先例",也即英美法系国家可以通过"法官造法"的形式来弥补法律规定的不足和法律规定的滞后性,因此不存在因法律规定不明确而"拒绝裁判"的情况。而在大陆法系国家,则主要是通过制定成文法的形式,确立"不得拒绝裁判"的原则,例如《法国民法典》第4条规定"审判员借口没有法律或法律不明确、不完备而拒绝受理者,得依拒绝审判罪追诉之",《瑞士民法典》第1条第2款规定"如本法无相应规定时,法官应依据惯例;如无惯例时,依据自己作为立法人所提出的规则裁判",由此可见,即使摆在法官面前的是无法所依的棘手案件,其亦不得拒绝裁判之,否则就违反了作为裁判者最为基本的职责,而要承担相应的法律责任。[1] 虽然我国并没有明文规定法官"不得拒绝裁判",但是从司法实践来看,现在正在实行的"立案登记制",实际上正是"不得拒绝裁判"的最好例证。

法律规定不明确的案件,法官不得拒绝裁判。那么,在此情况下,法官如何裁判,将是需要重点解决的问题。我们认为,对于法律规定不明确的案件,可以通过构建以裁判确立行为规则的方式予以解决。以裁判确立行为规则,主要包括以下两个方面的内容:

1.通过裁判确立的行为规则,应当具有合法性。在法律规定不明确的案件中,也必须遵循依法裁判的原则,根据现有的法律予以裁判,不能通过裁判创设法律。人民法院对行为的审查、定性必须具有合法性,确立的行为规则也应当具有合法性。例如,钦州市中级人民法院在审理一起受贿案件中,被告人温某接到办案机关要求其前往配合调查的电话通知后,自行前往办案机关接受调查,并向办案机关如实交代了其受贿的犯罪事实。[2] 对于被告人接到办案机关电话通知后,自行到达办案机关的行为,是否属于自首,在法律上并没有明确规定。因此,在对该案进行裁判时,就要了解刑法上对于"自首"是

---

[1] 孙海波:《走向不确定法律状态下的司法裁判——论疑难案件裁判的经验与方法》,《西部法学评论》2013年第4期。

[2] 参见广西壮族自治区钦州市中级人民法院(2015)钦刑二初字第3号案件。

如何界定的,在何种情况下可以认定为自首,然后再根据被告人的行为判断其是否构成自首。《刑法》第 67 条规定:"犯罪以后自动投案,如实供述自己的罪行的,是自首",《最高人民法院、最高人民检察院关于办理职务犯罪案件认定自首、立功等量刑情节若干问题的意见》规定:"犯罪事实或者犯罪分子未被办案机关掌握,或者虽被掌握,但犯罪分子尚未受到调查谈话、讯问,或者未被宣布采取调查措施或者强制措施时,向办案机关投案的,是自动投案。在此期间如实交代自己的主要犯罪事实的,应当认定为自首。"

由此可见,虽然法律上对于被告人经过电话通知后自行前往办案机关的行为是否属于自首没有明确规定,但是对于什么是自首、什么是自动投案却有明确的规定。在温某受贿案中,温某在前往办案机关之前并没有被采取调查措施或者强制措施,其接到电话通知后没有选择逃跑或者躲避,而是自愿前往办案机关接受调查,证实其具有投案的主动性,其行为可以认定为"自动投案";其到案后又如实交代了其受贿的犯罪事实,因此,温某的行为符合自首的构成要件。通过裁判,法院最终确立了被告人接到电话通知后自行前往办案机关并如实交代自己的主要犯罪事实的行为属于自首的行为规则。

2. 通过裁判确立的行为规则,应当具有普遍适用性。司法实践中,法官们每天都在以不同方式与法律规定不明确的疑难案件打交道,无论凭借何种知识和技能,这些案件大多最终还是通过司法途径被解决了。当前面临的困难在于某些法官解决了其遇到的疑难案件之后,并没能为其他法官解决类似的疑难案件提供帮助,也没能让其裁判意见成为完善该法律规定不明确之处的参考和依据。通过裁判确立行为规则的价值就在于通过对于个案的裁判,总结出具有普遍适用性的行为规则,让法官之间共享化解"法律规定不明确案件如何裁判"这一难题的成果,提高裁判质量,也可以为其他部门提供立法参考和依据。

五、构建裁判规则评价发布制度

"同等情况相同对待"是古老的法律格言,也是现代法治的基本原则。"同等情况相同对待"既是自然正义的要求,也是宪法法制统一原则的要求。司法的常态是追求判决的稳定性,也就是要努力做到"同样的案件"得到"同样的判决"。然而法律标准的一元性与案件事实的多样性导致裁判的结果必然呈现差异性,世界上不可能存在完全一样的案件,但是存在类似或者同一类型的案件,而如何让类似或者同类案件的裁判的差异性减小到最低程度,则是上级法院应当承担的责任。根据《最高人民法院关于规范上下级人民法院审判业务关系的若干意见》的规定,上级法院可以通过审理案件、制定司法解释或者规范性文件或审判业务文件、发布指导性或参考性案例、召开审判业务会议、组织法官培训、总结审判经验等形式,对下级法院的审判工作进行指导,规范和统一裁判标准。在我国的四级法院体系中,中级法院既是大部分案件的终审法院,又是少部分重大、复杂案件的初审法院,中级法院囊括了除死刑复核权以外的几乎全部的审判职能,在我国的法院体系中承担着承上启下的关键作用。在规范和统一裁判标准方面,中级法院起着基础和引领作用,具有重要的地位。

(一) 建立典型案件、争议案件裁判意见发布机制

不同地域以及上下级法院之间在类似或者同类案件的处理上常常会存在不同的司法认识、不同的裁判标准,法院判决时所适用的规则常处在不确定的状态。当事人提起诉讼时,完全无从预测法官会作出怎样的判决。而法院通过发布对典型案件、争议案件的裁判意见和裁判规则,充分发挥典型案例的示范引导作用,则可以大大提高上级法院生效判决的模范作用,帮助本级法院及下级法院的法官群体形成相对统一的利益衡量标准和裁判尺度,不断缩小不同法院之间裁判结果的巨大差异,统一法律适用的标准。在现有的制定法的法律体制下,借鉴判例法制度,发布典型案例、争议案件的裁判规则和裁判意见,可以弥补制定法规范的不足,统一司法认识,避免"同案异判"。

（二）建立定期发布裁判问题参考意见机制

现行法律体系具有局限性和滞后性,制定法的抽象性造成原则条款的大量适用,而在适用原则条款时,法官的个人素质、理解能力等因素影响着原则条款的适用,造成不同的法官对同一问题有不同的理解、不同的判决。而通过定期发布裁判问题参考意见,可以促进法律适用在时间、地域、对象上的同一性,使上下级法院对相同或相似案件作出的裁判互不冲突,使同一法院前后作出的裁判互不矛盾,以法律适用的统一性来体现司法公正。

（三）完善司法建议定期报备同级人大常委会机制

在司法实践中,人民法院在审理具体案件的过程中往往能够发现立法的不足或者缺陷,人民法院也因此常向有关部门发出司法建议,但是很少向同级人大常委会备案。党的十八届四中全会决定"赋予设区的市地方立法权",2015 年 3 月 15 日新修改后的《立法法》也已经通过立法的形式,明确赋予设区的市在城乡建设与管理、环境保护、历史文化保护等方面的地方立法权。因此,今后中级人民法院向有关部门发出的司法建议,可同步向同级人大常委会备案。将司法实践中的裁判意见、司法建议作为地方立法的参考,这对于统一同一个地区的法律适用大有益处。

第三节 全面贯彻证据裁判规则

一、证据裁判规则概述

证据裁判,是指对于案件争议事项的认定,应当依据证据。证据裁判原则要求裁判的形成必须以达到一定要求的证据为依据,没有证据不得认定案件事实。[1] 就证据裁判规则的基本内涵而言,其主要包括以下三个方面的内

---

[1] 宋英辉、李哲:《证据裁判原则评介》,《政法论坛》(中国政法大学学报)2003 年第 4 期。

容:第一,认定案件事实,必须以证据为根据;第二,应当依照法定程序审查、认定证据,确保定案根据符合诉讼证据的内在要求,具备证据资格和证明力;第三,认定被告人有罪或者当事人需要承担责任,应当适用证据确实、充分的证明标准。

证据裁判原则不是自古有之,而是司法制度发展到一定历史阶段的产物。自从人类社会产生了解决纠纷的诉讼活动以后,裁判者就力求发现案件真实,而且随着社会的进步,发现真实的模式、原则和制度也呈现阶段性的演进。从世界范围来看,诉讼证明方式的演进历经神明裁判、口供裁判和证据裁判三个阶段。证据裁判原则在我国的确立并不是一蹴而就的,而是经历了口供裁判——证据裁判精神体现——证据裁判原则确立的漫长发展之路,这种发展路径根植于我国的特定环境,符合我国的诉讼文化和诉讼制度发展。[1]

新中国成立以来,我国在相关的法律文件中继承了证据裁判精神,但在立法上长期没有证据裁判原则的条文规定,直至2007年才在最高人民法院、最高人民检察院、公安部、司法部联合出台的《关于进一步严格依法办案确保办理死刑案件质量的意见》中正式明确规定证据裁判原则。在党的十八届四中全会作出的《中共中央关于全面推进依法治国若干重大问题的决定》中明确提出了"推进以审判为中心的诉讼制度改革,确保侦查、审查起诉的案件事实证据经得起法律的检验。全面贯彻证据裁判规则,严格依法收集、固定、保存、审查、运用证据,完善证人、鉴定人出庭制度,保证庭审在查明事实、认定证据、保护诉权、公正裁判中发挥决定性作用"的改革目标,事实上"以审判为中心",实质上是"以证据为核心",关键是全面贯彻证据裁判规则。

二、严格规范证据的收集、固定、保存、审查与运用规则

证据是诉讼的基石,是保证案件质量的核心,其重要性不言而喻。全面贯

---

[1]　陈光中:《证据裁判原则若干问题之探讨》,《中共浙江省委党校学报》2014年第6期。

彻证据裁判规则,首先就是要坚持严格依法收集、固定、审查和运用证据,严格证明标准,特别是在刑事诉讼中不仅要重视收集和采信有罪证据,也要重视收集和采信无罪证据,坚决排除非法证据,坚决防止事实不清、证据不足的案件或者违反法律程序的案件"带病"进入起诉、审判程序。冤假错案之所以发生,追根溯源是在认定案件事实及证据方面出现了问题,没有把好案件的事实关、证据关。在诉讼活动中,法院处于居中裁判的地位,案件的证据主要由控辩双方收集、提供,法院应当从举证责任分配、规范举证行为、审查证据方面规范收集、固定、保存、审查与运用证据的行为。

(一) 规范举证责任

当事人对自己提出的主张有收集或提供证据的义务,并有运用该证据证明主张的案件事实成立或有利于自己的主张的责任,否则将承担其主张不能成立的危险。依法收集、固定、保存、审查、运用证据,前提就是依法分配举证责任,举证责任的分配所要解决的问题首先是谁应就何种事实负举证责任,以及在争议的案件事实处于真伪不明的状态时谁应当承受不利的诉讼后果。在我国的三大诉讼中,民事诉讼、行政诉讼和刑事诉讼所遵循的举证责任规则是不一样的,分配给各方当事人的举证责任也有所区别。

1. 民事诉讼遵循"谁主张,谁举证"的举证规则。《民事诉讼法》第 64 条规定"当事人对自己提出的主张,有责任提供证据",明确了提供证据证明案件事实的责任应由主张事实的当事人负担,除了举证责任倒置等法定条件之外,民事诉讼的当事人对自己提出的主张,有责任收集、提供证据。

2. 行政诉讼遵循"被告对作出的行政行为负有举证责任"的举证规则。在行政诉讼中,行政机关要提供其作出行政行为的证据和所依据的规范性文件,以证实其行政行为合法。当然,行政诉讼中的原告及第三人,并非没有任何举证责任,原告及第三人也负有一定的举证责任。根据《行政诉讼法》的规定,行政诉讼的原告的举证责任包括以下三个方面:一是在起诉时,原告应当提供其符合起诉条件的相应的证据材料;二是在起诉被告不作为的案件中,原告应当提供其在行政程序中曾经提出申请的证据材料;三是在行政赔偿、补偿诉讼中,原告应当对行政行为造成损害提供证据。此外,行政诉讼的原告可以收集、提供证明行政行为违法的证据,但是原告提供的该证据不成立的,不能免除被告的举证责任。

3.刑事诉讼遵循"被告人有罪的举证责任,由控告方承担"的举证规则。在公诉案件中被告人有罪的举证责任由人民检察院承担,自诉案件中被告人有罪的举证责任由自诉人承担。被告人没有自证其罪的责任,也不负有证明其无罪的责任,公诉机关不能强迫被告人自证其罪。

根据三大诉讼法的举证责任规则,分配各方当事人的举证责任,对于没有证据或者证据不足以证明当事人主张的,由负有举证责任的当事人承担举证不能的不利后果,这才是全面贯彻证据裁判规则的最好体现。

(二) 规范举证行为

举证行为,包括收集、固定、保存和提交证据的行为。举证行为中最为关键的就是收集和固定证据的行为,司法实践中,往往由于收集、固定证据的行为不合法或者没有收集、固定关键证据,从而导致案件事实无法查清或者造成冤错案件。按证据法学的说法,各方当事人必须紧紧围绕案件证明对象依法收集、固定、保存证据。以刑事诉讼为例,任何一种犯罪在证明对象中,必须解决"七何"要素,即何人、何时、何地、何手段、何行为、何因、何果,这七个要素缺少任何一个都无法证明犯罪的构成问题。侦查机关应当围绕犯罪的构成要件全面、客观、及时收集与案件有关的证据,严格按照有关规定要求,在规范的讯问场所讯问犯罪嫌疑人;对物证、书证等实物证据,一般应当提取原物、原件,确保证据的真实性;需要鉴定的,应当及时送检;证据之间有矛盾的,应当及时查证;所有证据应当妥善保管,随案移送。

收集证据往往是启动举证程序,甚至是启动诉讼程序的第一步,收集证据的结果往往会直接影响案件的审理结果。当前,当事人收集的证据不合法或者提交虚假证据的问题,影响着人民法院审判工作的正常开展。从司法实践来看,违法收集证据或者提交虚假证据,往往是造成冤假错案的源头。佘祥林、赵作海、呼格吉勒图等冤假错案均与侦查机关通过刑讯逼供方式收集被告人供述有关。因此,规范举证行为,关键就是要在法律规定范围内规范收集、固定、保存和提交证据的行为,排除非法证据。对于采取刑讯逼供、暴力、威胁等非法方法收集的言词证据,坚决依法予以排除;对于收集物证、书证不符合法定程序,可能严重影响司法公正,不能补正或者作出合理解释的,坚决依法予以排除。

(三) 规范审查证据

证据具有合法性、真实性和关联性三大特性,简称为证据的"三性"。审查证据的"三性"是诉讼中不可或缺的重要一环,也是认定案件事实的前提和基础。全面贯彻证据裁判规则,就是要对证据的"三性"进行严格的审查、确认,确保作为认定案件事实的证据必须具有合法性、真实性和关联性。

首先,定案的证据必须具有合法性。证据的合法性,主要包括以下几个方面的内容:第一,证据的形式必须合法。大陆法系国家强调证据形式的严格性,即认定案件事实应依法定的证据形式,如人证、物证和书证。我国的三大诉讼法规定了物证、书证等 8 种法定证据形式(亦称证据种类),对案件事实的认定必须建立在上述 8 种证据形式之上。换而言之,在诉讼活动中,任何上述证据形式以外的东西都不能作为认定事实的根据。第二,证据的来源必须合法。当事人、诉讼代理人或者办案机关收集证据从程序上必须符合三大诉讼法的规定,以非法方式收集的证据不能作为定案的依据。第三,举证的程序必须合法。任何证据必须经过法庭举证、质证、认证后才能作为定案的依据,没有经过举证、质证、认证的证据,即使证据来源合法、客观真实,也不能作为认定案件事实的证据。

其次,定案的证据必须具有真实性。证据的真实性,也叫证据的客观性,是指证据作为已发生的案件事实的客观遗留,是不以人们的主观意志为转移的客观存在。任何案件事实都是在一定的时间和空间发生的,必然会在客观外界遗留下某些物品或痕迹。这一客观事实发生在诉讼法律关系形成、变更或消灭的过程中,是当时作用于他人感官而被看到、听到或感受到的、留在人的记忆中的,或作用于周围的环境、物品引起物件的变化而留下的痕迹物品,也可能由文字或者某种符号记载下来,甚至成为视听资料等。一个案件发生之后,人们通过语言、文字陈述出来的事实,都属于经验事实,并不能完全反映客观存在。因此,对于书证、物证的审查,应当要求书证提交原件、物证提交原物,经过审查后,才能作为定案的根据。

最后,定案的证据必须具有关联性。证据的关联性要求纳入诉讼过程的证据材料必须与案件事实有实质相关并对案件事实有证明作用。这说明证据必须与本案事实相关,否则对本案无实际意义,应予摒弃。换言之,原则上一切无关联性的证据都应排除,这就是关联性规则。证据的关联性包括两个方面,"一是证据与案件事实有直接或间接的联系;二是证明事实对案件事实有正面或反面的证明作用。"[1]

证据的关联性可从下列几方面理解:其一,关联性是证据的一种客观属性,即证据同案件事实之间的联系是客观联系而不是办案人员的主观想象和外部强加的联系。其二,证据的关联性应具有实质性意义,即证据与案件的基本事实相关,在刑事案件中是指关系当事人是否犯罪、犯罪性质及罪责的轻重等。其三,相关的形式或渠道多种多样,包括直接相关和间接相关、正面相关和反面相关、必然相关与偶然相关、肯定性相关与否定性相关、单因素相关以及重合相关等。关联性应达到一定程度,如果关联性过于间接或十分微弱,此证据被视为不具有关联性。其四,关联性的实质意义在于证明力,即有助于证明案件事实。与案件事实关联程度的强弱直接影响到证据的证明力。如证人甲仅证明犯罪嫌疑人某段时间到过现场,而证人乙却能具体证明某时某刻其曾亲眼目睹犯罪嫌疑人实施犯罪的过程。毫无疑问,后者与本案关联更为紧密,其证明力较前者强。

此外,在刑事诉讼中,对于定罪量刑的证据除了要审查是否达到合法性、真实性、关联性之外,还必须审查该证据是否达到"唯一性",即"排除其他可能性",证据之间具有内在联系,共同指向同一待证事实,不存在无法排除的

---

[1]　周国均:《刑事证据关联性新探》,《政法论坛》(中国政法大学学报)1987 年第 5 期。

矛盾和无法解释的疑问的,才能作为定案的根据。

三、严格落实以庭审为中心的公开认证规则

司法的公正性在很大程度上体现在庭审公开和裁判文书公开上,实行证据的公开认证规则的目的也是为了体现和维护司法的公正性。认证公开是审判公开制度的重要组成部分,是对审判过程的一种公开形式。法官虽然无法现场公开其内心对证据的判断过程,但却可以通过在庭审中、判决书中说明这一过程来明示。这些被公开的认证理由既有利于说服当事人认同法官的判决,同时也使当事人对法官的监督更加具有实质意义。但长期以来,我国的司法实践中一直存在着判决书过于简单的情况。法官在判决书中仅仅列明认定的事实,但除此之外却不再说明认定证据的根据和理由。这使得法官对案件事实的判断完全成为了一种内心的秘密,当事人和广大人民群众的监督也无从谈起。而且在法官的意见与当事人的意见发生分歧的时候,当事人由于不知道法院认定事实的理由,自然无法被充分的说服,也无法信任法院的判决,影响了法院所承担的解决纷争这一功能的实现。[1] 结合相关的法律规定和司法改革的要求,当前对证据实行公开认证,主要有以下两个途径:

一是在庭审中对证据公开认证。证据审查必须依法公开进行,认证在法庭上进行则是法定公开形式。《最高人民法院关于适用〈中华人民共和国刑事诉讼法〉的解释》第 63 条规定:"证据未经当庭出示、辨认、质证等法庭调查程序查证属实,不得作为定案的根据,但法律和本解释另有规定的除外",《最高人民法院关于行政诉讼证据若干问题的规定》第 72 条规定:"庭审中经过质证的证据,能够当庭认定的,应当当庭认定;不能当庭认定的,应当在合议庭合议时认定。"在审判阶段,法官对控辩双方提供的证据存在一个审查分析的过程,在此基础上才能认定案件事实,作出当事人是否承担责任或者被告人是

---

[1] 俞亮、张驰:《试论我国民事诉讼认证规则的改革与完善》,《中共天津市委党校学报》2003年第 3 期。

否有罪的裁判。在庭审中对证据的举证、质证和认证,是法官对证据进行审查分析的最为关键的环节。《中共中央关于全面推进依法治国若干重大问题的决定》提出了要"保证庭审在查明事实、认定证据、保护诉权、公正裁判中发挥决定性作用"。总而言之,在庭审上对证据公开认证,实现庭审的查明案件事实的功能,彰显司法权威,这是以审判为中心的应有之义。

二是在裁判文书中对证据公开认证。对于证据的审查,无论是当庭认证,还是庭后评议认定,法院都应在裁判文书中阐明证据是否采纳的理由。《民事诉讼法》第 152 条规定:"判决书应当写明判决结果和作出该判决的理由"、《最高人民法院关于适用〈中华人民共和国民事诉讼法〉的解释》第 105 条规定,"人民法院应当按照法定程序,全面、客观地审核证据,依照法律规定,运用逻辑推理和日常生活经验法则,对证据有无证明力和证明力大小进行判断,并公开判断的理由和结果",上述规定明确要求法官负有在裁判中说理并将判决公开的义务。说理既包括对事实认定合理性的论证,以彰显事实认定的准确性,又包括法律适用的正当性,最重要的是把为什么要依据该证据、根据某法律规定来作出特定判决表达清楚。通常来说,一份理由明晰的司法判决也预示着一份结果公正的判决。在我国当前涉诉信访中,很多案件并不是因为判决的结果本身引起的争议,而是因为司法判决没有把裁判的理由讲清楚,致使当事人难以接受司法裁判。

四、严格落实以保护合法权利为中心的认证规则

在诉讼活动中,举证、认证并不是漫无目的的,而是围绕着保护合法权利这一中心进行的。具体而言,就是举证、认证坚持以刑事被告人的违法犯罪行为是否存在、民事和行政诉讼中当事人的合法权利是否受到侵害为中心进行。

(一)刑事诉讼的举证、认证必须以违法犯罪行为是否存在为中心

打击犯罪与保障人权,看似是矛盾的,实际上两者并不矛盾。在刑事诉讼中,侦查、公诉、审判机关除了肩负打击违法犯罪的重任,还肩负着依法尊重保

障人权的重任,既要让违法犯罪的人受到法律的惩罚,又要保障犯罪嫌疑人、被告人的合法权利,确保无罪的人不受刑事追究。如何在刑事诉讼中,既依法打击犯罪,又依法保障人权,关键就在于举证、认证必须围绕"以违法犯罪行为是否存在"这一中心问题展开。如果有充分的证据证实被告人存在犯罪行为,被告人的行为已经构成犯罪,则依法追究被告人的刑事责任;如果没有证据证实被告人存在犯罪行为或者证明被告人构成犯罪的证据不足,则必须根据疑罪从无、有利于被告人的原则,不能追究被告人的刑事责任。在刑事诉讼中,被告人是否有罪,不能由领导拍脑袋决定,也不能主观推定,而应当由证据说话,根据公诉机关、自诉人提供的证据能否证实被告人构成犯罪来决定。因此,在刑事诉讼中,全面贯彻证据裁判规则,必须围绕"以违法犯罪行为是否存在"这一中心问题,依法、全面、客观收集、判断证据,严把事实关、证据关。

（二）民事和行政诉讼的举证、认证必须以合法权利是否受到侵害为中心

合法权利是否受到侵害,是民事诉讼和行政诉讼中举证、质证、认证的重点,也是法院作出裁判的依据。在民事、行政诉讼中,当事人的诉讼请求是否得到法院的支持,最为关键的问题就在于其他当事人是否侵犯了其合法权利。因此,各方当事人应当围绕着"合法权利是否受到侵害"这一中心问题进行举证、质证,法院也应当围绕这一中心问题进行认证。

五、完善证人、鉴定人出庭作证制度

证人、鉴定人出庭作证,让了解案件情况的证人、鉴定人出庭,由双方当事人向证人、鉴定人发问,让证人、鉴定人当庭陈述,是贯彻直接言词原则的必然要求。从司法实践来看,证人证言、鉴定意见对于案件事实的认定发挥着重要作用,很多案件事实的认定都离不开,甚至主要靠证人证言、鉴定意见。然而,长期以来,证人、鉴定人出庭率低的问题一直困扰着法院,法院近年来也一直企图破解这一难题,但是效果甚微。

从法律规定来看,刑事诉讼法中关于证人、鉴定人出庭作证的规定最为详细、最为完善,民事诉讼法和行政诉讼法中关于证人、鉴定人出庭作证的规定则比较简单,然而刑事诉讼中证人、鉴定人出庭率低的现象却最为严重。自2013年新《刑事诉讼法》实施以来,在刑事诉讼中建立起了包括证人出庭作证的条件、证人出庭范围、申请证人出庭的程序、出庭证人的保护措施、强制证人到庭的条件和措施、对拒绝出庭或者出庭后拒绝作证的证人的惩戒措施等多项制度,然而这几年来的司法实践证明,证人、鉴定人出庭率低的问题仍然没有得到很好解决,现行的证人、鉴定人出庭制度仍有完善和改进的空间。

（一）证人、鉴定人出庭率低的原因分析

完善证人、鉴定人出庭作证制度,当然不能闭门造车,需要深入了解证人、鉴定人出庭率低的原因,根据原因对症下药。从司法实践来看,证人、鉴定人出庭率低的原因主要有以下几个方面:

1. 从证人的角度分析,存在证人不能出庭、不愿出庭、不敢出庭的情况

首先,对于不能出庭的问题,刑事诉讼法和民事诉讼法中均将确因客观原因无法出庭的证人列入可以不出庭的证人范畴,如《最高人民法院关于适用〈中华人民共和国刑事诉讼法〉的解释》第206条、《民事诉讼法》第73条均规定了人民法院可以准许不出庭的几种情形。在司法实践中,的确有不少证人、鉴定人因疾病、人在外地等客观原因无法出庭作证的情况,一律要求证人出庭作证,显然也不符合中国当前的实际情况,但是在司法实践中有"其他客观原因"或"其他正当理由"成了不想出庭作证的证人逃避出庭作证义务的绝佳借口。事实上,证人出庭率低与可以不出庭作证的人员范围过于宽泛或者条件不够具体、明确有很大的关系。

其次,关于不愿出庭作证的问题,一方面是基于经济上的考虑或担心影响工作而不愿出庭作证,毕竟出庭作证是一项费时、费力的活动,虽然法律上规定证人出庭作证所支出的交通、住宿、就餐等费用,人民法院应当给予补助;有工作单位的证人作证,所在单位不得克扣或者变相克扣其工资、奖金及其他福利待遇。但是,对于补偿这种物质损失,证人完全可以通过拒绝作证来实现。

相对于出庭作证所要承担的风险或所要遭受的经济损失而言,不出庭作证是最佳选择。另一方面则是基于情感方面的考虑而不愿出庭作证,如果证人与一方当事人存在密切关系,那么他极有可能愿意为该当事人提供有利的证言,而对该当事人不利的证言,他十有八九会讳莫如深。假如遇到后者,在此种情形下非要强迫证人作证,从情理上来讲就是在强人所难,不符合一般人的正常心理。而且被迫在这种情况下作证,难免会作伪证,对诉讼工作的进展极为不利。

最后,关于不敢出庭的问题,主要是担心出庭作证会遭到对方当事人及亲友的仇恨与报复而不敢出庭作证。虽然《刑事诉讼法》第 62 条、《最高人民法院关于适用〈中华人民共和国刑事诉讼法〉的解释》第 209 条规定了针对证人、鉴定人的保护措施,但是由于缺乏具体的操作细则,上述保护措施仍然难以打消证人担心遭受打击报复的心理顾虑。

2. 从鉴定人的角度分析,有体制上的原因,也有管理上的原因

从体制上看,突出表现在统一的司法鉴定管理体制尚未形成。从管理上看,还存在观念认识未转变、管理制度不完善、调控手段不适应、执业监管不到位等问题,鉴定人出庭意识淡薄、有怕麻烦心理等。此外,在法律保障方面,目前对鉴定人的法律保护不够,鉴定人不出庭的法律责任追究不力,并且经费保障不到位等是影响鉴定人出庭作证积极性的重要因素。

3. 从人民法院的角度分析,主要有主观方面和客观方面的原因

主观方面,有些法官对证人、鉴定人出庭作证持消极态度。比如根据三大诉讼法的规定,证人、鉴定人出庭作证由人民法院通知,如果通知证人、鉴定人出庭作证,无疑会增加法官的工作量;而且证人、鉴定人出庭往往会延长庭审时间,增加法官的工作强度;同时,证人出庭问题,往往需要协调法警部门提供安保、财务部门报销费用等,费时费力。在当前全国法院普遍存在案多人少的情况下,法官的精力是有限的,不少法官主观上希望继续沿袭之前不通知或者少通知证人、鉴定人出庭的庭审模式。

客观方面,保障证人、鉴定人出庭作证的配套制度、措施缺乏。比如刑事

诉讼法中虽然制定了强制证人出庭的制度,但是没有关于由谁负责执行强制证人出庭令、强制到庭的期限、无法找到证人该如何处理等具体操作规定;虽然制定了证人、鉴定人出庭作证的保护措施制度,但是没有采取保护措施的具体程序、具体部门,以及各种细节加以细化、落实,可操作性不强;虽然制定了证人出庭作证的费用补助制度,但是没有发放补助的具体程序、操作规定等。证人、鉴定人出庭作证,不仅是法院一家的事情,也涉及公安、检察、财政等多个部门,但是由于缺乏相关的具体程序缺乏,导致强制证人出庭、证人出庭作证保护措施、出庭费用补助等制度没有得到很好的落实,影响了证人、鉴定人出庭作证的积极性。

4.公安机关、检察机关在证人、鉴定人出庭作证制度中的职能定位不够清晰

由于证人、鉴定人出庭由法院负责通知,证人、鉴定人出庭作证的场所是在法院,强制证人出庭、证人保护措施等制度中关于公安机关、检察机关、法院之间的职能衔接、职权定位不够清晰。因此,在证人、鉴定人出庭作证问题上,往往是法院在"单打独斗",公安机关、检察机关"袖手旁观"。

(二) 完善证人、鉴定人出庭作证制度的建议

从上述原因可以看出,证人、鉴定人出庭率低的现状是由多种因素所致。要解决这一难题,必须完善我国证人、鉴定人出庭作证制度,并设置相应的配套措施。

1.加强法治宣传,增强公民出庭作证的法律意识

当前我国出庭作证率普遍较低,民众欠缺出庭作证的意识。要改变证人、鉴定人不愿出庭作证的现状,必须标本兼治。其一,通过各种方式进行普法教育,培养公民的法治意识,从根本上改变我国公民的法治观念,让公民愿意作证、敢于作证。只有加强人民的法治观念,才能提高人民的出庭意识。同时,社会舆论应该对侵害证人权利的不法行为进行谴责,以倡导依法作证的道德风范,鼓励公民积极主动作证,坚决维护证人的权利。其二,要求全社会形成一种保护证人、支持证人作证的良好氛围,建立严密的证人社会保障体系,因

为保障证人出庭作证,不仅仅是司法机关的职责,社会各界也有支持证人作证的义务。

2. 建立由举证方负责通知证人、鉴定人出庭的制度

我国现行的三大诉讼法,均将通知证人、鉴定人出庭的权力和义务赋予了人民法院。然而从司法实践来看,由法院通知证人、鉴定人出庭的模式并没有很好地解决证人、鉴定人出庭率低的问题。因此,我们建议,结合三大诉讼法的举证责任规则,对现行的由法院通知证人、鉴定人出庭模式进行改革,建立"以举证方负责通知为主,以法院强制出庭为辅"的通知出庭模式。具体内容如下:(1)谁提供的证人证言、鉴定意见,由谁负责通知出庭。比如,检察院以证人张某的证言指控被告人黄某犯盗窃罪,那么通知证人张某出庭作证的义务就由检察院承担;被告人黄某的辩护人向法院提交了证人林某的证言,那么通知证人林某出庭作证的义务就由辩护方承担。(2)证人、鉴定人不出庭作证的法律后果,由负有通知出庭义务的一方承担。比如,民事诉讼原告周某向法院提交了证人谢某的书面证言,但是谢某没有出庭作证,那么举证不能的法律后果应由原告周某承担;检察院向法院提交了证人林某的证言,但是林某没有出庭作证,那么举证不能的法律后果应由检察院承担。(3)法院可强制证人到庭。对于控辩双方当事人确无法通知证人出庭或者证人拒不出庭,经举证方申请,法院认为确有必要出庭的,可以强制证人出庭。比如,一起故意杀人案的目击证人经检察院通知,仍拒不出庭的,经检察院申请,法院可以强制该证人出庭。当然,现阶段没有必要,也不能要求所有的证人都出庭作证,这既不利于证人正常的工作、生活,现有的司法资源也无法满足这一需要。因此,"以举证方负责通知为主,以法院强制出庭为辅"的模式只适用于应当出庭作证的证人、鉴定人,不包括不必出庭作证或者可以准许不出庭的证人、鉴定人。

3. 建立对出庭证人的补偿和奖励机制

虽然三大诉讼法中均规定了对证人出庭作证所支出的交通、住宿、就餐等费用予以补助等出庭补偿制度,但是由于缺乏具体操作性,导致证人难以获得

出庭补偿费,法院也难以发放出庭补偿费的尴尬局面。因此,尽快出台证人出庭补偿费的具体操作性文件,明确规定出庭补偿费的申请程序、资金来源、发放标准等具体事宜非常有必要。同时,为了激励证人出庭作证,可以参照公安机关的举报奖励制度,对于在一些重特大刑事案件中积极出庭作证,且该证人所作的证言经质证属实并作为定案根据的,可以给予出庭作证的证人适当奖励。奖励的标准由最高人民法院或省一级高级人民法院制定统一的奖励标准,具体操作时可由合议庭提出意见后,逐级报请院长批准或审判委员会决定,奖励费用列入办案费用开支,由财政部门统一支出。

4.完善证人拒不出庭作证的法律责任

在刑事诉讼法及其司法解释中,已经规定了强制证人出庭制度、对拒绝出庭或者出庭后拒绝作证的证人的惩戒措施,如《刑事诉讼法》第 188 条规定"经人民法院通知,证人没有正当理由不出庭作证的,人民法院可以强制其到庭"、"证人没有正当理由拒绝出庭或者出庭后拒绝作证的,予以训诫,情节严重的,经院长批准,处以十日以下的拘留"。但是民事诉讼、行政诉讼中却还没有关于强制证人出庭制度、对拒绝出庭或者出庭后拒绝作证的证人的惩戒措施,建议在民事诉讼、行政诉讼中参照刑事诉讼法设立强制证人出庭制度、拒绝出庭惩戒措施。从司法实践来看,强制证人出庭制度也缺乏具体操作性,应当尽快制定关于强制证人出庭的规范性文件,明确由法院为主、公安机关予以协助的强制证人出庭机制。

5.加大对证人、鉴定人出庭作证的保护力度

英国法官丹宁勋爵指出"没有一种法律制度有正当理由能强迫证人作证,而在发现证人作证受到侵害时又拒绝给予救济。采用一切可行的手段来保护证人是法庭的职责。否则,整个法律诉讼就会一钱不值"[1]。我国的立法机关近年来也逐渐认识到,法律上规定了证人、鉴定人有出庭作证的义务的前提之下,也应当建立健全对证人、鉴定人的保护制度,以衡平权利义务之间

---

[1]　[英]丹宁勋爵:《法律的正当程序》,李克强、杨百揆、刘墉安译,法律出版社 1999 年版,第 25 页。

的关系。因此,《刑事诉讼法》第 62 条、《最高人民法院关于适用〈中华人民共和国刑事诉讼法〉的解释》第 209 条等条款规定了对于证人、鉴定人在诉讼中作证,其本人或者近亲属的人身安全面临危险时的保护措施。仅是上述法律规定的原则性较强,也没有相应的机构和人力保障,难以将责任落到实处,并不能打消证人、鉴定人担心被打击报复的心理顾虑。为了加强证人、鉴定人出庭作证的保护力度,可以在立法上制定专门的法律,如《证人保护法》,在公安机关或者检察机关设立专门的保护机构。

第八章

审判权运行的管理机制

第一节　审判管理的发展历程

一、西方审判管理的制度与实践

（一）传统西方审判管理的理念

有据可循的西方司法理念源于古希腊时期。以苏格拉底、柏拉图、亚里士多德为代表，古希腊高度重视司法的理念与制度。古希腊把司法界定为正义的修复事业，司法是维持正义的社会制度，司法的宗旨在于恢复法律，恢复因违法所造成社会"内在和谐"的失衡。司法的任务在于：改造或惩治违法之人，并救济受害者。古希腊为现代西方社会创立了基本的司法理念，明确了西方的法治和正义的基本观念，为以法官独立为核心的西方传统司法制度奠定了思想基础。

西方中世纪，以霍布斯、培根、洛克等法学家为代表，各个王国继承和发展了古希腊的司法理念，并建立起相应的司法体制和机制。中世纪政治上虽存在王权专制，但立法权、行政权和司法权的划分与运行已是实践。争议由法院解决的司法原则不可撼动。法官只服从于法律，国王在法律之下的司法理念从未中断。尽管，中世纪法院体系庞杂，司法权内在的管辖冲突问题较多，但法官、公开审判、程序权利、司法救济的西方司法制度得以不断建立。现代西方的司法体制在中世纪时期就已成型。

文艺复兴以来,西方司法理念和制度的发展始终是法治发展的核心内容。包括孟德斯鸠、丹宁、洛克、罗尔斯、德沃金、波斯纳等众多法学家将西方司法理论推向成熟和完善。西方国家的司法制度也在近现至臻成熟。传统西方司法理念确立的法官独立制度被推向顶峰。西方实现公平正义的司法体制始终围绕法官独立的体制在发展,相关的诉讼规则、法官职业保障规则、廉洁规则、中立规则等的完善,也是以法官独立裁判为主要目标。尽管 20 世纪以来诉讼爆炸形成的"案多人少"问题给西方司法体制不断施加压力,法官独立的西方司法体制仍未有显著改变。

(二) 传统西方司法对审判管理的"偏见"

传统西方司法理念和制度没有记载"审判管理"的司法观点和制度实践,但有关促进、完善和纠正司法体制和机制中的问题或错误的做法,在法律功能意义上与现代的审判管理理念是相似的。如在霍布斯的中世纪英国,王座家事法庭的建立,作为一项中世纪西方司法体制改革的成果,目的就在于消除原王座法庭因为经常流动办案而造成的诉讼拖延问题。[1]

审判管理是 20 世纪初美国司法改革的产物,在中国它本身是舶来品。20 世纪初美国法院遇到了"案多人少"的困境,1906 年哈佛大学法学院院长庞德提出"案件管理"的司法改革建议。针对法院审判组织和程序的繁冗拖沓,庞德认为应对法院规模、法官案件量、需陪审案件比例等审判资源和结构进行调整。

20 世纪初的审判管理主要围绕审判权运行的资源要素的配置展开的,对于审判权内在的配置涉及不多。有关审判权和法官的管理,涉及西方宪政体制中核心的司法独立,因此它是一个敏感的宪法问题。传统西方司法理念下产生的"审判管理",只是对审判权运行中的机构(如法院、法庭)、人员(法官、助理)和时间等物质要素进行优化的外部改革。法官和法庭在审判权运行的

---

[1]　参见[英]霍布斯:《哲学家与英格兰法律家的对话》,姚中秋译,上海三联书店 2006 年版,第 43 页。

过程中不受法院和外部的管理。任何以"审判管理"名义来侵蚀法官和法院的独立司法权的作为,都会受到合宪性质疑。古老的法官职业对于审判管理始终保持着不信任和警惕的态度。

(三) 现代西方司法的发展及其对审判管理的观念转变

西方司法制度的独立性体现在法官职业的独立性上,包括职业保障的独立性和法官裁判的独立性。与审判有关的事务由法官以及法官组成的审判组织全面负责,审判权行使以及如何行使的事务都是法官本职工作。早期他们通过私人聘请法官助理的方式来进行协助性的审判事务分工和管理,后期设立正式的法官助理职位,让法官有相应的助理协助审案和案件管理。从传统西方司法观念上看,这种师徒模式的分工管理,仍旧属于审判权集中在法官手中运行的传统机制。法官们在观念上难以接受将审判管理从审判权之中分离的审判权运行机制。他们始终认为,审判管理就是审判权运行的一种表现形式。

由于传统观念对审判管理机制发展的制约,西方的审判管理发展主要是由学者和律协提倡与推进的。如 Maureen Solomon 的著作以《Caseflow management in the trial court》(法院案件流程管理)(Solomon,1973)为起点,美国律协制定"法院审判标准"(trial court standards),包括学者 Church(1978),Goerdt,Gallas,Mahoney(1989)深入研究审判权运行与司法公正效率之间的关系,指出法院的组织文化比法院组织结构设置更能显著影响审判质效。对于法院组织文化的改造就是对审判中文化要素的管理,成为一种审判管理改革的动向。

20世纪90年代以来,借助审判大数据的技术支持,当代的西方审判管理对于审判权运行和分工的改革影响正越来越大。由于法律职业群体和社会对审判权运行的状况表现不满,并充分认同管理科学和大数据所展示的问题症结和解决方案,美国法院和法官也逐步接受不断深入审判权运行内部的"审判管理"。现代西方法官和审判组织所行使的审判权在分工和行使方式上发生着显著的变化。由于"审判管理"的深入,法官从烦琐的审判事务中解放出来,把工作精力聚焦到审判最为核心的部分,即裁判本身。这是西方传统司法观念的一个显著变迁。

二、传统中国的审判管理思想与制度

从可考据的甲骨文可以看到中国历史上的商代就存在国家形式的审判活动。商王和奴隶主贵族执掌国家和地方上的最高治理权,审判权是其中的一项权力。现有的西周时期的文献较多,我们从《周礼·秋官》、《周礼·小司寇》、《国语·周语》、《尚书·吕刑》等文献中看到周代的审判制度已较为发达。

周代的审判权仍归属于周王和地方诸侯,中央政府设置大司寇、小司寇、士师、师徒、司马、司空等职位具体分工负责审判事务。[1] 由于审判权归属于国家或地方上的最高权力者,那些设置的审判职务或与审判相关的职务实际上都是辅助当权者审判的管理性职务。审判权在过程上和形式上来看与行政权并没有太大的不同。判决实际上就是一个司法的决定,由于这一司法决定涉及对过往事物与关系的判断,因此它本质上是判断权。

春秋、战国、秦汉以来,中国历史上的各朝各代都有其各自不同的具体审判制度,但直到清朝结束,我国奴隶社会后期和整个封建社会的历史时期内,国家的审判权仍旧与行政权是高度合一的。在中央政府,由于需要裁判的案件多与国家权力有关,涉及贵族、官吏,与国家安全、政治稳定等密切相关,因此中央层面都设有相对独立的审判机构。但历史上的这些中央审判机关无一例外的都不是独立的审判机构,不享有独立的审判权。皇帝仍旧是最终的审判者。所谓的中央审判机构,用现代的眼光来看,应当只拥有审理权,而没有裁判权。由于中央审判机关的审判权不完整,这意味着中央审判机关只是在审判流程中起到某个环节和阶段的审判功能,因此除皇帝作出的判决之外的

---

[1]　如大司寇"掌建邦之三典,以佐王刑邦国,诘四方"(《周礼·秋官》);小司寇"外朝之政,以致万民而询焉","以五刑听万民之狱讼"(《周礼·秋官》);士师"掌国之五禁之法,以左右刑罚"(《周礼·秋官》)。

其他审判工作,在某种意义上是一种审判权的行政性分工。这也就是学界总结所说的"管理型司法"的内涵。

地方层面,在地方可以终审的案件范围内,地方长官拥有最终的审判权。[1] 由于中国古代的地方政府是一体化的,除国防、军事之外,地方上的治理权是由地方官府掌握的。审判权是地方治理权的一项权能。在地方官府长官的控制下,地方可以作出终局的裁判。表面上,地方官拥有独立的审判权,实际上地方官作出的裁判需要逐月向上级报告,对每月的收案数、结案数、结案方式、未结案件数等都要汇报。[2] 地方政府的科层制治理关系使得下一级政府的审判权行使状况必须向上级政府报告并接受上级政府的检查。地方政府的审判权通过行政的方式予以一级一级分解。[3] 各级政府在整个审判权的运行过程中只具有部分权能。这种被"部分化"的似乎是审判权的东西,本质上是行政性质。如清代地方政府所有涉及徒刑判决的案件,州县官必须报上一级长官并依"审转"程序逐级呈报更高一级的长官。最后所有的涉及徒刑判决的案件,每季度都由巡抚和总督汇总上报给刑部。[4]

地方层面的审判权在纵向层面与上级政府发生层级上的管理和隶属关系。这种关系就是现代我们认为的上下级之间的行政管理关系。地方的审判权处于上下级政府之间的层级管理之中。除州县官能够终审的案件之外,其他案件的审判决定或审判信息都会一级一级呈报到中央政府的刑部。地方上的审判权被置于行政管理和控制的层级关系之中。

除了上下级政府对审判权的层级管理和控制之外,一级政府在其权限范围内行使审判权的程序、方式和期限都受到严格的管理与控制。如盗窃案件,

---

[1]　如清代州县官可以就被授权审理的所谓"自理词讼"的民事案件及处刑不过笞杖或枷号的轻微刑事案件作终身判决。参见瞿同祖:《清代地方政府》,范忠信、晏锋译,法律出版社 2003 年版,第 193 页。

[2]　参见瞿同祖:《清代地方政府》,范忠信、晏锋译,法律出版社 2003 年版,第 193 页。

[3]　参见曾宪义:《中国法制史》,北京大学出版社 2000 年版,第 232—233 页。

[4]　包括充军案件、流刑案件或人命案仅判处徒刑的案件,都将由提刑按察使重新审判,然后由巡抚或总督分别呈报刑部。参见瞿同祖:《清代地方政府》,范忠信、晏锋译,法律出版社 2003 年版,第 194 页。

当失窃物价值超过 100 两银子时,州县官必须在六个月内审结案件。如抢劫案件,案件告发至衙门后,州县官必须立刻赶往案发地作现场勘查,否则将被撤职,迟延勘查要受处罚。盗窃案件的审限是捕获盗贼后的四个月内。如有违反,将被弹劾。州县官每年办理的盗窃案件记录年终时都要接受复查。根据办案情况,给予相应的奖惩,如在一年内捕获 10 名以上的劫匪,将获得一次谕令嘉奖。[1]

传统中国的审判权运行,除了裁判者本身之外,整个审判权的运行被行政化的制度进行设计。审判权如同行政权一样,受到严格的管理和控制。这样一种审判权的运行模式,以及审判权受到行政化的干预甚至是控制的现实,就是我们学界认为的司法权与行政权高度合一的模式。这种模式在历史的语境中有其存在的合理性。出于社会治理的现实条件和需要,古代中国的中央和地方政府所具有的治理权是高度综合性的,其中包括了定分止争功能的司法权能。[2] 这种看似"集权"的治理权力体制和古代中国的经济社会发展与国民特点等是相适应的,应当被认为是社会演化自然选择的一种治理方式。[3] 但无论如何,传统中国的审判管理其实质是管理审判,也即用行政的方式来管理司法,用行政管理的方式来组织审判权的运行。

三、新中国成立前案件的审判管理

中共政权下的审判权运行实践从 1925 年省港大罢工开始。大罢工时期设立了会审处、军法处和特别法庭,依照《会审处组织法》《纠察队军法处组织法》等选举承审员、书记员等,对破坏罢工等案件进行审理。1927 年,中共

---

[1] 参见瞿同祖:《清代地方政府》,范忠信、晏锋译,法律出版社 2003 年版,第 203—205 页。

[2] 参见白刚:《中国政治制度史》(第 1 卷),人民出版社 1996 年版,第 492 页。

[3] 在战国时期,地方政府的郡县制度模式得以确立。郡县来源于军事化因素,因此都实行一长制,长官统掌军政和司法大权,逐步形成了行政、司法部分的格局。地方司法工作由郡县行政长官兼理,即由郡守、县令审理一般的地方案件,这是中国历史上长达两千年的地方行政长官兼理司法制度的开端。参见叶孝信主编:《中国法制史》,复旦大学出版社 2002 年版,第 59—60 页。

在农民运动中于湖南、湖北两省分别接力了省、县两级审判土豪劣绅特别法庭或审判土豪劣绅委员会,依照《湖北省审判土豪劣绅委员会暂行条例》等规定,由省县两级的国民党党部、政府和农民协会各选派委员 2 人,另有公会、商民协会、妇女协会、学生联合会各选派委员一人组成。[1]

大革命失败后,中共转战闽西,建立了闽西革命根据地。1929 年 8 月,中共闽西特委颁布《苏维埃组织法》,在苏区的乡、区、县建立以工农兵代表会议为权力机关,执行委员会为政权机关,根据苏区政治统治和社会治理的需要,建立裁判兼肃反委员,临时替代法院的审判职能,成为审判机构。[2] 1930年 3 月,闽西第一次工农兵代表大会产生《苏维埃政府组织法案》,建立起行政与司法一体化的政权体制,在工农兵代表大会(权力机关)的体制下建立裁判肃反委员,在政府(执行机关)的体制下,建立裁判部,具体行使审判权和司法行政事务。1930 年 5 月,闽西苏维埃政府公布了工农兵代表大会制定的《裁判条例》,地方乡、区、县各级政府兼为审判机关,行使审判权。乡政府为初审机关,区政府为复审机关,经县政府判决后,即为完结。但重要案件,得提到闽西政府审判。死刑需经县政府批准始得执行。

《裁判条例》是中共政权制定的第一部有关审判权运行的体制和机制的立法文件。《裁判条例》内容简约,覆盖面宽,包括审判机关的组织构成、审级、审限,有关人民起诉条件的诉讼条例,有关犯罪与刑法的承办罪犯方法都包含在这部条例之中。根据《裁判条例》规定,裁判部具有审判权、审判管理权和司法行政权。裁判部下设法庭,由 1 名裁判员和 2 名陪审员组成法庭,负责开庭审理案件。裁判部除对司法行政事务以及检察和审判事务进行审议决定之外,还要每周召开一次裁判部的部务会议,召集裁判部全体工作人员参会,检阅本周每位工作人员的工作完成情况,计划下周的工作。[3]

---

[1] 参见曾宪义:《中国法制史》,北京大学出版社 2000 年版,第 372—373 页。

[2] 参见龙岩市中级人民法院、古田会议纪念馆合编:《闽西苏区法制史料汇编》,内部刊物,准印证号:岩新出(2008)内书第 180 号、第 30 页。

[3] 参见 1933 年 5 月 30 日中央司法人民委员部第 14 号命令《对裁判机关工作的指示》。

一级政府裁判部的审判管理,在纵向关系上受到上级政府裁判部的直接业务领导。中央司法部队省级裁判部和瑞金县裁判部的工作用行政命令的方式予以具体的指导,还常用属性的方式来指导审判工作。中央司法部要求省级裁判部和瑞金县裁判部每月向其报告审判工作。对于上报的审判工作,中央司法部认真审阅,认为正确的会肯定并推广,认为错误的则指出错误并限期改正。中央司法部要求省级裁判部和瑞金县裁判部也要建立相应的审判工作的上报制度。[1] 下级裁判机关与上级裁判机关的关系是行政隶属关系,包括下级裁判机关的人事任免、奖惩、培训与训练,上级裁判机关有权随时派员到下级裁判机关视察和指导工作;下级裁判机关绝对服从上级裁判机关的领导,定期向上级裁判机关报告工作;下级裁判机关严格按照上级裁判机关对于审判管理和个案裁判的命令和指示来裁判案件,管理审判工作。[2]

新中国成立前,从革命根据地时期到抗日战争、解放战争时期,由于受到战时体制的影响,中共政权的裁判机构都坚持精简高效的审判与行政合一的体制。审判管理是在政权组织体系内部进行的;对于案件的管理、对于审判权运行的管理,在裁判部(法院)内部以行政管理的形式直接实现的。

四、新中国成立后审判管理的实践发展

(一) 新中国成立至 1990 年代的审判管理实践

新中国成立后建立起来的人民民主专政的司法体制,在很长一段时间内,人民法院与行政机关之间的管理体制和模式是相似的。人民法院和国家的其他党政机关在管理体制,甚至是机制上,一直处于高度重合的状态。[3] 如1950 年 1 月成立的广东省人民法院,内部设立秘书处、司法行政处、审判处三

---

[1] 参见曾维东、曾维才主编:《中华苏维埃共和国审判史》,人民法院出版社 2004 年版,第296 页。

[2] 参见曾维东、曾维才主编:《中华苏维埃共和国审判史》,人民法院出版社 2004 年版,第318 页。

[3] 参见谭世贵、梁三利等:《法院管理模式研究》,法律出版社 2010 年版,第 221 页。

个部门。最高法和司法部在 1950 年作出的"关于审级诸问题的批复"中明确了法院是同级政权的组成部分之一,受政府委员会及其主席的领导;在审判上,上下级法院是垂直领导关系。

这一时期的审判管理权主要表现为法院内部的行政管理权。从法院内部人财物的管理,到案件审理过程的管理,主要借用行政机关的管理方式。除了案件管理中有法定的具有刚性的程序和审限等规定外,法院内部的党政管理与行政管理可以调配、设定法院内部各种资源、行为与事务的管理规定。

"文革"期间,人民法院的审判工作受到冲击,法院正常的审判秩序无法维护,三大诉讼法的实施受到"文革"特殊时期的影响被一度搁置。"文革"结束后,随着党的十一届三中全会的召开,人民法院的工作重新回到正轨上,审判管理的体制和机制才得到重新建立。这一时期,随着人民法院组织法和三大诉讼法的陆续制定与实施,法院审判工作进入法制化的轨道,审判管理也开始从行政管理的体制中慢慢脱离,与审判权运行的特点和规律慢慢结合。

1970—1990 年代,法院的各项管理工作主要停留在手工和书面的管理方式上,计算机尚未全面进入到法院管理的各个领域和环节,因此这一时期的审判管理主要停留在案件的审限管理、裁判文书的质量管理,以及一般性的审判流程事务管理。[1] 由于是书面管理和手工作业,这一时期的审判管理效率不高,效果也较为粗糙。但那一时期,法院受理案件的数量尚不是很多,人民群众对法院审判工作的了解,以及对案件裁判质效的理解等,都处于一知半解的状态。整个社会还处于文盲和半文盲占多数的情况,因此审判管理的水平尚且能够满足当时社会对司法工作的要求。

（二）1990 年之后的审判管理实践

1990 年以后,随着邓小平南巡讲话,计算机、互联网发展成熟,开始进入

---

[1]　传统的审判管理机制主要是以院庭长为主的领导负责制,从院领导、部门领导,到具体办案的法官和法院其他工作人员,他们都接受上级领导的工作安排、监督检查和考核。参见王晨编著:《审判管理体制机制创新研究》,知识产权出版社 2013 年版,第 1 页。

国家各项管理工作,包括法院工作中[1],以及 1999 年国家高考扩招的影响,经济和社会生活中开始不断出现各种新生的事物和矛盾,国家立法也加快脚步,大量新兴的立法得以实施。这些对人民法院的审判工作带来了前所未有的挑战。

审判管理在 1990 年代,尤其是 1995 年前后开始进入自觉的起步和发展时期。这一时期,国家法治发展的主线索主要在于社会主义法制建设的目标。已经制定的各项法律,包括人民法院组织法和三大诉讼法,如何能够得到严格的执行,成为这一时期人民法院法制建设的主旋律。对于人民法院而言,严肃执法意味着审判权应当具有形式上的合法运行规则。审判权运行的合法性管理,在那个时代被认为是"人民法院规范化建设",就成为实现审判权运行法制建设的主要工作。[2] 1995 年,人民法院开始将现代质量管理理念引入审判工作,开始了规范化管理的探索,审判管理开始自觉进入了起步和发展时期。

这一时期的审判管理表现为两个方面的规范化建设:一是形式上的规范化建设,主要是对审判权运行的外在形式的规范化建设。主要表现为:审判流程的规范化建设[3]、审判人员行为举止规范[4]、法律文书的规范化[5]、庭审场所的规范化[6]、诉讼收费的规范化[7]等。二是内容上的规范化建设,

---

[1] 参见王克田:《浅谈基层法院运用微机进行审判管理》,《山东审判》1995 年第 6 期。

[2] 参见周玉华、朱庆祝:《加强审判管理　保证严肃执法》,《山东审判》1995 年第 1 期。

[3] 主要是对照三大诉讼法的规定,制定出审判工作中各个环节和阶段的工作规程,如立案审查、庭前准备、开庭审理、法庭调查、举证、质证、认证、辩论、调解、合议、法律文书制作、宣判、送达、执行、卷宗整理等。

[4] 这一时期特别对审判人员的着装(制服)、法庭用语、法院形象、接人待物行为标准等确立了规范化的标准。这种被称为职业识别系统的建立,对于审判权运行的规范化管理有很大的作用。

[5] 地方各级法院根据最高人民法院的诉讼文书式样文本,对审判中各类诉讼文书,从格式、架构、段落内容及写作要求等方面提出了统一的规范化标准,有的诉讼文书改起草式为填写式的格式化法律文书。

[6] 与法官仪表和行为举止的规范化相类似,庭审场所也具有高度的职业识别要求,因此审判场所也需要进行系统的识别体系设计,包括国徽悬挂、法台设置、座次安排、标牌摆放等都统一、有序、标准和规范。

[7] 1990 年代人民法院系统的诉讼收费的具体实践各地不统一,较为混乱,为利用诉讼收费而违法乱纪制造了机制上的漏洞,为此对诉讼收费的规范化管理也成为审判管理的重要内容之一。

主要是对审判权的配置和运行机制进行内在规整的规范化建设。主要表现为:立审关系的规范化[1]、审执关系的规范化[2]、审判权责统一的规范化[3]等。

第二节　我国审判管理机制的基本内容

一、有关审判管理的规范概述

(一) 我国审判管理的由来

1949 年新中国成立之后,我国在国家制度设计上沿用苏联社会主义国家模式,建立起高度集中的国家管理体制,包括司法在内的国家制度都运用了集中管理的模式。1951 年 9 月,中央人民政府第十二次会议通过了《人民法院暂行组织条例》,它是新中国第一部统一的全国各级法院的组织法。[4]

根据这部统一的《人民法院暂行组织条例》第 10 条的规定,各级人民法院是同级人民政府的组成部分,受同级人民政府委员会的领导和监督。上级人民法院领导和监督下级人民法院;上级司法部门领导下级人民法院的司法行政工作。在各级人民法院内部,法院院长领导并监督全院工作;庭长领导并监督庭内工作。从各级人民法院同对应各级人民政府的法律关系,以及各级

---

[1]　这一时期法院的利益导向政策,促使法院之间以及法院内部审判组织之间“抢案”现象的产生,立案工作受到法院利益导向的影响,偏离了立案工作的法定标准,损害到审判权运行的公正性,为此法院推进“立审分离”改革,重新配置审判权运行中的立案权与审理权,促使立案工作的规范化。

[2]　尽管各级法院大都建立起专门的执行机构,审理权与执行权在机构层面是分离的,但由于审判执行机制尚不成熟,实践中案件的执行总体上是缺乏管理的,不受规范化控制,由此产生了审判庭与执行庭之间的推诿、扯皮,案件久结不执或久执不结问题突出。为此,执行庭的规范化管理和执行权的规范化运行成为这一时期审判执行工作的管理重点。

[3]　受制于我国法院长期以来的行政化管理习惯,法院具体承办案件的合议庭和独任法官只有审理权,而没有裁判权。案件的裁判由院庭长依据案件审批权限划分裁判权。1990 年代,我国法院开展了第一次审判权责相统一的规范化改革工作,明确案件承办人的职权范围,将案件审理的裁判权下放给承办人,实现审理与裁判的统一。

[4]　参见《最高人民法院建立:一段辉煌历史的记忆》,《人民法院报》2011 年 6 月 29 日第 4 版。

法院内部的法律关系可以明确看出,新中国第一部统一的人民法院组织法确立的是司法权与行政权的合一体制,也就是行政机关和司法机关不分的政法合一的体制。人民法院的审判权不是独立的,它实际上是一级人民政府行政权的构成内容。法院内部的管理也是行政化的,院长的职权就是行政首长的职权,全面领导和监督本院的一切工作。

1954 年新中国第一部《宪法》和《人民法院组织法》颁布,正式在宪法和法律层面建立起来统一和完整的审判制度。《宪法》和《人民法院组织法》确立了我国审判制度的基本原则和框架,在审判管理方面宪法明确了上下级法院之间的监督关系。法院组织法规定了审判委员会(以下简称审委会)是法院内部对审判权运行进行管理的集体组织,通过中介审判经验,讨论重大、疑难案件和其他有关审判工作的问题来行使部分审判职能和全部的审判管理职能。

1957 年至 1978 年期间,从反右扩大化运动开始至"文革"结束,法院体制遭到批判和废除。[1]　1957 年 8 月,毛泽东在北戴河召开的政治局扩大会议上说:"法律这个东西没有也不行,但我们有我们这一套。民法、刑法那样的条文谁记得住? 宪法是我参加制定的,我也记不得。我们每个决议都是法,开会也是法,治安条例也养成了习惯才能遵守。主要靠决议、开会,不靠民法、刑法来维持秩序。"[2]1967 年 8 月,谢富治在公安部群众大会上提出"彻底砸烂公检法"的口号,大量政法领导和干部被逮捕迫害,其中许多是人民法院的

---

[1]　把"人民法院独立进行审判,只服从法律"批判为"反对党的领导"、"以法抗党";把根据人民法院组织法的规定,主张人民法院既有对敌专政的职能,又有保护人民民主的职能,既审判刑事案件又审判民事案件,通过审判活动教育公民遵守法律的任务,批判为"妄图改变人民法院的专政职能","篡改人民法院的性质";把主张"遵守法制,严格依法办事",批判为"法律至上"的资产阶级法律观点;把对 1955 年的肃反运动审判工作中发生的缺点错误提出一些正确意见,批判为"攻击肃反,反对无产阶级专政"等。人民法院组织法遭此厄运,从此一蹶不振。直到 1966 年"文化大革命"中,根据宪法产生的国家主席也被打倒,"砸烂公检法"后,在全国范围内各级人民法院变成各级公安机关军管会下属的"审判组"。宪法和人民法院组织法都被彻底践踏了。参见王怀安口述,张向阳采访整理:《1954 年〈人民法院组织法〉的起草经过》,孙琬钟、应勇主编:《董必武法学思想研究文集》(第七辑),人民法院出版社 2008 年版,第 16 页。
[2]　转引自张慜:《第四届全国司法工作会议的来龙去脉及其严重影响》,孙琬钟、李玉臻主编:《董必武法学思想研究文集》(第四辑),人民法院出版社 2005 年版,第 426—427 页。

领导和审判员。1968 年 9 月全国各地在省级层面都已成立了革命委员会,全国法院审判工作基本处于瘫痪状态,这种情况一直持续到 1978 年。

(二) 现有审判管理的规范界定

现有的宪法、法院组织法和三大诉讼法都没有明确规定法院审判管理的职权。根据上述法律的规定,法院内部的审判委员会、合议庭和独任庭都是审判组织。根据法院组织法规定,基层人民法院由院长一人、副院长和审判员若干人组成;中级法院由院长一人、副院长、庭长、副庭长和审判员若干人组成。民事、刑事、行政审判庭等都是专业化的审判组织,庭长、副庭长、副院长和院长都是审判职务,由同级国家权力机关任命。法院内部的审判委员会也是法律明确规定的,它主要的任务是总结审判经验,讨论重大的或者疑难的案件和其他有关审判工作的问题。很明显,审判管理制度并没有直接体现在现有的立法规范之中。

当然,这并不是说审判管理没有法律依据,上述立法规定的法院体制其中蕴含了审判管理职能的存在。首先,法院组织法规定在中级以上的法院可以设立各种专业的审判庭。专业审判庭是法院内部的法定的审判组织,它不同于合议庭,因为合议庭是因案而临时确立的非固定型态的审判组织,而审判庭是法院内部固定的审判组织,其中包括了相应的审判员,及不具有审判员资格的其他审判人员、司法辅助人员。审判庭按案件审理的专业领域等标准划分,案件分案将在审判庭内部确定具体的合议庭或独任庭来作为具体个案的审判组织。就此来看,审判庭在性质上属于审判业务部门,集中了对某类案件的审判人员和其他资源,对于某类案件的审理而言,审判庭实际上超越法院自身而与案件及其当事人发生直接的关联。由此我们可以看到,审判庭具有法律上和事实上的权限与职能分工,审判庭的庭长并不只是审判人员的一种身份称谓,实际上庭长、副庭长具有审判资源的配置与管理的职能。

其次,审判委员会制度也是法律明确规定的。审委会除了作为特定案件的审判组织之外,还承担着法律规定的总结审判经验,讨论重大的或者疑难的案件和其他有关审判工作的问题。上述三个方面的法定职能实际上都包含着审判管理的权力。总结审判经验本质上属于法律适用工作的管理,通过审判经验的规范化总结,作为审判人员审理案件的拘束性要求,这本身就是一种对审判行为的管理。讨论重大的或者疑难的案件,意味着这些案件并不能单独由合议庭来审理和判决,而必须提交审委会讨论形成裁判意旨,然后再交由合议庭根据审委会的议决来具体制作裁判文书。对于重大的或疑难的案件而言,案件审判权行使本身存在的一种非独立的型态,既由更大的一个集体审判组织——审委会来参与、决定案件裁判结果,这可以被看作是对已有的合议庭行使审判权的某种特殊管理。

最后,审委会还对法院其他有关审判工作的问题具有议决的权利。毫无疑问,这一规定使用了高度不确定的法律概念。审判工作概念的内涵和外延都是相当广泛的,可以把法院做的工作都视为审判工作,包括审判权的运行、审判人员的管理、审判资源的配置等,都可以纳入审判工作的概念之中。如此审判管理可以从这里规定的"其他有关审判工作"的概念中引申而出,并不牵强。从审委会制度产生的历史,以及"文革"时期法院工作的经验和教训,我们可以知道审委会制度的设计就是为了加强法院的集体领导,防止个人擅权,落实民主集中制的原则。由于审委会是采取民主集中制原则议决的,所以从权力行使的正当性而言,立法将几乎所有的审判事务都交由审委会议决也是既有法理基础,也有历史经验支撑的。然而,尽管法院组织法可以从审委会的职权规定中引申出法院审判管理职能的存在,但需要注意的是审判管理职能本身与具有独立特点的审判权运行机制是有紧张关系的。立法并没有明确界定审判管理的边界在哪里? 如何协调审判管理与审判权之间的关系? 因此,我只能说法律创设了审判管理职能并交由审判委员会来行使,但立法并未明确审判管理权的内容是什么,以及该如何行使等许多敏感而重要的问题。

人民法院既然承担着法定的审判管理职能,但又不能从立法中直接获取如何履行审判管理职能的要求,那么法院自身就必须对自己如何行使审判管理职能作出一个规范化的界定。对于审判管理职能的司法界定最早散布在具体指导各项审判工作的司法解释和规范性文件之中。2011 年最高人民法院以专门司法解释的形式颁布了《关于加强人民法院审判管理工作的若干意见》(以下简称《审判管理若干意见》),对什么是审判管理、如何进行审判管理等基本问题进行较为系统的界定。根据该《审判管理若干意见》的规定,人民法院的审判管理的职能来源于法院独立行使审判权的宪法职责。人民法院为了更好地行使审判职权、促进审判权运行的公正与高效,保障审判质量、效率和效果的统一,通过运用包括组织、领导、指导、评价、监督、制约等具体方法来进行系统性的司法行政管理工作。根据该《审判管理若干意见》的规定,首先,审判管理并不是要以行政管理的方式取代司法审判,而是协助、服务于审判,让审判权的运行更加公正、合理和高效率。其次,审判管理虽然缺乏法律明确的规定,但审判管理权的行使不能与现有法律发生抵触,必须依法行使。再次,审判管理主要是审判的质量管理、效率管理、流程管理、态势分析、绩效管理与经验总结几大方面的内容。最后,人民法院要建立起具体负责审判管理的内部机构——审判管理办公室(以下简称审管办),审管办的地位和职能定位应当是作为审委会和原则的参谋助手,通过具体行使审判管理权的方式来提升法院整体的审判水平。

随着中共十八届三中、四中全会的召开,在全面推进社会主义法治国家建设的指引下,司法改革被作为法治国家建设一项重要内容置于非常重要的位置。从 2013 年开始的审判权运行机制改革,到 2014 年启动的司法改革试点,最高人民法院颁布的一系列的司法解释和规范性文件来安排法院系统的司法改革工作,这其中有不少司法解释和意见也涉及法院审判管理权行使的内容,也一同构成现有的约束和规范审判管理权的规范体系。

二、我国审判管理的基本理念

法国管理学家亨利·法约尔认为管理就是实行计划、组织、指挥、协调和控制的过程。[1]　我国学者认为管理是社会组织中为了实现预期的目标,以人为中心进行的协调活动。[2]　或认为"管理的本质是管理者为了实现组织目标而进行的计划、执行、检查、行动等一系列活动的总称"。[3]　有的论者指出:"审判管理就是在尊重审判规律的前提下,对审判过程与结果进行调控、评价、引导的管理监督机制。"[4]"审判管理是人民法院为了更好地履行司法职能而对审判工作及审判人员所实施的信息获取、决策、计划、组织、领导、控制等工作。"[5]

"广义的审判管理包括内在于审判权运行过程中的各种管理行为和外在于审判权运行过程中的各种管理活动;狭义的审判管理是指近些年来发展起来的外在于审判过程的各种专门管理活动。严格地说,审判管理的对象不是审判权本身,更不是行使审判权的法官,审判管理的对象应当是审判活动或审判工作。""人民法院的专门审判管理是为了有效整合司法资源,科学安排审判工作,严格规范审判过程,客观考评审判质效,服务保障审判权依法、独立、公正、高效、廉洁行使而开展的组织、协调、评估、考核、指导、督办等一系列管理活动的总和。"[6]

从现有审判管理的界定来看,有代表性的概念界定有:(1)公丕祥认为:审判管理是围绕案件审判展开的,以审判决策、程序控制、质量督查、行为激励等为主要内容的管理制度体系及其管理实践活动。[7]　(2)沈志先认为:审判管理是指人民法院基于对审判活动规律的认识与把握,以提高审判质量。效

---

[1]　参见[法]亨利·法约尔:《工业管理和一般管理》,迟力耕等译,中国社会科学出版社 1982 年版,第 5 页。

[2]　参见周三多等:《管理学》,复旦大学出版社 1999 年版,第 10 页。

[3]　陆开存:《人民法院审判管理机制创新的路径》,《审判研究》2012 年第 1 辑,法律出版社 2012 年版,第 82 页。

[4]　尚洪立主编:《司法改革前沿问题研究》,人民法院出版社 2011 年版,第 228 页。

[5]　李方民:《司法理念与方法》,法律出版社 2010 年版,第 89 页。

[6]　沈德咏:《沈德咏常务副院长在 2012 年全国法院审判管理工作座谈会上的讲话》,《审判管理研究与参考》(第 2 辑),法律出版社 2014 年版,第 26 页。

[7]　公丕祥:《当代中国的审判管理——以江苏法院为视域的思考与探索》,法律出版社 2012 年版,第 2 页。

率和效果为直接目标,以指导、规范、服务和保障审判权依法独立顺畅运行为准则,通过设计和运行一套科学合理的综合管理体制,运用体制内各种管理机制和措施,对审判活动及其赖以展开的审判资源进行配置、评价、组织、指导、协调和控制的过程。[1] (3)钱锋、孙海龙认为:"审判管理是指人民法院负有审判管理职责的机构和人员以审判活动及与审判活动相关的事务为对象,按照司法规律或原则的要求,通过对审判权及审判权运行方式的监督和制约,实现对审判公正、高效、廉洁保障的一系列活动的总称。"[2] (4)熊选国大法官认为,审判管理是"法院内部对审判活动的监督和管理职权,是衍生、从属于审判权的辅助性权能"[3]。

我们认为,所谓审判管理是指为了实现审判的公正和效率,通过计划、决策、组织、领导、控制等审判管理职能的行使来优化审判资源的配置,以实现既定审判目标的组织活动。

三、我国当代审判管理的目标

审判管理的目标可分为终极目标和次级目标,终极目标在于提高办案质量和效率,次级目标是对审判管理权的制约,防止其对审判权过度干预。

来自实务部门的专家认为,加强审判管理有助于提高办案质量效率:"审判管理对提高审判质量效率,增强司法效果,确保收结案均衡等都具有重要意义。完成当前日益繁重的审判任务,需要统筹安排、科学调度、指导把关和监督控制。"[4]自 2003 年开始,全国法院系统都陆续探索建立以审判质量效率指标体系为核心的审判管理机制,建立了审判管理机构,主要通过对质效指标

---

[1]　沈志先:《法院管理》,法律出版社 2013 年版,第 49 页。

[2]　钱锋:《审判管理的理论与实践》,法律出版社 2012 年版,第 8 页;孙海龙编著:《深化审判管理》,人民法院出版社 2013 年版,第 2 页。

[3]　熊选国:《以科学发展观为指导　构建科学规范的审判管理体系》,最高人民法院办公厅:《大法官论审判管理》,法律出版社 2011 年版,第 68 页。

[4]　李方民:《司法理念与方法》,法律出版社 2010 年版,第 90 页。

的动态管理,保障审判权运行公开、透明、公正。[1]

2010 年重庆市高级人民法院出台的《关于加强和优化审判管理工作的若干意见》第 3 条规定:"加强和优化审判管理工作的总体要求:坚持'科学管理、服务审判'理念,遵循审判工作规律,优化审判管理制度,健全审判管理组织体系,配强审判管理干部,促进司法资源、司法权力配置的优化,促进司法权力公正、高效、有序地运行。"第 4 条又规定了审判管理工作的具体目标,如"以审判绩效评估为中心,案件质量评查、案件流程监控、审委会事务、审判各环节协调等为重要内容的审判管理职能体系",又如"以监督制约机制为重点,绩效考核制度、案件质量评查办法、审判流程管理规则、审委会工作制度和加强审判监督指导的综合性审判制度等为主要内容的审判管理制度体系"。

法院传统的审判权运行管理模式是多主体、多层级、复合式、行政化的审判管理定案模式。对于一件案子,从主审法官、合议庭审判长、副庭长、参与庭务会讨论案件的法官、庭长、分管副院长、参与讨论案件的审判委员会委员、院长等都有可能参与审判权运行和审判管理的不同环节。在合议庭与审判委员会之间还有庭务会这样一个隐形的审判组织,主要以审判业务庭为单位行使庭务管理,是庭长和副庭长在审判庭行使审判管理权的组织形式(或称为"审判长联席会议"、"法官会议")。法院内部合议庭、庭务会、院庭长和审判委员会之间构成了类似于行政科层的层级化设置,各层级具有明确的从属关系,而且这种从属管理的效应往往体现在案件的实体裁判过程中。这种模式导致主审法官只是一个案件的具体承办人。科层级行政管理结构体制掌控下的绩效排名、节点监控和案件评查等审判管理方式,同样可能会异化为行政干预审判的新筹码和新层级。[2]

应当指出,上述多主体、科层级、行政化的审判管理模式不但凸显了审判管理权的膨胀,而且也不利于公正与效率这一终极目标的实现。因此,对审判

---

[1]　参见许建兵:《中国特色审判管理机制构建之构想》,《法律适用》2009 年第 9 期。

[2]　参见杨凯:《审判管理理论体系的法理构架与体制机制创新》,《中国法学》2014 年第 3 期。

管理体制和机制的改革成为势所必然。

四、我国当代审判管理的思路

我国人民法院审判管理的总体思路是：理顺审判权与审判管理权的关系。审判权的运行离不开审判管理，但我们法院的审判管理未能很好地划清与审判权之间的关系，实践中审判权的运行受到来自审判管理方面的诸多影响，有的甚至是越位。审判管理权需要划定清楚自身的边界、定位，以及与审判权发生相互关系的方式。

我们认为，理顺审判权与审判管理权的关系，需要抑制审判管理权的扩张，尊重审判权的合法运行空间，实现审判权与审判管理权之间的平衡。这是近期目标，其远期目标是建构一种以审判权为主、以审判管理权为辅的审判管理机制。

重庆市高级人民法院院长钱锋指出："审判管理最大的困局是审判权与审判管理权的关系问题，即一放就乱、一收就死的矛盾。上级法院和院庭长具有审判管理职责、政务管理权职，既应通过'管'来实现公正廉洁司法，又应规范'管'的程度、程序和方法，否则加强院庭长审判指导监督可能导致新的司法不公，两者边界一直困扰着各级法院和司法者。"[1]

在院庭长"集权"的批案模式下，合议庭仅有形式审理权，而无实质裁判权。院庭长批案的实质是以行政手段行使审判权，不是基于亲自审理，而是依据裁判文书及听取汇报。这导致"审"与"判"的分离，侵蚀了合议庭的审判权，虚置了合议庭的功能，弱化了合议庭成员的责任心。而放权于合议庭又缺乏相关制度约束，在法官队伍整体素质不高的情况下则会导致各种"乱象"出现。在院庭长批案制度下，"合议庭以行政下属身份审理案件，院庭长居于行政长官地位，以类似于行政审批的方式决定案件。合议庭成员对院庭长有较

---

[1] 钱锋：《社会转型时期司法运行规律探索》，法律出版社 2013 年版，第 206 页。

强的依赖感及较弱的案件质量责任意识。这种运行模式,必然造成恶性循环:行政化管理导致法官依赖性强并影响法官素质的提高;水平不能提高,行政化管理就愈发严厉"[1]。

学界还有一种观点认为,事实上院庭长参与审判管理未必就当然不好,一味强调法官独立审判也未必就是普适真理。质疑院庭长参与案件实体审判的一大理由就是缺乏亲历性,但亲历性主要是解决事实认定的问题,而不解决法律适用问题,院庭长包括审判委员会在事实认定方面往往主要依据的是合议庭意见,现代科技已经解决了信息沟通问题,院庭长可以通过庭审的录音录像、即时电子卷宗等解决亲历性不足的问题。院庭长往往也是优秀法官,如果将院庭长排除在案件的裁判之外,是对审判资源的重大浪费。现在很多案件的复杂性超出了合议庭本身智慧所能解决的范畴,合议庭本身的局限性在某种程度上需要介入更多的层级评价。

一位来自法院系统的管理者指出:"审判权和审判管理权是两种不同的权力,两者并不矛盾。加强审判管理主要是通过过程控制、绩效评价和办案指导,而对裁判结果的干预必须有严格的程序,如院长、庭长与合议庭意见不同,必须提交审判委员会研究,不能直接改判。而且院长、庭长职务本身具有双重性,既是审判职务,也是行政职务,既行使审判管理权,也在参加合议庭审理案件和审判委员会讨论案件中行使审判权,并对审判人员负有业务监督指导职责。审判管理权从性质上说是一种行政权力,它对审判权的行使有制约,但不直接决定和改变裁判结果,不是直接干预。""前几年在审判方式改革中强调强化合议庭职能,过度还权于合议庭,实行主审法官负责制,审判权运行去行政化,从理论上讲是对的,但由于审判管理权的虚化、弱化和边缘化,必要的监督管理没有跟上,实践效果不好。在目前体制、大的社会环境下,一味强调放权,效果可想而知。"[2]

应该说,上述观点偏于保守,笔者基于自身地位的考量,过多地考虑了法

[1]　钱锋:《社会转型时期司法运行规律探索》,法律出版社 2013 年版,第 208 页。
[2]　李方民:《司法理念与方法》,法律出版社 2010 年版,第 91—92 页。

院管理者的角色和地位,对审判管理权有一种偏执和依赖的倾向。其实,现在的主要问题是审判管理权一头独大,对审判权构成了过度的挤压,在一定程度上妨碍了审判权的正常运转。

近几年来,在两权改革方面,一些地方法院进行了积极探索,并形成了具有一定特色的新模式。

上海模式:精细化管理。实现了从单一管理到综合管理的转变、从分散管理到集约管理的转变。其特点:一是各种评估指标非常精细,二是信息化程度很高。

江苏模式:宏观管理与微观管理相结合。在管理主体上形成了院领导的宏观管理、审管办的中观管理、庭长的微观管理体系;在流程管理上重点抓住报结案、审限变更等主要环节;形成了较为完善的评价指标体系;审判业绩与奖惩挂钩;等等。

浙江模式:完善管理职责体系。其特点是:(1)审判管理职责明确、集中管理。普遍设立审判管理办公室,负责审判流程监管、案件质量评查、审判态势分析、审判质效管理等工作,实现审判管理职权集约化运行。(2)建立绩效考评体系。(3)完善质效监控体系,实现全程监控。

四川模式:两权改革。明确审委会、院长、庭长、合议庭的职责,规定重大案件须交审委会讨论;合议庭与院庭长有重大分歧的案件可提交审委会讨论,院庭长不得直接改变合议庭意见。对于其他案件,合议庭依法行使决定权。明确审管办的职责,不得干预个案处理过程,只是负责已经审结案件的质效评查及未结案件的流程管理等。

德州模式:注重考评。包括改发案件与错案考核、案件效果考核、庭审考评、案件质量评查等,相关措施精细化,并落实到位。应该说,此种模式较好地发挥了考核的杠杆作用。"案件质量、效率是评价和衡量一名法官、一个法院工作成绩的重要标尺,因此在综合性考核中应侧重对案件质量、效率的考核,考核要到人,努力实现业绩公开,用人公开。审判管理办公室负责对审判执行业绩进行考评,并对岗位目标考核办法设计审判业绩考评的部分以及审判业绩分数在审判执行人员考核成绩中所占权重提出意见。……

审判管理结果的使用：（1）作为评价法官、执行人员、鉴定人员业务能力、执法水平和职级晋升的主要依据；（2）作为考察庭、室、局工作业绩和评优创先的主要依据；（3）作为评判庭、室、局负责人管理水平和履行职责能力情况的主要依据；（4）作为实施错案追究的主要依据；（5）作为重点教育管理对象的认定依据。"

廊坊模式："内生与外控结合型"司法管理模式。"所谓内生性管理机制是指，依靠法官人格塑造与品质完善，强化主体意识和自治精神，启发、引导、激励内在力量，实现自我管理、自我服务、自我约束的管理机制。所谓外控性管理机制是指，以职业化、规范化、制度化建设为目标，通过外部约束力量对法官实施管理的司法行政与业务活动。由此可以得出，内生与外控结合型司法管理模式的定义，即人民法院以内生性管理为基础，以外控性管理为补充，重视法官人格塑造与能力培养，建立和完善自律与监督、管理与服务有机融合，并符合以人为本理念和司法规律的新时期司法管理模式。"可见，这一管理模式也可称为人本主义的管理模式。

从各地法院探索的理顺两权关系的实践经验中，我们可以看到遵循司法规律与尊重管理权威是各级法院长期以来一直存在的矛盾，这一矛盾实际上也就是司法权与司法管理权之间的矛盾。该矛盾产生的根源在于科层化审判管理权对审判权的宰制和压抑。如何化解这种矛盾？那就是在体制、机制上平衡审判权与审判管理权之间的关系，并进而树立审判权在法院权力结构中的主导地位，使审判管理权成为审判权的辅助性权力。

第三节　审判管理机制的现状

一、中级法院的审判管理组织

人民法院行使审判管理职权需要由专门的部门来行使，根据2011年最高人民法院发布的《关于加强人民法院审判管理工作的若干意见》的具体规定，各高级、中级人民法院和有条件的基层人民法院，要设立审判管理办公室。审管办是人民法院专事审判管理的综合审判业务部门，是审判委员会、原则的参谋助手。审管办的职能和地位明确之后，各地根据辖区内中级法院的编制与案件受理数等综合因素的考量，由中级法院提出设立审管办的请示，经同级人民政府编制委员会批复，在中级法院内部设立具有副处级规格的审判管理办公室。

一般来看，中级法院的审管办设主任一名、副主任一名和若干名的审判管理工作人员。审管办人员的编制问题，有的地方是通过法院自身的编制职数来解决；有的地方则会增加相应的确定编制给新成立的审管办。由于审管办的职能定位属于综合审判业务部门，属于广义上的审判部门，因此审管办工作人员中应当有一定比例的具有审判职称的法官。由于审管办是审委会之下的业务部门，再加上法院法官职数的限制，在很多中级法院审管办与审委办实行两块牌子、一套班子，进行合署办公。两办主任、副主任多由一人担任，有的主任还是审委会的专职委员。两办内部的工作人员，至少确定各自一名专门负责两办各自的业务。

另外，考虑到审管办中涉及的许多审判管理工作需要借助电脑、互联网和各种信息技术与媒体，具有计算机、信息技术等专业背景的人才也是审管办应当招录的专业工作人员。受制于审管办自身编制职数的限制，具体从事审判管理系统设计、维护、审判信息管理的专业人员，及日常行政性质的工作人员可以交由非法官职务人员及外聘人员。对于案件审理过程的管理、案件质量、效率、案件评查等与审判实务紧密关联的审判管理工作，应当交由具有法官职务身份的专职工作人员完成。

按照《审判管理若干意见》对审管办的基本职责设定，其主要承担"审判委员会日常事务、审判流程管理、案件质量评查、审判运行态势分析、审判经验总结等审判管理职责。各级人民法院要围绕确保审判质量、提高审判效率、实现良好的审判效果的要求，科学合理地整合各部门的管理职责，切实发挥审判管理办公室和其他职能部门在人民法院审判管理工作中的整体合力"。审判管理已成为与人事管理、政务管理相互并列的法院三大管理事务。在最新一轮的司法改革中，南方部分司改试点法院，如深圳前海法院和珠海横琴法院都建立起高度综合的司法行政部门，在大幅度削减人事和政务方面的行政管理机构与编制的同时，保留和加强了法院审判管理的职能，逐步将审判管理权纳入到与审判权相互衔接的新的法院内部管理秩序当中。

中级法院的审管办在其内设部门规格上与法院其他审判部门、行政部门同在一个层次。但审管办与审判业务部门不同，后者的工作重心在于对外审理和裁判案件；而前者的工作重心在于对外服务、协助和管理好整个法院的案件审理和裁判工作。某种意义上，审管办的服务和管理的客体是审判权，对象是具体的法官和审判业务部门。在人民法院"三五改革"期间，各地中级法院审管办在设立和运行之处，都会遇到审管办在具体实施审判管理过程中与审判业务部门、与法官之间发生的误解、质疑和摩擦等情况。尽管审管办在职能定位上是清楚的，但作为中级法院的审判管理组织如何开展好审判管理工作，如何探索和运用一套行之有效且不影响审判业务部门工作的审判管理机制是相当长一段时间内各中级法院努力要实现的发展目标。

二、中级法院的审判管理目标

就审判管理事务内容而言，不同审级法院都具有相同的审判管理内容。但如果从法院系统的审级关系来考虑，那么不同审级法院的审判管理又具有审级分工上的特殊性。法院审级的不同导致在案件审理和裁判的过程中的角色与功能不同，表现在不同审级间的审判权运行的机制和要求也具有差异性。对于因法院审级不同所造成审判管理上的差异，对于中级法院而言最有代表性。在中国四级法院系统内部，中级法院是第一个所谓的"上级人民法院"，是基层法院的上一级人民法院，是一般案件审理中的上诉法院。尽管中级法院也是以案件审理作为法院工作最为主要的内容，但中级法院审理的案件绝大多数是基层法院已经经过完整审判程序进行审理和裁判的案件。

中级法院手中的审判权虽然看似直接对着案件本身、对着案件当事人，但在更深一层的审判关系上，中级法院通过对案件的审理和裁判，最重要的是影响和制约基层法院审判权运行的质量和效率，通过中级法院的二审程序，资深的法官的复审，来确保基层法院审判程序的一致性与合法性，确保基层法院法律适用的统一性。中级法院就是要在更大地理和人口范围的区域内，将所辖基层法院的审判权运行的规则和结果进行高度一致性的格式化，最终实现司法的公正和统一。就上述目标来看，中级法院的审判管理与基层法院、高级法院的审判管理有着显著之不同。

首先，中级法院的审判管理主要是上诉案件的审判管理。对于所管理的案件，不仅要了解当前案件审理的过程性信息，还要了解案件在一审阶段的审理和裁判信息。从审判流程管理本身的管理科学性以及是否符合案件审判的司法规律性双重标准来看，上诉案件的审判流程管理不能简单重复一审案件的审判流程管理。在立案、分案、开庭、裁判、执行等环节，上诉案件的审判管理流程设计和具体执行必须充分考虑到上诉案件审理和裁判的司法规律。以行政案件上诉审理为例，由于二审行政案件的审理主要集中在法律适用问题方面，这对于庭审程序的管理而言就与事实审理的庭审程序有较大差异。如果不能回应和满足上诉案件审理中的差异性，简单按照一审案件开庭审理的审判流程进行管理，那么上诉案件的审判管理就难以真正实现质量与效率的统一。

其次，中级法院对案件的质量与效率的管理具有非常强的审级特征。中级法院对案件的质量评查不能简单像基层法院那样对案件的事实和法律都进行评查，必须结合上诉审的范围和深度来设定案件评查的标准。中级法院案件评查的重点不在于事实认定，而在于法律适用，通过案件评查确立中级法院要求的审判权运行的一致性标准，确定类案裁判的统一性要求。就案件审判的效率管理而言，中级法院应当结合上诉审的审级功能，从审级分工的职能要求出发，聚焦上诉案件审理的效率管理。在法律允许的范围内，上诉案件的法律审理尽可能进行书面审。二审法院原则上不再进行事实审理。如果当事人在二审依法提出新的事实证据，二审程序根据证明标准的要求，在初步证明案件有新的事实存在的情况下，通过裁定方式将案件发回一审法院重新审理。尽可能完善二审审理的证据规则，让案件的事实审理和判断的工作淡出上诉法官的视野，使其能够专心聚焦在法律适用问题方面，做好统一裁判标准的裁判职责。

最后，中级法院进行的审判运行态势分析和审判绩效管理也必须紧密结合中级法院的审级职能定位。中级法院作为上诉法院，它本身具有法院之上的法院特征，即中级法院对基层法院的审判权运行进行复审和裁判的职能。中级法院对审判运行态势的分析不仅包括本院的审判态势分析，还必然包括司法管辖范围内的总体的审判态势分析。由于中级法院站的位置更高，所观测到的审判态势更为全面，再加上中级法院具有对下级法院的监督权，这就要求中级法院必须把审判运行态势分析作为审判管理工作的重点，而基层法院则无需将重点放在这里。中级法院还需要加强审判经验的总结，它自身处于基层法院和高级法院之间，既是案件的审理法院，也是承担着审判权再调整功能和部分政策功能的监管型法院。因此，审判管理职能相较于基层法院而言具有更加重要的价值。

三、中级法院的审判管理内容

根据《审判管理若干意见》对审判管理内容的权威总结，人民法院审判管理的主要内容有六项，即审判质量管理、审判效率管理、审判流程管理、审判运行态势分析、审判绩效管理以及审判经验总结。如果从审判管理理论角度来对审判管理的内容进行区分，可以将审判管理做如下三种不同类型的划分。按照审判管理对象的不同，可以将审判管理的内容区分为：审判资源的管理、审判程序的管理、审判效果的管理。按照审判管理职能的不同，可以将审判管理内容分为：审判目标管理、审判组织管理、审判问题管理、审判绩效管理。按照审判管理环节的不同，可以将其区分为：审判预防性管理、审判实质性管理、审判事务性管理。

《审判管理若干意见》对六大方面的审判管理内容进行了较为清晰的界定,这里就不再重复。按照审判管理理论的区分,对于中级法院而言上述六大方面的审判管理内容又可以概括为:对审判资源的管理、对审判程序的管理以及对审判效果的管理三大类型。

首先,中级法院对审判权运行进行的管理并不是对审判权本身的直接代位行使,而是通过科学配置审判资源的方式所进行的服务型管理。审判资源是对审判活动的一种经济性描述。对于给定审判任务(工作量)的条件下,人民法院需要科学确定相应的审判资源的配置。当然,对于中级法院而言所谓的科学确定审判资源的配置还需要结合中级法院所承担的审级审判职能。中级法院对审判资源的管理,需要结合审判运行态势分析,结合法院现有的人财物资源、政策资源以及法院当下及将来所要承担的案件审判的类型分布趋势和数量发展态势进行综合配置。中级法院对审判资源的配置是审判力量优化配置的重要形式,是审判管理服务于审判权运行的最直接的体现。

其次,中级法院的审判管理还体现在对审判程序的管理方面。我们知道,案件审判程序具有相当的刚性特征,三大诉讼法的主要任务就是确定不同类型案件的审理和裁判程序。但是诉讼法只能做到对不同类型案件,以及案件审理和裁判的阶段性程序进行配置。对于更加精细和微观的审判程序的配置,三大诉讼法目前还无法做到。由于中级法院站在比基层法院更高的司法图景的观测点上,它能够通过大数据贯彻和审判运行态势分析来发现一定时期内不同类型案件的发展趋势,通过设定类案化的审判程序来实现对案件程序的有效管理。另外,中级法院还对上诉案件的审判程序进行管理,聚焦于二审审级上的功能定位,以法律审为二审程序的主要功能设定来优化二审审判程序。

最后,中级法院还有能力做好案件审判后的裁判效果管理。审判权运行的结果表现为法院作出的各种生效的裁判。这些生效裁判在具体事例中解释和适用了法律,解决了各种具有或典型或特别的具体法律纠纷。裁判效果的管理就是要将审判权运行的结果予以整理并放大,将审判权的影响从众多的个案层面的影响,对每个具体当事人的影响,上升为对一般社会公众的影响,对一般社会关系的影响,从而实现司法对法律权威的保障,对社会生活的规范、指引。

裁判效果的管理,最基础的层面是裁判档案管理,即归档。归档不是案件物质材料的封存,而是已生效案件的信息汇总。运用现代信息技术,将各种质地的案件材料予以电子化并录入计算机系统。对裁判案件信息进行类型化加工处理,如案件类型、性质、案由、当事人、证据类型、证据对事实的认定、庭审过程、合议庭评议、法律争点、法律适用、裁量权运用等裁判信息。裁判效果的管理,是对裁判基础信息的增值运用,是大数据时代站在宏观数据上分析所见到的审判权运行的宏观状态。[1]

裁判效果管理,能够发现广域空间或时间范围内的审判权运行特征。如一定地域范围内的刑事案件态势,或一定时间内的离婚案件特点等。通过裁判效果管理,我们能够实现社会治理意义上的司法权的客观认知,能够感受到司法制度的运行与国家、政治、经济、社会等宏观社会关系中的相互影响。裁判效果管理,我们一直在有意无意地做,从法官个人的审判经验到法院年度的审判工作总结,再到人大会议上的法院工作报告等。由于我们对裁判信息的掌握与分析能力的差异,我们能够得到的审判权运行宏观图景的范围和清晰度有很大差异。裁判效果管理的能力差异,如同望远镜的差异,它能让我们看到不同的审判图景,得到不同的对审判权运行的认知。有时候,由于管理能力差异较大,我们会看到相互矛盾的审判权运行图景。这是因为,我们对宏观事实和抽象事实的认识,与我们认识他们的工具有直接的关系。

---

[1]　参见黄淳:《返璞归真:审判管理定位的理性分析》,钱锋主编:《审判管理的理论与实践》,法律出版社 2012 年版,第 86 页。

第四节　审判管理机制的改革

一、现有中级法院审判管理机制的问题

目前,我国新一轮司法改革已经揭开大幕。在学界对司法改革的探索中,也出现了一种激进的声音,如主张实行彻底的司法独立,完全废除司法管理权,使司法权不受任何干预。那么,什么是司法独立? "司法独立,契合司法活动的规律,是现代诉讼中的基本原理之一。它含有三大要素:一是指司法权的独立;二是法院独立;三是司法官独立。"[1] "司法独立作为西方国家在反对封建专制进程中确立起来的一项宪法性制度,在一定程度上反映司法运行的内在逻辑要求。"[2] "司法独立的真正意蕴在于处在居间位置负责解决具体纠纷的特定法官(而不是抽象的法官或法院),根据既定的法律规则和程序独立自主地审理案件,而不受来自任何机关、团体或个人(无论是法院外部的还是内部的)干预。"[3]

应该说,审判权的独立行使是必要的,因为它符合司法规律。但是,是否因此就要完全废除审判管理权? 完全否定审判管理权并不符合中国的司法实际。其实,在国外,特别是法治发达国家,也同样存在司法管理问题,不过其司法管理注重服务、协调和监督,而不是去主宰和干预司法权的正常运行。根据中国目前的司法实际,骤然废除审判管理权,让审判权完全独立运行而不受监管,可能会产生一定的副作用,甚至会影响到司法公正。因此,在当前的法院系统内,构建一种审判权与审判管理权之间的平衡关系可能更符合中国的司法实际。

---

[1]　樊崇义主编:《诉讼原理》,法律出版社 2009 年版,第 416 页。

[2]　朱力宇主编:《依法治国论》,中国人民大学出版社 2004 年版,第 536 页。

[3]　李佑标等:《关于司法改革、司法公正及司法独立》,《法学前沿》1999 年第 3 期。

当下对于人民法院的审判管理改革来说,最重要的不是全面否定审判管理存在的价值,而是在于探索建立起符合中国司法状况和需求的审判管理的体制和机制,使其能够和审判权良性互动,实现司法公正与效率。当下开展的司法改革主要遵循"去行政化"和"去地方化"的改革路径。传统的审判权运行是在一个行政管理的框架内,受到法院内部行政层级控制,不能符合审判权运行的规律。既有审判管理的问题在这次司法改革中已经得到清晰的聚焦,但如何对症下药,尤其是用何种新的审判管理机制来进行改善,这是目前审判管理改革中的难题。

就目前司法改革所确定的审判管理方面的改革方案来看,针对审判管理的改革就是要建立起"让审理者裁判,由裁判者负责"的审判体制。传统的审判管理机制由于存在内部层层审批,办案权责不明等问题自然就成为司改对象。人民法院"四五改革纲要"将审判权力运行机制的改革目标确定为:完善主审法官、合议庭办案责任制作为关键环节,推动建立权责明晰、权责一致、监督有序、配套齐全的审判权力运行机制。为实现上述审判权力的运行目标,传统审判管理中的诸多机制都是改革的对象,如院庭长案件审批制度、案件请示制度、裁判文书签发机制、审委会过多讨论个案的做法等都成为首要的改革对象。

以院庭长对案件的审批机制和案件请示制度为例,"庭审法官向由庭长主持的庭务会或者向庭长汇报案情、审判情况以及评议结果,庭长有权决定改变合议庭或者独任法官拟定的判决;一些案件还要向主管副院长、院长汇报,后者有权改变审判庭拟定的判决;其中一些案件要向审判委员会汇报,由审判委员会就案件的具体定罪和量刑问题作出集体讨论和决定。无论由谁最后决定判决的内容,仍由承审法官草拟判决书,判决书拟就后还要交由庭长或者院长(或主管副院长)批改和批准。这一过程同行政决策并无二致。"[1]而案件请示制度反映的是上下级法院之间审级关系的行政化,而案件审批制度、审判

---

[1] 樊崇义主编:《诉讼原理》,法律出版社 2009 年版,第 459 页。

委员会制度则是指本级法院内部管理机制的行政化。所谓案件请示制度，"是指在案件审理过程中，上级法院主动就案件的实体处理或程序问题进行指示，或下级法院以口头或书面形式向上级法院请示，上级法院予以答复的制度。"[1]这些都是现有人民法院，尤其是中级法院所存在的审判管理问题，也是本轮司改所聚焦的改革对象。

二、理顺审判管理权与审判权的改革建议

审判权运行机制的改革是本轮司法改革首要的任务，截至目前，这项司改内容逐步纳入到理顺审判权与审判管理权、审判监督权的更大的司改图景之中。根据最新颁布的《最高人民法院关于完善人民法院司法责任制的若干意见》（法发〔2015〕13号）（以下简称《司法责任制若干意见》），在完善人民法院司法责任制改革的过程中要坚持"以审判权为核心，以审判监督权和审判管理权为保障"，建立符合司法规律的案件质量评估体系和评价机制。审判管理和审判监督机构应当定期分析审判质量运行态势，通过常规抽查、重点评查、专项评查等方式对案件质量进行专业评价。

《司法责任制若干意见》的颁布明确了审判权、审判管理权、审判监督权之间的关系，确立了三种权力各自运行机制改革的价值导向和目标。对于审判管理权而言，《司法责任制若干意见》明确了人民法院审判管理制度改革的目标、对象和主要措施。审判权是核心，是法院一切工作的出发点和落脚点，审判管理权、审判监督权存在的意义和价值都是在于确保审判权公正、有效率地运行。有鉴于此，审判权与审判管理权的关系应当是主从关系，审判管理权服务于、从属于审判权的运行，保障审判权能够公正、高效地实现。

有关审判权与审判管理权的关系，以及审判管理权服务、保障审判权运行的功能目标都能够取得改革的共识。甚至在本轮司改启动之前，现有的审判

---

[1] 陈光中等：《中国司法制度的基础理论问题研究》，经济科学出版社 2010 年版，第 153 页。

管理权的设置以及审判管理制度的安排,就其制度设计的初衷来看都不能说是对审判权正常运行的搅扰和破坏。审判管理制度在实施中出现的对审判权运行的不良影响,问题的根本在于制度实施过程的粗糙和走样。尤其是审判管理部门和审判管理者受到部门利益、个体利益的驱动,在法院体系内缺乏有效制约的情况下,审判管理权的运行渐渐会与审判权走远。本轮司改并不是要在审判权与审判管理权的关系和理念上进行突破,而是要在具体的体制和机制设计上进行完善,构建起审判管理部门、审判管理者不得不服务、保障审判权的运行,甚至是激励、促使审判管理权主动服务和保障审判权的运行。

三、中级法院审判管理的改革举措

根据《司法责任制若干意见》对于人民法院审判管理的改革指导意见,总体上看,院庭长对案件签发的审批权在司改试点法院都得以废除。将审判权由原来的审判管理部门交还给审判组织是本轮司改的内容之一,切实落实让审理者裁判,由裁判者负责的司法规律。另外,对于案件审理和裁判所设立的具有直接干涉性质的审判管理制度都将在本轮司改中逐步废除。在落实保障审判权独立运行的同时,逐步建立起通过事前的审判资源配置、事中的流程管理、事后的案件质量与效率评估,以及审判绩效评估等形式为主的审判管理机制。审判管理权要严格控制在上述事前、事中、事后管理的机制之内,不得任意设置审判管理权;审判业务部门和审判人员有权对于不合规、不合理的审判管理行为提出异议。审判管理异议在审管办无法得以有效解决的,可提交审委会讨论决定。建立审判管理权行使的刚性责任机制,并根据审判权运行机制的发展逐步完善审判管理的责任机制。

(一) 对院庭长等审判管理职权的改革

从审判管理改革的具体工作来看,对于中级法院而言首先要做的是明晰和理顺院长、副院长、专职审委会委员、庭长、副庭长的审判管理职责。根据上述意见的规定,院长的审判职责依据法律履行,除此之外院长行使管理法院审判工作的权力,包括对法院审判资源的管理,如对法官、司法辅助人员、行政人员的管理和调配,依法主持法官考评委员会并对法官进行评鉴,对法院审判设施、物品的管理,对审判工作经费的管理等;院长依法主持审判委员会的工作,在审委会法定职权范围内讨论审判工作中的重大事项;院长还组织研究审判工作中的重大问题,制定相关的管理制度等。

副院长和专职审委会委员的审判管理职责通过院长的正式委托而获得,可以就上述院长所承担的审判管理职责之内分担部分审判管理职责,协助院长做好全院的审判管理工作。审判管理实践中,副院长一般通过法院内部的正式程序确定某一审判领域工作的管理职责。一般而言,根据不同副院长在其专长的审判领域授权其分管相关审判领域的管理工作。在院庭长对案件质量把关,院庭长对裁判文书进行签发的时期,分管不同审判领域的副院长通过听取合议庭、主办法官的案件审理汇报、通过审查案件的合议笔录和拟裁判内容,以案件裁判文书签发审批的形式对个案中的审判权进行审判管理。专职审委会委员参照副院长的分管事项确定具体的审判管理专门的职责。一般而言,专职审委会委员主要负责审委会的管理工作以及审判管理办公室的管理工作,承担着案件质量评查、审判运行态势分析等专门的宏观层面的审判管理工作。

庭长的审判管理职责局限于审判业务庭的范围内。庭长除了要承担入额法官应该承担的审判工作量之外,还要对审判业务庭的审判管理工作负责。根据本轮司法改革试点法院的经验,在已实施员额制的法院内,入额法官与相对固定的法官助理、书记员等组成较为固定的合议庭。合议庭的组成以审判专业领域为构成标准,不排除构建若干具有综合审判能力的合议庭。对于审判业务庭内的相对固定的合议庭及其审判团队的管理,目前发展的趋势是逐步将审判管理权集中到院层面。有关审判业务庭内合议庭和审判团队之间、内部成员之间的职责分工,庭长承担着相应的管理职责,但将来会逐步上升到院一层统一管理。在普遍实行电脑随机分案机制下,遇到特殊案件需要调整分案工作的,这部分的工作内容属于审判管理的范畴,由相应的审判业务庭庭长处理。副庭长协助庭长完成审判业务庭内的审判管理工作。关于副庭长审判管理权的获得,应当是通过正式程序将庭长拥有的部分审判管理权委托副庭长行使。根据《司法责任制若干意见》的规定,院长、副院长、专职审委、庭长、副庭长的审判管理权应当在工作平台上公开进行。所谓工作平台主要是指法院审判管理的信息系统。上述审判管理人员必须通过法院的审判管理信息系统来行使审判管理权,并且所有的审判管理过程和结果都应当在法院系统内部进行公开,让全体法官看得到。

（二）逐步废除对个案裁判的案件请示制度

我们认为案件请示制度首先违反审判独立原则,实质上造成上级法院行使理解和适用法律的权力,而审判案件的法官反而不解释和适用法律,只许按照上级法院的指示进行判决即可。其次,还侵犯当事人的诉权,上级法院的指示、答复将直接对下级法院正在审理的案件产生实质性影响,从而导致上诉审程序的虚置。可以考虑通过管辖制度的完善来对案件请示制度进行诉讼化改造。下级法院合议庭在案件审理过程中对案件的事实认定和法律适用享有不容置疑的裁断权,上下级法院在审判业务上的监督关系只能通过法定的上诉审程序、死刑复核程序、再审程序来实现。中级法院对基层法院正在审理的案件不应当施加具有影响力的指示。对具有法律适用上普遍意义的疑难案件,除规定请示答复的对下级法院审判组织裁判效力的限制外,还可规定下级法院把"请示"上级法院改变为"报请上级法院直接审理",将原来案件请示制度所解决的疑难问题诉讼化。可以运用诉讼法中业已存在的"移送管辖"制度代替案件请示制度,从而最终达到废除案件请示制度的目的。另外,探索推动审级制改革,建立有限的三审终审制度,按诉讼法关于管辖权转移的规定,对于具有法律适用上的普遍意义的案件,下级法院可以根据当事人的申请或者依职权报请上级法院审理。上级法院经审查认为符合条件的,可以直接审理。[1]

（三）规范事前、事中、事后的审判管理机制

依照最高人民法院 2011 年颁布的《审判管理若干意见》所确定的审判管

---

[1]　陈光中等:《中国司法制度的基础理论问题研究》,经济科学出版社 2010 年版,第 153 页。

理六大方面的工作,按照审判管理阶段性的差异,将其置于不同的审判权运行的前中后过程之中。事前阶段的审判管理,不是针对个案的审判管理,而是一种预测性审判管理。可以以年度为事前管理的时间跨度单位,通过前一年度审判运行态势分析、审判质量、效率和绩效的分析等审判管理数据,以及中级法院管辖范围内国民经济和社会发展的情况、社会治理和政府法治发展的状况等预测下一年度中级法院及其基层法院所可能面临的审判态势。结合上述两种数据拟定下一年度的审判工作的规划,再以规划指导下一年度审判资源的配置。事前的审判管理工作具有非常强的基础性和全局性特征。一方面,事前的审判资源配置必须符合法律对于审判权配置和运行的刚性要求;另一方面,根据司改推进情况以及下一年度中级法院所要面临的审判态势进行更加精细的审判资源配置。

事中的审判管理主要是指审判流程管理。根据《司法责任制若干意见》的规定,今后院庭长在内的一切审判管理者所进行的审判管理行为都必须在工作平台进行并公开。事中管理需要解决的是流程管理全过程的留痕和公开问题。事中管理一方面要掐住诉讼法等法律规定的案件审理的底线,如关于审限、简易正式程序、回避、合议、庭审等必须具备的程序设置及配套详细规定;另一方面结合类案审理的特点和司法解释、司法意见对特定类型案件审理的规定来进行更为具体的、分类化的案件流程管理。最后案件流程管理应当具有动态显示的特征,督促程序各方主体依照程序规则逐步推进案件审理,还要完善程序违法的刚性制约机制。在审判流程中的程序违规行为应当在法律的限度内受到明确的制裁,尤其是强化已有的证据规则在流程管理过程中的强制性作用。

事后的审判管理应当是一种知识性管理。它基于已经发生的审判信息通过特定的信息处理技术,结合与审判权运行有关的要素所进行的一种关联性的信息处理。事后的审判管理一方面需要反映中级法院一定时期内案件审理的总体规范程度,找出诸如裁判文书说理不足、裁判文书格式错误等具有司法差错性质的问题。通过对已有审判信息的知识性管理为现有审判权运行指出客观存在的问题,并促其改正。另一方面,事后的审判管理还需要结合大数据技术,在更长的司法实践跨度内,在设计更多不同的司法要素变量中,进行海量司法信息的处理,通过大数据计算看到常人无法看到的审判权运行的深层态势。以此作为今后审判权运行的机制调整,以及审判管理制度的改革和完善的科学依据。需要注意的是,事后的审判管理不是追责程序。对于通过审判质量、效率等评查所发生的裁判过错,应当以法律明确的方式和程序来启动相应的司法责任追责机制。事后的审判管理应当是超然的,不以发现个案问题为主要任务。

(四) 完善审判管理责任制

司法责任制不仅是指审判人员行使审判权所应当承担的责任,也包括审判管理人员和审判监督人员在行使审判管理权、审判监督权过程中应当承担的责任。有关审判工作三权分离改革的设计,法官与合议庭对于自身审理和裁判的案件承担起审判责任是司法责任制的核心。《司法责任制若干意见》对于审判责任的规定体现在第 26 条之中,列举了七项应当承担审判责任的情形。但对于审判管理的责任规定得较为笼统,仅在第 27 条中用了"故意或重大过失,怠于行使或者不当行使"这样较为不确定的概念来描述审判管理责任的边界。该条还规定上述审判管理行为违规且必须对裁判本身造成错误存在严重后果的,方才承担审判管理责任。至于这种严重后果情况产生时,审判管理人员到底应当承担何种责任,《司法责任制若干意见》只是用了"依照有关规定"的模糊依据来描述。如此来看,整个《司法责任制若干意见》对于审判管理责任的范围、类型、结果、追究机制等操作实施方面的内容都没有规定。

如果权力不受约束,那么它会用到尽头方才停止。审判管理权既然已经设定了六大方面并有相应的权力运行的机制规定,那么对于审判管理权运行过程中的合法、合规边界的界定就显得十分重要。现实中,对于司法责任制改革的方案都着重于描述该怎么去做,但对于做不到要承担何种责任的问题却不被重视。法律之所以能够被遵守,除了人们具有良好的守法意识之外,最重要的是法律本身是有牙齿的,违反法律的行为一定会受到制裁。本轮司法改革既然如此重视司法责任制的改革,其中的法治本意就是要让司法规范也长上牙齿,对于违法、违规的司法行为应当要追究行为者相应的法律责任。如此,我们设计的司法改革方案才不会因为违法者不痛不痒而被搁置一边。

为落实审判管理的责任问题,我们需要从两个方面着手对现有的审判管理责任制度进行完善。一方面,加强现有诉讼法等法律确定的审判权运行的要素、程序和时限的管理。审判管理机制必须按照现有法律对审判权运行的约束性要求来进行设计并切实实施。法院通过审判流程管理信息系统的程序设计把法律上对审判管理行为的约束转变为计算机程序约束性操作。审判管理人员必须严格依照法定的审判管理权限、范围和结果要求来行使审判管理权,让存在于法律规范之上的审判管理规定能够具体落实到审判管理实践之中。另一方面,大力加强审判管理中的柔性管理的内容。毕竟法律对审判管理责任设定的底线,只有审判管理行为本身具有一定严重后果才能成为违法、违规的审判管理行为。对于大量的事前审判资源配置性管理、事中的审判流程督促性管理和事后的审判质效总结性管理,这些审判管理行为绝大多数时候是徘徊在合法性范畴之内的。由于这些审判管理行为本身多是定性的界定,带有预判、规划、总结等高度抽象和模糊的性质,它们很难带上具体的量化标准来追究相应的审判管理责任。因此,对于这类审判管理行为的约束更多的应当是柔性的。从现有的审判管理实践来看,通过审判管理信息的公开、审判管理措施的比较,以及带有激励性质的引导发挥着重要的作用。另外,对于审判管理责任的柔性追究不一定要以量化的标准来追究相应审判管理人员的责任。某种意义上来看,审判管理人员应当与院领导之间构建起类似于政治上的信任关系。也就是说法院可以凭借对其审判管理能力和效果的不信任来柔性地追究相应审判管理人员的责任。具体到审判管理岗位上,就是审判管理人员的去留问题。当然,这方面可以探索和采用的柔性责任追究方法还有很多。

(五) 探索审判管理新机制

本轮司法改革充分利用了现有高新技术发展的条件为审判权的运行、为审判管理和审判监督机制和形式的设计提供了充分的技术和物质准备。对于审判管理而言,我们需要不断使用已经成熟的技术和装备来提高审判管理的精确度、效率性和质量。

从事前的审判管理来看,立案登记制已经开始实施,人民法院对于案件的管理在立法阶段体现为案件入口管理。案件以诉的形式,按照三大诉讼法起诉条件的约束来管理案件的进口。由于立案登记制的实施,通过诉的形式进行的案件入口管理已经被空心化。案件入口管理更多的是形式要件的审查,只要外观形式上可以看成是一个诉,那么就通过立案登记的管理方式将其转换成审判管理的对象——案件。当然这并不是说案件入口管理就可以忽略,实际上从司法发达国家的法治经验来看,在事前阶段的审判管理非常重要。如推行非诉化解纠纷、诉前调解、控辩和解,以及通过合理设定诉讼费用成本来引导当事人合理选择使用司法制度等都是非常好的事前审判管理机制。

从事中的审判管理来看,除了在审判流程管理信息系统这样的计算机系统进行不断细化完善之外,还可以通过加强法官助理、书记员这样的司法辅助人员的配置来有针对性的优化审判中人力资源。另外,对于统一法律适用的管理,尤其是对于指导性案例如何在个案中具体适用的管理也是非常重要的。司法公正是审判管理的一大使命。影响司法公正的一个很重要的因素就是案件裁判尺度不统一,造成同案不同判的情况具有一定普遍性。在审判过程中,如何通过加强对法律适用的管理,尤其是最高人民法院不断发布的越来越多的指导性案例适用的管理显得越来越重要。这方面可以通过开发法律适用辅助信息系统等方式来探索事中审判管理的新方法和新路径。

从事后的审判管理来看,借助审判信息的大数据来进行综合性审判管理是今后审判管理发展的最大亮点。整个审判过程的节点化信息越多、信息本身越真实可靠,那么计算机系统所能够发挥的管理作用越大。现有的审判管理系统已经容纳了审判质效评估管理、态势分析、司法统计、司法公开等。促进审判管理从粗放向精细化转变,审判管理节点数据更加有效的分析利用,深入发挥以信息为内涵和主导的管理模式;快速提高审判管理专门人员的管理业务水平、信息统计分析驾驭能力、数据分析能力、审判态势的预判能力、沟通与协调能力,重视审判管理队伍的差异化和专业化建设等。

第九章

审判权运行的责任机制

第一节　领导干部干预司法活动的责任追究

党的十八届四中全会通过的《中共中央关于全面推进依法治国若干重大问题的决定》(以下简称《决定》)提出,完善确保依法独立公正行使审判权和检察权的制度。各级党政机关和领导干部要支持法院、检察院依法独立公正行使职权。建立领导干部干预司法活动,插手具体案件处理的记录、通报和责任追究制度。任何党政机关和领导干部都不得让司法机关[1]做违反法定职责、有碍司法公正的事情,任何司法机关都不得执行党政机关和领导干部违法干预司法活动的要求。对干预司法机关办案的,给予党纪政纪处分;造成冤假错案或者其他严重后果的,依法追究刑事责任。《决定》的这一制度设计,既是进一步落实我国宪法第 126 条、第 131 条[2]规定的具体措施,也是对实践中一些领导干部直接向司法机关发号施令,以权压法、以言代法等现象的强力回击。

为贯彻落实《决定》有关要求,防止领导干部干预司法活动,插手具体案

---

[1]　本章讨论涉及的司法机关主要指审判机关。

[2]　《中华人民共和国宪法》第 126 条,人民法院依照法律规定独立行使审判权,不受行政机关、社会团体和个人的干涉;第 131 条,人民检察院依照法律规定独立行使检察权,不受行政机关、社会团体和个人的干涉。

件处理,确保司法机关依法独立公正行使职权,中共中央办公厅、国务院办公厅于 2015 年 3 月 18 日印发并实施了《领导干部干预司法活动、插手具体案件处理的记录、通报和责任追究规定》(中办发〔2015〕23 号,以下简称《规定》)。为了进一步落实《规定》,最高人民法院于 2015 年 8 月 19 日发布了《人民法院落实〈领导干部干预司法活动、插手具体案件处理的记录、通报和责任追究规定〉的实施办法》(法发〔2015〕10 号,以下简称《10 号实施办法》)和《人民法院落实〈司法机关内部人员过问案件的记录和责任追究规定〉的实施办法》(法发〔2015〕11 号,以下简称《11 号实施办法》)。以上规定与实施办法内容丰富,主要建立了三项制度:一是司法机关对领导干部干预司法活动、插手具体案件处理的登记(记录)制度;二是党委政法委对领导干部违法干预司法活动、插手具体案件处理的通报制度;三是纪检监察机关对领导干部违法干预司法活动以及司法人员不记录或者不如实记录的责任追究制度。

一、登记(记录)制度

(一) 登记(记录)制度的发展脉络

任何制度的出现,均非一蹴而就,其产生一般会经历一定过程,领导干部干预司法活动,插手具体案件处理登记制度也不例外。

2005 年 5 月,青岛市出台了《保证司法机关依法独立行使职权意见》,要求党政机关和领导干部带头维护宪法和法律的权威,支持司法机关依法独立公正行使职权,不得越权或滥用职权插手、干预司法机关正常的司法活动,不得采取批条子、打招呼、听汇报或发文件等形式对司法活动施加影响,对个案进行定性和处理。

2006 年,中纪委、最高人民法院和监察部联合发文,要求各级法院在本地区发现党政官员滥用权力,采取打招呼、批条子、强令等方式非法干预法院执行案件的,应及时向同级党委或上级法院报告。

2011 年,湖南省出台的《法治湖南建设纲要》中明确要求各级党委带头维护司法权威,保障司法机关依法独立公正行使职权,要求党政领导公开承诺不对个案进行批示和干预。

2013 年 12 月,江西省纪委、省委组织、省委政法委联合下发了《关于党政领导干部支持司法机关依法独立办案的若干规定》,明确要求党政领导干部不得利用职务便利和影响,插手、干预司法机关执法办案活动,违反规定的,将对相关党政领导干部问责。[1] 社会各界对党政部门、领导干部发文件、批条子、转材料、打招呼等干预司法案件,影响司法公正、诱发司法腐败的现象已经深恶痛绝。

党的十八届四中全会通过《决定》提出"建立领导干部干预司法活动、插手具体案件处理的记录、通报和责任追究制度"。至此,领导干部干预司法活动,插手具体案件处理登记制度在全国范围内得以正式确立。

(二) 登记(记录)制度的基本内容

《决定》提出的建立领导干部干预司法活动,插手具体案件处理的记录、通报和责任追究制度中,记录制度是前提和基础。在探讨记录制度之前,我们首先要明确"领导干部"的范围,明确适用对象。对于"领导干部"的范围,《规定》第 12 条已作出明确规定,即领导干部是指在各级党的机关、人大代表、行政机关、政协机关、审判机关、检察机关、军事机关以及公司、企业、事业单位、社会团体中具有国家工作人员身份的领导干部。

登记制度的主要内容,是由明确登记的义务主体、登记的方式及登记的范围组成,即由谁来登记、如何登记以及登记是否有范围限制。

关于登记的义务主体,《规定》第 5 条规定:"对领导干部干预司法活动、插手具体案件处理的情况,司法人员应当全面、如实记录,做到全程留痕,有据可查。以组织名义向司法机关发文发函对案件处理提出要求的,或者领导干部身边工作人员、亲属干预司法活动、插手具体案件处理的,司法人员均应当如实记录并留存相关材料。"从该规定来看,负责登记的义务主体是司法人

---

[1]　郭锋:《建立违反法定程序干预司法的登记备案制探讨》,《法学杂志》2014 年第 7 期。

员,但具体由哪些司法人员负责登记,《规定》并没有进一步明确。对于领导干部干预人民法院负责的司法活动的,《10号实施办法》第4条[1]规定登记义务主体为"人民法院工作人员",而《11号实施办法》第6条至第10条[2]规定,将登记义务主体进一步明确为"人民法院办案工作人员"。虽然《11号实施办法》已经将登记主体进一步明确,尽管如此,我们认为还应进一步明确为由具体案件主审人负责记录,形成书面材料后报合议庭成员签字确认。因为所有干预司法活动和插手具体案件处理的意见最终都要通过主审法官或者合议庭成员才能产生效果,且案卷材料未归档前一般均由主审人进行保管。因此,为便于材料入卷,由主审法官负责记录可操作性比较强。如果主审法官或合议庭成员不记录或不如实记录,将来责任由他们自己承担,这符合权责统一原则。

关于登记的方式,两个实施办法明确规定人民法院要设立案件过问信息专库。《10号实施办法》第3条规定:"人民法院应当依托信息技术,在案件信息管理系统中设立外部人员过问信息专库,明确录入、存储、报送、查看和处理相关信息的流程和权限。外部人员过问信息录入案件信息管理系统时,应当同步录入外部人员过问信息专库。人民法院专门审判管理机构负责专库的维护和管理工作。"《11号实施办法》第9条规定:"人民法院应当在案件信息管理系统中设立司法机关内部人员过问案件信息专库,明确录入、存储、报送、查看和处理相关信息的责任权限和工作流程。人民法院监察部门负责专库的维护和管理工作。"设立过问信息专库,旨在依托信息技术将领导干部干预司法活动、插手具体案件的情况如实记录,不仅可以将登记制度落到实处,而且便

---

[1] 《人民法院落实〈领导干部干预司法活动、插手具体案件处理的记录、通报和责任追究规定〉的实施办法》第4条,人民法院工作人员根据本办法第二条履行记录义务时,应当如实记录相关人员的姓名、所在单位与职务、来文来函的时间、内容和形式等情况;对于利用手机短信、微博客、微信、电子邮件等网络信息方式过问具体案件的,还应当记录信息存储介质情况;对于以口头方式过问具体案件的,还应当记录发生场所、在场人员等情况,其他在场的人民法院工作人员应当签字确认。

[2] 《人民法院落实〈司法机关内部人员过问案件的记录和责任追究规定〉的实施办法》第10条,人民法院办案人员在办案工作中遇有司法机关内部人员在法定程序或相关工作程序之外过问案件情况的,应当及时将过问人的姓名、单位、职务以及过问案件的情况全面、如实地录入司法机关内部人员过问案件信息专库,并留存相关资料,做到有据可查。

于人民法院定期汇总分析,为报送政法委和上一级人民法院,贯彻落实通报制度提供依据。

关于登记是否有范围限制,《规定》第5条也作出了明确规定,司法人员应当全面、如实记录,做到全程留痕,有据可查。《规定》强调的是,记录没有例外。也就是说,凡领导干部干预司法活动,插手具体案件处理的,不管什么形式,都应当如实记录,随案入卷。换而言之,即使是领导干部在履行职责的范围内对案件提出监督、指导意见,办案人员亦要如实记录在案,相关材料应当存入正卷备查。对此,两个实施办法有明确规定。《10号实施办法》第5条规定:"党政机关、行业协会商会、社会公益组织和依法承担行政职能的事业单位,受人民法院委托或者许可,依照工作程序就涉及国家利益、社会公共利益的案件提出的参考意见,可以不录入外部人员过问信息专库,但相关材料应当存入案件正卷备查。"《11号实施办法》第6条规定:"人民法院领导干部和上级人民法院工作人员因履行法定职责,需要对正在办理的案件提出监督、指导意见的,应当依照法定程序或相关工作程序以书面形式提出,口头提出的,应当由办案人员如实记录在案。"第7条:"人民法院办案人员应当将人民法院领导干部和上级人民法院工作人员因履行法定职责提出监督、指导意见的批示、函文、记录等资料存入案卷备查。"这样规定,既可以防止司法机关和司法人员选择性记录,也可以在案件出现问题时,方便倒查责任。需要注意的是,针对实践中有的领导干部不直接出面,打着组织的旗号,或授意关系较密切的人干预司法机关办案的现象,《规定》第5条也进行了明确规定,要求司法人员也如实记录并留存相关材料。

二、通报制度

建立通报制度,是将领导干部违法干预司法活动、插手具体案件处理的情形进行公开,对干预司法行为的领导干部进行警示,同时也起到教育引导作用,让其他人引以为戒。《规定》将通报的范围限定在违法干预司法活动的情

形,并且针对实践中比较典型的违法干预行为,作了列举式的规定,主要包括:

(一)在线索核查、立案、侦查、审查起诉、审判、执行等环节为案件当事人请托说情的;

(二)要求办案人员或办案单位负责人私下会见案件当事人或其辩护人、诉讼代理人、近亲属以及其他与案件有利害关系的人的;

(三)授意、纵容身边工作人员或者亲属为案件当事人请托说情的;

(四)为了地方利益或者部门利益,以听取汇报、开协调会、发文件等形式,超越职权对案件处理提出倾向性意见或者具体要求的;

(五)其他违法干预司法活动、妨碍司法公正的行为。

其中第(五)项是兜底条款,需要在实践中具体把握。

领导干部有上述行为之一的,由党委政法委按程序报经批准后予以通报,必要时可以向社会公开。与记录没有限制范围不同,通报范围仅限定在违法干预司法活动的情形。领导干部只要有上述行为之一的,就可以按法定程序予以通报。

对于由谁负责通报的问题。《规定》第7条和第8条予以了明确规定,即负责通报的是党委政法委。即先由负责记录的司法机关每季度通过案件信息过问专库,对领导干部干预司法活动、插手具体案件处理的情况进行汇总分析,报送同级党委政法委和上级司法机关。如果司法机关认为有必要,也可以立即报告。党委政法委接到司法机关报告后应及时进行研究,报告同级党委,同时抄送纪检监察机关和党委组织部门。如果干预司法活动、插手具体案件处理的领导属于上级党委或其他党组织管理的,则应当向上级党委报告或者向其他党组织通报情况。党委政法委对领导干部干预司法活动、插手具体案件处理的情况进行通报时,须按程序批准后才能通报,认为有必要时,可以向社会公开。

2015年11月5日,中央政法委公开通报5起领导干部干预司法活动、插手具体案件处理和司法机关内部人员过问案件的典型案件,包括江苏徐州市人大常委会原副主任丁维和、云南昭通维稳办副主任彭泽高干预司法活动、插手具体案件处理案;北京高院民二庭原庭长陈海鸥、北京丰台区检察院法警队法警李朝阳、上海浦东新区检察院原书记员刘一定过问案件案。这是自《规定》印发以来,中央政法委首次公开通报干预司法活动、插手具体案件处理的典型案件,表明了各政法机关认真调查核实,严肃追究问责,确保铁规发力、制度生威,确保司法机关依法独立公正行使职权的重大决心。

2016 年 2 月初,中央政法委再次公开通报 7 起领导干部干预司法活动、插手具体案件处理和司法机关内部人员过问案件的典型案件。这些典型案件分别是:(1)湖南益阳市委原书记马勇等受贿、滥用职权、徇私枉法、干预司法活动案。(2)最高人民法院审判监督庭原正处级审判员左红干预过问案件案。(3)山西河津市检察院反渎职侵权局原副局长王建立过问案件、通风报信案。(4)陕西西安市公安局党委委员、副局长王安群受贿、干预司法案件处理案。(5)天津市公安局西青分局民警宋广众、朱国栋干预案件办理案。(6)四川自贡市中级法院刑事审判第二庭副庭长邓维聪过问案件案。(7)湖南邵东县公安局民警陈新春、曾小山过问案件案。

中央政法委两次公开通报典型案例,不仅将通报制度落到实处,表明我们严惩违法干预司法活动的决心,而且也通过向社会公开通报的方式,增加司法公信力,增强人民群众对司法的依赖,以确保依法独立公正行使审判权。

三、干预行为的表现

依法独立公正行使审判权,是宪法赋予人民法院的权力和职责,是一项神圣不可侵犯的宪法原则。实践中,一些领导干部对于如何行使领导权缺乏正确认识,总以为既然是"领导",就应该过问具体业务,否则便是失职。

一方面,一些党政机关和领导干部,把法院当成是一个下属部门和单位,发号施令,干预司法工作。另一方面,法院迫于地方党政机关和有关部门掌握着法院的人财物,不得不接受党政机关和领导干部的非法干预。由于法律缺乏对党组织及其领导人越权干预司法办案的制裁措施,使得干预者无所忌惮。

因此经常出现领导干部"打招呼"直接插手具体案件处理的现象。其插手案件方式主要通过听取汇报、开协调会、发公函、打招呼等方式,对案件定性或者实体处理提出意见进行干预。

司法实践中常见的干预方式主要有以下几种:

一是明确批示,且留下痕迹方式干预司法活动。这种干预方式主要表现在领导干部通过听取汇报、开协调会、发公函、批条子、递材料等形式对司法活动进行干预,这种干预方式的特征往往容易留下证据。

二是明确批示,但不留痕迹方式干预司法活动。很多领导干部在干预司法活动时,只在口头上说,不留下任何证据。很多领导干部为了规避被追责,通常会通过打电话,或者叫到办公室,当面交代对案件的处理意见,末了还不忘补充一句:"要依法办理。"如果真的按照他的意见处理后发生问题,他会推卸得干干净净。

三是暗示方式。如领导干部把法院相关领导和案件主办庭室负责人约出来,并将案件当事人也拉来一起出席饭局。饭局上领导干部大多谈及案件主要负责人近年来的工作成绩及对其未来工作安排问题的意见和建议,并不直接谈及案件。即使领导未就案件作任何指示,甚至都未谈及案件,但恐怕参与饭局的人,都知道饭局的本来目的。可想而知,案件的最终走向,行政干预的影子无法磨灭。

四是通过政法委相关领导干预司法活动。政法委管司法工作,很多领导干部想干预个案,都不直接向法院打招呼,而是通过政法委相关领导去插手案件处理。政法委干预司法活动的案例并不少见,其中云南律师刘少斌案正是政法委组织公检法联合办案的典型错案,该案亦是中央政法委首次通报 5 起干预、过问司法案件典型案例之一。2010 年 9 月 16 日,云南昆明尚同律师事务所律师刘少斌在代理一起发生在云南省昭通市彝良县民事案件的过程中,因涉嫌"妨害作证罪"被逮捕。而对他实施逮捕,并对案件进行调查的,是时任昭通彝良县委政法委书记的彭泽高要求县公安局、检察院成立"联合调查组"。刘少斌案卷宗显示,在公诉机关指控他的多份证据,有部分讯问笔录和询问笔录是以"彝良县政法委联合调查组或彝良县人民检察院"名义制作。2011 年 7 月,彝良县人民法院作出判决:刘少斌犯妨害作证罪。2015 年 1 月,刘少斌涉嫌妨害作证罪一案在盐津县人民法院再审开庭。2015 年 3 月,盐津县人民法院审理判决刘少斌无罪。事实上,在近年社会关注的冤案、错案的背后,时常可以觅得政法委领导下,公检法三机关联合办案的影子。

五是通过家属、秘书或者特定关系人去说情、打招呼。工作久了,法院内部工作人员自然知道能够接近领导、或者亲属关系上、职务上与领导干部具有亲密关系的人是谁。这一类人过问案件的事,实际上就相当于领导干部亲自干预。在这种"代理制"下,干预司法便发生了。

四、党纪政纪处分内容

《决定》提出,对领导干部干预司法机关办案的,给予党纪政纪处分。党纪政纪处分是纪律处分和行政处分的总称。纪律处分,是党的纪律检查委员会对党员的处罚;行政处分,是监察部门对公务员的处罚。

党纪处分是对违反纪律的党员采取的必要的教育手段和处罚手段。《中国共产党纪律处分条例》第 7 条规定党纪处分主要包括警告、严重警告、撤销党内职务、留党察看、开除党籍。

1. 警告。《中国共产党纪律处分条例》第 9 条规定:"党员受到警告处分一年内、受到严重警告处分一年半内,不得在党内提升职务和向党外组织推荐担任高于其原任职务的党外职务。"这是党内最轻的纪律处分。适用于那些犯了一般性的错误或所犯错误情节比较轻的,但必须予以党纪处分的党员。

2. 严重警告。这是重于警告的党纪处分,适用于那些所犯错误的性质和程度比较严重的违纪党员。

3. 撤销党内职务。《中国共产党纪律处分条例》第 10 条规定:"撤销党内职务处分,是指撤销受处分党员由党内选举或者组织任命的党内职务。"这是一种比较重的党纪处分。这一处分适用于那些所犯错误性质、情节严重,不宜再担任党内职务的违纪党员。

4. 留党察看。这是仅低于开除党籍的党纪处分，是党内重处分之一。这一党纪处分适用于严重违犯党纪，但尚未完全丧失共产党员条件，需要给其改正错误的机会，以便党组织继续考察的党员。根据《中国共产党纪律处分条例》第 11 条的规定，留党察看分为留党察看一年与留党察看二年，党员受留党察看处分期间，没有表决权、选举权和被选举权。留党察看期间，确有悔改表现的，期满后恢复其党员权利；坚持不改或者又发现其他应当受到党纪处分的违纪行为的，应当开除党籍。中央政法委公开通报 7 起领导干部干预司法活动、插手具体案件处理和司法机关内部人员过问案件的典型案件中，山西河津市检察院反渎职侵权局原副局长王建立于 2015 年 6 月至 7 月，接受涉嫌合同诈骗犯罪案件嫌疑人晋某的亲属请托，违反规定打探案情、通风报信，泄露检察工作秘密，严重干扰河津市检察院对晋某决定采取逮捕强制措施。目前，王建立已受到留党察看、撤职处分。

5. 开除党籍。这是党内最重处分，党员受到开除党籍处分，五年内不得重新入党。适用于严重违犯党的纪律，造成很坏影响，严重损害党和国家的利益，给党的形象和工作带来重大损失，或者犯了错误不改正，抵制党组织的教育，背离党的路线、方针、政策，完全丧失共产党员条件或严重触犯刑律的党员。中央政法委公开通报 7 起领导干部干预司法活动、插手具体案件处理和司法机关内部人员过问案件的典型案件中，最高人民法院审判监督庭原正处级审判员左红于 2014 年 1 月至 10 月，多次私下接触案件当事人及请托人，多次接受案件当事人及请托人的宴请和所送财物，利用职务影响向下级法院审判执行人员介绍贿赂、为案件当事人说情打招呼，并将其他法官退回的贿赂款用于个人理财。目前，左红已被开除党籍、开除公职。

根据《行政机关公务员处分条例》第 6、7 条的规定，行政处分主要包括警告、记过、记大过、降级、撤职、开除六种。受处分的期间为：警告，六个月；记过，十二个月；记大过，十八个月；降级、撤职，二十四个月。

1. 警告。它是最轻微的行政处分方式，是对违法行为的公务员的一种告诫,也是对公务员违法行为的一种否定性的谴责与非难。

2. 记过。它是把公务员实施违法行为的过错记录在案,实际上也属于一种精神的惩戒。

3. 记大过。相对于记过而言,这是在犯有较大过错的行为记录档案材料中,是精神惩戒中最严厉的一种处分。

4. 降级。指的是降低公务员的工资等级,此种处分直接与工资待遇挂钩。

5. 撤职。它是撤销公务员所担任的行政职务的行政处分方式。

6. 开除。即强制剥夺当事人的公务员资格,这是一种最为严厉的处分。

公务员在受处分期间不得晋升职务和级别,其中受记过、记大过、降级、撤职处分的,不得晋升工资档次。受撤职处分的,按照规定降低级别。

对于领导干部干预司法活动,根据其干预司法造成后果的严重程度,可根据上述党纪政纪处分内容予以相应处分。《人民法院工作人员处分条例》第33 条明确规定:"违反规定插手、干预、过问案件,或者为案件当事人通风报信、说情打招呼的,给予警告、记过或者记大过处分;情节较重的,给予降级或者撤职处分;情节严重的,给予开除处分。"上述规定为追究人民法院领导干部干预司法活动行政责任提供依据。

关于党纪处分和行政处分是否可以重叠适用问题,《决定》提出,对领导干部干预司法机关办案的,给予党纪政纪处分。我们认为针对党员领导干部干预司法活动的,根据其干预司法造成的严重程度,可以同时给予党纪处分和行政处分。上文提及的最高人民法院审判监督庭原正处级审判员左红干预过问案件便是佐证。左红因违法过问案件干预司法活动,已被开除党籍、开除公职。至于干预司法活动的非党员领导干部的行政责任问题,只能给予行政处分,给予纪律处分没有法律依据。

五、衔接刑事追责程序

领导干部干预司法插手具体案件处理,是影响司法公正的痼疾。长期以来,有些领导干部打着公共利益的旗号,披着领导机关的外衣,依赖控制司法机关人、财、物的特别优势,明目张胆地干预司法活动,插手具体案件处理,制造了不公正裁判和冤假错案,不仅侵害了当事人的合法权益,也严重伤害了司法公信力,损害了人民对司法的信赖。

从近年来所平反的冤假错案来看,领导干部的干预是导致形成冤案、错案的直接原因,并且这些案件都已经被媒体广泛报道。安徽商人越世金因一起经济纠纷身陷囹圄,"民事纠纷"被判为"刑事案件"。自 2007 年,该案被不同的法院判决 7 次,罪名、量刑蹊跷反复。直至 2014 年 12 月 24 日,滁州市中级人民法院终审宣判赵世金无罪。错案背后,是行政干预的影子。然而错案虽然得到了平反,却没有追究干预者的责任。事实表明,有些错案就是由地方党政领导拍板造成的。换言之,他们是事实上的裁判者、决定者,但却不用负任何责任,而是让其他人代其受过,这显然违背法理。显而易见的是,如果滥用职权干预司法,造成冤假错案或其他严重后果而不用承担刑事责任,不受到惩罚,那么他们对司法的干预就会越发频繁、越发严重。

《领导干部干预司法活动、插手具体案件处理的记录、通报和责任追究规定》第 9 条[1]规定了领导干部违法干预司法活动,造成冤假错案或者其他严重后果,构成犯罪的,依法追究刑事责任。因此,领导干部干预最终形成冤假错案或其他严重后果的,除了要给干预的领导干部予以党纪政纪处分外,构成犯罪的还应启动刑事责任追究程序,让其承担相应的刑事责任。

至于如何追究领导干部干预司法造成冤假错案或者其他严重后果的刑事责任问题,从客观上说,他们对具体案件的干预是超越职权的行为,而且其行为造成了冤假错案或其他严重后果,冤假错案或其他严重后果属于致使"公

---

[1] 《领导干部干预司法活动、插手具体案件处理的记录、通报和责任追究规定》第 9 条,领导干部有本规定第八条所列行为之一,造成后果或者恶劣影响的,依照《中国共产党纪律处分条例》《行政机关公务员处分条例》《检察人员纪律处分条例(试行)》《人民法院工作人员处分条例》《中国人民解放军纪律条令》等规定给予纪律处分;造成冤假错案或者其他严重后果,构成犯罪的,依法追究刑事责任。领导干部对司法人员进行打击报复的,依照《中国共产党纪律处分条例》《行政机关公务员处分条例》《检察人员纪律处分条例(试行)》《人民法院工作人员处分条例》《中国人民解放军纪律条令》等规定给予纪律处分;构成犯罪的,依法追究刑事责任。

共财产、国家和人民利益遭受重大损失"。从主观上说,他们对自己的行为造成的结果至少持放任态度,因而是一种滥用职权的故意。领导干部干预司法导致冤假错案或其他严重后果的行为完全符合《刑法》第397条规定的滥用职权罪的犯罪构成要件,对于任何领导干部干预具体案件处理导致冤假错案的(包括民事案件),通常可以以滥用职权罪追究刑事责任。此外,从干预目的为出发点,领导干部干预司法大多数出于私人利益,因此权钱互易是常见的交易模式。以公权谋取私益,利用职务上的便利,索取或者非法收受他人财物,为他人谋取利益而干预司法活动的,符合我国《刑法》第385、388条规定的"受贿罪"的犯罪构成要件。

中央政法委再次通报的7起干预、过问司法案件典型案例中,湖南益阳市委原书记马勇等受贿、滥用职权、徇私枉法、干预司法活动一案,便是例证。2012年11月3日晚,犯罪嫌疑人胡氏兄弟二人因故与受害人袁某发生争执,对袁某进行殴打,其中一人持水果刀将袁某捅死。案发后,益阳市赫山区公安分局以涉嫌故意伤害罪对两名犯罪嫌疑人立案侦查,并于2013年1月23日将该案移送赫山区检察院审查起诉。2013年8月1日,赫山区法院以故意伤害罪分别判处两名被告人有期徒刑五年、有期徒刑三年缓刑三年。后经查明,在该案办理过程中,时任益阳市委书记马勇收受被告人亲属贿赂,借口"保护外来投资者合法权益",违法干预司法活动、插手具体案件处理;益阳市多名政法干警和案件辩护律师违法帮助被告人减轻罪责,导致该案重罪轻判。目前,马勇因涉嫌滥用职权、受贿罪,被检察机关依法立案侦查。赫山区法院、检察院、资阳区公安分局、益阳市第一看守所等政法单位相关领导和办案责任人员以及胡氏兄弟辩护律师,因涉嫌徇私枉法罪、滥用职权罪、帮助伪造证据罪,被司法机关依法立案侦查。

第二节　妨碍审判权运行行为的惩戒制度

《中共中央关于全面推进依法治国若干重大问题的决定》提出完善惩戒

妨碍司法机关依法行使职权、拒不执行生效裁判和决定、藐视法庭权威等违法犯罪行为的法律规定。

一、妨碍法院依法行使职权

当前,妨碍法院依法行使审判权的行为主要有下列几种[1]:第一,伪造、毁灭重要证据,妨害人民法院审理案件;第二,以暴力、威胁、贿买方法阻止证人作证或指使、贿买、胁迫他人作伪证;第三,隐藏、转移、变卖、毁损已被查封、扣押的财产或已被清点并责令其保护的财产,转移已被冻结的财产;第四,对司法工作人员、诉讼参与人、证人、翻译人员、鉴定人、勘验人、协助执行的人,进行侮辱、诽谤、诬陷、殴打或打击报复;第五,以暴力、威胁或其他方法阻碍司法工作人员执行职务;第六,拒不履行人民法院已生效的裁判;第七,有义务协助调查、执行的单位或组织拒不履行协助义务。这些行为[2]包括:(1)有关单位拒绝或妨碍法院调查取证的;(2)有关单位接到人民法院协助执行通知后,拒不协助查询、扣押、冻结、划拨、变价存款的;(3)有关单位接到人民法院协助执行通知书后,拒不协助扣留被执行人的收入、办理有关财产权证照转移手续、转交有关票证、证照或其他财产的;(4)其他拒绝协助执行的行为。

除上述几种情形之外,还包括恶意诉讼、恶意调解以及恶意逃避债务的行为。[3] 对必须到庭的被告经传唤无正当理由拒不到庭,人民法院受案之后非法拘禁他人或者非法私自扣押他人财产追索债务的行为等。当前,对妨碍法院依法行使职权行为的惩戒的法律依据主要由三大诉讼法分别予以规定。

(一) 民诉法设立的惩戒规则

根据 2012 年修订的《民事诉讼法》的规定,对妨害民事诉讼强制措施的种类有以下五种:拘传、训诫、责令退出法庭、罚款、拘留。

---

[1] 《中华人民共和国民事诉讼法》第 111 条。
[2] 《中华人民共和国民事诉讼法》第 114 条。
[3] 《中华人民共和国民事诉讼法》第 113 条。

1. 拘传。[1]　拘传是对于必须到庭的被告,经人民法院两次传票传唤,无正当理由拒绝出庭的,人民法院派出司法警察,强制被传唤人到庭参加诉讼活动的一种措施。拘传是我国民事诉讼强制措施体系中强制力最轻的一种。

2. 训诫、责令退出法庭。训诫是人民法院对妨害民事诉讼秩序行为较轻的人,以口头方式予以严肃的批评教育,并指出其行为的违法性和危害性,令其以后不得再犯的一种强制措施。责令退出法庭是指人民法院对于违反法庭规则的人,强制其离开法庭的措施。《民事诉讼法》第110条规定,诉讼参与人和其他人应当遵守法庭规则。人民法院对违反法庭规则的人,可以予以训诫,责令退出法庭或者予以罚款、拘留。

3. 罚款。罚款是人民法院对实施妨害民事诉讼行为情节比较严重的人,责令其在规定的时间内,缴纳一定数额金钱的强制措施。

4. 拘留。拘留是人民法院对实施妨害民事诉讼行为情节严重的人,将其留置在特定的场所,在一定期限内限制其人身自由的强制措施。按照法律规定拘留期限为15日以下。《民事诉讼法》第111条规定:“诉讼参与人或者其他人有下列行为之一的,人民法院可以根据情节轻重予以罚款、拘留;构成犯罪的,依法追究刑事责任……”《民事诉讼法》第112条规定:“当事人之间恶意串通,企图通过诉讼、调解等方式侵害他人合法权益的,人民法院应当驳回其请求,并根据情节轻重予以罚款、拘留;构成犯罪的,依法追究刑事责任。”

综上,对于妨碍法院依法行使职权、妨害民事诉讼正常运行的,根据《民事诉讼法》的规定,人民法院对妨碍民事诉讼的行为采取拘传、训诫、责令退出法庭、罚款、拘留的强制措施,情节特别严重、构成犯罪的,依法追究其刑事责任。对采取以上强制措施,旨在规范当事人参加民事诉讼的行为,保证民事审判活动有序开展,保障法院依法独立公正地行使审判权。

（二）刑诉法设立的惩戒规则

2012年修订的《刑事诉讼法》对妨碍刑事诉讼中法院行使审判权的行为

---

[1]　《中华人民共和国民事诉讼法》第109条。

作出惩戒规定。《刑事诉讼法》第52条规定:"人民法院、人民检察院和公安机关有权向有关单位和个人收集、调取证据。有关单位和个人应当如实提供证据。……对于涉及国家秘密、商业秘密、个人隐私的证据,应当保密。凡是伪造证据、隐匿证据或者毁灭证据的,无论属于何方,必须受法律追究。"同法第59条规定:"证人证言必须在法庭上经过公诉人、被害人和被告人、辩护人双方质证查实以后,才能作为定案的根据。法庭查明证人有意作伪证或者隐匿罪证的时候,应当依法处理。"

妨碍法院依法行使职权、妨害刑事诉讼正常运行的行为中,当事人伪造证据、隐匿证据或者毁灭证据的,证人有意作伪证或者隐匿罪证的,符合刑法第243条[1]、第305条[2]规定的犯罪构成要件的,可以以"诬告陷害罪"和"伪证罪"追究其刑事责任。

(三) 行诉法设立的惩戒规则

2015年5月1日起实施的新《行政诉讼法》对妨碍行政诉讼中法院行使审判权的行为设定了惩戒规则。《行政诉讼法》第59条规定:"诉讼参与人或者其他人有下列行为之一的,人民法院可以根据情节轻重,予以训诫、责令具结悔过或者处一万元以下的罚款、十五日以下的拘留;构成犯罪的,依法追究刑事责任:(一)有义务协助调查、执行的人,对人民法院的协助调查决定、协助执行通知书,无故推拖、拒绝或者妨碍调查、执行的;(二)伪造、隐藏、毁灭证据或者提供虚假证明材料,妨碍人民法院审理案件的;(三)指使、贿买、胁迫他人作伪证或者威胁、阻止证人作证的;(四)隐藏、转移、变卖、毁损已被查封、扣押、冻结的财产的;(五)以欺骗、胁迫等非法手段使原告撤诉的;(六)以暴力、威胁或者其他方法阻碍人民法院工作人员执行职务,或者以哄闹、冲击法庭等方法扰乱人民法院工作秩序的;(七)对人民法院审判人员或者其他工

---

[1] 《中华人民共和国刑法》第243条,捏造事实诬告陷害他人,意图使他人受刑事追究,情节严重的,处三年以下有期徒刑、拘役或者管制;造成严重后果的,处三年以上十年以下有期徒刑。

[2] 《中华人民共和国刑法》第305条,在刑事诉讼中,证人、鉴定人、记录人、翻译人对与案件有重要关系的情节,故意作虚假证明、鉴定、记录、翻译,意图陷害他人或者隐匿罪证的,处三年以下有期徒刑或者拘役;情节严重的,处三年以上七年以下有期徒刑。

作人员、诉讼参与人、协助调查和执行的人员恐吓、侮辱、诽谤、诬陷、殴打、围攻或者打击报复的。人民法院对有前款规定的行为之一的单位,可以对其主要负责人或者直接责任人员依照前款规定予以罚款、拘留;构成犯罪的,依法追究刑事责任。"

可见,与妨碍民事诉讼强制措施相类似,对于妨碍法院依法行使职权、妨害行政诉讼正常运行的,人民法院可以训诫、责令具结悔过、罚款拘留的惩戒措施,情况严重构成犯罪的,依法追究刑事责任。

二、拒不执行生效裁判

法院执行难的一个很重要因素就是被执行人有履行能力而拒不执行法院生效裁判。尽管我国刑法对此早有惩处规定,但现实中这种违法犯罪行为真正被追究刑事责任的为数不多。究其原因,一是法律对于拒不执行法院判决罪的犯罪构成规定得过于狭隘,且模糊不清,司法人员认识难以统一。二是启动程序烦琐,仅有公安机关是追究行为人刑事责任的启动主体,启动主体单一,且缺少监督。三是对于拒执罪受害方来说,在程序受阻后,缺少相应的救济程序。

由于打击不力,生效裁判长期得不到执行,严重损害了司法权威,造成了极坏的社会影响。更为严重的是,暴力抗法的行为有愈演愈烈之势,这种势头如不能得到有效的遏制,我国的法治化进程则面临着开倒车的危险。

(一) 拒不执行生效裁判的惩戒规则

我国《民事诉讼法》第 111 条规定:"诉讼参与人或者其他人有下列行为之一的,人民法院可以根据情节轻重予以罚款、拘留;构成犯罪的,依法追究刑事责任:……(六)拒不履行人民法院已经发生法律效力的判决、裁定的。……"我国《刑法》第 313 条规定:"对人民法院的判决、裁定有能力执行而拒不执行,情节严重的,处三年以下有期徒刑、拘役或者罚金。"根据法律规定,拒不执行生效裁判的,人民法院可以根据上述规定对被执行人采取罚款、拘留的强制措施,构成犯罪的,可以以"拒不执行判决、裁定罪"追究刑事责任。

(二) 拒不执行判决、裁定罪的定罪问题

构成拒不执行判决、裁定罪必须达到"情节严重",那么何谓情节严重呢?2015 年 7 月 20 日颁布的《最高人民法院关于审理拒不执行判决、裁定刑事案件适用法律若干问题的解释》(法释〔2015〕16 号)第 2 条规定:"负有执行义务的人有能力执行而实施下列行为之一的,应当认定为全国人民代表大会常务委员会关于刑法第三百一十三条的解释[1]中规定的'其他有能力执行而拒不执行,情节严重的情形':(一)具有拒绝报告或者虚假报告财产情况、违反人民法院限制高消费及有关消费令等拒不执行行为,经采取罚款或者拘留等强制措施后仍拒不执行的;(二)伪造、毁灭有关被执行人履行能力的重要证据,以暴力、威胁、贿买方法阻止他人作证或者指使、贿买、胁迫他人作伪证,妨碍人民法院查明被执行人财产情况,致使判决、裁定无法执行的;(三)拒不交付法律文书指定交付的财物、票证或者拒不迁出房屋、退出土地,致使判决、裁定无法执行的;(四)与他人串通,通过虚假诉讼、虚假仲裁、虚假和解等方式妨害执行,致使判决、裁定无法执行的;(五)以暴力、威胁方法阻碍执行人员进入执行现场或者聚众哄闹、冲击执行现场,致使执行工作无法进行的;(六)对执行人员进行侮辱、围攻、扣押、殴打,致使执行工作无法进行的;(七)毁损、抢夺执行案件材料、执行公务车辆和其他执行器械、执行人员服装以及执行公务证件,致使执行工作无法进行的;(八)拒不执行法院判决、裁定,致使债权人遭受重大损失的。"

这一司法解释对于实践中司法人员如何界定拒不执行判决、裁定罪的严

---

[1] 全国人民代表大会常务委员会关于刑法第三百一十三条的解释将"有能力执行而拒不执行,情节严重"的情形规定为:(一)被执行人员采取隐藏、转移、故意毁损或者无偿转让财产,以明显不合理的低价转让财产的;(二)担保人或者被执行人隐藏、转移、故意损毁或者转让已向人民法院提供担保的财产的;(三)协助执行义务人员接到人民法院协助执行通知书后,拒不协助执行的;(四)被执行人、担保人、协助执行义务人与国家机关人员通谋,利用国家机关工作人员的职权妨害执行,致使判决、裁定无法执行的;(五)其他有能力执行而拒不执行,情节严重的情形。

重情节提供了法律依据,但还有一个问题随之产生:被告人在诉讼程序开始之初,甚至在预感到诉讼不可避免之时,就开始了"隐藏、转移、故意毁损财产或者无偿转让财产、以明显不合理的低价转让财产"等行为,致使判决和裁定无法执行,这种现象司法实践中屡见不鲜。在这个时候,行为人还不是"被执行人",也不适用全国人大常委会的解释。这就使得依据现有法律无法对这一部分恶意对抗法院执行的"可能的执行义务人"进行制裁。

最高人民法院与人大常委会的司法解释虽然给司法人员提供了一定的执法依据,但同时因其对情节严重的情形规定得过于狭隘,容易在不同司法机关中造成分歧。我们认为,对人民法院生效的判决、裁定有能力执行却拒不执行,致使判决最终无法执行,无论其行为是作为还是不作为,本身就是一种严重破坏社会管理秩序的行为,在予以民事制裁后,仍拒不履行判决义务的均应受刑事处罚。实践中大量拒不履行判决的行为得不到制裁,也使得相当一部分人认为民事纠纷不执行法院判决顶多是一种违法行为而不是犯罪,因此形成恶性循环。我们建议应当扩大拒不执行判决、裁定罪"情节严重"的范畴,规定为对人民法院生效的判决,裁定有能力执行却拒不执行,经民事制裁无效仍拒不执行的均视为已构成拒不执行判决罪。

(三) 拒不执行判决、裁定罪的刑事启动问题

根据六部委《关于刑事诉讼法实施中若干问题的规定》第 4 条的规定,拒不执行判决、裁定犯罪由公安机关立案侦查。因此这类犯罪的立案管辖权由公安机关行使。人民法院"在执行过程中遇有被执行人或其他人拒不履行生效法律文书或者妨害执行情节严重,需要追究刑事责任的,应将有关材料移交有关机关处理"。然后由人民检察院提起公诉,再由犯罪行为发生地法院审理。这样的规定,在形式上符合了我国的刑事诉讼理论和控审分离的司法制度,也与侦查、检察和审判机关各司其职,分工负责,互相配合,互相制约的原则相一致。

综上所述,如果说法院的工作是社会正义的最后一道防线,那么执行工作就是这最后防线中的最后一段防线。从某种意义上来讲,法院生效的判决及

其他生效法律文书之所以能有约束力、法院之所以有权威性,根源就在于强制执行的保障力上。灵活主动有效运用司法拘留打击一般拒执行为,适用拒不执行判决、裁定罪打击严重拒执行为,二者统一结合,才能有效维护司法权威。

三、藐视法庭权威行为

《最高人民法院关于全面深化人民法院改革的意见——人民法院第四个五年改革纲要(2014—2018)》(法发〔2015〕3号,以下简称《最高人民法院四五改革纲要》)规定,完善司法权威保障机制。推动完善拒不执行判决、裁定、藐视法庭权威等犯罪行为的追诉机制。推动相关法律修改,依法惩治当庭损毁证据材料、庭审记录、法律文书和法庭设施等严重藐视法庭权威的行为,以及在法庭之外威胁、侮辱、跟踪、骚扰法院人员和其他近亲属等违法犯罪行为。

藐视法庭是普通法系国家和地区中的常见罪行。法治国家,首先要尊重的就是法律以及作为法律象征的法院和法官,对法院和法官的尊重也是对司法的尊重。法庭,无论是作为法院依法行使国家审判权,审理裁判诉讼案件,惩恶扬善,定分止争的场所,还是作为法院设立的审理诉讼案件的机构,都具有庄重、肃穆、神圣不可侵犯等特征。树立法庭审判崇高权威,维护法庭审判正常秩序,是人民法院充分发挥审判职能,有效裁判各种案件,进而实现法律调节各种社会关系的基本要求。

(一) 藐视法庭罪域外考察

藐视法庭罪是一个历史悠久的罪名,在英国,就藐视法庭罪自身的发展历程而言,约翰·查尔斯·福克斯在《藐视法庭罪的本质》一文中认为,藐视法庭罪在英国盎格鲁—撒克逊法中的存在,最早可以追溯到公元10世纪。此后,藐视法庭罪便成为捍卫法庭秩序、法官尊严和司法权威的一个重要屏障和坚强后盾,并随着各国的司法改革进程而不断发展嬗变。同为普通法系的美国,继受了英国普通法上的藐视法庭罪,并于1789年颁布了《司法法》,规定法院对一切侮辱或妨碍司法的言行,均可判处罚金或监禁。

当今世界各国已普遍设立的"藐视法庭罪",如意大利、俄罗斯、韩国、日本等国在法律中都明文加以规定[1],其目的就是为了打击那些恶意挑战司法权威,损害一国法治秩序的行为。虽然规定的方式有所不同,但其主要内容一般都涵盖了以下两种行为:即激怒法庭和当面藐视法庭。激怒法庭往往是在司法场所之外(特别是在媒体上)对于法官、法院的工作及法院的判决所作的言词评价。法律对上述行为的禁止,其目的就在于保障司法的公正与权威,避免不当言论损害公众对于司法的信念。当面藐视法庭,指在法庭上直接冒犯法庭秩序或法官。对此类行为,所有法院都具有可以罚款或者判决入狱的权力。法官可以惩罚当事人或诉讼参与人在法庭上攻击他人的行为,或者限制某些威胁性词语的使用。可见无论是普通法系国家还是大陆法系国家,不仅禁止当面对法官不敬的行为,甚至在法庭之外对法官或法庭"指手画脚"的行为也是不允许的,任何人如果胆敢"藐视法庭"都将受到制裁。

(二) 我国关于藐视法庭罪的相关规定

藐视法庭罪是一种严重的罪行,可以被判罚款或监禁,其惩罚范围极其宽泛。凡不服从或不尊重法庭或法官、可能影响司法运作之言行,皆可入罪。我国刑法虽无"藐视法庭罪"此罪名,但在"妨害司法罪"一节设立了类似的规定,如《刑法》第306条的"辩护人、诉讼代理人毁灭、伪造证据罪、妨害作证罪",第307条的"妨害作证罪;帮助毁灭、伪造证据罪",第309条的"扰乱法庭秩序罪",第313条的"拒不执行判决、裁定罪",第314条的"非法处置查封、扣押、冻结财产罪"等,几乎均属"藐视法庭"之类的行为。

对于还达不到刑事追诉标准的一些藐视法庭的行为,我国法律也规定了一些处罚措施,如《最高人民法院关于适用〈中华人民共和国刑事诉讼法〉的解释》第249条:"法庭审理过程中,诉讼参与人、旁听人员应当遵守以下纪律:(一)服从法庭指挥,遵守法庭礼仪;(二)不得鼓掌、喧哗、哄闹、随意走动;(三)不得对庭审活动进行录音、录像、摄影,或者通过发送邮件、博客、微博客

---

[1]　马长山:《藐视法庭罪的历史嬗变与当代民主化走向》,《社会科学研究》2013年第1期。

等方式传播庭审情况,但经人民法院许可的新闻记者除外;(四)旁听人员不得发言、提问;(五)不得实施其他扰乱法庭秩序的行为。"第250条:"法庭审理过程中,诉讼参与人或者旁听人员扰乱法庭秩序的,审判长应当按照下列情形分别处理:(一)情节较轻的,应当警告制止并进行训诫;(二)不听制止的,可以指令法警强行带出法庭;(三)情节严重的,报经院长批准后,可以对行为人处一千元以下的罚款或者十五日以下的拘留;(四)未经许可录音、录像、摄影或者通过邮件、博客、微博客等方式传播庭审情况的,可以暂扣存储介质或者相关设备。诉讼参与人、旁听人员对罚款、拘留的决定不服的,可以直接向上一级人民法院申请复议,也可以通过决定罚款、拘留的人民法院向上一级人民法院申请复议。通过决定罚款、拘留的人民法院申请复议的,该人民法院应当自收到复议申请之日起三日内,将复议申请、罚款或者拘留决定书和有关事实、证据材料一并报上一级人民法院复议。复议期间,不停止决定的执行。"第251条:"担任辩护人、诉讼代理人的律师严重扰乱法庭秩序,被强行带出法庭或者被处以罚款、拘留的,人民法院应当通报司法行政机关,并可以建议依法给予相应处罚。"

结合《决定》及最高人民法院"四五改革纲要"规定,为了依法惩治当庭损毁证据材料、庭审记录、法律文书和法庭设施等严重藐视法庭权威的行为,以及在法庭之外威胁、侮辱、跟踪、骚扰法院人员和其他近亲属等违法犯罪行为,从长远角度考虑,我们建议修改刑法,设立藐视法庭罪。但目前,根据我国实际情况,从短期角度考虑,我们建议,对刑法第309条作如下修改:"在法庭审判过程中,有下列藐视法庭行为之一,扰乱法庭审判秩序,情节严重的,处三年以下有期徒刑、拘役、管制或者罚金:(一)不听劝阻,肆意喧哗、哄闹或者强行录音、录像、摄影的;(二)冲击法庭,破坏法庭设施的;(三)以暴力、威胁或者其他方法妨碍法庭工作人员依法执行职务的;(四)侮辱、诽谤、威胁、殴打、诬陷、打击、报复公诉人或者诉讼参与人的;(五)经过法庭两次合法传唤,证人、鉴定人没有正当理由拒不作证或者拒不出庭作证的;(六)负有协助法庭执行审判职务的义务,拒不履行协助义务的;(七)其他藐视法庭的行为。"

第三节　司法人员履职保障制度

《中共中央关于全面依法治国若干重大问题的决定》提出建立健全司法人员履行法定职责保护机制。非因法定事由,非经法定程序,不得将法官调离、辞退或作出免职、降级等处分。为了贯彻落实《决定》的要求,建立健全司法人员依法履行法定职责保护机制,国务院办公厅于 2016 年 7 月 28 日印发了《保护司法人员依法履行法定职责规定》(以下简称《保护履职规定》)。为保障人民法院工作人员依法独立行使审判权,公正司法,必须赋予其一定职业保障。司法人员依法履行法定职责,只有得到充分有效的保护,才能敢于担当、不徇私情,做到始终忠于法律、公正司法,维护好社会公平正义的最后一道防线。《保护履职规定》的出台,进一步健全完善了保护司法人员依法履行法定职责的制度,有利于确保人民法院依法独立公正行使审判权,对于全面推进依法治国,建设社会主义法治国家具有重要意义。《保护履职规定》共 27 个条文,下文主要介绍法官离退降免保障制度、法官履职安全保障制度、法官错案司法豁免保障制度。

一、法官离退降免保障制度

《保护履职规定》第 4 条明确规定:"法官、检察官依法履行法定职责受法律保护。非因法定事由,非经法定程序,不得将法官、检察官调离、免职、辞退或者作出降级、撤职等处分。"第 4 条确立了法官离退降免保障制度,包括事由保障与程序保障。

(一)法官离退降免的事由保障

《保护履职规定》第 5、6、7、8 条分别规定了可以对法官、检察官作出调离、免职、辞退、降级和撤职处分的法定事由。非因上述条款规定的法定事由,不得将法官、检察官调离、免职、辞退或者作出降级、撤职等处分。也就是说，将法官调离、辞退或者作出免职、降级等处分的"法定事由"，仅限于合乎法院组织法、法官法以及《保护履职规定》的规定而进行的正常工作岗位调整、交流，以及法官具有违纪违法事实发生，依照法官法及相关职业纪律的规定必须给予相应处分。否则，任何机关都不得随意将法官调离、辞退或者作出免职、降级等处分。

法官依法履行职责，受法律保护。要保证法官不受打击报复，防止法官的人身、财产等受到不法侵犯，或者受到不公正的待遇和处理。法官依法行使审判权当然会涉及一些个人或者单位的利益，因此，必须防止这些个人或者单位对法官进行打击报复。只有这样才能去除法官严格执法的后顾之忧，保证司法公正。保证法官不受打击报复，防止一些单位或者个人因为法官未能满足其要求而利用职权对法官施以不公正待遇。

（二）法官离退降免的程序保障

《保护履职规定》第9条规定："将法官、检察官调离、免职、辞退或者作出降级、撤职等处分的，应当按照法律规定的程序和管理权限进行。决定应当以书面形式通知法官、检察官，并列明作出决定的理由和依据。法官、检察官不服调离、免职、辞退或者降级、撤职等决定的，可以依法申请复议、复核，提出申诉、再申诉。法官、检察官不因申请复议、复核或者提出申诉、再申诉而被加重处罚。"所谓"非经法定程序"，指的是将法官调离、免职、辞退或者作出降级、撤职处分，应当履行宪法法律规定的程序。也就是说，如同法官的任命、晋升一样，将法官调离、辞退或者作出免职、降级等处分，同样受到特定的法定程序的限制，也即法官被调离、辞退或者作出免职处分，必须报经同级人大常委会审议通过，其他任何机关都无权作出决定，而对法官的降级处分，则应当根据法官法的规定，只能由授予其法官等级的上级法院批准决定。

严格的程序是保障法官依法履职不容忽视的，法官离退降免的程序保障也强调法官的救济渠道。我们认为对法官惩戒程序要实现科学化、规范化、合理化。对法官的惩戒调查应当公正公开、依法取证。为了保障法官的正当权利，设置法官的救济程序,赋予法官申诉权,确有必要。《保护履职规定》赋予法官复议、复核、提出申诉、再申诉的权利,这无疑是法官依法履职保障的有力举措。

二、法官履职安全保障制度

近年来,以暴力或者非暴力手段对抗、干扰法官依法履行职权的事件屡屡见诸报端。2015 年 9 月,湖北十堰 4 名法官被当事人刺伤的新闻受到广泛关注。一起劳动纠纷案件当事人不服法院判决,在收到判决书时,突然用随身携带的刀具刺向法官,致使 4 名法官受伤。法官成了当事人暴力的受害者,然而同类事件并非孤例。据媒体报道,安徽省淮南市一当事人因拒不执行法院判决,以暴力抗拒拘留,用开水烫伤对其劝说的法官。

法官代表着公平与正义,神圣而不可侵犯,但是随着市经济的发展,矛盾凸显日益,人民法院需要调节的社会关系日益错综复杂,法官工作压力和心理压力日益增大。若法官的安全尚难确保,如何确保其守住公平正义的最后一道防线。所以,确立法官履职安全保障制度,不容忽视。

《保护履职规定》第 17 条规定:"对干扰阻碍司法活动、威胁、报复陷害、侮辱诽谤、暴力伤害司法人员及其近亲属的行为,应当依法从严惩处。对以恐吓威胁、滋事骚扰、跟踪尾随、攻击辱骂、损毁财物及其他方式妨害司法人员及其近亲属人身自由和正常生活的,公安机关接警后应当快速出警、有效制止;对正在实施违法犯罪行为的,应当依法果断处置、从严惩处。对实施暴力行为危害司法人员及其近亲属人身安全的精神病人,在人民法院决定强制医疗之前,经县级以上公安机关负责人批准,公安机关可以采取临时保护性约束措施,必要时可以将其送精神病医院接受治疗。"第 18 条规定:"人民法院、人民检察院办理恐怖活动犯罪、黑社会性质组织犯罪、重大毒品犯罪、邪教组织犯罪等危险性高的案件,应当对法官、检察官及其近亲属采取出庭保护、禁止特定人员接触以及其他必要的保护措施。对法官、检察官近亲属还可以采取隐匿身份的保护措施。对于当事人人身危险性较强的其他案件,经司法人员本人申请,可以对司法人员及其近亲属采取上述保护措施。"《保护履职规定》还严禁违法泄露办案人员的个人信息,对侵犯司法人员人格尊严,泄露依法不应公开的司法人员及其近亲属信息,依照法律和相关规定追究有关人员责任。

《保护履职规定》确立的法官履职安全保障,无疑给司法工作人员吃了一颗定心丸,表明国家坚决打击暴力抗法行为的决心。重视法官依法履职的安全问题,保护法官的人身安全,不仅是对挑战法治和人权的暴力行为强有力的回击,有利于树立正确的司法正义观,而且通过提高法官的职业形象,树立司法公信力。

三、法官错案司法豁免保障制度

为了避免冤假错案,提高审判质量,2013年中央政法委员会颁布了《关于切实防止冤假错案的规定》(中政委〔2013〕27号),要求法官对于审理案件要实行终身负责制。错案责任追究制度在一定程度上有利于规范法官依法审判,维护司法公正。但是案件是否追究责任单纯以案件结果的对错为标准,会对法官依法履职带来重大影响。因为造成错案的因素很多,既有因为程序不当、事实认定错误、法律适用错误的因素,也有法官主观故意或者过失的因素。

《保护履职规定》第11条规定:"法官、检察官非因故意违反法律、法规或者有重大过失导致错案并造成严重后果的,不承担错案责任。"即法官、检察官非因主观过错而作出错误裁判的,享有错案司法豁免权。错案司法豁免制度的确立,使得法官在案件终身负责制的前提下不再小心翼翼、如履薄冰。在一定程度上享有错案司法豁免权,可以为法官在依法履职时免除后顾之忧,以便其能够全身心地投入到案件审判中。

此外,《保护履职规定》还在业绩考核、医疗保障、人格尊严等方面规定了具体的保障措施。这些措施与上述法官离退降免保障制度、法官履职安全保障制度、法官错案司法豁免保障制度一起,都是保障法官独立行使审判权,维护司法公正和司法权威的重要举措。

第十章

审判权运行的民主机制

2005年10月19日,国务院新闻办公室发布了《中国的民主政治建设》,以专章论述了司法民主,指出了我国司法制度是社会主义民主政治制度的一部分,而加强司法民主建设,是实现社会公平正义的必要举措,正式提出了中国的司法民主这一概念。2010年,时任最高人民法院院长王胜俊在工作报告中进行了如下阐释:"完善司法公开和司法民主机制,进一步发挥人民陪审员作用,加强民意沟通,做到透明公开、阳光司法。"而现今正在进行的第四轮司法改革中,加强司法民主,也被列为一项工作重点。

司法民主旨在让人民群众参与到独立、专业的司法进程中来,形成以权利救济、权力制约为工作核心的中立性的司法体制,是中国共产党的群众路线在司法领域中的体现。而司法民主工作在中级人民法院层面的落实,则需要在人民陪审制度、非诉参与机制、司法为民机制以及中级法院信访制度四个方面进行加强完善。

第一节 完善人民陪审制度

人民陪审制度,是指普通公民以非法官的身份参与到人民法院审理案件的程序中,与职业法官或职业审判员共同参与案件审判活动,并有权对案件的事实认定、法律适用独立行使表决权,其意见应当写入合议庭笔录,以及要求合议庭将案件提请院长决定是否提交审委会讨论的权利的一种司法制度。鉴于本书讨论的范畴为中级法院的审判权运行机制研究,故在此仅探讨中级人民法院的人民陪审制度,而不涉及对基层人民法院和高级人民法院的人民陪审制度的讨论。

人民陪审制度让人民群众遵循法律的规定参与到司法审判的过程中,让民意融入案件的判决,使司法独立与司法民主尽可能地达到统一,是贯彻实施党的群众路线,落实司法民主,助力司法改革的重要制度。要实现司法民主,就必须完善人民陪审制度,在保证司法独立的前提下,让民意充分参与司法审判,实现最大限度的司法公正。

目前我国的陪审制度形式为陪审员制度,2004 年全国人大常委会通过的《关于完善人民陪审员制度的决定》(本章以下简称《决定》)对我国人民陪审员的选任条件和方式、参审案件范围、对人民陪审员的表彰和奖励等方面内容作了基本的规定,建立起人民陪审员制度的基本框架,但由于相关规定过于粗略,从而导致在人民陪审制度的实施过程中留下了过大的自由操作空间,例如尽管有了统一的选任标准,但不同地区的法院选任人民陪审员的具体做法仍然各不相同、人民陪审员参与庭审的方式各异、人民陪审员权利义务范围不明确、人民陪审员经费难以保障等,造成“陪而不审,审而不议”、人民陪审员参与庭审积极性不高等现象,人民陪审制度应有的作用无法发挥。2015 年 4 月24 日,伴随国家司法改革大潮,我国最高人民法院、司法部印发了《人民陪审员制度改革试点方案》(法〔2015〕100 号),在北京、河北、黑龙江、江苏、广西、重庆、陕西等 10 个省、自治区、直辖市共 50 家中级、基层人民法院开展人民陪审员制度改革试点。为紧跟国家司法改革的脚步,中级人民法院需从以下几个方面对人民陪审员制度完善与加强:

一、稳定提高人民陪审员队伍素质

人民陪审员是人民陪审制度的重要组成部分,人民陪审员队伍是否稳定、是否具备参与法律审判的能力、能否公正履职等都决定了人民陪审制度能否实现其设立的初衷——让司法通达民情、反映民意、凝聚民智,实现司法民主。

(一) 提高人民陪审员的荣誉与保障

提高人民陪审员的荣誉,应当以提高其立法地位为首要措施。目前,我国对人民陪审员作出规范的法律主要有三大诉讼法、《人民法院组织法》、《关于完善人民陪审员制度的决定》、最高人民法院发布的《关于人民陪审员选任、培训、考核工作的实施意见》以及各高级人民法院制定的《人民陪审员管理办法》。而并未在国家根本大法——《宪法》中规定其法律地位。如今,我国各领域法律制度日趋完善,公众法律意识日益觉醒,随着司法改革大幕的展开,社会对司法民主提出了更为迫切的需求。让民众参与司法审判,对案件审判发声,打破法官的行业障碍,实现司法公正,既是公民的权利,亦是公民的义务。因此,应当在《宪法》中明确作出规定,将普通公民参与审判活动列入公民基本权利范围之内。只有将公民对审判活动的参与权提高到公民基本权利的层面上,才能在社会中树立起尊重人民陪审制度、尊重人民陪审员的意识,真正提高人民陪审员的荣誉感。

此外,尽力为人民陪审员履行职责创造必要的条件,消除人民陪审员因履职而产生的后顾之忧也是人民陪审员制度改革的一个重要方向。

第一,保障人民陪审员的本职工作不因履行陪审义务而受到不利影响。人民陪审员所属用人单位不得因为其履行陪审职务而对其作出解雇、克扣工资以及不予或延迟职务提升等不利处分,该用人单位所属行政区划的劳动管理部门以及人社局应当掌握本辖区内每个人民陪审员的劳动人事档案,以便及时了解人民陪审员的本职岗位变动,监管用人单位对人民陪审员的不利处分。本级人大常委会应该定期调查,尽力保证人民陪审员的本职工作不因履行陪审职务而受影响。

第二,保护人民陪审员不因履职而受到来自案件当事人或其他社会方面的非法滋扰。除法律特别规定的情形之外,公检法机关、司法行政机关、其他相关政府部门以及人民陪审员所属用人单位均不得公开人民陪审员的姓名、住所、联系方式等私人信息。陪审期间,任何人不得以影响案件判决或获得陪审秘密信息为目的接触人民陪审,在案件判决之后,任何人不得对陪审员进行打击报复。针对向人民陪审员进行上述非法滋扰和打击报复的,应当按照妨害执行公务作出处理。若法院认为人民陪审员因履职而受到来自他人的威胁,应当及时采取隔离保护措施。

第三,加强对人民陪审员的办公经费以及办公设备的保障。人民陪审员作为"不穿法袍的法官",其参审补贴、误工费等运作经费应当与职业法官一样由法院运行经费支付。依照司法改革的方向,省级以下地方人民法院、人民检察院系统财政经费统一归口由省级财政部门管理。因此,省级财政部门应当将人民陪审员运行经费单独纳入法院经费预算,统一管理;加强对预算的开支进行管理,对资金使用进行严密的监控和及时的信息反馈。把人民陪审员专项经费的预算、使用、监控落实到位,使财政预算管理公开透明,提高经费的使用效率。在确保经费充分的同时,法院方应当尽量为人民陪审员创造基本的办公环境和条件,例如提供开展陪审工作所必需的办公桌椅、文具,定制人民陪审员制服徽章等物资。

第四,参与司法审判,即陪审,是公民的权利,应当得到保障。但同时也是公民应当履行的义务,应当加以督促和规范。对于不履行陪审义务,或者在履行陪审义务的过程中存在违反法律法规以及人民陪审员履职规则的人民陪审员,则应当有针对性地制定惩罚规则与退出机制,规范人民陪审员的履职行为,使人民陪审员合法、规范地履行陪审职责。

(二) 加强对人民陪审员队伍的质量建设

人民陪审员的履职技能、职业道德、法律意识等职业素质必然对人民陪审制度能否真正发挥其维护司法民主的作用产生重大影响,因此,提高人民陪审员的整体职业水平是保证司法民主的关键。中级人民法院可以从人民陪审员的准入机制、培训机制以及退出机制三方面着手加强人民陪审员队伍的质量建设。

首先,从人民陪审员的准入机制来看,人民陪审员产生的最终目的在于让除职业法官与审判员之外的公民参与司法审判活动,因而人民陪审员应当具有广泛性和代表性。最高人民法院颁布的《关于人民陪审员选任、培训、考核工作的实施意见》第 8 条也明确规定:"确定人民陪审员人选,应当注意吸收社会各阶层人员,以体现人民陪审员来源的广泛性。"[1] 而在涉及人民陪审员选任的具体规定中,《关于完善人民陪审员制度的决定》以及上述《意见》却将人民陪审员的选任范围作出了限制:公民担任人民陪审员,应当具有大学专科以上文化程度。[2] 这实际上是将人民陪审员的范围进行了限制,与其选任的广泛性要求是相违背的。而鉴于司法审判过程本身要求裁判者具有相当的法律专业知识水平,尽管人民陪审员并非正式的法官,但也应当培养起一定的法律专业基础与司法观念。综上,我们认为,人民陪审员的选任应当以广泛性为主、精英化为辅,在两者之间取得平衡点:对学历等绝大多数公民难以达到统一的硬性条件降低要求,提高人民陪审员选任的广泛性;对人民陪审员本身的公正、责任感,以及根据案件的具体案情、所涉行业、所在地区等具体情况对人民陪审员本身的行业、社会经验作出弹性的要求,使所选任的人民陪审员具备履职能力,提高其专业性,才能既保证人民陪审员能够代表绝大部分的民众意见,同时也能够针对待审案件提出公正、准确的裁判意见等基本履职能力,最大限度实现人民陪审员制度的设立初衷——让民意融入司法审判,促进司法公正。

其次,由于司法审判过程本身对参与审判人员具有极高的严谨性、专业性的要求。故在选任出人民陪审员之后,必须对其进行履职培训。现行法律规定,对基层人民法院选任的人民陪审员的培训由上一级人民法院负责。让人民陪审员参与司法审判的初衷是希望在司法审判中引入其非法律领域的社会道德、行业经验,以弥补法官在非法律行业方面知识的不足。从这一点出发,人民陪审员的培训参照法官的培训方式,注重法律专业素质的培训必然是偏

---

[1] 《关于人民陪审员选任、培训、考核工作的实施意见》第 8 条。
[2] 《关于完善人民陪审员制度的决定》第 4 条。

离其设计初衷的。[1] 因此,我们认为,除了要求人民陪审员学习民法、刑法、行政法等各部门实体法以及相关程序法方面的基础法律知识,与审判职业道德基础等法律领域的专业知识之外,还应当由其所属的行业协会对其行业素质、专业道德等方面进行定期考核,重点保证人民陪审员的行业素质与经验,其次才是对其进行法律基础知识的培训,但是仅需具备参审所需的基本知识即可。

最后,对于正式选任并经过培训的人民陪审员,本级人大常委会还应当建立每个人民陪审员的履职档案,对其陪审的每一个案件履职情况进行记录,并定期对其进行考核,并建立完善的奖励、惩罚和退出机制,对具有职业道德和公正精神,为司法公正审判作出贡献的人民陪审员应当进行奖励。对在陪审过程中出现违法违纪、有损司法公正的人民陪审员则应视具体情形而作出惩罚或辞退的处理。

(三)提高人民陪审员履职积极性

在实践中,人民陪审员陪审积极性不高的原因,除了缺乏必要的履职保障之外,更主要的原因在于人民陪审员在陪审过程中并没有得到充分的重视,例如在合议过程中,人民陪审员面对具有法律职业优势的法官,其发表意见时难免存在附和法官,不敢完全表达自己的判断意见,或者即使发表了意见,也未能得到法官的重视等。针对此现象,应当从调整人民陪审员陪审程序的几个方面着手完善:

首先,建立和完善人民陪审员提前阅卷机制。人民法院在案件开庭审理之前应为人民陪审员提供提前阅卷的时间。一方面,为人民陪审员提前了解案情、做好参与庭审准备工作提供便利;另一方面,法院方主动引导其参与审判活动的程序不仅能够让人民陪审员增强参与感,还能使人民陪审员体验到司法审判活动的严谨性,促使其从思想上重视陪审工作。

其次,要明确人民陪审员在审判活动过程中享有的权利范围,并保障前述

---

[1] 苗炎:《司法民主:完善人民陪审员制度的价值依归》,《法商研究》2015 年第 1 期。

权利的行使。在立法科学设置人民陪审员在审判活动过程中享有的权利范围的前提下,人民法院应当为人民陪审员行使参与案件调查、在庭审中直接发问、开展调解工作等各项权利提供便利,确保人民陪审员合理、充分地参与到审判活动中。

最后,合理、均衡地确定每个人民陪审员每年参与审理案件的数量比例。鉴于人民陪审员应当具有广泛性和代表性,故人民陪审员制度确立的过程中应当完善随机抽取机制,避免出现大多案件陪审活动集中在少数人民陪审员身上,而其余人民陪审员几乎无法参与案件陪审活动的不均衡现象。

二、完善人民陪审员的诉讼职责

(一)逐步实行人民陪审员只参与审理事实认定问题

如上文所述,人民陪审员制度的设计初衷在于让民意参与司法审判,引入普通群众所具有的社会道德、行业经验,弥补法官在非法律领域知识的不足。相对于长期在法院内工作的法官而言,人民陪审员虽然法律专业知识以及司法观念有所欠缺,若让其参与案件审判中的法律适用问题讨论,难以避免人民陪审员从普通民众的朴素情感出发而影响法律适用结果进而影响案件最终的裁判。但从另一个角度来看,人民陪审员比法官更为贴近社会现实,社会经历丰富,对社会和行业的实际运行规律具有更为精准的判断力,他们具备识别和判断案件证据材料的真实性、关联性、客观性以及认定案件事实的能力。[1]由人民陪审员负责认定案件事实,更有利于辨明案件事实真相,达到了案件审理"以事实为依据"的要求,同时也能够使案件裁判更易为社会公众所接受,取得良好的社会效果,能更好地树立司法公信力。

(二)强化人民陪审员在诉讼中的工作规则与保密责任

当前我国许多公民出于人身安全受威胁、耽误本身正职工作、经济损失无

---

[1]　参见王逸吟:《最高法:探索人民陪审员只参与审理事实认定问题》,http://www.china.com. cn/legal/2015-04-26/content_35419887.htm,最后访问时间:2016年8月12日。

法得到弥补等原因,消极甚至拒绝履行人民陪审员的义务,故而出现了许多已经当选的人民陪审员无故不履职的现象,此外,还存在着部分陪审员因自身职业道德素养问题而在案件审判过程中出现泄露当事人个人信息、收受贿赂、对案件事实认定草率等现象,严重损害了司法的权威性以及法院审判的公正形象,使公众对司法审判的信任度大大降低。担任人民陪审员,是我国公民的权利,但同时也是公民的义务,前述事实表明,作为司法民主主要代表力量的人民陪审员的履职行为,有必要通过法律加以规范和约束。

首先,必须在法律法规中明确规定,人民陪审员有履行陪审行为的义务。公民应当认识到参与庭审不仅是自己的一项政治权利,更是一项应尽的义务。对于无故不到庭参与审判的人民陪审员应当规定惩罚后果,比如取消陪审员资格、经济惩罚或者通报批评等。此外,法院应当为保证人民陪审员正常履职提供便利条件。例如在确定具体个案的人民陪审员名单后,法庭应当提前将案件情况告知陪审员,以便庭审的顺利、高效进行。人民陪审员应当积极配合,及时对案件情况进行了解,这样在参与庭审时才能对案情有更好的把握,从而更好地履行自己的职能。同时,为了减轻人民陪审员的负担,应当对人民陪审员每年的工作量作出限定,例如以参与审判的案件数量为标准,限定每一个陪审员每年参与审判的案件数量的上限和下限,针对陪审案件量已经超过上限的人民陪审员,可适当停止对其分配陪审任务,转而督促陪审案件数量过少甚至未达到下限的人民陪审员增加其陪审任务,一方面避免部分人民陪审员怠于履行陪审义务,另一方面也使陪审任务得到均衡分配,顺应了人民陪审员的广泛性和代表性的要求。

其次,应当对人民陪审员在履职过程中的义务作出明确、详细的规定。例如,对人民陪审员在履职过程中必须遵守相关法律法规,应参照其余合议庭成员履行回避义务、保守审判秘密义务、接受人民群众监督的义务,若在审判过程中人民陪审员存在违反纪律甚至枉法裁判的行为,还应当承担相应的法律责任。

(三) 及时清除不合格的人民陪审员,保证队伍质量

为保证人民陪审员队伍的质量,除了要改革其入门选任标准之外,还要对

在任的人民陪审员进行科学的考核,建立完善人民陪审员考核制度。人民陪审员的主管部门应当建立在人民陪审员的人事数据档案库,随时收录每一名人民陪审员的个人社会信息以及其参与的每一个案件所提出的建议以及案件的结果,定期对人民陪审员的履职情况进行考评核查,以便掌握每一名人民陪审员的工作职责履行情况。

此外,还应当建立合理的奖惩制度,根据人民陪审员的履职情况采取相应的奖励、颁发荣誉、通报批评、罚款、暂停履职、取消人民陪审员资格等奖惩措施。若人民陪审员存在触犯国家法律法规的行为,则应当将其清除出人民陪审员队伍,并交由相关部门处理,使其承担相应的法律责任。

三、探索人民陪审员参与审判权的新途径

我国目前所采用的人民陪审员制度属于世界两大陪审制度模式中的参审制(另一模式为陪审团制),即人民陪审员与法官一起对司法审判中的事实认定部分以及法律适用部分作出判断。然而,这一模式在实践中由于法官在司法审判领域的权威性以及人民陪审员在法律领域专业水平的欠缺,导致人民陪审员的意见在审判过程中显得"势单力薄",易向法官"屈服",造成人民陪审员即使参与了审判活动也无法提出自己的意见,无法为民意发声的现象。这一问题产生的原因就在于,案件审判中的法律适用部分需要审理者具有相当的法律专业基础,而参审制让并不擅长法律专业领域的人民陪审员与专业权威的法官共同参与法律适用部分的判断,人民陪审员在法律领域专业知识的欠缺势必导致其无法提出与法官们旗鼓相当的审理意见,最终沦为法官的"陪衬",无法充分为民意发声就无可避免。

世界两大陪审制度模式中的另一种为"陪审团制",与参审制相比,陪审团制具有明显的优势:一是陪审人员的数量方面。陪审团成员的人数为十二人,在合议过程中能够在人数上以及气势上与法院合议庭相抗衡,而不会出现参审制中人民陪审员向法官"屈服"的现象,代表民众的意见得以融入案件审

判过程中。二是陪审团与法官之间各司其职,分别负责事实认定部分与法律适用部分。三是陪审团裁决的效力方面。陪审团所作出的事实认定具有终审效力,一经作出,即不能更改或推翻。[1] 然而,陪审团制并非完美,也存在着弊端。从诉讼效率方面来说,陪审员的选任、审判过程中陪审团的重组需要花费大量时间,并不利于诉讼效率的提高;从经济效益方面来看,陪审团成员的吃住行以及办公设备等必要花费以及补贴等对国家财政来说无疑是一笔巨大的开销;从程序公正方面来说,为确保陪审团独立行使事实认定的权利,英美法律规定,陪审团对案件事实部分的裁决具有权威性和终局性,尽管法律同样规定了可以通过上诉等手段对陪审团的裁决进行纠错,但条件十分严格,几乎无法启动。此外,对于无罪裁决,法律禁止控方不提起上诉。这意味着,陪审团作出的事实认定部分裁决,一旦出错,将难以得到纠正。

如上所述,现存两种陪审制度,参审制和陪审团制均各有利弊。我国在适用参审制的过程中出现的各种弊端促使我们不得不考虑如何改变我国陪审制度这一严峻的现实问题,这涉及两种观点:变参审制为陪审团制,还是依旧沿用参审制,但要加以改良。基于我国目前的诉讼制度属于以大陆法系传统为基础上,再根据中国国情现实发展出了中国特色,选择在我国有一定基础的参审制的模式并加以改良无疑是最适合我国国情的。具体可以从以下几方面开展相关工作:

首先,建立健全人民陪审员确定机制。人民陪审员的确定机制是陪审团制度的重要组成部分,在陪审团制度中占据着极其重要的地位,我们建议将目前可以参与审判活动的陪审员人数增加至2—4人。同时对人民陪审员的选任进一步作出具体的规定,包括陪审团成员应具备的条件,陪审团成员的确定方式、方法、步骤等。在我国,确定人民陪审员还应考虑我国人口基数大、分布不均匀、素质参差不齐等特殊国情。在人民陪审员选任方面,除了上文提及的更改陪审员选任条件之外,考虑到人大代表、政协委员等特殊群体极具公众代

---

[1] 杨小利:《人民陪审团制度改革:困境与出路——从比较法的角度》,《法律适用》2011 年第5 期。

表性,因此建议应该将人大代表、政协委员列为固定的人民陪审员,但其比例应当低于普通群众担任的人民陪审员,除承担一般案件的陪审义务之外,在重大敏感案件的审判过程中,必须邀请人大代表、政协委员以及社会公众共同作为人民陪审员参与案件审判。此外,还应当在遵循渐进式的原则下,制定相应的过渡性措施。例如,现阶段可根据单个行政区划内的人口数量和比例设立由人大负责运行的人民陪审员库,成员先由辖区内的村、居委员等基层自治性组织中挑选,然后再慢慢拓展。待条件成熟后,改为以辖区选民名单或电话号码等其他方式随机选定人民陪审员。[1]

其次,变更现有的法官与人民陪审员的职责分工范围。规定人民陪审员仅负责证据材料的认证,以及对案件事实的认定,当人民陪审员在事实判断过程中遇到法律专业方面的困难时,法官只能给予建议和指导。而法官则专门负责对案件适用的法律以及审理技术问题作出判断。如此,法官与人民陪审员各司其职,人民陪审员将不再因为缺乏专业知识而只能成为法官的附庸,陪审制度的价值才能真正得到实现。

最后,在裁决结果的监督方面,应规定相应的司法机构对裁决结果依法进行干预,以保证裁决结果的社会正义。法官基于人民陪审员认定的事实基础,通过适用法律等一系列审判活动之后作出的裁判结果,与纯粹由职业法官所作出的裁判结果,一般具有同等的效力,同时法律应当规定对前述裁判结果可以通过上诉、法律监督程序等手段予以纠正,确保裁决结果的社会正义性。

第二节　完善非诉参与机制

一、改革现有诉前调解机制

诉前调解,是指当事人之间的纠纷在起诉到人民法院之前,即已通过诉讼

---

[1]　杨胜:《论新型陪审团的构建》,《全国法院系统第二十二届学术讨论会论文集》2011 年。

外的其他途径进行调解。此处所说的诉讼外的调解主体，可以是人民法院的法官，也可以是人民调解委员会、妇女联合会、行业协会、退休法官、法律志愿者等社会人士。诉讼调解程序与诉讼程序一样发挥了定分止争的作用，但其并不同于诉讼程序，是在诉讼发生前就已经将纠纷矛盾化解了的机制，属于诉讼外纠纷解决机制。

2004 年最高人民法院《关于人民法院民事调解工作若干问题的规定》首次提出人民法院可以委托社会力量对纠纷进行调解。2007 年 3 月最高人民法院《关于进一步发挥诉讼调解在构建社会主义和谐社会中积极作用的若干意见》强调"调解社会化"的概念，再次指出人民法院在纠纷解决工作中引入社会力量进行调解。2009 年 3 月《人民法院第三个五年改革纲要（2009—2013）》提出建立健全多元化纠纷解决机制，要求"委党、政府等多方社会力量配合"、"扩大调解主体范围"、"加强诉前调解与诉讼调解之间的有效衔接"、"完善多元纠纷解决方式之间的协调机制"，对引入社会力量参与到诉讼外纠纷解决机制中进一步提出了具体的改革方向。2009 年 7 月最高人民法院《关于建立健全诉讼与非诉讼相衔接的矛盾纠纷解决机制的若干意见》第 14 条规定："人民法院在收到起诉状或者口头起诉之后、正式立案之前，可以依职权或者经当事人申请后，委派行政机关、人民调解组织、商事调解组织、行业调解组织或者其他具有调解职能的组织进行调解。"《民事诉讼法》第 122 条规定："当事人起诉到人民法院的民事纠纷，适宜调解的，先行调解，但当事人拒绝调解的除外。"

尽管目前我国的诉前调解制度的相关规定较为粗略，缺乏具有实际操作性的具体规定，各地对诉前调解制度的推行所采取的具体做法也不尽相同。但从总体效果上来看，诉前调解制度的推行将大部分的纠纷化解在诉讼程序之前，调解的主体大多为行业协会、妇联、法律支援服务者等社会人士，纠纷的解决方式更易为当事人所接受。诉前调解制度在缓解诉讼压力、维护社会稳定方面发挥了极大的作用。然而，在实践中诉前调解制度存在着以下诸如各地对诉前调解的主导人规定不尽相同、诉前调整程序不规范、配套设施不到位、社会资源难以调动、当事人对诉前调解制度信任度不够等缺陷。对此,为最大限度发挥诉前调解制度的作用,理应对现有的诉前调解制度进行进一步的改革和完善。

首先,在独立设置诉前调解办公室的基础上,应该采用"法官"或者"法官+社会力量"为主的诉前调解模式,这里的"法官"应当进行广义理解为包含了具有审判职称的法官,也包含不具有审判职称的法院工作人员。在这里,诉前调解工作必须由专人负责,而非由业务庭的法官身兼两职,如此可以防止法官因结案等其他业务因素,而导致诉前调解的拖延。采取上述以法院法官为主导的诉前调解模式,有助于法院充分履行诉前调解职能。一方面,在诉前调解环节设置专业人员,有助于实现诉前调解快捷化解当事人矛盾纠纷的优势,避免调解案件既未进入诉讼程序,却在诉前环节大量堆积,重陷诉讼案件大量积压、矛盾纠纷解决周期长的困境。另一方面,诉前调解制度推行时间不长,各方社会力量的调解人员法律专业知识以及调解技术尚不成熟,若放开让社会力量独立主持调解工作,尚无法保证矛盾纠纷能够得到良好的解决,在这种情况下,由法院力量主导,有利于保证案件调解工作成果。最后,由法院办公场合以及人员力量主导诉前调解的模式,便于诉前调解的结果与司法确认程序的及时对接。在实践中,常常出现诉前调解阶段达成的调解协议由于法官忙于诉讼案件的审判而无法得到司法确认,从而导致当事人对诉前调解制度失去信心、衔接周期过长期间发生当事人反悔、财产变动等变故,同样不利于巩固诉前调解的工作成果。如安排专职法官负责诉前调解工作,即可实现诉前调解结果与司法确认程序及时对接,提高诉前调解的效率。

其次,完善的诉前调解程序。我们认为,可以从诉前调解程序的启动、调解的期间长短、调解的终结以及调解协议的效力四方面规范诉前调解的程序。在诉前调解程序的启动上,应当注意先对纠纷的性质作出区分。对于并非法律强制性要求进行调解的纠纷,法院方应当对当事人释明诉前调解制度,在详细说明了诉前调解的性质以及操作流程、费用等信息之后,再根据当事人自身的意愿引导其启动诉前调解程序或提起诉讼;对于法律强制性规定必须进行调解的,应当在向当事人释明法律的强制性规定之后引导其进入诉前调解程序。若当事人自愿选择启动诉前调解程序,则应由法院方随机安排调解员,并由双方当事人协商进行调解的时间、地点等具体事宜。在诉前调解的期间长短方面,我们认为应当对诉前调解的期间设定限制,以 10—15 天为宜。诉前调解制度的初衷即在于使部分案情简单、双方当事人分歧不大的纠纷能够得到优先、快捷的解决,若诉前调解的周期过长,即已违背了采用诉前调解制度解决纠纷的初衷,再者,若 15 天仍未能达成调解,那么这也意味着双方当事人存在分歧较大或者案情过于复杂并不适宜通过诉前调解制度来化解,对于这类纠纷,更加适宜转入诉讼程序。在诉前调解程序的终结方面,诉前调解无非有两种结果:一是诉前调解成功,双方当事人达成调解协议,制作调解书并签收;二是诉前调解失败,双方当事人无法达成调解协议,或者调解书送达前一方当事人反悔的,该案件将转而启动诉讼程序进行解决,保证诉前调解程序与诉讼程序的及时对接。

再次,诉前调解协议效力的司法确认应当由法院主动启动。在我国目前的诉前调解实践中,大部分地区的法院对于诉前调解达成的协议没有赋予强制执行力,仅认定为是双方当事人自由意志的体现,具有契约的性质,双方应基于诚实信用的原则去遵守,一方毁约,另一方也不能依调解协议申请强制执行。只有当事人通过法院的法定程序提出申请司法确认,根据诉前调解协议出具相应的法律文书才具有强制执行的效力。这样一来,未经司法确认的协议在任一方不履行时都会导致另一方利益受损,需重新通过诉讼方式获得利益平衡,先前的诉前调解工作功亏一篑,节约司法资源的目的也不能达成。我们建议,对于诉前调解达成的协议应当在作出后即由法院审查并出具民事调解书来加以确认,赋予其强制执行的效力,而不需要等待当事人提出申请才对其效力予以确认。

最后,改进诉前调解制度的相关配套措施。对于法院内部的"业绩"评估体系对诉前调解开展实施造成的障碍,我们认为,应将诉前调解的收案量计入此评价体系,将其作为评价法院工作量及工作成效的一项指标或者参考因素,从制度层面给予诉前调解开展实施的保障。部分基层法院依靠征收诉讼费来支撑地方财政的做法,要严格按照《人民法院诉讼收费办法》规定的收费标准收费,贯彻实行诉讼费"收支两条线"原则,对于积极揽讼、减少简易程序和调解而更多地采用普通程序和判决的行为要严厉禁止,与此同时,加大国家对基层法院的财政投入,使法院真正摆脱创收。在日常的工作中,也要加强基层法院关于诉前调解制度的民主性及社会化价值的学习,认识到诉前调解作为多元化纠纷解决机制的重要组成部分的意义及法院自身的责任,积极宣传诉前调解制度,使更多的百姓愿意选择诉前调解制度,使诉前调解真正发挥出纠纷解决的价值。在处理纠纷过程中,要采取多种激励措施,鼓励当事人选择诉前调解制度。一方面,注重发挥经济杠杆的作用,选择诉前调解方式进行纠纷解决的,如果达成调解协议,应减免收取诉讼费用。另一方面,从受理诉前调解开始,诉讼时效就应中断,防止当事人利用调解拖延履行义务。应允许当事人在调解协议中设立惩罚性条款,确保债务人能按照调解协议及时全面清偿。这样的规定可以更好地保障调解协议的实施。最后,对于诉前调解的地点、形式等可以采用灵活多变的原则,针对当事人的不同情况选择公园、安静的咖啡厅甚至当事人家中等,为当事人提供更为温馨的环境。调解人员可采取聊天等较为轻松的方式进行调解,这样能使调解成功率提升,进而吸引更多的纠纷当事人选择诉前调解的方式。

二、赋予司法调解更大的变更效力

司法调解,是指行政、民事纠纷案件各方当事人在人民法院的主持下,对民事纠纷案件所争议的权利义务关系进行协商处理,如果当事人通过协商达成一致,人民法院下达《调解书》予以确认,案件纠纷就此结束。根据《民事诉讼法》第97条规定:"调解达成协议,人民法院应当制作调解书。调解书应当写明诉讼请求、案件的事实和调解结果。调解书由审判人员、书记员署名,加盖人民法院印章,送达双方当事人。调解书经双方当事人签收后,即具有法律效力。"即经人民法院调解结案所作出的调解书,经双方当事人签收后即生效,生效文书不可再提起上诉。由于调解书已经生效并且具有强制执行力,一方当事人拒绝履行的,另一方当事人可以申请法院强制执行。法院的强制执行,可以帮助当事人实现调解书的内容,但若调解书内容有瑕疵时,法院强制执行的结果便可能侵害当事人的权益,而当事人对有瑕疵的调解书,在启动执行程序之前仅能通过申请再审一途来加以救济。因此,赋予司法调解更大的变更效力,是对调解书的瑕疵内容进行救济、防止瑕疵内容的实现或者使其侵害结果最小化,是当事人保护自身权利的重要手段。现行法律有必要对调解书法律效力的规定予以调整,规定调解书与民事、行政一审判决书一样,具有15天的上诉期间,在此期间,当事人若认为调解书存在违背双方当事人意愿、侵害第三人合法权益或者社会公共利益等情形的,可以向作出调解书的人民法院的上级法院提起上诉,或者可向作出调解书的人民法院的同级人民检察院提起抗诉,由上级法院或者人民检察院对已生效的调解书进行监督审查,作出维持或者更改调解书内容的判决或裁定。

三、增强司法调解人员参与的广度

尽管司法调解是以法院方作为组织调解的主导者,但在大调解的格局下,应当增强司法调解人员参与的广度,让社会各行业的专家、行政机关、行业协会等个人或组织在法院的主持下对司法调解提供协助,以弥补法院在法律外其他领域的行业知识不足。增强司法调解人员参与的广度,可以分为增加法院系统内部的调解人员和增加法院系统外部的调解人员。

(一)增加法院系统内部人员的参与

目前的法院实践中,调解贯穿于案件从立案到执行的全过程,一般而言,在立案阶段的调解由立案部门的法官负责,审理过程中的调解由具体的民事、行政审判庭的法官负责,执行过程中的和解、调解则由执行局的法院负责。对此,我们建议,在立案阶段,由于法院已经对案件的案由、案件性质以及当事人之间的争议事项有了初步的了解,因而,在立案阶段的调解中,可以由立案部门联合相关的民事、行政审判庭共同对案件进行调解。或者视具体案件所涉领域,负责调解的部门可以联合其他部门精通相关领域诉讼的法官共同进行调解,而不仅仅局限由单个部门来进行司法调解。另外,除了法院的法官参与调解之外,还可以安排人民陪审员参与到案件调解中来。

(二) 增加法院系统外部人员的参与

增加法院系统外部人员的参与,系指在征得当事人同意后,在立案前,由人民法院为主导,联合行业专家、妇女儿童权利保护协会、行政机关、人民调解委员会、商事调解组织或者行业组织等其他个人或组织进行调解。法院调解主体主要是法官,而其他主体只是协助法官,并不具有单独调解资格。在现实生活中,许多小额诉讼、社会影响低的各种矛盾纠纷占法院民事案件的很大部分,必将增添人民法院的诉累。所以调解主体除了法院以外,可以适当增加其他组织的调解资格,并赋予其与人们调解委员会相类似的权利,如社会团体、行业协会、妇联、工会等,将标的小、社会影响不大的民间纠纷可联合上述法院系统外的个人或组织共同进行调解。

第三节　完善司法为民机制

司法为民是我国社会主义司法活动的本质要求。司法为民长效机制就是要实现司法便于民利于民,真正方便老百姓。最高人民法院于 2009 年下发了《关于进一步加强司法便民工作的若干意见》。2010 年又先后下发了《关于大力推广巡回审判方便群众诉讼的意见》、《关于做好边远地区、民族地区及其他群众诉讼不便地区人民法庭恢复或新建工作的通知》及《关于开展行政诉讼简易程序试点工作的通知》。2011 年下发了《关于部分基层人民法院开展小额速裁试点工作的指导意见》。在司法为民长效机制改革中最高人民法院在一些法院推行小额速裁的试点,有利于人民法院在目前我国法官面临"案多人少"的情况下尽快地化解矛盾纠纷。

这一系列文件的出台极大地方便了基层群众。比如,对居住较远、案情简单的案件,群众可以采取邮寄立案、电话立案等新型的立案方式,有的法院将便民诉讼服务车直接开到群众家门口。各地法院纷纷对原有的人民法庭进行重新恢复和调整,设立便民诉讼站、诉讼联系点等建立便民诉讼的网络。为了真正做到方便群众,还从他们中选出诉讼联络员,使司法服务深入田间地头。各级法院大力推行"马锡五审判方式",极大地彰显了司法的人文关怀。在实践中,这些"马背法庭"、"海上法庭"、"草原法庭"等深受偏远地区群众称赞。为及时、快捷地维护当事人的权益,人民法庭推广的小额速裁,有效地减轻了当事人的讼累,办案的效率也大幅提升。小额速裁审判流程简化,答辩期、举证期不超过 7 日;而且减半收取诉讼费,降低了当事人的诉讼成本。

最高人民法院先后在 2009 年和 2015 年发布的《人民法院第三个五年改革纲要(2009—2013)》以及《人民法院第四个五年改革纲要(2014—2018)》中,均明确将司法为民、司法便民措施列为人民法院工作的改革内容。要完善司法为民机制,建立长效机制,重点应当抓住以下四个方面工作:

一是提高认识,切实保障司法服务网络的良性运行。对便民诉讼网络的建立各地法院要有制度保障,统一司法干警思想认识,一方面,用"三个至上"的理念引导教育广大干警认识到群众利益无小事;另一方面,有严格规范的奖惩制度做到责任明确。对便民诉讼网络设立的条件、人员配备考核、资金保障、设备更新与维护等方面作出详细规定。

二是建立完善各级法院联络员的选拔培训制度。首先,完善巡回审判的公开制度,不定期地进行抽查监督,向当地群众免费发放相关资料,使人民群众了解相关规定,自觉抵制监督腐败行为。其次,除了选拔德高望重、热心司法服务的人担任联络员,也可以考虑从大学生村官中选拔优秀的人担任联络员。

三是各级法院要主动跟当地政府党委沟通,建立专用的法律工作室,配备电子监控设备,对问询、口头申诉直接留存电子资料,方便查阅、监督。彻底改变与当地镇政府或村委会、居委会合用办公室、电话等现状。

四是制定基层人民法院的司法为民长效机制中各项活动开展的逐年增长比例，对此比例纳入法院业绩考评体系。对街头法律咨询、送法下乡、送法进企等流动服务要制度化规范化。对于诉前调解人员、法律援助、司法救助咨询人员、诉讼风险评估人员的职责分配表要在法院大厅电子屏和乡村的告示牌公示。

司法为民是我国司法制度的一个具有中国特色的现代司法理念。司法为民思想，是我国社会主义法治的核心理念，它是"立党为公，执政为民"思想在司法实践中的具体体现。同时，司法为民是司法的终极目标，是人民法院工作的价值追求。只有建立和完善司法便民工作机制，践行司法为民的宗旨，才能切实解决人民群众的诉讼问题，满足人民群众的司法需求。此乃当下司法机关不可推卸之己任。

第四节 改革法院信访机制

一、深化诉访分离改革

涉诉信访制度，是指某些案件经过人民法院作出处理之后，案件当事人或者利益相关的案外人对法院作出的处理决定不服，因而转向其他国家机关或者上级人民法院的信访渠道进行申诉，要求人民法院处理的行为。

近年来，涉诉信访案件不断攀升，其原因一方面是现代社会追求公平和正义的意识日益增强，当事人主动寻求法律解决途径的纠纷不断增加，但是相关法律体系和社会保障机制却仍有待健全，无法适应新时代人民群众对司法提出的新要求，对社会发展带来的诉讼新态势应对不够及时；另一方面是由于当事人或相关部门对诉讼和信访的概念有所混淆，故而导致某些应当通过诉讼解决的案件却进入了信访渠道，出现"诉"、"访"混淆的现象。这种现象不仅会扰乱法院的正常审判秩序,还造成司法资源的浪费。诉访不分不仅不利于当事人通过正常的诉讼获得权利救济,也不利于人民法院妥善处置涉诉信访矛盾纠纷。因而有必要建立健全诉访分离工作机制,将属于"诉"的事项从信访工作中剥离出来,引导当事人依法行使诉权,提高涉诉信访工作的成效。[1]

为切实保障当事人的诉讼权利和信访权利,有效解决"申诉难、申请再审难"问题,提高涉诉信访处置质量和效率,应从以下三个方面实现诉与访的合理分流,构建科学、规范的诉访分离工作机制。

(一) 从内涵上实现诉访分离

准确把握"诉"与"访"的内涵,合理确定"诉"与"访"的界限,建立诉访分离的统一标准,是建立健全诉访分离机制的根本。具有一审、二审或再审内容的来信来访,应纳入"诉"的范畴,特别是从性质上将申请再审界定为当事人的一项诉讼权利,是当事人不服已经发生法律效力的判决、裁定、调解,在符合法定条件的情况下,申请人民法院再审的诉讼活动。对已穷尽一审、二审或申请再审司法程序,当事人通过来信来访等形式针对人民法院诉讼案件提出意见、建议、投诉、申诉或反映其他事项的,应纳入"访"的范畴,一般按非诉讼的信访机制处理。

(二) 从处置原则上实现诉访分离

针对涉诉信访中的"诉"与"访"的不同特点,应规定不同的处理原则。处理"诉"的事项,以立审分离、维护诉权为原则。处理"访"的事项,以分级负责、综合治理为原则。具体而言,对诉讼程序未穷尽的"诉",要严格遵守诉讼法的规定,立案后移送相关审判庭审理,引导当事人充分行使诉权,保护当事人的合法权益,维护司法权威。对不能启动司法程序的"访",要树立责任意识,按照分级负责的原则,由原一审法院作为办理信访事项的责任单位,上级法院跟踪催办、督办;同时有效利用其他国家机关、社会机构等资源,形成联

---

[1]　唐龙生、刘菲:《论诉访分离工作机制之构建》,http://www.shezfy.com/view.html? id = 11446,最后访问时间:2016 年 8 月 5 日。

动,综合治理,以及时化解矛盾纠纷、实现息诉息访。

(三) 从处置方式上实现诉访分离

建立健全诉讼分离工作机制,最基础的工作是对"诉"和"访"编立不同的案号字号,调整司法统计口径,将程序内的诉从信访中分离出来。对"诉"的事项,立案庭编立案号立案后移交相关审判庭按诉讼程序处理,尤其是符合再审条件的,应依照审判监督程序将案件纳入再审程序。对"访"的事项,编立独立的信访字号,建立信访件档案,收录信访事项的接受、处理、回复和上级意见等内容,按照信访机制进行办理。通过诉讼程序与非诉讼程序信访机制的分类处置、分别管理,构建程序化、规范化、科学化的诉访分离工作模式,使涉诉信访统计数据更加精确,工作对象更加明确,有效预防和减少各类涉诉信访案件的发生。

二、建立民主意见反馈机制

针对社会公众注意力聚焦的涉诉信访案件,法院方应当建立民主意见反馈机制,及时回应社会公众对相关案件的关注以及疑问,可以通过以下几种渠道进行社会公众意见的收集以及反馈。

(一) 新闻媒介

新闻媒介是沟通司法机关与民众的桥梁,其报道是否规范影响着民意的表达,因此与社会新闻媒体建立常态的合作关系,可以畅通民意表达渠道,实现民意与司法的良性互动,能有效缓解甚至杜绝非理性的民意影响相关涉诉信访案件的处理。

在实践中,现代的新闻媒介越来越注重行使自己的法定权利,对社会弱势群体更为关注,并且愿意为向人民法院传达相关案件的民意,因而,民众可以通过新闻媒介这一有效的渠道,更加直观地向法院和社会大众反映自己对相关涉诉信访案件的见解和疑问。另外,人民法院也可将涉诉信访案件的相关信息通过新闻媒介来公开,使案件处理过程过程更加公开化、透明化,消除民众对司法的无端猜测,实现司法公正和司法权威。

（二）构建网络民意表达平台

科技的发达使网络在民意表达中扮演着重要的角色,网络为民意表达、司法公开和司法透明提供了更为便捷的渠道,可以不受时间和空间的限制,使网民在第一时间获得案件信息和司法审理的过程,让网民对法院的工作有了进一步了解,对案件更为了解,以便更好地监督司法过程。在司法实践中,已经有很多法院已经开设了专门的民意反馈论坛、"网络民意沟通信箱"、"院长信箱"等网络民意沟通平台。建立民众表达意见的渠道和途径,其目的是为了方便民众咨询案件的基本情况,反映对案件的直观理解,以及便捷民众行使自己的知情权和监督权,畅通民意的表达渠道,实现司法为民。

（三）利用第三方组织作为法院与公众之间沟通的"桥梁"

例如建立民意咨询员队伍,人民法院可以从媒体、机关、金融机构、教育系统、社区等社会各行业选出民意咨询员,他们的主要工作是尽可能多地掌握各个层面对法院工作的意见,一方面将来自社会公众各种声音以及意见收集传达给法院,另一方面是将法院对涉诉信访案件的受理、处理过程、适用法律、处理结果等案件信息以及对社会公众发出的疑问解答及时地反馈给社会公众。民意咨询员是连接法院和群众之间的一座桥梁,他们用第三方客观的角度看问题,而不偏袒任何一方。为保证这座"桥梁"的畅通无阻,人民法院还应当制定相关的工作规章,明确民意咨询员的权利义务、与法院方的联络管理机构、咨询民意的范围和方式等。

三、完善向人大政协报告机制

对涉诉信访案件的处理,应当完善向同级人大、政协常委会报告工作机制。目前中级人民法院每年均不定期邀请同级人大、政协常委会到法院视察工作,并开展法院工作报告会。而由于涉诉信访案件涉及社会公众利益以及法院系统的工作业绩考核,故应当仅针对涉诉信访案件建立起向同级人大、政协常委会的常态报告工作机制,并将涉诉信访工作整体汇报与涉诉信访个案汇报结合,增强人大、政协常委会对法院涉诉信访工作的实时监督。

（一）涉诉信访类案件报告工作机制

完善涉诉信访类案件报告,需在每年法院向人大和政协常委会的工作报告中专门设立涉诉信访专题,并严格依照法院工作报告的工作流程进行,否则无法最终保证司法公正:法院应当在常委会举行会议的 20 日前,将专项工作报告送交常委会工作机构征求意见;"一府两院"对报告修改后,在常委会举行会议的 10 日前送交常委会。常委会办事机构应当在常委会举行会议的 7 日前,将专项工作报告发放给常委会组成人员。为增强司法机关对专项工作报告的重视程度,树立人大监督权威,议事规则可规定,对涉及人民群众普遍关心的重要事项的专项工作报告,经主任会议决定,可以提交常委会会议进行满意度表决。常委会采用无记名投票或电子表决的方式,按满意、基本满意、不满意三个档次对报告进行满意度表决,结果当场公布。近几年的实践表明,这些依照监督法制定的工作制度,具有较强的可行性和操作性,是人大开展司法监督工作的前提条件和主要保障,有利于促进新形势下人大司法监督工作的规范化和制度化。

（二）涉诉信访个案报告工作机制

针对严重损害人民群众基本利益、涉及人数众多、法院工作严重违纪、社会关注度高的涉诉信访案件,应当建立向人大、政协常委会报告的工作机制。首先,法院方应当设置固定的人大、政协常委会联络员,负责开设、维护法院与人大、政协常委会的沟通渠道,保证法院涉诉信访工作报告渠道畅通无阻,便于法院工作能够得到人大、政协常委会的有效监督。其次,法院涉诉信访个案报告应当将案件的处理情况、处理结果等信息向人大、政协常委会作出报告,作为接受人大、政协常委会对法院工作审议的依据。

四、完善法院新闻发言人制度

涉诉信访案件大多系因正常的诉讼途径无法得到合理解决,故而导致当事者选择上访、信访的方式来寻求救济,且涉诉信访案件大多涉及公众根本利益,加之社会公众权利意识日益觉醒以及出于对弱势群体的同情心理,大多涉诉信访案件成为吸引社会关注的热点。对此,法院方必须建立健全法院新闻发言人制度,定期公布涉诉信访案件的受理、审理、裁判结果或其他处理信息,正确引导公众的司法认知,保障其知情权,促进正确法律意识的传播。

(一)确定法院新闻发言人的负责机构

正如同原国务院新闻办公室主任赵启正所说:新闻发言人不是"人",而是一种制度。新闻发言人并不是某一个人能够完成的工作,是需要不断与法院内部、新闻媒体进行沟通,不断发布信息、更新互联网内容、掌握司法政策与新闻政策动态、跟踪舆论,这些庞杂且琐碎的工作并非一人之力可以完成,需要一个团队合作进行。由于法院人员编制的限制,专门为了新闻发布而招聘工作人员并不现实,只能通过法院内部人员进行新闻发布工作。一个合格的法院新闻发言人需要有在法院和新闻媒体工作过的经验,需要兼有法学和新闻传播学、社会学、修辞学以及管理学的专业素养。我国的国情决定了新闻发言人的专业化不可能一步到位,就目前而言,最为紧迫的是先把这个制度建立起来,然后才谈得上专业化和规范化。我国各级法院目前都设立有负责党宣和司法宣传的部门,可通过上述部门建立各级法院的新闻发言人制度。以这种部门设立的新闻发言人,既了解法院的工作、熟悉法律制度,又能凭借在工作上与新闻媒体建立的友好关系和积累的传播技巧更好地完成新闻发言人的职能。

(二)完善法院新闻发言人制度的形式

法院新闻发言人制度的开展形式可以有以下四种:

1. 定期召开新闻发布会

利用定期召开的新闻发布会,通报涉诉信访案件中的典型、热点案件的处理情况;舆论导向监测;从涉诉信访工作中总结出的社会热点问题和相应的对策建议;法院针对涉诉信访采取的新的工作举措等。还可以利用定期新闻发布会,对相关领域的新法律、法规、司法解释配合典型案例进行系统宣传。通过召开定期新闻发布会,人民法院新闻发言人将建立起与社会公众的常态信息联系,使公众能够及时从法院口中获得第一手的真实信息,避免社会公众对法院进行猜忌或者从其他渠道获取不公正、不客观甚至是虚假的案件信息,而导致舆情被误导,危害社会稳定。

2. 建立和完善网络新闻发言人制度

建立和完善网络新闻发言人制度,除了需要一支高素质的专业队伍之外,还需要构建一个信息畅通的体系。这首先要求法院各部门之间、各法院之间的信息保持通畅,以便新闻发言人能够全面掌握法院的工作信息,保证法院工作信息能够随时向社会公众提供。此外,还需要设立信息收集与分析机构,除了全面掌握法院信息之外,还需要及时协调处理全院工作信息,并与新闻媒体保持良好关系,及时掌握新闻舆论动向,以保证所发布信息的权威性和准确性。

网络媒体是现代社会公众使用最广泛的信息获取渠道,且相对传统的新闻发言人制度而言,网络新闻发言人制度施行成本较低、传播速度较快、效果较好,同时适用于日常工作的发布和突发事件的新闻发布。人民法院应当提高对网络新闻发言人制度的关注度,法院工作越是向民众公开,民众就越会相信法院,对法院工作的展开就越有利。因此要做好法院网站、新闻发言人微信公众号、微博以及门户网站内法院版块的更新工作,使法院网络新闻发布水平与互联网技术、媒体融合技术发展水平相一致,不把网络新闻发言人制度流于形式。

3. 建立法院新闻发布应急机制

首先,要占据舆论上风,这不是说要禁止新闻媒体的报道,而是说法院新闻发言人要尽早召开新闻发布会,主动发布信息,进行议程设置,从一开始就要创造有利于法院的舆论环境,如果法院没有抢占先机,等到社会舆论已经对法院的案件处理形成一定压力时法院再去应对,就会处于非常被动的位置。法院发言人在如何进行议程设置上,重点是要让公众和媒体关注的焦点从谣言或者误解上转移到案件本身和法律的适用,使其相信法院能够处于中立的地位,公平公正地进行裁判,而不是要试图消灭舆论或者是转移话题。这也是法院新闻发布工作的真正目标。

其次,要注意与民众和新闻媒体沟通的语言与方式。法官是经过训练的专业的法律人,其对法律和案件的认识水平是远远高于社会上的一般公众,且法院所使用的法律语言包含很多艰涩的法律专业术语,在对公众进行信息传播时务必会出现沟通与理解上的隔阂。对此,法院新闻发言人显然不能用法官的标准去要求普通民众,作为法律专业领域外的普通民众对案件的认识有偏差甚至错误是很正常的,这就要求人民法院新闻发言人在进行新闻发布中,不仅要做好法律适用的解释和案件的法律分析,还要用贴近民众生活的语言去解释晦涩生硬的法言法语,使得民众真正了解法律的运行、理解案件的审判和法院的工作。

4.建立和完善人民法院新闻发言人制度的问责机制

问责机制是新闻发言人制度的保障,完善的问责机制将有效地促使新闻发言人更好地履行自己的职责,确保法院新闻发布工作顺利进行。人民法院可以从法院内部信息供给、与新闻媒体的交流频率、社会关注案件的舆论引导的效果、法治宣传水平、网络新闻发言人的建设等方面,结合人民法院新闻发言人制度的效果和评价机制,综合地设计出完备的、可施行的问责机制,详细地规定在什么情况下该问责、该问谁的责、如何追究责任,细化问责机制,从而保证人民法院新闻发言人制度的有效运行。

第十一章

审判权运行的公开机制

近年来,随着人民群众生活水平的提高和信息媒体技术的快速发展,社会公众对原本很少接触到的审判权运行信息的求知欲越来越高。渴望了解审判权运行过程中的知识,获取鲜活实践样态的审判权运行状况,成为越来越多人民群众的一种关切和需求。得益于信息科技的快速进步,原来一直依赖纸媒的物理信息传播时代,目前已大规模向数字信息转变。但经济社会的不断发展,人民法院司法公开的范围、方式、程度等都不能完全满足人民群众日益增长的司法需求,这就是人民法院亟待解决的现实问题。

审判公开是我国宪法及诉讼法所确立的一项基本诉讼原则和诉讼制度,其目的是为了保证审判的公正性。[1] 因此审判公开应作为一个整体性、全面性的概念予以看待,而不仅仅局限在只针对人民法院审判活动中的某些特定事项(如审判程序、审判信息、审判活动、证据公开等)。审判公开就是将审判活动中的有关事项和内容向社会公众公开,以体现社会公众对司法工作的知情权、参与权、表达权、监督权在审判公开活动中得以实现和保障。审判公开的程度反映了审判权的运行过程中接受社会公众监督的程度,同时也反映了我国社会主义法治发展进程,因此科学合理地划定审判程序的公开工作具有重大的意义。

---

[1] 江必新、程琥:《司法程序公开研究》,《法律适用》2014 年第 1 期。

第一节　审判公开与审判秘密

一、审判公开

（一）审判公开的立法概况

1. 国外审判公开的立法概况

18 世纪,意大利法学家贝卡利亚的《论犯罪与刑罚》一书中指出:"审判应当公开,犯罪的证据应当公开,以便使或许是社会唯一制约手段的舆论能够约束强力和欲望。"[1]审判公开的理念由此而出。此后的一百多年间,审判公开的理念不断发展,逐渐被主要西方国家所接受并在其立法中被规定下来。而发展到现在,审判公开已经成为法治国家普遍遵循的一项重要司法原则。

当首推的是美国国会 1791 年批准的《美利坚合众国宪法》修正案(即通常所称《权利法案》)中的第 6 条规定:"在一切刑事诉讼中,被告有权享有:由犯罪发生地的州和地区的公正陪审团予以迅速和公开的审理。"到 19 世纪,法国(1808 年)、德国(1877 年)、日本(1880 年)等国都相继实行这一原则。[2]

一些重要的国际条约也贯彻了审判公开这一重要原则。1948 年,联合国大会正式通过了作为第一个系统地提出和保护基本人权具体内容的国际文件——《世界人权宣言》(Universal Declaration of Human Rights)。该宣言第 10 条确认:"人人完全平等地有权由一个独立而无偏倚的法庭进行公正和公开的审讯,以确定他的权利和义务并判定对他提出的任何刑事指控。"为了进一步促进各国"对人的权利和自由的普遍尊重和遵行",联合国大会于 1966 年决议通过《公民权利和政治权利国际公约》(International Covenant on Civil and

---

[1]　[意]贝卡利亚:《论犯罪与刑罚》,黄风译,中国大百科全书出版社 1993 年版,第 2 页。
[2]　程味秋、周士敏:《论审判公开》,《中国法学》1998 年第 3 期。

Political Rights)。该公约第 14 条第 1 款再次确认和明确界定审判公开这一原则,即"所有的人在法庭上和裁判面前一律平等。在判定时对提出的任何刑事指控或他在一件诉讼案中的权利和义务时,人人有资格由一个依法设立的合格的、独立的和无偏倚的法庭进行公正的和公开的审讯"。

2. 我国审判公开的立法概况

审判公开在我国有其历史渊源。周朝时期,便有行三刺之法断案的情形,"以三刺断庶民狱讼之中:一曰讯群臣,二曰讯群吏,三曰讯万民"。其后,唐代的"三司推事",明清时期的"秋审"、"热审"、"圆审"等都包含公开审判的元素。不过,我国古代的司法公开大多只适用于具有较大影响力的案件,绝大多数案件仍然是秘密审判的。[1]

在我国,审判公开为法律规定的基本原则。我国《宪法》规定,人民法院审理案件,除法律规定的特别情况外,一律公开进行。《民事诉讼法》第 134 条规定:"人民法院审理民事案件,除涉及国家秘密、个人隐私或者法律另有规定的以外,应当公开进行。"《刑事诉讼法》第 183 条第 1 款:"人民法院审判第一审案件应当公开进行。"

1999 年至今,随着法治中国进程的不断推进,最高人民法院逐渐加强了相应制度的探索力度,于 1999 年发布了《关于严格执行公开审判制度的若干规定》,2009 年发布了《关于司法公开的六项规定》、《关于人民法院接受新闻媒体舆论监督的若干规定》、《关于加强民意沟通工作的若干意见》,2010 年发布的《关于人民法院直播录播庭审活动的规定》,2010 年最高人民法院印发了《关于确定司法公开示范法院的决定》,在全国范围内确定了 100 个法院作为"司法公开示范法院",示范法院的考评中的重要项目就是审判公开,从而使得审判公开原则得到了一定程度的落实。

(二) 审判公开的内涵与定位

审判公开有其独特的司法价值,体现了法治要求,是司法公信力之源,是

---

[1] 冀放、冀祥德:《司法公开的审查和限制》,《求是学刊》2014 年第 4 期。

司法资源作为公共资源的必然延伸。审判公开牵涉的问题体现在法院是否公开审理,当事人的隐私是否需要得到法律保护,社会公众知情权的实现及新闻媒体对司法活动的报道监督等。[1]

最高人民法院于 2009 年 12 月 8 日印发的《关于司法公开的六项规定》中,将司法公开的外延界定为立案公开、庭审公开、执行公开、听证公开、文书公开和审务公开等六个方面。而在本章中,审判公开应作广义的理解,即包括此六个方面的公开。法院审判公开,是公正审判的要求,也是公民知情权的要求。[2]

审判公开应作为一个整体性、全面性的对审判活动公开的概念,而不局限于只针对人民法院审判活动中的某些特定事项,如审判程序、审判信息、审判活动、证据公开等。审判公开就是将审判活动中的有关事项和内容向社会公众公开,以实现社会公众对司法工作的知情权、参与权、表达权、监督权的实现。

(三) 审判公开的范围

根据最高人民法院于 2009 年 12 月 8 日印发的《关于司法公开的六项规定》中,将司法公开的外延界定为立案公开、庭审公开、执行公开、听证公开、文书公开和审务公开等六个方面;应不断严格落实审判公开,不断拓展司法公开的范围。[3]

1.加强立案公开工作。通过开展立案接待大厅规范化建设活动,立案接待大厅的功能大大拓展。一是增加了立案窗口,分门别类,有效导诉。除原有的立案、缴费、信访接待、导诉、判后答疑和人民调解等窗口外,应新增案件进展查询、诉讼材料转递、约见法官、法律咨询、立案调解、财产保全担保等窗口,大大提升了立案窗口的便民服务职能。二是扩大了立案公开内容。人民法院应将诉讼费收费标准、工作职责、司法救助制度、信访注意事项和处访规定、法

---

[1] 王亚明:《审判公开的价值权衡与路径选择》,《法律适用》2013 年第 3 期。

[2] 高一飞:《论数字化时代美国审判公开的新发展及其对我国的启示》,《学术论坛》2010 年第 10 期。

[3] 齐奇、朱深远:《司法如何沐浴阳光——浙江法院推行阳光司法的实践与思考》,《观察与思考》2012 年第 1 期。

官纪律规定等在醒目位置公示。三是拓展了立案公开的方式。人民法院积极创新立案模式,开展网上立案、提供热线电话服务,真正做到司法为民。[1]

2. 努力提高庭审的透明度。人民法院严格落实公开审判制度,一审案件除有法定情形外,一律公开开庭审理,同时不断提高二审案件开庭率的比例。人民法院还依托现代信息技术积极进行庭审录音录像、直播录播,不断提升庭审的公开透明度。人民法院实施网上庭审直播,并邀请部分全国人大代表、省市人大代表及在校学生旁听了庭审,取得了良好的社会效果。近年来,人民法院还积极利用网站、微博等现代技术和平台开展庭审直播活动,取得了良好的社会效果。[2]

3. 切实加强执行公开。一是不断扩大执行公开的内容。将查封、扣押、冻结、划拨等措施以及执行中的重大进展及时告知当事人和利害关系人。二是建立信用信息共享平台,构建执行联动机制。将人民法院超过6个月未结案件和所有程序终结案件的失信信息在人民法院的公共联合征信平台上进行发布。三是推行委托拍卖与审判执行相分离机制,实施司法拍卖改革。以浙江省高院为例,2010年10月浙江高院出台《浙江省人民法院实施〈人民法院对外委托司法鉴定管理规定〉细则》,健全完善司法拍卖制度。通过实行拍卖机构名册制度,并实行拍卖机构淘汰制,进一步规范了拍卖行为。如现在很多人民法院推行的淘宝司法拍卖,就是司法拍卖改革的一个典范。淘宝司法拍卖自2012年6月26日首次在淘宝司法拍卖平台刊登拍卖公告,有着信息公开透明、节省佣金、实现利益最大化等优点,虽然在实践的过程中还存在风险,需要竞拍者仔细斟酌。[3]

4. 积极推进听证公开。一是加强制度建设,制定了规范听证等文件,完善听证程序规则。二是不断拓展听证公开的案件范围,包括申诉、申请再审案

---

[1] 齐奇、朱深远:《司法如何沐浴阳光——浙江法院推行阳光司法的实践与思考》,《观察与思考》2012年第1期。

[2] 齐奇、朱深远:《司法如何沐浴阳光——浙江法院推行阳光司法的实践与思考》,《观察与思考》2012年第1期。

[3] 参见《当司法拍卖遇上淘宝,不仅火还有点坑》,http://tanhaisheng.baijia.baidu.com/article/384987,最后访问时间:2016年11月5日。

件、涉法涉诉信访案件(特别是上访老户案件以及"无理访"案件);案外人异议、执行异议、不予执行的申请、多个债权人申请参与分配及其他人民法院认为有必要听证的执行案件;非诉行政执行案件;职务犯罪及严重暴力犯罪案件中被告人的减刑、假释案件;等等。

5.扩大裁判文书公开途径和范围。2016 年 8 月 30 日,最高人民法院颁行《关于人民法院在互联网公布裁判文书的规定》(修订),对裁判文书上网公开的范围、不应公开的范围,公开文书的审核、流程及管理进行明确规定。修订版的《规定》还特别增加中国裁判文书网 APP 手机客户端。《规定》第 4 条明确,人民法院的生效裁判文书应当在互联网公布,但有下列情形之一的除外:(一)涉及国家秘密、个人隐私的;(二)涉及未成年人违法犯罪的;(三)以调解方式结案的;(四)其他不宜在互联网公布的。

6.拓展审务公开。一是建立完善新闻发布制度。新闻发布会制度有利、快速地传达了重大、敏感事项,赢得了社会各界对法院工作的理解和支持。二是完善网络舆情研判、应对机制。发生一些重大舆情事件中,第一时间发布权威信息,主动回应社会关切,不但坚守住了法律底线,也及时平息了社会舆情,取得了良好效果。三是积极开展"公众开放日"活动。邀请社会公众到法院进行参观、了解。四是完善行政审判"白皮书"制度。五是加强与媒体、记者、公众的交流。法院工作人员在线与人民群众进行交流,就公众关心的热点问题与网民进行在线答疑,网民反响良好。六是自觉接受全面监督。人民法院坚持步子向外,走出去,请进来,主动接受人大、政协、检察以及社会各方面的监督,切实提高廉洁水平,不断增强司法公信。

二、审判秘密

(一) 审判秘密的立法概况

1.国外审判秘密的立法概况

国外审判公开要受到如下原则的制约:审判公开原则只有在有利于控制

犯罪和保障人权的目的时才适用;审判公开要受到诉讼经济和诉讼效率原则的制约,当案件的公开审理可能危及社会安全利益或损害公民的基本人权时,则不能公开审判;审判公开还要符合言论自由与公正审判准则,要保障法官的独立审判权,避免法官受民意的不当干扰。因此,审判公开对媒体报道应有所限制或保留,避免审判公开权被滥用。[1]

就具体情形而言,形成了以下几个通例:

一是涉及公共利益、国家安全及隐私案件的公开例外。这主要由国际公约加以规定,各国一般参照执行。《欧洲人权公约》第 6 条第 1 款规定,"在决定某人的公民权利和义务或者在决定对某人确定任何刑事罪名时,任何人有权在合理的时间内受到依法设立的独立而公正的法院的公平且公开的审判。判决应当公开宣布,但基于对民主社会中的道德、公共秩序或者国家安全的利益,以及对民主社会中的少年的利益或者是保护当事人的私生活权利的考虑,或者是法院认为,在特殊情况下,如果公开审判将损害公平利益的话,那么可以拒绝记者和公众参与旁听全部或者部分审判。"[2]《公民权利和政治权利国际公约》第 14 条第 1 款在确立公开审判是一般原则的同时,在该款第 3 项规定了一般原则的例外:"由于民主社会中的道德的、公共秩序的或国家安全的理由,或当诉讼当事人的私生活的利益有此需要时,或在特殊情况下法庭认为公开审判会损害司法利益因而严格需要的限度下,可不使记者和公众出席全部或部分审判;但对刑事案件或法律诉讼的任何判决应公开宣布,除非少年的利益另有要求或者诉讼系有关儿童监护权的婚姻争端。"该条还指出,即便拒绝民众列席旁听,作出的判决,除了严格规定的某些例外之外,应予以公布。我国目前不公开审理的案件基本符合上述规定。

二是合议庭和审判委员会讨论案件的程序不公开(审判秘密不公开)。这与英美法系国家的陪审团评议和大陆法系国家的法官与陪审团共同评议均不公开是相似的。合议庭及审委会讨论案件是法院内部工作机制,其讨论结

---

[1]　汪敏、王亚明:《审判公开例外的考量及反思》,《唯实》2012 年第 8 期。
[2]　朱立桓:《国外法院裁判与民意冲突解决的基本经验》,《比较法研究》2012 年第 2 期。

果自然成为法院裁判的结果,法院通过公开审判自然将此裁判结果向当事人及外界公开,每个人的讨论意见则没有必要再向当事人公开。这是保护法官及合议庭成员独立审判及充分发表意见的条件,有利于防止当事人迁怒或报复合议庭或审委会的某个成员,也是维护司法形象的必然要求。

三是上诉案件书面审理的不公开。许多国家的上诉审多是法律审,一般只解决一审及其审前程序的合法性以及适用法律是否合法准确的问题,而不对案件事实和证据进行复审。之所以允许上诉审程序实行书面审理,主要是因为在上诉审理过程中,往往实行法律审理,不调查事实,没有必要严格贯彻直接言词原则。但是,上诉案件的审理结果应该公开。

四是新闻报道影响公正审判的公开例外。如果在审判前的新闻报道可能会妨碍公正审判,法官应该延期审理直到这种威胁消失,或者转到一个不受公众情绪影响的地方审判。另外,对陪审员的隔离措施也是法官应当主动考虑的。如果在审判中公众影响了审判的公正性,必须重新进行审判。应当明确的是,重审改判只是治标,真正治本的措施应当是从一开始就防止公众偏见的影响。法庭应当采取措施保证它们的程序免受外界带有偏见性的干扰。检察官、辩护律师、被告、证人、法庭人员包括法警,任何人都不允许破坏法庭的功能。律师同新闻界的合作如果影响了审判公正,不仅应受到法庭的规制,而且应当被指责并受纪律处分。

五是婚姻家庭及侵权纠纷一般可以不公开审理。因为婚姻家庭纠纷及侵权案件涉及家庭内部或侵权人之间的私人事务,有关事实是否公开应取决于当事人,而不是人民法院。当事人选择不公开审理,并不损害公共利益或第三人利益。而且,此类案件不公开审理,也利于调解当事人之间的矛盾,利于纠纷的妥善解决。日本在修改民事诉讼法时就提出,由于民事诉讼审理的纠纷性质与刑事诉讼不同,基于人权、当事人的主体地位等原因,民事案件原则上应不公开审理。

六是调解案件的公开例外。由于调解过程本质上涉及当事人基于利益衡量所作出的决定,这种决定有对对方的承诺和让步,往往带有一些隐私成分,有的是为了案件的快速解决,有的是怕引起其他不良后果,有的是基于某种利益交换,因而需要在相对隐秘的条件下进行。此外,调解需要一种和谐的氛围,在有公众旁听的法庭上,当事人双方往往会碍于情面而难以达成调解协议,故而不适宜在公开的法庭上进行。因此,法官主持调解时应对司法公开作出一定的限制,让旁听人员及新闻媒体退出法庭,并选择适合调解的地方进行调解。当然,当事人愿意公开在法庭上调解的,法官也可以同意其请求。

七是审判录音录像当庭公开例外。这在很多国家都有规定,如英国早在1981年所制定的《藐视法庭法》就明确禁止在庭审时进行录音、录像,德国《法院组织法》第169条也规定"在法庭上进行的程序,包括宣布判决和判令,都是公开的。无线电和电视传送以及后来传播其内容用的录音和拍片,均不允许"。美国法律规定,为维持法庭秩序,保障庭审顺利进行,不允许在诉讼进行期间在法庭内摄影或在法庭进行无线电广播。媒体对法庭活动只能进行文字描述,所配画面只能是法庭速写师提供的速写画,一般禁止录音、录像和实况转播法庭审案过程。轰动一时的辛普森案的审理过程经电视直播,在美国司法史上是极为罕见的。在美国,传统上不太认可对非文件材料的接近权利,这在知名度很高的案件中体现出来,这就是著名的合众国诉麦克道格(公开作证录像带)案。[1]

2. 国内审判秘密的立法概况

在我国,对审判秘密的规定,主要体现在法律规定及政策规定上。我国《民事诉讼法》第68条规定:"对涉及国家秘密、商业秘密和个人隐私的证据应当保密,需要在法庭上出示的,不得在公开开庭时出示。"第134条规定:"人民法院审理民事案件,除涉及国家秘密、个人隐私或者法律另有规定的以外,应当公开进行。离婚案件,涉及商业秘密的案件,当事人申请不公开审理的,可以不公开审理。"《刑事诉讼法》第183条规定:"人民法院审判第一审案件应当公开进行。但是有关国家秘密或者个人隐私的案件,不公开审理;涉及

---

[1]　汪敏、王亚明:《审判公开例外的考量及反思》,《唯实》2012年第8期。

商业秘密的案件,当事人申请不公开审理的,可以不公开审理。不公开审理的案件,应当当庭宣布不公开审理的理由。"另外,我国《未成年人保护法》第58条规定:"对未成年人犯罪案件,新闻报道、影视节目、公开出版物、网络等不得披露该未成年人的姓名、住所、照片、图像以及可能推断出该未成年人的资料。"由此可见,我国对审判秘密的情形在法律上已有明确的规定。

除了法律规定外,我国还对国家秘密、审判秘密不能公开的情况在政策上进行了规定。最高人民法院、国家保密局1989年共同发布了《关于人民法院工作中国家秘密及其密级具体规范的规定》,其中明确界定:"人民法院工作中的国家秘密是指人民法院工作中关系国家的安全和利益,依照法定程序确定,并在一定时间内只限一定范围的人知悉的事项。"具体包括法院对重大案件的内部重要指示、决定、部署、方案和案件处理中重大、重要问题的请示、报告、批复。该规定还进一步指出:"对于人民法院在审判工作中形成的,虽不属于国家秘密,但一旦公开又会造成不良影响和后果的事项,应按审判工作秘密保护,不准擅自公开和扩散。"对审判秘密(指不宜公开的审判工作事项),最高人民法院1990年发布的《关于保守审判工作秘密的规定》明确指出,包括合议庭、审判委员会讨论案件情况,涉密证据材料,涉密案件的承办和案件涉及的商业秘密、个人隐私等情况,执行死刑情况和刑事司法统计数字,以及诉讼档案中涉及的有关资料等。国家保密局和最高人民法院在2001年《人民法院工作中国家秘密及其密级具体范围的规定》中对审判工作秘密解释为:审判工作秘密是指"各级人民法院审判委员会、合议庭讨论案件的具体情况和记录,以其他虽不属于国家秘密,但一旦公开会造成不良影响和后果的事项"。2009年1月8日,最高人民法院发布《关于"五个严禁"的规定》和《关于违反"五个严禁"规定的处理办法》(以下简称《处理办法》),"五个严禁"之五即为严禁泄露审判秘密。《处理办法》第6条进一步明确,"'五个严禁'所称'泄露审判秘密',是指违反规定泄露合议庭或者审判委员会讨论案件的具体情况及其他审判、执行工作秘密的行为。"第7条规定,泄露合议庭或者审判委员会讨论案件的具体情况及其他审判、执行工作秘密的,一律调离审判、执行岗位,严重的要依法追究法律责任直至刑事责任。[1]

（二）　审判秘密的内涵与定位

社会对审判公开普遍持肯定态度,现今社会也要求在审判权运行过程中更大程度地进行公开,以便普通民众可以了解审判工作,这对提升司法的公信力起到强大的推动作用。但是现今的审判公开并没有实现良好的社会效果,其在促进司法公正方面的作用有限,更没有起到预期的提升司法公信力作用,人民群众在实践生活中对审判活动的认可度、满意度还不够高。这就说明了我国审判公开制度存在缺陷,审判秘密的范围模棱两可,审判秘密没有得到很好的界定。

上文罗列了我国对审判秘密的相关法律、政策中规定了的审判秘密的相关内容。从上述规定来看,合议庭、审判委员会评议讨论意见,属于审判秘密,不能对外泄露是很明确的,违反保密规定的处理也是非常严厉的。事实上,自人民法院建立以来,案件卷宗为了保密和方便使用,一直采用正、副卷制度,人民法院内部不宜公开的保密性诉讼材料,包括合议庭评议笔录、审判委员会讨论笔录、内部请示、批复、重要信函等单独装订为副卷,其他诉讼材料装订为正卷。正卷可供当事人、诉讼代理人及有关单位查阅,副卷内容则属于审判秘密,仅限法院内部使用。这些规定和习惯做法,也正是司法实务部门对实质公开大都持否定态度的主要理由和依据。

（三）　审判秘密的范围

在审判活动中要保守秘密,由于秘密所涉及的利益关系不同,因此可以分为个人秘密、单位工作秘密、商业技术秘密和国家秘密。[2]

根据人民法院审判职能工作性质,法院在审判公务活动中产生较多的是国家秘密和审判工作秘密。国家秘密的概念,在《保密法》第 2 条中作出了明确解释:"国家秘密是关系国家的安全和利益,依照法定程序确定,在一定时间内只限一定范围的人员知悉的事项。"国家保密局和最高人民法院在 2001

---

[1]　王韶华:《司法公开与审判秘密》,《人民司法》2014 年第 5 期。

[2]　扈君:《论公开审判与保守审判工作秘密的界限及关系》,《河北大学学报》2004 年第 1 期。

年《人民法院工作中国家秘密及其密级具体范围的规定》中对审判工作秘密解释为：审判工作秘密是指"各级人民法院审判委员会、合议庭讨论案件的具体情况和记录，以及其他虽不属于国家秘密，但一旦公开会造成不良影响和后果的事项"。其主要特征是：审判工作秘密是关系审判机关正常工作秩序和利益的内部事项，不是国家秘密，不具备国家秘密的条件，不属于国家《保密法》调整的范围，属于法规规章制度调整的范围。它是区分国家秘密与公开审判信息的基本界限。国家保密局和最高人民法院依照《保密法》制定的《人民法院工作中国家秘密及其密级具体范围的规定》，是人民法院在工作中依法确定国家秘密事项的直接依据和标准。而人民法院工作秘密范围因其不属于《保密法》调整的范围，所以国家没有作出统一的规定。最高人民法院虽然在1995年作出了《关于保守审判工作秘密的规定》，但没有对国家秘密和工作秘密进行划分，对审判工作秘密的范围和内容也没有作出明确的规定。

因此，审判秘密的范围应作狭义解释，要坚持以审判公开为原则，审判秘密为例外，不能任意扩大审判秘密的范围，否则不利于审判公开，也不能体现法律条文的精神。当审判秘密的相关规定把有关事项排除出审判公开的范围时，应有明确的法律法规规定，而不应只是在《宪法》、三大诉讼法等法律中作笼统的规定，而更多在对内部发布并实施的政策性文件上予以规定审判秘密的内容。在这一问题上，审判秘密应有更明确、合理、细致的法律规定，以满足现今社会、人民群众对审判公开的要求。

全国各级人民法院在审判公务活动中产生大量审判工作秘密，但审判工作秘密缺乏统一的规定，在实践中会造成诸多问题，产生大量模棱两可的空间，不利于人民法院审判公开工作的推展。因此应明确各级法院的审判工作秘密的界限：

1. 审判秘密非国家秘密。即我们所确定的审判秘密事项，必须不是国家秘密事项，此事项一旦泄露不是直接危害国家的安全和利益，而是使审判机关的正常公务活动秩序和利益，以及案件当事人的个人隐私、商业技术等直接遭受的损害。

2. 审判秘密必须依据我国三大诉讼法的规定。即我国三大诉讼法中规定，人民法院不公开审理的案件，除涉及国家秘密的案件外，需要人民法院保守审理秘密的案件有以下四种：(1)涉及个人隐私的案件；(2)未成年人犯罪的案件；(3)当事人申请不公开审理的涉及商业秘密和离婚的案件；(4)法律规定其他不公开的案件。除了以上几种情形，人民法院应严格遵守审判公开的原则。

3. 审判秘密的划定必须以保障正常行使审判权的工作秩序为前提。审判权是国家通过法律赋予法院审判案件的权力，它是国家权力的重要组成部分，人民法院依法行使审判权，必须要有良好的工作秩序和法制环境作为保障。人民法院在进行审判公务活动中，保守内部审判工作秘密，正是实现依法行使审判权的重要举措之一。因此，我们在确定某一事项是属于审判公开的事项，还是属于内部审判工作秘密事项时，必须以此为前提权衡利弊关系。[1]

三、审判公开和审判秘密的关系与协同推进方法

（一）审判公开与审判秘密的关系

现今社会要求人民法院对其审判工作的一系列过程进行公开。我们在对法院审判工作进行强化公开的同时，并不是要把人民法院所有的信息都公之于众，在明确具体应保守审判秘密的范围基础上对所有的人民法院信息进行公开。审判公开与审判秘密是动态平衡的矛盾体，有相互对立的一面，但基于人民法院更好地提升司法公信力的共同目标基础上，更多的是相互一致的一面。

全面落实审判公开的目的，是为了实现司法公正，让当事人明白诉讼具体要求和程序，便于其充分实现诉讼权利；使胜诉者堂堂正正，败诉者明明白白，使当事人对案件是非心服口服。这样才能切实改变过去“案件一进门，双方

[1] 扈君：《论公开审判与保守审判工作秘密的界限及关系》，《河北大学学报》2004年第1期。

都托人"的不正常现象,同时也为人民法院工作人员洗清"吃了原告吃被告"的社会误解,避免了各种社会关系对审判人员的影响,使生效判决更具公信力,更好地树立司法权威。

审判公开和审判秘密在根本目的上具有一致性。保守审判秘密是为了保证人民法院依法有序地行使审判权,也是为了实现司法公正。如在案件审理过程中,将审判委员会、合议庭讨论案件的情况和笔录公开,就容易导致当事人对法院的判决产生严重的抵触情绪,不利于当事人积极履行法律义务,有时甚至会给我们的法官、法院造成生命和财产的重大威胁;同时如果泄露了当事人的隐私、商业秘密等信息,就会对其造成严重的物质、精神损害。另外,如果在宣判前,当事人过早地知悉了判决结果,就会想方设法影响法院的公正裁判,严重破坏正常的审判秩序,甚至会对社会的安定团结构成威胁。可见,公开与保密二者的根本目的是一致的。因此,审判公开和审判秘密在人民法院的工作中都应得到重视。[1]

(二) 协同推进审判公开与审判秘密的方法

1. 要从国家安全和利益的战略高度,正确把握审判公务信息公开与保密的均衡发展,切实保障审判工作秘密的安全。首先,要大力加强审判信息公开和保守审判秘密重要性的宣传工作力度,切实改变当前有些人民法院思想上缺乏重视的情况。其次,制订严格细致有效的制度,保证审判信息公开和保守审判秘密的各项制度落到实处,特别是随着人民法院司法改革的全面推进,要及时调整公布那些已可以公开或必须公开的审判信息。最后,加强信息交流,包括与案件当事人、人民群众、新闻媒体等的联系,切实保障信息渠道的畅通,保证信息资源的利用服务功能正常发挥。

2. 人民法院保密部门和保密工作者应解放思想、提高认识、转变观念、更新知识,把审判秘密保护的工作重点转到对网络信息安全保密上来。要做好保密工作要正确处理好"保密"与"开放"的关系,强调是在"保"的前提下,掌

---

[1]　扈君:《论公开审判与保守审判工作秘密的界限及关系》,《河北大学学报》2004 年第 1 期。

握好"放"的度,这种管理方式,在一定时期内对保障国家安全和利益,维护人民法院的正常审判工作秩序起到了积极的作用。但是我国深化改革,人民法院审判秘密工作环境已经发生了变化,我们必须把法院保密问题放在信息公开的背景下,去寻找加强和改进保密工作的途径,将过去那种在"保密状态下谈保密",调整为"在公开前提下谈保密",结合审判信息公开的趋势,调整思路,先确定公开的,剩下的才是保密的。随着放的多了,保密的范围肯定会缩小,但是在缩小的同时,保密的范围更明确了,这样就更好管理,更有把握突出重点,确保核心秘密的安全。

3. 推行"阳光司法"工程。(1)建立以公开举证、质证、辩论、认证为主要内容的审判透明制度,将原先审判工作中的"暗箱操作"转变为"阳光操作",增加审判活动的公开性、公正性和透明性。法律规定公开开庭的案件,不但应当允许群众旁听,而且允许新闻记者旁听和采访。依法不能或不宜公开审判的案件,裁判结果也应当公开。(2)及时公布司法解释性事项。通过各种媒体、网络平台等形式,及时公布最新出台的和废止的司法解释性事项。(3)对于人民法院法规规章性事项,包括:政策性、法律性的公告、通告,以及《人民法院审判人员违法审判责任追究办法回避制度规定》、《人民法院审判纪律处分办法》、《人民法院执行工作纪律处分办法》和《人民法院审判人员严格执行回避制度的若干规定》等,除了及时公布外,应积极进行宣传。(4)对于人民法院行政性事项,如最高人民法院、高级人民法院下发的涉及全局性的审判工作部署、法院队伍建设、法院工作报告、领导工作会议讲话等事项内容,以及涉及法院审判工作内容的各部门工作职责、本院受案范围、办案程序、当事人权利和义务、收费标准等相关信息,应及时公布于众,接受监督。

4. 推行裁判文书改革,实行裁判文书的全面公开制。公开裁判文书,是人民法院增强审判工作透明度,主动接受社会监督,确保司法公正的重要保证。人民法院对案件裁判是否公正,是否于法有据,公众可以通过裁判文书直接作出判断,同时对于约束审判人员秉公执法,公正裁判意义重大。实行裁判文书的全面公开,具体讲应包括以下两点:(1)裁判文书的内容公开,即法官裁判案件的透明度,应在裁判文书中全面体现。裁判文书必须真正地再现诉讼的有关情况,公开阐明采信证据、认定事实的理由,明确指出判决所依据的法律及作出裁判的演绎过程和审判合议庭少数意见。(2)裁判文书的形式公开,即诉讼案件裁决作出后,不仅要公开宣判,及时向诉讼当事人送达裁判文书,而且应迅速通过互联网络平台向社会公开发布裁判文书,准许公众自由查阅裁判文书。[1]

第二节   审判流程公开

最高人民法院于 2009 年 12 月 8 日印发的《关于司法公开的六项规定》中,将司法公开的外延界定为立案公开、庭审公开、执行公开、听证公开、文书公开和审务公开等六个方面。审判公开应围绕这六个方面进行流程性公开。人民法院通过对网络平台的建设,已经建成"阳光司法网"等网络平台对审判流程进行公开,当事人需要凭借法院立案时出具的"阳光司法网启用告知书",利用自身身份证或者是立案时预留的手机号码,就可以查询案件的审判流程信息。阳光司法网中主要是利用三大平台进行公开的一个网站,这三大平台分别是审判流程信息公开平台、裁判文书公开平台、执行信息公开平台。人民法院在立案后将有关事项自动推送到该网站系统中供当事人及时查询信息,以提高司法透明度和司法公信力。

通过阳光司法网进入到一个具体案件可以查询到案件的诉讼信息,具体包括:诉讼信息,主要有案件类型、立案审批人、立案时间、诉讼标的金额、案号、立案案由、承办审判庭、承办法官;诉讼费交纳情况,有诉讼费是否结算成功、诉讼费应缴总额、诉讼费实缴总额;简易程序转普通程序等。

---

[1]   扈君:《论公开审判与保守审判工作秘密的界限及关系》,《河北大学学报》2004 年第 1 期。

一、立案信息公开

近年来,人民法院通过深入开展立案接待大厅规范化建设活动,立案接待大厅的功能大大拓展。一是增加了立案窗口。除原有的立案、缴费、信访接待、导诉、判后答疑和人民调解等窗口外,很多法院新增案件进展查询、诉讼材料转递、约见法官、法律咨询、立案调解、财产保全担保等窗口,也有的法院按照案件类型划分不同的立案窗口。无论从功能上划分或者是案件类型上甄别,都大大提升了立案窗口的便民服务职能。二是扩大了立案公开内容。很多法院将诉讼费收费标准、工作职责、司法救助制度、信访注意事项和信访规定、法官纪律规定等在醒目位置进行公示与宣传。三是拓展了立案公开方式。人民法院积极创新立案模式,开展网上预立案、网上咨询、提供热线电话服务,真正做到司法为民。

二、审判进度公开

当事人可以通过阳光司法网查询案件的进度。阳光司法网是一个由人民法院设计建立,公开审判活动相关事项,以对审判活动进行公开的网络平台,有电脑版和手机版。审判进度的公开是提高审判透明度、提升司法公信力的有力保障,因此要通过网上公开的渠道进行公开。

审判进度公开的内容有:诉讼案件进度表,详细列明了收案登记的时间、审查立案的时间、分案时间、开庭审理时间、结案登记时间、送达时间;审限信息表,详细列明立案时间、法定审限天数、审限届满的日期、是否超审限、是否终止审限、是否延长审限、是否扣除审限等信息,下方列明重新计算审限的开始日期、结束日期、变更原因、延长审限的申请日期、批准日期、延长天数、延长原因,不计入审限的开始日期、结束日期、扣除天数、扣除原因。

通过审判进度的公开,为当事人提供案件审判的相关信息,一来有利于当事人了解自身案件的进程,更利于保护自身的知情权、参与权、表达权、监督权;二来有利于法院对审判进度的管理,使审判进度更公开透明,接受公众监督。

三、与案件有关的人员信息公开

与案件有关的人员信息公开主要是当事人的信息公开和审判组织信息公开。

根据"阳光司法网"审判流程信息公开平台案件查询系统,进入到诉讼信息动态查询中可以查询立案时登记的当事人信息,包括原、被告(上诉人与被上诉人)的诉讼地位、当事人类型、姓名或名称、法定代表人、身份证号码、性别、联系方式、地址等信息。

审判组织信息只要有法官姓名、担任角色、所在部门、办公室电话等信息,主要提供了合议庭成员、书记员的信息。

将与案件有关人员信息公开,对法院而言是将立案登记的信息向当事人公开,有利于当事人及时了解合议庭成员、书记员的构成,尽早提出回避,以保障当事人的权利。

四、与案件审理有关的法律资料公开

现在对于审判秘密的规定体现在法律上,主要是人民法院不公开审理的案件,除涉及国家秘密的案件外,需要人民法院保守审理秘密的案件有以下四种:(1)涉及个人隐私的案件;(2)未成年人犯罪的案件;(3)当事人申请不公开审理的涉及商业秘密和离婚的案件;(4)法律规定其他不公开的案件。国家保密局和最高人民法院在2001年《人民法院工作中国家秘密及其密级具体范围的规定》中对审判工作秘密解释为:审判工作秘密是指"各级人民法院审判委员会、合议庭讨论案件的具体情况和记录,以及其他虽不属于国家秘密,但一旦公开会造成不良影响和后果的事项"。

学界有一种观点认为,审判公开关键在于实质性的公开。实质性的公开主要指的是合议庭、审判委员会评议讨论意见也要进行公开。最高人民法院的相关规定,均不属于法律、法规层次的规定,最高人民法院完全可以自行改变相关规定。而现行的民事诉讼法、刑事诉讼法及行政诉讼法均未明确规定合议庭、审判委员会意见不能对外公布。因此,可以说公布这些意见并无多大法律上的障碍,主要的问题还在于认识、观念与习惯。[1] 文章还指出,一是有人认为这种做法将影响法院的权威,但是裁决的权威性并不是取决于作出它的形式,而在于它的内容,只有公正的裁决才是最有权威的决定。二是有人认为公布不同意见将侵犯法官的独立性,影响法官独立自主地判断和发表意见。但是公布少数意见并不妨碍秘密评议原则,不会侵犯法官的独立性。因为评议秘密原则是指评议过程保密,以保障法官在评议案件时不会受到外界干扰,可以毫不顾虑地提出自己的观点,在合议庭或审判委员会充分评议或讨论之后,能够形成更准确、公正的意见。因此,有人提出要公布合议庭、审判委员会合议、讨论笔录是不妥的。但是评议结束之后,将评议的结果,即形成裁决的多数及少数意见公布于众,并不会妨碍法官在评议或讨论过程中的内在独立和自由判断。同时法官在行使审判权的同时也要经受得住当事人、社会公众的质疑、批评甚至是指责,这是作为法官的素质。

在案件审理有关的法律资料公开限度上,基于我国在法律、政策上对于审判秘密的规定。第一,应该反对案卷卷宗分正卷和副卷的做法。案件具体的卷宗应该装成一本,完全包括案件的所有资料,向当事人完全公开,以保证当事人的诉讼权利。第二,审判公开关键在于实质性的公开。实质性的公开主要指的是合议庭、审判委员会评议讨论意见也要进行公开,合议庭少数意见应该在案卷中予以记载。审委会评议会实质上涉及当事人和法官的权益,甚至会影响到法院内部其他人的利益,而不能只是基于利益平衡而选择对合议庭、

---

[1] 王韶华:《司法公开与审判秘密》,《人民司法》2014 年第 5 期。

审判委员会评议讨论意见不对当事人进行公开。[1] 论及法庭不同的意见，美国道格拉斯大法官有一句名言，"表达不同意见或并存意见可以为明天救助那些今天被牺牲或被忘却的原则"。[2]

五、庭审直播、录音录像公开

在国际准则中，庭审中的录音录像并不是一项基本的要求。世界刑法协会第十五届代表大会《关于刑事诉讼法中的人权问题的决议》第15条规定："公众传媒对法庭审判的报道，必须避免产生预先定罪或者形成感性审判的效果。如果预期可能产生这种影响，可以限制或者禁止无线电视台和电视台播送审判情形。"1994年1月，由国际法学家委员会及其"法官独立中心"和西班牙UNICEF委员会在西班牙马德里主办了一次探讨司法独立与新闻自由之间冲突的专门性会议，这次会议通过了《媒体与司法独立关系的马德里准则》。该准则第5、6条规定，基本规则并不排除对因私人原因而进行的调解与协商过程的录音、录像；基本规则并不要求有对庭审过程现场直播或者现场录像的权利。[3] 但是，基本规则不要求这项权利并不意味着否定这项权利，而各国的实际做法是越来越多的法院正在对很多案件进行现场直播，如美国的辛普森案、科比案等。

在现代社会应当允许和鼓励庭审直播、录音录像，当然要排除审判秘密的相关内容作例外处理。庭审的直播录播本质上是公开审判到底公开什么程度的问题。

而在庭审录像过程中，法庭很容易控制法庭内发生的情况，并可以通过事先警告，确保案件的审理过程的有序进行。庭审的直播录播有利有弊，其弊端是新闻媒体的大量关注与报道可能导致审判的不公正，对法官和其他诉讼参

---

[1] 吐热尼萨·萨丁：《论审判公开的限度——以庭审直播为视角》，《学理论》2014年第2期。

[2] [美]埃尔曼：《比较法律文化》，贺卫方、高鸿钧译，清华大学出版社2002年版，第193页。

[3] 高一飞、龙飞：《司法公开基本原理》，中国法制出版社2012年版，第320页。

与人产生不利于公正审判的影响。而有利的一面,应当考虑到媒体权利与司法公正之间的平衡问题。庭审直播可以取得司法公正和新闻自由权利充分实现的双赢效果。[1] 因此,审判信息作为国家(广义上的"政府")信息公开的一部分,应当以适应时代发展需要的形式对外公开。对公开审理的案件,进行庭审直播、录音录像才是常态,而不允许才是例外。这不仅是大部分国家立法和司法实践的通常做法,而且也是符合审判公开、新闻自由的基本逻辑。

微博直播庭审是一种全新的对庭审进行直播的方式,较为著名的案例是对"薄熙来"案进行微博直播。微博直播庭审指的是通过网络对庭审进行实时文字报道。[2] 在这个媒体自由与司法公开并重的时代,司法公开的实现依赖于媒体自由的实现。微博打破传统媒体"点对多"传播模式,采用"多点对多点"的人际网络传播方式。微博庭审直播具有实现审判公开的特殊优势,是对庭审开展的全过程进行实时报道,与以往的媒体报道相比,一是以简明扼要的内容、快速的传播速度,让公众了解案件的全过程;二是大大增强了法庭审判的透明度,增强公众对司法的信心以及对司法制度的认同度。

六、做好主动公开、信息推送

在现今社会主动做好审判信息的公开与推送工作,主要是指利用官方网站或官方微博、微信公众号等新媒体传播途径,推送人民法院各项信息。

人民法院在对自身信息公开和推送工作上应该与时俱进,在舆情处理工作上也要利用符合时代发展的方式方法来做好主动公开、信息推送的工作。

官方网站有"法院网"和"阳光司法网"等。这些网站提供法院的新闻报道、诉讼指南、法院人员名单、监督举报渠道等信息,也提供给当事人诉讼、执行案件信息查询的渠道,裁判文书查询通道等。

---

[1]　高一飞:《庭审直播问题的法与理》,《法学》2006 年第 11 期。
[2]　高一飞、祝继萍:《英国微博庭审直播的兴起》,《新闻与传播研究》2012 年第 3 期。

对于使用官方微博和微信公众号进行法院信息的主动推送就是利用新媒体平台对相关信息进行公开。例如进入法院的微信公众平台,首页就能看到法院最新的新闻。下设群众留言、诉讼指南(文书样式、网上预立案、开庭公告、诉讼费用)、司法公开(裁判文书公开、诉讼信息查询、执行信息查询、曝光老赖)、便民沟通(信访投诉、给大法官留言、了解法院)。通过操作,人民法院的微信公众平台可以智能地把群众所想要的相关信息发送到其微信中,利于群众及时了解信息。

下一步的目标是通过手机终端和在法院立案时预留的手机号码,主动向当事人及时发送案件受理信息和其他相关信息,以进一步保障当事人的权益。

第三节　裁判文书公开

一、裁判文书公开的价值分析

对于审判公开的关注,进而进一步关注到了裁判文书公开程度不够的问题,提出了"裁判文书实质公开"、"裁判文书说(论)理"、呼吁"司法透明"等主张。裁判文书实质公开的提法开拓了司法公开的研究领域,具有重要的理论价值。[1]

(一) 裁判文书深度公开是贯彻落实司法公开的应有之义

最高人民法院自 1999 年以来发布的四个"人民法院改革纲要",均提出了要加强裁判文书的公开及说理,提高审判工作的透明度。2009 年 12 月 8 日,最高人民法院印发了《关于司法公开的六项规定》,其中专门指出"裁判文书应当充分表述当事人的诉辩意见、证据的采信理由、事实的认定、适用法律的推理与解释过程,做到说理公开"。可见,司法公开既要求裁判文书在形式

---

[1]　周军、李春华:《裁判文书深度公开问题研究》,《法律适用》2015 年第 2 期。

上公开,也要求裁判文书在内容上进行深度公开。

(二) 裁判文书深度公开是司法公正的重要保障

司法公正的必要条件是司法裁判行为可以被监督和制约,没有深度公开的裁判文书作为载体,社会公众监督审判行为便成了无源之水、无本之木。只有裁判文书是深度公开的,诉讼参与人和社会公众才可以最终了解审判活动,各种监督和制约机制才会有的放矢,司法公正才能够得以实现。裁判文书作为展现审判行为的唯一介质,规范、透明、公正、全面的审判行为不会惧怕在裁判文书当中深度展示出来。深度公开的裁判文书加强公正的审判权力,揭示损害司法公正的权力,并打破沉默与隐秘对于不公正审判的庇护。

(三) 裁判文书深度公开是提高司法公信力的重要途径

司法的公信力在本质上是一种法理的权威,它固然以司法的外在强制力作为后盾,但其生命力还在于司法理性的力量。通过裁判文书的深度公开,才可以更好地建立司法自身的权威和信用。也只有如此,社会公众才会从中感受到自身的知情权、参与权、表达权是否得以体现,诉讼请求实现或没有实现的原因,从而产生对审判行为是否信任的判断。

(四) 裁判文书深度公开是程序正义的基本要求

程序正义的基本要求首先是程序的公开性。相对于简单记载判决结果的文书,深度公开的裁判文书具有更大程度的说服力,因为这样能够使得案件信息"看得见",保护了公民的知情权,使公民感受到自身的尊严和自主意志得到承认与尊重。程序正义还包括程序的合理性。裁判者据以制作裁判的程序必须符合理性的要求,使其判断和结论以确定、可靠和明确的认识为基础。这些知情权得到满足的感觉、实现正义的感觉、得到公正对待的感觉、对裁判正当性的信服等价值,都是独立于案件处理结果之外的,是程序正义自身价值的体现。

除此之外,裁判文书深度公开还具有案例指导价值、科研分析价值,也有利于提升法官自身的职业荣誉感,有利于建设优秀的职业法官队伍,更有利于发现司法实践当中存在的问题,推进司法改革的步伐。[1]

二、裁判文书的管理制度建设

(一) 裁判文书公开内容建设

1.审判程序的深度公开。审判程序公开是最具体、最直观的深度公开,但是在目前实践中,许多记载审判程序的材料只是附在卷宗当中,只有个别裁判文书当中记载的审判程序非常全面。一方面,审判程序是否合法直接决定了审判结果的效力,只有将审判程序公开,接受诉讼参与人和社会公众的监督,才能确保审判程序合法,进而保障审判结果有效。另一方面,程序性裁判是审判活动的重要组成部分,只有将诉讼参与人对非法证据排除申请、管辖异议、回避申请等程序性诉求进行公开,才能够在裁判文书当中予以回应,以保障诉讼参与人的程序性利益。

2.审理查明的事实和证据的深度公开。案件的事实认定是案件的核心内容,一个案件有且只有一个事实,在卷宗(主要体现在合议庭评议笔录及案件审理报告对事实的认定)中与裁判文书中认定的事实应当是一致的。而一些案件的实际情况是合议庭在评议时详细认定,而在裁判文书当中抽象表述,这并不符合裁判文书深度公开的要求。案件的证据情况是客观的,卷宗当中的证据与裁判文书中的证据均应来自于开庭审理时的举证质证程序,因此应当是一致的。

3.裁判理由的深度公开。裁判的正当性来源于裁判理由的正当性,许多法官撰写裁判理由时会在案卷(法院的副卷卷宗)的合议庭评议笔录当中详细阐述,在案件审理报告当中详细分析裁判理由,而体现在裁判文书中却变得抽象而概括。裁判理由的公开是裁判文书深度公开的精髓与核心。纵观中外法治历史,裁判文书从不应当写明理由到要求写明理由的过程,是一个从司法

---

[1]　周军、李春华:《裁判文书深度公开问题研究》,《法律适用》2015年第2期。

擅断走向依法裁判的过程,因而是从人治走向法治的一个重要标志;是从秘密司法走向公开司法的过程,因而是从法律面前不平等走向法律面前人人平等的一个重要标志。

（二）　裁判文书的管理制度建设

应明确不应在裁判文书中公开的界限。《最高人民法院关于人民法院在互联网公布裁判文书的规定》第 4 条规定:人民法院的生效裁判文书应当在互联网公布,但有下列情形之一的除外:(一)涉及国家秘密、个人隐私的;(二)涉及未成年人违法犯罪的;(三)以调解方式结案的;(四)其他不宜在互联网公布的。这个条文明确了不应公开的裁判文书的范围,除此之外,其他的裁判文书都有进行公开。例如离婚案件、继承案件等人身性较强的案件,在裁判文书公开时应对该案当事人的身份、姓名等信息进行特殊处理,以保障当事人的正当权益。

裁判文书实行全面上网制,应由承办案件的法官进行裁判文书的上网工作。分庭室对本庭所主办的案件统一进行裁判文书上网工作,其把关负责人为庭室的领导。审判管理部门对裁判文书上网的情况进行了解,对裁判文书应上网而不上网或上网不及时的情况进行通报处理,并且负责裁判文书上网后的具体工作进行答疑、问题处理等,从而形成一个由审判业务部门负责,由审判管理部门进行督促管理的系统。

三、生效裁判文书统一公开平台

实行裁判文书全面上网后,每一份生效的裁判文书都应能在相关网站上被查询到。从"阳光司法网"进入,即可从裁判文书上网平台查询到案件。我国的裁判文书上网是一个四级联网的平台,即从基层到最高人民法院都把裁判文书上传至"中国裁判文书网"。中国裁判文书网分地域、类型等对裁判文书进行统一分类,社会民众可以对生效的裁判文书进行查阅。

第四节　审务公开的内容

一、审务公开具体情况

根据最高人民法院于 2009 年 12 月 8 日印发的《关于司法公开的六项规定》中，将司法公开的外延界定为立案公开、庭审公开、执行公开、听证公开、文书公开和审务公开等六个方面，应不断严格落实审判公开，不断拓展公开的范围。其中的"审务公开"是指人民法院的审判管理工作以及与审判工作有关的其他管理活动应当向社会公开。[1]

审务公开制度，是人民法院基于公正、高效和权威的目标追求，在合理协调审判权与审判管理权关系的基础上，基于司法民主的要求而形成的。审务公开应当贯彻依法、及时、全面公开的原则。依法公开原则要求法院公开有关审判管理信息时，不得泄露国家秘密和审判工作秘密，或者有披露当事人隐私、商业秘密等违法情形。按照及时公开的原则，法院应当在法定时限内快速、完整地依法公开审判管理信息；法律没有规定公开时限的，要在合理时间内快速、完整地依法公开审判管理信息。按照全面公开的原则，只要不违反法律的规定，法院的有关审判管理信息就必须不留余地地公开。

关于审务公开的制度性文件主要有最高人民法院制定的《关于司法公开的六项规定》、《司法公开示范法院标准》和《"立案信访窗口"意见》。与应然层面的公开范围作对照，这三个司法文件重视管理主体、管理依据以及与审判工作相关的管理活动的公开，忽略了审判管理过程和结果的公开。人民有权利了解法院这一国家机关是怎么运作的，人民有权利了解他们在干什么。审务公开的核心就是公开法院的审判管理工作，如果法院放弃这个核心，就不能

----

[1]　高一飞：《论审务公开》，《电子政务》2012 年第 12 期。

向社会传递审判管理的有关信息,不能满足人民的知情权。将审判管理的有关信息封闭起来,社会与民众就无法对审判的公正和效率作出整体评价,此时因个别错案和个别法官贪腐现象而形成的社会舆论就可能被放大,从而对司法形成偏颇的评价。

法院就审判质效管理、法官绩效考核和案件质量评查而采取的管理措施和成效,不能坚守完全向社会封闭的立场,应当以适当的方式方法予以公开。对于已用信息化系统管理审判的法院而言,将审判管理过程和结果信息予以公开不是条件尚不具备的问题,而是认识和信心的问题。

二、审判管理工作公开

我国的审判管理公开工作还没得到长足的认识,在平时的工作中也没有把审判管理的相关内容向社会进行公布。我们应明确按照及时公开的原则,人民法院应当在法定时限内快速、完整地依法公开审判管理信息;法律没有规定公开时限的,要在合理时间内快速、完整地依法公开审判管理信息。

(一) 法院总体(专项)工作报告公开

人民法院每一段时间或者某个活动、项目都要进行一次总结,这是人民法院在长期的审判业务活动中形成的自我总结、检讨、推进工作的方式方法。如人民法院每年年底都会形成一份报告,报人大进行审核,即形成了法院年度工作报告。这份法院工作报告很好地总结了一年以来法院工作的得与失,依托具体数据的支撑,对人民法院一年以来的工作进行总结,具有客观性、权威性,客观地分析了人民法院在一年里的工作成果、取得的进步与存在的不足,并对人民法院下一年度的工作计划提出展望。除此之外,人民法院还有月度、季度、半年度等总结报告,针对专项活动也有很多相应的工作报告。而人民法院总体(专项)工作报告并没有对社会进行公开,或者公开的完整性不足,因此人民法院总体(专项)工作报告应对社会进行公开,用以体现人民法院的工作成效,提高司法透明度,提升人民群众满意度。

（二）司法态势信息公开

对审判运行态势定期分析,能充分肯定审判工作取得的成绩和经验,及时发现、解决影响案件质量和效率的问题,从而加强对审判工作的宏观管理。历年的最高人民法院工作报告都有大量篇幅分析审判运行的整体态势,这些内容可通过人民法院主页、网络报刊媒体等载体予以公开。

（三）案件审查大数据的公开

人民法院在对案件的管理上,使用专门的审判管理系统对案件进行数据核查与大数据分析。案件在审判管理系统进行操作时,发生的节点都会被审判管理系统自动采集数据。这些数据汇集到一起,形成案件管理大数据,审判管理人员通过案件管理大数据的研究分析,对法院总体（专项）工作报告、司法态势信息、审判管理工作等具有重大意义。而此类的案件管理大数据没有对社会进行公开。案件管理大数据主要是针对一个时间段以来,人民法院的案件工作量和各项质效指标的数据,能客观、真实地反映一个法院的审判质量、效率、效果,应成为法院审判公开的其中一个部分,让社会民众对人民法院工作有更客观、直接的了解。

德国著名哲学家黑格尔说过:"法律应予公布属于主观意义的权利。同样,法律在特殊事件中的实施,即外部手续的历程以及法律理由等也应使人获悉,因为这种历程是自在地在历史上普遍有效的,又因为个别事件就其特殊内容来说诚然只涉及当事人的利益,但其普遍内容即其中的法和它的裁判是与一切人有利害关系的。这就是审判公开原则。"审判公开在规范意义上是一项国际法准则,是中国《宪法》规定的一项基本法治原则,是《人民法院组织法》、三大诉讼法规定的一项基本诉讼原则,是当事人受到法律保护的一项基本诉讼权利。审判公开的实质从精神意义上讲就是政治民主的一项内容,使人民群众的意志通过适当的渠道反映到司法活动中。

第十二章

审判权运行的监督机制

党的十八大以来,为完善司法权力运行机制,司法机关进行许多涉及机制、体制方面的积极探索,取得了一些成效,但办案权责不明、监督不到位等问题仍不可忽视。要实现"让审理者裁判、由裁判长负责",努力"让人民群众在每一个司法案件中都能感受到公平正义"的目标,深化审判权力运行机制改革,建立符合审判客观规律与现实条件的审判权力运行机制势在必行。在确保依法独立公正行使审判权力的前提下,实现对审判权力的有效监督制约,必须准确界定各法定审判主体的审判职能与审判管理职责,科学划分审判权、监督权与管理权三者之间的界限。

所谓内部监督,"又称系统的自循环监督,指监督主体与监督对象同属一个组织或者系统的自我约束机制"[1]。人民法院现行内部监察机制,尽管各级、各地法院结合自身情况有不同的机构设置和具体的运作方式,但是框架、模式是基本相同的。大致而言,"人民法院内部的监督机制可以划分为两大体系:审判职能监督和行政职能监督。其中,审判职能监督可以分为审级监督、审判流程监督和审判组织监督。行政职能监督又可以分为行政职级监督、纪检监察监督、案件质评监督和信访监督"[2]。科学的审判权监督机制可以促进、保障审判权的良性运行,反之,缺位、越位、错位的监督则可能阻却审判权的有序运行,导致公正的缺失、司法公信力的

---

［1］ 张弢、贺少锋:《论人民法院内部监督机制的完善》,《法律适用》2003 年第 7 期。

［2］ 骆弘毅:《法治视角下的法院内部监督》,《中山大学学报论丛》2007 年第 11 期。

减损。

为了确保司法公正,"四五改革纲要"提出要进一步完善审判监督制约机制,主要措施包括:

1.健全主审法官、合议庭办案机制。改革完善合议庭工作机制,明确合议庭作为审判组织的职能范围,完善合议庭成员在交叉阅卷、庭审、合议等环节中的共同参与和制约监督机制。改革裁判文书签发机制。

2.完善主审法官、合议庭办案责任制。科学界定合议庭成员的责任,既要确保其独立发表意见,也要明确其个人意见、履职行为在案件处理结果中的责任。

3.健全院、庭长审判管理机制。明确院、庭长与其职务相适应的审判管理职责。规范案件审理程序变更、审限变更的审查报批制度。健全诉讼卷宗分类归档、网上办案、审判流程管控、裁判文书上网工作的内部督导机制。

4.健全院、庭长审判监督机制。明确院、庭长与其职务相适应的审判监督职责,健全内部制约监督机制。完善主审法官会议、专业法官会议机制。规范院、庭长对重大、疑难、复杂案件的监督机制,建立院、庭长在监督活动中形成的全部文书入卷存档制度。

5.依托现代信息化手段,建立主审法官、合议庭行使审判权与院、庭长行使监督权的全程留痕、相互监督、相互制约机制,确保监督不缺位、监督不越位、监督必留痕、失职必担责。

本章所探讨之审判权运行的监督机制,仅指人民法院内部的监督机制,不涉及法院外部监督的内容,如人大、政协、社会、媒体等的监督不在研究范围之内。因诉讼法已对审级监督进行规定,因而,诉讼法规定的审判监督制度也不纳入研究范围。

第一节　审判权运行的流程监督

一、审判权的清单化、流程化及其监督机制

要构建科学的审判权监督机制,其前提是要掌握当前审判权内部监督机制存在的问题。目前我国中级法院在审判权运行内部监督制约方面存在的问题有:

1. 院庭长审判管理存在的问题。一是院庭长办案数量不多,浪费优质审判资源。不少中院虽然制定《审判委员会工作规定》,比如要求每个审委会委员主审或参与合议的案件不少于 10 个,但是相对于其他法官,不足其他法官的五分之一。二是直接干预裁判结果,侵犯合议庭裁判权。很多法院内部,合议庭形成意见后,需要报请庭长、主管副院长进行审批。造成了审、判的分离。三是怠于履行监督职能。有的院、庭长疲于应对各种行政事务、开会等,对裁判文书无法进行法律层面的监督。

2. 审判委员会制度运行中存在的问题。一是组织行政化。审委会一般是由院领导和庭领导组成,带有明显的行政色彩,审委委员的头衔也成为政治地位的象征。二是讨论泛化,上会案件没有过滤。从审委会讨论案件情况来看,不仅包括法律适用问题,还包括案件事实认定、领导过问、当事人上访等案件。过多的案件使审委会无暇总结审判经验,影响其他职能的发挥。三是审、判分离。审委会讨论案件主要根据主办法官的汇报,并未直接亲历庭审,这种审、判分离的裁判模式,违背了司法的亲历性原则。

3. 诉讼程序监督中的问题。一是开庭前才告知合议庭成员的变更情况,当事人没有充足的时间考虑是否需要申请回避,回避制度在一定程度上被虚化。二是规避审限、隐性超审限。一些法官利用审限制度中程序转换、延长审限、中止诉讼等较为模糊的规定,以"其他特殊情况"来报请审判延长审限、中

止诉讼程序,甚至报结未结。三是上诉案件移送程序难以监督。由于诉讼法和最高法《审限规定》对移送上诉案件的时限未作出明确规定,导致上诉案件移送期限难以监管。

可见,法院内部审判主体结构的层级化、审判权运行的行政化使审判监督处于无从监督、无法监督、无人监督的状况,使监督时序错位、监督滞后。因此,有必要将审判权流程化、透明化。

党的十八届四中全会提出构建开放、动态、透明、便民的阳光司法机制。人民法院的审判流程信息公开就是对这一要求的最直接、最有力、最有效的贯彻落实。"审判流程信息公开,就是要紧紧围绕'开放、动态、透明、便民'这八个字做足、做好文章,努力构建让人民群众满意的阳光司法机制。"[1]利用信息化手段全面监控审判环节,并依托专业审判管理机构强化机制建设,不断规范工作程序,将强化审判管理作为促进执法规范化提升的根本措施。

当然,在审判流程节点的设置上,必须"正确处理流程节点控制与审判权行使的相互关系。节点控制作为审判流程管理最直接、最根本、最有效的管理手段和方法,其主要作用就是规范、促进、保障、服务法官依法行使审判权"[2]。防止片面强化"精细化"管理要求,对审判流程控制节点设置过多或设置不符合审判规律和客观实际,不但违背了审判规律,更无益于保证案件质量、提升社会效果。实践证明,只有依据法律规定和审判管理工作实际,科学、准确界定审判流程管理活动中的各个节点并科学监控,才能设计出切合法院实际、符合审判规律和形势发展需要的审判流程管理工作机制,有效规范、保障、促进和服务审判工作良性运行。

---

[1] 周强:《狠抓审判流程的标准化、制度化、规范化建设》,http://news.xinhuanet.com/yzyd/legal/20141113/c_1113239622.htm,最后访问时间:2016年2月8日。

[2] 刘黎明:《如何做好审判流程管理节点控制工作——以孟村法院审判流程管理节点控制工作为视角》,http://www.cermn.com/art221627.aspx,最后访问时间:2016年2月26日。

二、基于审判管理信息系统的预防性监督

目前的监督大多是对案件裁判结果的监督,是问题发生之后的"亡羊补牢",缺乏对案件审理全过程的监督。同时,监督是自上而下的,表现在上级法院对下级法院的监督,院长对庭长、庭长对审判人员的监督,但下级法院对上级法院、普通法官对院、庭长无从监督。法院的内部监督机制行政化。基于审判管理信息系统对审判权进行预防性监督,可从以下几个方面着手:

(一) 改进流程管理节点设置

在结案时间的节点设置上,我们建议,应以法定的送达时间为结案时间标准。在结案流程节点监控的方式上,明确:(1)直接送达的案件,送达后将送达时间录入流程即为结案节点;(2)邮寄送达的案件,交寄裁判文书的时间为结案节点;(3)公告送达的案件,办理公告送达时间为结案节点;(4)委托送达的案件,以被委托单位收到委托送达手续的时间为结案时间,但如果通过邮寄方式委托的,以交寄裁判文书的时间为结案节点。

(二) 增设立案审查环节的监控节点

进一步推进电子档案,审判管理部门可以随时根据工作需要调取案件电子卷宗。同时,对外开放电子卷宗,按照法定权限和程序,方便当事人随时调阅查询。科学设定上诉案件卷宗移送期限和发回重审案件重审立案期限的监控节点,并纳入绩效考评,有效解决案件在上下级法院流转过程中缺乏监控,隐性超审限的问题。

(三) 明确节点管理阶段

我们认为应从以下几个方面入手:(1)合议庭认为确属疑难案件,应当在审限期内向审委会汇报,由审委会决定案件的处理结果或向省高院请示;(2)严格控制简易程序向普通程序的转换,需要转为必须由分管副院长审批;(3)所有案件必须在审限内结案,结案后十五日内必须归档,以档案室在综合办案平台录入的时间点为准。

三、完善审判权运行的事后监督制度

相对一般行政机关公务人员,法官的权力责任更大、风险更大。少数法官在办案过程中存在效率意识不强、随意拖延办案的客观现象。节点控制作为审判流程管理的主要手段和方法,可通过建立法院内部评判和事后监督机制,对法官办案的质量、效率、效果、形象形成有效监督和控制,实现对审判权的合理程序制约,促使法官严格遵照各项审判程序的要求,公正、高效办理各类案件。

(一)构建大数据管理新格局

摒弃将案件流程管理简单等同于单纯案件管理的陈旧观念,忽视案件流程管理中人的主导作用,既要管好"案",又要管好"人"。由审判委员会办公室对案件进行集中评查、评估,通报、展示优秀法律文书、评比优秀案卷、通报超审限案件、落实错案责任等。

(二)提升案件审理宏观指导

提高信息化管理水平,实现审判流程管理网络化、规范化、透明化和系统化。在案件质量评析会、信访情况分析会、审判长联席会和案例评析会的基础上,将案件通报分析会改为案件质效分析会,并增加专题研讨会,强化会议功能的针对性和实效性。审管办将列席上述会议,收集信息指导工作。

(三)建立和健全考核机制

大力推进大数据平台建设应用,对法官的工作自动留痕,建立科学业绩考评制度,把绩效考评结果作为评价法官工作的重要指标,作为对法官入额、退出员额等奖惩的重要依据。

四、建立审判管理权限清单,明确权职义务

为了保障审判权的有序运行,对审判权进行有效监督,除了要审判流程化

之外,还需要厘清审判管理主体及其职责、权限,建立审判管理权的清单。对院庭长的审判管理监督职责设定"清单管理"的模式,厘清院庭长对案件的审判权和对院、庭事务的审判管理职权间的界限。"权力清单",从正面规定院、庭长的审判管理职权,包括审判质效管理与奖评、研究法律适用统一、法定程序事项审批等;"负面清单"规定院、庭长不得越级或超越分管范围进行管理、不得强令合议庭改变评议意见等。

（一）院、庭长的正面权力清单[1]

1. 院长职责为:(1)主持领导全院的案件审判、管理、指导、监督工作,协调重大审判管理事项,推动解决重大审判执行问题,推进法院司法公信建设;(2)主持审判委员会讨论决定案件、总结审判执行经验、完善审判管理监督制度。

2. 副院长的管理职责为:(1)协助院长对全院审判工作进行管理、指导、监督、协调有关审判管理事项;(2)主动分析研究分管案件的审判执行态势,解决突出审判执行问题,推进统一裁判标准,提出加强审判管理监督,提高司法公信的意见、建议;(3)由分管院长决定案件是否提交审判委员会讨论,提交讨论的案件应当符合相关规定;(4)认真研究提交审判委员会讨论的案件,并明确提出自己对案件的处理意见及理由。

3. 庭长(含副职)的管理职责为:(1)依照法律规定在职权范围内监督指导全庭(局)案件审判及审判管理工作,根据授权主持协调审判管理工作,主管全庭行政事务管理,对全庭审判执行工作负主要责任;副庭长应当执行庭长决定;(2)及时召开或建议分管院长召开法官会议研究指导案件,不得超出职权干预过问案件,或者放任违法审判行为发生;(3)负责指导统一同类案件裁判执行标准,完善和落实审判管理机制和制度。

（二）院、庭长的负面权力清单

院、庭长不得超越职权范围或违反规定程序,干扰合议庭依法独立行使审

---

[1]　参见《钦州市中级人民法院关于推行审判权力清单制度的指导意见》。

判权。院、庭长进行审判管理是不得有下列行为:越级或超越分管范围进行管理;强令合议庭接受专业法官会议的有关意见或其他关于个案处理的意见,或强令合议庭改变案件评议结论;对未参加合议庭审理的案件的裁判文书进行签发;其他违反法律、纪律的规定干扰合议庭依法独立审理案件的行为。

第二节　法院内部人员干预案件惩戒机制

中共十八届四中全会决定要求明确司法机关内部各层级权限,健全内部监督制约机制。司法机关内部人员不得违反规定干预其他人员正在办理的案件,建立司法机关内部人员过问案件的记录制度和责任追究制度。为了落实十八届四中全会的《决定》、顺应司法改革大潮的需要,2015 年 3 月,中央政法委出台了《司法机关内部人员过问案件的记录和责任追究规定》(以下简称《规定》),正式确定了法院内部人员干预案件惩戒机制(以下简称司法机关人员干预案件责任制)。《司法机关内部人员过问案件的记录和责任追究规定》与《领导干部干预司法活动、插手具体案件处理的记录、通报和责任追究制度》两项规定为领导干部干预司法和司法机关内部人员过问案件建立起了"隔离带"。但是与后者不同的是,对于法院而言,后者是独立行使审判权的保障制度,但前者是对法院工作人员作为干预者的惩戒机制,同时也是对法院工作人员被干预者的保障机制。

《规定》较之最高人民法院自己设计过问案件登记制度,在司法改革大潮的背景下,具有独特的性质和优势。主要有三个方面的考虑:一是要解决问题。立足于解决实践中的突出问题,为司法机关内部人员过问案件架起"高压线",为司法人员依法秉公办案筑牢"防火墙"。二是要明确政策界限。所有司法机关内部人员过问案件的情况,都应当按照规定予以记录;属于违法干预办案的,一律予以通报;违法干预造成严重后果的,依纪依法追究责任。三是要配套衔接。《规定》与中办、国办印发的《领导干部干预司法活动、插手具体案件处理的记录、通报和责任追究规定》在内容上配套衔接，分别从内部和外部两个方面，共同构建防止干预司法的制度体系，共同为领导干部干预司法和司法机关内部人员过问案件建立起了"隔离带"。

一、明确干预案件的行为表现

首先，从规制对象来看，《内部干预追责规定》第 13 条规定，司法机关内部人员是指在法院、检察院、公安机关、国家安全机关、司法行政机关工作的人员。司法机关离退休人员违反规定干预办案的，同样可以适用该规定进行处理。尤其是第 11 条"办案人员不记录或者不如实记录司法机关内部人员过问案件情况的，予以警告、通报批评；两次以上不记录或者不如实记录的，依照《中国共产党纪律处分条例》、《行政机关公务员处分条例》、《人民法院工作人员处分条例》、《检察人员纪律处分条例（试行）》、《公安机关人民警察纪律条令》等规定给予纪律处分。主管领导授意不记录或者不如实记录的，依法依纪追究主管领导责任"。

其次，从行为表现来看，《内部干预追责规定》第 9 条规定，以下行为属于违反规定干预办案：一是在线索核查、立案、侦查、审查起诉、审判、执行等环节为案件当事人请托说情的；二是邀请办案人员私下会见案件当事人或其辩护人、诉讼代理人、近亲属以及其他与案件有利害关系的人的；三是违反规定为案件当事人或其辩护人、诉讼代理人、亲属转递涉案材料的；四是违反规定为案件当事人或其辩护人、诉讼代理人、亲属打探案情、通风报信的；五是其他影响司法人员依法公正处理案件的行为。

《内部干预追责规定》对于违法干预的情形，规定采取列举加兜底的形式。由此可见，《内部干预追责规定》对干预进行了合法干预和违法干预的区分。列举的违法干预行为较为具体，较为常见，比如直接向司法人员打招呼，要求司法人员私下会见当事人等。但是，在依法治国日益成为时代主题的当下，那种直接明示干预的情况将越来越少。更多的干预可能是通过隐秘、模糊的方式来表达。这种干预可能是通过打电话的方式,也可能是请客吃饭,甚至仅仅是很随意的聊天。即使是进行如实记录,由于对方不会留下任何书面和字面东西,所以这种干预求证的难度较大。如主管领导进行当面口头授意,办案人员即便记录了具体时间、地点,在一对一情况下,事后可能难以查实,除非办案人员暗中录音,但是一般情况下,又很难判断在什么时候、什么人会说什么样的话。因此,"规定"更多是从形式上给干预者一种震慑,给被干预者一种自我保护的心理预期,从可操作性还待进一步细化。因此,应重在预防,建立防止司法机关内部干预制度体系,加强内部监督,责任追究只是最后的救济手段。

另外,规定对干预行为进行了合法干预和非法干预的区分。但是,严格说来,任何干预司法活动的行为都应当严格禁止。区分合法违法可能还只是一种过渡性做法,法治建设需要逐步推进,规定通过所有干预都要记录、违法干预要通报、造成严重后果的要追责,递进式治理,最终的目的和理想状态是杜绝任何干预司法的行为。

二、完善干预案件的记录制度

记录是责任追究的前提,没有全面、如实的记录就谈不上追究责任。《规定》能不能落到实处,发挥作用,基础是记录,要害也是记录。

第一,记录的主体。《规定》第 4 条明确:"司法机关领导干部和上级司法机关工作人员因履行领导、监督职责,需要对正在办理的案件提出指导性意见的,应当依照程序以书面形式提出,口头提出的,由办案人员记录在案。"

第二,记录的要求。《规定》第 6 条明确:"对司法机关内部人员过问案件的情况,办案人员应当全面、如实记录,做到全程留痕,有据可查。"第 11 条明确:"办案人员不记录或者不如实记录司法机关内部人员过问案件情况的,予以警告、通报批评;两次以上不记录或者不如实记录的,依照《中国共产党纪律处分条例》、《行政机关公务员处分条例》、《人民法院工作人员处分条例》、

《检察人员纪律处分条例(试行)》、《公安机关人民警察纪律条令》等规定给予纪律处分。主管领导授意不记录或者不如实记录的,依法依纪追究主管领导责任。"

第三,记录的保障。《规定》第7条明确:"办案人员如实记录司法机关内部人员过问案件的情况,受法律和组织保护。司法机关内部人员不得对办案人员打击报复。办案人员非因法定事由,非经法定程序,不得被免职、调离、辞退或者给予降级、撤职、开除等处分。"第10条第2款明确:"司法机关内部人员对如实记录过问案件情况的办案人员进行打击报复的,依照《中国共产党纪律处分条例》、《行政机关公务员处分条例》、《人民法院工作人员处分条例》、《检察人员纪律处分条例(试行)》、《公安机关人民警察纪律条令》等规定给予纪律处分;构成犯罪的,依法追究刑事责任。"

由此可见,记录没有例外,一是在人员上没有例外。无论是司法机关内部人员、本机关领导干部,还是上级司法人员、其他没有隶属关系的司法机关人员,过问案件的情况都要记录。二是在形式上没有例外。为了防止有的领导干部和上级司法机关打着领导、监督的旗号过问、干预案件,《规定》还明确,司法机关领导干部和上级司法机关工作人员因履行领导、监督职责,需要对正在办理的案件提出指导性意见的,应当依照程序以书面形式提出,口头提出的,由办案人员记录在案。

《规定》中"司法人员主管领导授意不记录或者不如实记录的,依纪依法追究主管领导责任"是一大亮点。因为,虽然外部干预的主体比内部干预主体多,但是许多外部干预都是通过司法机关内部行政化起作用的,主管领导因为职务升迁等更容易受党政领导影响,其有授意不予记录或不如实记录的积极性。而目前司法实践中,行政化还较大程度存在,办案人员面临的压力往往不是直接来自于外部领导干部,而是内部主管领导,因此,规定对主管领导授意进行规制十分必要。

另外,为了对记录人员进行保护,规定还禁止制造种种理由或借口,对如实记录的司法人员或降职、降薪,或免职、撤职等。我们认为,对记录人员的职务、级别、薪金、待遇等非正当对待,包括非法克扣工资、奖金,故意调动岗位或者该提级不提级等也属于打击报复,需要加以重视,综合判断。

三、落实干预案件的惩戒制度

任何法律、制度,如果没有设置惩罚后果,那么只能是形同虚设。缺乏科学合理的惩罚制度,那么干预案件追责制度只能成为没有牙齿的老虎。

第一,干预的处置程序。《规定》第8条明确:"司法机关纪检监察部门应当及时汇总分析司法机关内部人员过问案件的情况,并依照以下方式对司法机关内部人员违反规定干预办案的线索进行处置:(一)机关内部人员违反规定干预办案的,由本机关纪检监察部门调查处理;(二)本机关领导干部违反规定干预办案的,向负有干部管理权限的机关纪检监察部门报告情况;(三)上级司法人员违反规定干预下级司法机关办案的,向干预人员所在司法机关纪检监察部门报告情况;(四)其他没有隶属关系的司法机关人员违反规定干预办案的,向干预人员所在司法机关纪检监察部门通报情况。干预人员所在司法机关纪检监察部门接到报告或者通报后,应当及时调查处理,并将结果通报办案单位所属司法检监察部门。"

第二,干预的党纪、法律责任。构成违纪的,依照《中国共产党纪律处分条例》、《行政机关公务员处分条例》、《人民法院工作人员处分条例》、《检察人员纪律处分条例(试行)》、《公安机关人民警察纪律条令》等规定给予纪律处分;构成犯罪的,依法追究刑事责任。

第三,干预的政治责任。司法机关内部人员违反规定过问和干预办案的情况和办案人员记录司法机关内部人员过问案件的情况,应当纳入党风廉政建设责任制和政绩考核体系,作为考核干部是否遵守法律、依法办事、廉洁自律的重要依据。

四、完善内部干预追责制度的相关配套措施

制度的制定并不意味着其必然能发挥实效。早在"三五改革纲要"最高人民法院就曾经对非法干预案件的要求,被当时的媒体称为"最高法院向非法干预宣战",但实际效果甚微。从以上分析可以看到,内部干预追责制度在司法改革由上而下、整体推进的依法治国大背景下,具有自身特定的优势和特点。

要让内部干预司法的"隔离带"真正发挥作用,还需要确保规定在实践中落地生根。必须重点抓好三方面工作:一是应抓好记录环节。在规定所确立的制度体系中,记录制度是前提,是基础,没有全面客观的记录,后面的通报与追责就无从谈起,规定也就无法起到实效。二是必须强化司法人员的记录责任和履职保护,确保法院内部所有的领导干部干预行为都如实记录在案。避免对记录者的保护流于形式,解除记录人"干预者未被追责而记录者先遭殃"的顾虑。三是要抓典型。对于发现内部人员违法干预司法的,要抓住典型,及时进行通报、追究责任,严肃处理,以儆效尤。

同时,规定的落实仍然需要与其他的制度共同促进配套落实。因此,需要对现有的一些制度进行改进、提升和整合。

首先,办案责任制。十八届四中全会《决定》规定:"完善主审法官、合议庭、主任检察官、主任侦查员办案责任制,落实谁办案谁负责。"这是对办案责任制的集中规定。同时,该《决定》还规定:"实行办案质量终身负责制和错案责任倒查问责制,确保案件处理经得起法律和历史检验。"从相互关系来说,后两种关系是前者的延伸和细化,从属于办案责任制。办案责任制的最终目标在于强化主审法官对其审理的案件进行负责,从而推动法官最大程度依法公正裁判,排除其他非法干预的因素。因此要强化司法责任制,案件责任终身制,让法官有如实记录,排除非法干预的外在压力及动力,倒逼记录主体进行如实记录。

其次,履行法定职责保护机制。司法实践中,很多法官个人无法抵抗来自于法院内外部尤其是内部的压力,很多法官甚至认为内部干预追责制度只是一项"看起来很美的制度",不少法官怀揣着如实记录后被院长或主管领导打击报复的顾虑。只有完善、真正落实履行法定职责保护机制,才能有效消除这种顾虑,才能使法官干预进行如实登记。

再次,法院内部"去行政化"。"去地方化"、"去行政化"成为司法改革的关键,但是,根本上就是"去行政化",因为"地方化"是通过"行政化"起作用。机构、人员结构的层级化是法院内部行政化得以长期游离于法律之外并以各种不成文的规矩、惯例影响审判权运行的重要因素。这就需要构建科学的司法遴选委员会制度、实行司法人员分类管理、审判长负责制等制度。

最后,建立"法庭之友"制度。从司法实践来看,违法干预导致司法不公的因素来自方方面面,两项规定已经从严防党政领导干部插手案件和严防司法机关内部互相打招呼的角度,设置了干预司法机关依法独立行使职权的"隔离带"。法院领导干部的干预也是来自外部的党政领导干部的压力。因此,疏导外部的党政机关领导干部的干预,也是有效减少内部干预的途径之一。实践中一些领导干部对案件提出倾向性意见,是为了自己或他人的私利,但是,不可否认,有的领导干部是为了保护当地的利益,而非个人私利,如征地、拆迁问题。应当承认,领导干部对与政府有直接或间接相关的案件表达诉求是正常的,关键是要通过合法的途径和方式。

为此,我们建议,可以借鉴国外的"法庭之友"。"法庭之友"可以是任何一个组织和个人,其虽然不是案件的一方当事人,但因其与案件有直接或间接的利害关系,在获得法院许可后,可以向法院提出相关司法意见及理由。如此,政府的利益诉求就能光明正大地进入法庭,法官处理案件时,也可以更加兼顾多方利益,作出更为公正的案件裁判。

第三节　案件裁判者责任制

审判权内部运行机制所存在的制度性问题,突出的是审判主体职责的不清,案件处理过程与结果的非确定性,导致审判权运行的无序甚至混乱。

根据当前人民法院内部的审判主体结构与合议制度的要求,司法裁判结果作为法院这条生产流水线生产出来的产品,其大致经历了如下生产流程:承办法官受理案件之后提出处理意见,交由合议庭讨论;若合议庭形成一致或多数意见,则案件就可以作出裁决;若合议庭没有形成多数意见,或者认为案件属于重大、疑难、复杂案件或敏感案件,则需交由上一级审判组织讨论。上一级审判组织一般包括庭务会议、专业法官会议和审判委员会。

这样,"从人民法院定案方式看,虽然各法院的具体实践有很大差异,但都有一个共同的特征,'多主体、层级化、复合式'。所谓'多主体',即审判活动由法院内多个主体参与,从承办法官、合议庭(审判长)、副庭长、庭长、副院长、院长,以至审委会,各主体都可以参加到审判活动之中,并对案件的实体裁判产生不同的影响;'层级化',即法院内合议庭(审判长)、庭长、院长以及审委会之间构成类似于行政科层的层级化设置,各层级具有明确的从属关系,并且这种从属关系的效应常常体现在案件的实体裁判过程之中;'复合式',即同一案件在同一审级法院内往往需要经历多个主体和多个层级的复合评价,才能形成最终的裁判意见。"[1]

这也就意味着在实际的司法程序运行中,尽管法院的生产流程貌似标准化、程式化的,流水线上作业的法律工人貌似是确定的,但实际上,整个制作流程也可能是开放甚至是无序的,流水线上作业人员也可能是具有随机性且可能是隐性的。"在这种案件处理的流程与意见形成的翻转之中我们可以看

---

[1]　方乐:《审判权内部运行机制改革的制度资源与模式选择》,《法学》2015年第3期。

到,造成案件处理的结论性意见与法官个人意见两者之间产生偏差的力量,主要是来自于那些支撑审判权力得以运行的内在性制度。换言之,影响案件最后认定的那些外在性因素,它们进入案件结论性意见的复合化过程并非是隐性的、违法的、暴力的,恰恰相反,它们都是藉由一系列的内在性制度进而公开且合法化地参与到案件结论性意见的复合化过程之中并温和地产生作用的。比如,根据《最高人民法院关于人民法院合议庭工作的若干规定》(法释[2002]25号)第10条和第11条的规定,'承办法官的意见'无疑具有被'审判长的结论性意见'制度化地过滤掉甚至替代掉的可能性。又如,根据该《规定》第16条和第17条,庭长、副庭长的意见也可能顺利地通过制度管道进入以承办法官个人名义所展现出来的有关案件裁判的最后结论性意见之中。再如,根据各法院所制定的'审判委员会议事规则',审委会的意见同样也可能会替代合议庭对案件的认定意见进而成为结论性意见。而这其实也就意味着当前我国人民法院审判权内部运行机制的制度逻辑会造成案件裁判过程与结果的不确定性,而案件裁判过程与结果的不确定性又会合法化甚至强化审判权内部运行的制度逻辑;这两者之间是相辅相成的。"[1]

　　为了完善审判权内部运行机制,是"让审理者裁判、裁判者负责"落到实处,法院系统充分发挥顶层设计和基层首创的精神,上海、深圳等地率先探索出审判权运行机制改革的不同方案、模式。但是,由于当前我国社会经济发展状况、法官队伍的整体素质与司法能力在不同的地区存在较大的差别,作为一项涉及国家审判权力运行机制的改革,无论是上海模式还是深圳模式,其实际运行效果都需要进一步观察和评估,其复制性和可推广性仍需要进一步的论证和检验。应当肯定的是,这些改革背后的制度作为,尤其是制度的创新与突破却值得重视,因此,本部分的讨论,主要立足于对现有的改革方案和模式的评判、借鉴和吸纳。

---

[1]　方乐:《审判权内部运行机制改革的制度资源与模式选择》,《法学》2015年第3期。

一、明确案件审理各主体的分工与责任

当前我国审判权运行基本秩序的杂乱所导致的案件处理过程与结果的不确定性,其原因主要就在于司法审判主体的不确定及其工作职责的不明晰。要破除这种不确定性,就必须对各司法审判主体职权进行厘清,确定在审判权运行过程中的责任。换言之,要"明确司法机关内部各层级权限,健全内部监督制约机制"[1]。因此,在制度建构上,首先,要进一步理顺审判权与审判管理权、审判监督权,尽最大可能避免审判管理权异化审判权,隔绝审判管理权影响审判权的制度空间。

在现行制度中,由于院长、庭长兼具司法者与行政者的双重角色,因而他们参与司法活动往往容易受到诟病。此次改革中,《关于审判权运行机制改革试点方案》(以下简称《试点方案》)对院长、庭长的审判者角色与审判管理者角色进行进一步区分。第2条规定:"将副院长、审判委员会委员、庭长、副庭长直接编入合议庭并担任审判长。"应当说,这一制度设计不仅有利于优化司法审判的人力资源,也有利于提升审判的质量效率。因为一般而言,院庭长都是业务相对较为优秀的法官。实践中,"当优秀法官成为院长、庭长后便不再直接审理案件,而是坐居程序的关键环节或者出口处,以首长式的'审核'或'审批'帮助其他办案法官把关。这不仅造成司法人力资源的浪费,而且这种'审核'或'审批'现象的存在经常受到来自社会的诟病。"[2]《试点方案》通过制度建构实现对院长、庭长司法资源的优化,无疑是必需的且是可行的。因此从各地法院改革试点的情况来看,这一规定基本上得到了落实。《试点方案》第7条明确了院长、庭长的审判管理职责,内容包括:"(1)院长依法对

---

[1] 参见《中共中央关于全面推进依法治国若干重大问题的决定》,http://news. xinhuanet. com/ziliao/2014-10/30/c_127159908_4.htm,最后访问时间:2016年3月6日。

[2] 蒋惠岭:《建立符合司法规律的新型审判权运行机制》,http://www.legaldaily.cn/zbzk/content/2014-04/30/content_5489228.htm? node=25496,最后访问时间:2016年4月2日。

生效案件进行监督;(2)依照法律规定的权限和程序对案件审理中遇到的回避、保全等程序事项作出决定;(3)主持审判委员会、专业法官会议、审判长联席会议处理相关事项;(4)从宏观上指导全面的或专项的审判工作;(5)院长依照法官法的规定主持法官考评委员会对法官进行考评;(6)根据所掌握的审判管理信息,负责组织研究制定有助于提高公正、效率和公信的司法政策;(7)根据审判执行工作态势,采取优化内部流转程序的措施;(8)管理与审判工作直接相关的其他事务。"[1]

应当说,虽然该规定还不够完善,但是将院长、庭长的审判管理工作职责与审判职责进行界分制度化,"不仅意味着院长、庭长的审判管理工作职责在制度上得到进一步明晰化,而且也意味着院长、庭长以审判管理的方式干预审判活动以后就不再具有制度上的合法性与正当性。很显然,这一制度性措施能够为审判权内部运行机制改革拓展一定的制度空间并聚集大量的制度资源。"[2]

另外,虽然《试点方案》从八个方面规定了院长、庭长在其职权范围内履行的审判管理职责,但其中的一些弹性条款,比如"相关事项"还要进一步细化,才能保证刚性制约作用的发挥。要进一步厘清主审法官、合议庭、委员合议庭受理案件的范围,规范向审判长联席会议、专业法官会议和审判委员会提交讨论的案件类型和流程。

二、细化主审法官、合议庭成员与合议庭的裁判责任

在司法实践中,合议制运行中存在的问题:一是部分合议庭组成相对固定,容易导致合议庭裁判思路不断同化,而且容易形成利益避让格局,失去监督制约的基础。二是合议庭权力配置不清。承办人在合议庭中往往处于主导性作用,其他成员由于案件压力,只求能顺利将主办案件结案,根本无暇顾及

---

[1] 参见《最高人民法院关于审判权运行机制改革试点方案》。

[2] 方乐:《审判权内部运行机制改革的制度资源与模式选择》,《法学》2015年第3期。

其他合议的案件,因此,象征性地"陪审"参加庭审和评议。"合而不议"的审判权运行方式使合议制名存实亡。三是合议庭独立审理能力不足、担当不够。或处于业务能力不足,或者出于转移矛盾考虑,想方设法把案件提交给庭长、分管院长和审委会把关讨论,以达到转移矛盾和风险的目的。四是考核只针对承办人,忽视了承办人以外的合议庭成员在个案裁判中的责任和贡献,使其他非主办法官产生消极应对思想,将本应积极的司法创作行为转变为消极的配合行为。

对于主审法官的裁判责任。《试点方案》并未作出规定,从试点法院的改革情况来看,各法院在审判团队内部职能的分工上的做法也并不统一,多是强调审判长的主导地位。与此同时,有关审判长的职责,各地法院虽然并不统一,但实际上基本又都是参照庭长的职责进行修订。因此,为了进一步规范合议庭运行、有效发挥合议庭职能、强化合议庭责任、遵循用权受监督、失职要问责、违法要追究的原则,有必要对主审法官、合议庭、合议庭其他成员的不同职责进行界分并建立科学的合议庭考核制度。

(一) 主审法官、合议庭、合议庭其他成员的职责

1.在合议庭审理的案件中,合议庭承担下列职责:(1)合议庭成员按照审判长分工共同履行职责,不得拒绝裁判,并对案件裁判执行的合法性、准确性、可执行性共同负责。(2)审判长应当认真组织案件评议,归纳裁判或执行意见。合议庭成员应当以严格证据裁判和严格依法办案为原则独立发表意见。出现少数人意见时,应当报告庭长组织研讨。(3)合议庭成员发表意见应当说明理由、依据。经多次讨论无法达成一致意见时,持少数人意见的成员应当出具法律意见书附卷备查。法律意见书内容包括基本案情、争议问题、多数人意见及理由、少数人意见及理由,以及需要说明的情况。

2.主审法官是指担任案件承办法官、合议庭审判长的法官,对于全案在实体、程序、文书制作等各方面的质量、效率、效果、合法性、规定性等负有统揽责任。现行改革试点法院中,很多法院都是将院、庭长编入相关合议庭任主审法官。我们认为,在实行法官员额后,所有入额法官均是经过层层选拔,德、能、勤、绩、廉综合评价都较高的法官,都具有担任主审法官所需的能力和素质。所以,所有入额法官都是主审法官,在具体承办的案件中担任审判长。主审法官在合议庭中处于核心地位,发挥主导作用,其具体职责有:指导和安排合议庭其他成员、审判辅助人员做好庭前调解、庭前准备及其他审判辅助工作;组织庭前交换证据,证据交换完毕后,归纳、整理并固定诉辩双方的主张、案件争议焦点,证据和有关事项;庭前向合议庭其他成员在庭前准备中了解的案件情况,必要时,组织合议庭成员共同阅看案件材料,组织庭前评议;对于需要实地调查、勘验现场的案件,应组织好实地调查、勘验等工作;确定案件审理方案、庭审提纲、协调合议庭成员的庭审分工以及做好其他必要的庭审准备工作;依法定程序主持庭审活动;主持合议庭对案件进行评议;依照有关规定,提请分管院长决定将案件提交审判委员会讨论决定;指导、审核、签署裁判文书;指导、督促其他合议庭成员、审判辅助人员认真做好审阅、校对工作;合议庭成员怠于履行合议职责或不按规定履行配合、协作义务的,主审法官应视情况进行提醒或纠正;办理有关合议庭审判的其他事项。

3. 合议庭其他成员的职责:认真履行法定职责,共同参加案件审理,认真听证、质证、认证和听取辩论意见,必要时摘要记录庭审情况、不得做与本案无关的工作;认真发表评议意见并阐明理由,不得拒绝陈述意见或仅作同意与否的简单表态,同意他人意见的,也应提出事实根据和法律依据,进行分析论证;对承办法官制作的裁判文书进行审阅、签署,裁判文书印制完成后,再在文书正本上会签。

(二) 建立科学的合议庭监督、考核机制

1. 对合议庭的监督:(1)合议庭在办案时,要自觉遵守并相互监督合议庭其他成员遵守法律、司法解释、法官职业道德和纪律的规定;法官发现本合议庭其他成员有违反法律司法解释、法官职业道德和记录规定的司法不规范、不廉洁行为的,应及时予以提醒、劝阻,劝阻无效或情形严重的,应及时向院、庭长和纪检监察部门反映情况。(2)院、庭长和纪检监察部门收到涉及法官违反法律纪律规定的司法不公正、不规范、不廉洁的投诉举报或情况反映的,应按照相关规定及时组织调查核实,并根据以下情形予以处理:第一,对涉及案件程序方面的投诉举报或情况反映,院、庭长、纪检监察部门经调查后发现法官确有司法不规范行为但情节较轻的,应及时予以提醒、制止和弥补并予以评判教育。当发现法官有较严重的司法不规范行为可能导致司法不公的,应依法依纪予以查处。第二,对涉及案件实体处理方面反映司法不公的投诉举报,如案件尚未审结,院、庭长认为确有必要的,可以提请召开专业法官会议对案件进行讨论。第三,对涉及司法廉洁方面的投诉举报或情况反映,严格依法依纪处理。对于有上述情形而案件尚未审结的,院、庭长认为确有必要的,可以调整案件合议庭组成人员。如案件已经审结生效,则按照审判监督程序处理。(3)对于案件合议庭成员以外的人员非法干预案件的,承办法官或合议庭其他成员应如实记录并归入案卷副卷。

2.对合议庭的考核:(1)对合议庭的审判质量、效率、效果、审判作风、司法廉洁等情况进行考核。考核可以有常规考核、随机抽查等形式,由职能部门依照有关规定组织实施。(2)建立能科学反映合议庭及法官审判工作业绩的审判质量评估系统,作为考核合议庭的工作业绩以及对法官进行评价的重要依据。(3)建立合议庭成员互评机制,定期组织法官对合议庭其他法官在职业道德、司法能力、司法廉洁等方面作出评价。(4)案件发生质量差错,由合议庭成员共同承担责任,按照相关规定追究主审法官、合议庭其他成员的相应责任。

三、终身责任制、责任倒查制的确定和责任追究方式

审判权的科学运行,必须明确合议庭、审判委员会等审判组织各自的权力和责任。而最终按照权、责、利相统一的原则,必须从健全和落实法官的办案责任入手,推动审判权力和职业保障更好地落实到法官,防范和抵御法院内外的干预。

（一）健全和落实法官办案责任制意义重大

法官办案责任制,是指法官对承办的案件在职权范围内享有独立的相对完整的裁断权,对其不履行,不当履行或错误履行审判职务行为,致使办案质量出现瑕疵、错误,应当承担相应责任的制度。从审判权运行的特点及规律看,健全和落实法官办案责任制,不仅有利于提升法官职业尊荣感,同时有利于提高司法公信力。

健全和落实法官办案责任制,有利于法官自我加压提升能力素质。首先,有利于法官自觉提升业务能力。在行政化色彩比较浓厚的审判权运行机制下,法官办案习惯于依赖层层审批、层层把关,对案件证据、事实、法律适用甚至文书写作进行把关,这明显与法官的职业性质不符,导致法官自我业务能力提升的压力、动力不足。科学、合理明确办案责任制,有利于倒逼法官自觉加强学习,提高业务能力。其次,有利于法官抵御人情案、关系案的干扰。如前分析,中国是个人情社会、关系社会,在办案责任制不明确的情况下,在层层的审批和把关制度下,形成了"权力主体不清、责任主体不明"的混乱状况,个别法官在权力寻租、枉法裁判后,把责任推卸给审批者,从而导致"人情案"、"关系案"、"金钱案"屡禁不止,明确办案责任制,有利于迫使审判主体对违法裁判、提高认识,正确衡量其代价,从而增强公正、廉洁的意识和能力。最后,有利于法官职业尊荣感的培养。行政化的审判权运行机制下,审理者不裁判,裁判者不审理。案件的质量不能完全体现法官个人的能力和水平。法官只是"审理流水线"中的一个环节,其能力难以在同行内部和社会外部得到认可和凸显。明确法官办案责任制,有利于提升对法官的价值评论和法官自身职业认同感。

（二）违法审判责任制发展历程

最高人民法院在总结错案责任追究制经验教训的基础上,于1998年9月发布《关于人民法院审判人员违法审判责任追究办法(试行)》(以下简称《追究办法》),随后又相继出台了《人民法院审判纪律处分办法(试行)》、《人民法院执行工作纪律处分办法(试行)》等。2010年,最高人民法院出台《关于进一步加强合议庭职责的若干规定》(以下简称《若干规定》),将免责情形增加到 6 种。2001 年,修订后的《法官法》第 32 条以列举形式规定法官不得有 13 种行为,体现了以法官行为违法为追责标准的精神。2003 年,最高人民法院制定《关于严格执行法官法有关惩戒制度若干规定》,对法官惩戒规定进行了细化。2009 年,最高人民法院发布《人民法院工作人员处分条例》(以下简称《处分条例》),对有关法官惩戒规定进行清理和整合。2005 年,最高人民法院发布《法官行为规范(试行)》,2010 年修订后正式施行,凸显了从行为上约束法官的导向。

(三) 对既往法官办案责任制的反思

回顾我国法官办案责任制的发展历程,其作用虽然未能完全达到预期效果,但仍给予我们以下启示:第一,法官办案责任制的推进刻不容缓。当前,社会对司法公正的期待越来越高,对司法不公的反应仍然强烈,人民法院必须正视和回应社会的质疑与期待,不断健全和落实好法官办案责任制。第二,法官办案责任制必须坚持实体、程序、行为并重。程序公正对实体公正具有有效的促进和保障作用,但程序公正并不等同于实体公正,还要看到以合法程序掩盖实体不公的现象。因此,法官办案责任制的追究范围应当实体、程序、行为并重。第三,法官办案责任制必须置于审判权运行机制改革当中才能得到更好的落实。十八届四中全会《决定》提出改革审委会制度,完善主审法官、合议庭办案责任制,实质上就是要求我们正确区分审判权、管理权、监督权三者之间的关系和界限,把办案责任制落实到法官个人和审判组织,而审判组织又是由法官个体组成,因此最终还是要落实到法官。过去有关制度之所以落实效果不佳,就是没有抓住这个问题的症结。"法院系统的司法改革要着重于化解司法权与司法管理权之间的矛盾和冲突,淡化和削弱司法管理权的主宰作用,给予司法管理权以一种恰当的定位,并实现其与司法权之间的平衡。这是司法改革的近期目标,远期目标是构建这样一种司法模式:以司法权为主,以司法管理权、监督权为辅。在法院系统中,理想的权力结构应该是:司法权是主导性权力,司法管理权、监督权是辅助性权力,后者对前者发挥服务和监督的功能。"[1]"而审判权行使的最终主体是法官个人,包括独任法官和承办法官、合议庭其他成员;而审委会、院庭领导、审判长行使管理权和监督权,行为最终表现为个体形式,责任追究也应当落实到个体。否则,集体负责就等于无人负责。"[2]

(四) 健全和落实法官办案责任制的总体思路

法官办案责任制的指导思想和功能定位。指导思想就是:遵循司法规律,增强规范审判权运行的针对性,以明确的责任认定和严格的追究机制,促使法官进取、慎权、自律,从制度上确保法官不想、不敢、不能消极用权和枉法裁判,促进法院整体审判质量和效率的提升,最终实现司法公信力的提升。

应当受到责任追究的情形及追究标准主要有:(1)故意篡改、伪造、毁弃、隐匿证据,导致裁判错误的;(2)协助、指使他人作伪证,导致裁判错误的;(3)未经审批,擅自违规办理案件,导致裁判错误的;(4)向合议庭和审判委员会报告案情时,故意隐瞒重要情节、遗漏主要证据或提供虚假材料,导致裁判错误的;(5)违背审判委员会和合议庭决议,伪造、私自制作诉讼、执行文书,造成严重后果的;(6)因重大过失,致使诉讼文书主文错误,并造成严重后果的;(7)案件诉讼主体错误、基本事实或证据认定错误、案件适用法律明显错误或者程序明显违法的;(8)违反法律规定剥夺当事人诉讼权利造成不良后果的;(9)违反规定在审理、执行中超审限三个月以上的;(10)对不符合减刑、假释条件的罪犯,违规裁定减刑、假释的;(11)在采取财产保全、执行措施或其他强制措施时,故意违反法律规定,或在采取上述措施时因重大过失,造成案件当事人、案外人或第三人人身伤害、财产损失等严重后果的;(12)内外勾结,制造假案的;(13)因故意或重大过失,致使裁判、执行结果错误,并造成严重后果或严重社会影响的;(14)程序违法,造成严重后果的;(15)其他应当认定为错案情形的。

---

　　[1]　崔永东:《审判管理的目标、方法与路径》,《河北法学》2015年第3期。
　　[2]　广东省高级人民法院研究室理论研究小组:《法官办案责任制的健全和落实》,《人民司法》2014年第7期。

法官办案责任的豁免情形。法官法规定,法官"非因法定事由、非经法定程序,不被免职、降职、辞退或者处分"。因此,必须把握好责任追究的界限,保护法官依法履行职责。根据《追究办法》和《若干规定》规定,5种情形导致案件被改判或者发回重审的,法官不承担违法审判责任:(1)因法律法规不完善、不健全、不明确,致使在法律法规的理解上存在偏差的;(2)因案情特殊,对案件事实、证据的理解和认识存在偏差的;(3)因当事人提供新证据,致使案件事实发生变化的;(4)因国家法律的修订或政策调整,致使裁判结果改变的;(5)其他经审判委员会依法确认不构成错案的情形。需要注意的是,第(1)、(2)种情形中的偏差不同于错误,是认识理解不到位,而非完全背离事实和法律的明显错误。但法官由于能力水平原因对法律或事实、证据的认识产生偏差,导致案件被改判或发回重审的,不属于审判责任免责范围。

法官办案责任的划分。应坚持:责任自负、区别对待的原则。按照各审判人员在办案过程中的过错程度,合理区分全部责任、主要责任和次要责任。错案责任由错案的相关责任人承担,二人以上或多环节失误共同导致错案的,应区分责任大小,分别确定责任。错案责任具体区分如下:(1)由合议庭作出裁决,且造成错案的,案件承办人和审判长承担主要责任,其他合议庭成员中持错误意见的承担次要责任,持正确意见而未被采纳的不承担责任。(2)经部门负责人审核(签发)的案件,案件承办人在事实认定、证据审查及适用法律方面均无过错,由于部门负责人在审核(签发)案件中存在重大过失,造成错案的,由案件审核(签发)人承担全部责任,承办人不承担责任。(3)案件承办人未如实汇报案情,故意隐瞒或者遗漏主要证据、重要情节,或者提供虚假材料,导致合议庭或审判委员会作出错误评议结论、讨论决定,造成严重后果的,由案件承办人承担全部责任。(4)主管领导、部门负责人故意违反法律规定或者严重不负责任,利用职权指示独任审判员或合议庭改变原来正确意见导致错案的,主管领导、部门负责人承担主要责任,案件承办人承担次要责任。(5)案件承办人的意见与合议庭、部门负责人相同造成错案的,案件承办人承担主要责任,部门负责人和其他合议庭成员承担次要责任。(6)独任审判造成错案的,由案件承办人承担全部责任。(7)经审判委员会讨论决定,造成错案的,区分不同情况承担责任。审判委员会委员故意违反法律规定或者歪曲事实、曲解法律,导致审判委员会决定错误的,由导致错误决定的人员承担责任;若主持人违反民主集中制原则导致决定错误的,由主持人承担责任。

同时,在办案过程中有过错的院长、庭长、独任审判员或合议庭成员也要承担相应责任。具体包括:第一,合议庭在事实认定、证据审查及适用法律方面错误,审判委员会同意合议庭意见造成错案的,案件承办人承担主要责任,审判委员会和合议庭主管领导及其他成员承担次要责任;持正确意见而未被采纳的不承担责任。第二,合议庭以两种意见提交审委会讨论,而审委会同意其中一种意见造成错案的,案件承办人持错误意见的,案件承办人承担主要责任(相反则不承担责任),庭长和合议庭其他成员承担次要责任;反之,持错误意见的合议庭成员承担主要责任,庭长承担次要责任。第三,合议庭在事实认定、证据审查及适用法律方面正确,审判委员会改变合议庭意见造成错案的,审判委员会委员集体承担全部责任,其主管院长、庭长(系审委会委员)承担主要责任,其他委员承担次要责任,与审判委员会决定意见不同的委员不承担责任。

(五)健全和落实法官办案责任制的操作流程

1.线索发现。对所有案件进行评查,既耗费人力物力,也容易分散精力而遗漏线索。当前,案件质量问题和违法审判线索主要集中于十类重点案件,可以此为切入点进行审查:(1)在办理党委、政府、人大、政协及上级机关转办的案件中发现的案件;(2)通过人大代表、政协委员反映的案件中发现的案件;(3)通过检察机关抗诉案件中发现的案件;(4)在接待当事人申诉、审查来信来访中发现的案件;(5)依照审判监督程序,被发回重审或改判的案件;(6)上级法院发回重审或改判的案件;(7)在审理国家赔偿确认或国家赔偿案件中发现的案件;(8)通过检察院办案检查发现的涉错案件;(9)通过网络媒体曝光等线索发现的涉错案件;(10)在执法、执行、司法巡查或审务督查等过程中发现的案件。

2.追究程序。责任追究程序应遵循公平公正、保护法官权利的原则,一般分为立案、自查、核查、决定、复议、处理等环节。尤其要尊重涉案相关人员的知情权和复议权。审判管理办公室组织评查后认为构成错案的,将评查结果告知相关人员。涉案相关人员对评查结果无异议的,审判管理办公室提交审判委员会讨论确认。涉案相关人员对评查结果有异议的,应在15日内向审判管理办公室申请复议,审判管理办公室另行组成评查组进行复议。经复议仍认定构成错案的,由审判管理办公室提请审判委员会讨论确认。审判委员会讨论时,应听取涉案相关人员的陈述和申辩。错案的责任人为审判委员会成员的,在案件提交审判委员会讨论确认时应当回避。

3.责任追究。(1)对应问责的法院在职工作人员,根据其应负责任按下列情形办理:第一,应给予调离审判、执行岗位、免职、责令辞职、辞退等处理的,由政治部门按照干部管理权限和程序办理;第二,应给予党纪、政纪处理的,由纪检监察部门依照有关规定和程序办理;第三,涉嫌违法犯罪的,将违法线索移送有关司法机关依法处理。另外,对一年内发生一起严重错案或二起以上错案,且承担主要责任的审判员、执行员予调离审判、执行岗位;对历年累计发生三起以上错案,且承担主要责任的审判员、执行员予调离审判、执行岗位。对各级法院部门负责人、审判人员、执行人员的问责,由同级法院纪检监察部门和政治部门负责实施。(2)应予问责的法院工作人员已调其他法院的,由错案认定法院将其错案调查情况向该工作人员现所在法院通报,由该法院根据相关规定予以问责。应予问责的法院工作人员已调其他单位的,由错案认定法院将其错案调查情况向该工作人员现所在单位通报,建议该单位根据有关规定予以问责。(3)应予问责的法院工作人员已退休的,根据其承担责任应给予降级、撤职、开除处分的,按照规定相应降低或者取消其享受的待遇。(4)应予问责的法院工作人员已调离、辞职、退休的,根据其承担责任涉嫌构成犯罪的,由错案认定法院将其违法线索移送有关司法机关依法处理。

需要注意的是:第一,上级法院认为下级法院应当问责有关人员的错案责任而没有问责的,可经上级法院院长决定,责令下级法院启动错案问责程序。第二,原审法院应依法及时纠正错案,对于拒不纠正的,上级法院可以责令下级法院纠正或予以提审。第三,对错案的责任人作出处理决定后,应在 3 日内将处理决定书面通知责任人。第四,经评查后发现的错案,须在错案确认后 15 日内将错案确认情况及责任人员的处理情况报上一级法院审判管理办公室、纪检监察部门、政治部备案。

4. 监督机制。为确保责任明晰落实具体,一方面,要强化对本级法院各审判管理与监督部门的督促机制。各级法院监察部门与审监庭负责督促本院责任部门开展责任追究工作,建立报告、通报和催办、检查等制度,将责任追究纳入各部门工作年度考核等。另一方面,要建立上下级法院双向监督机制。最高人民法院《关于审判权运行机制改革试点方案》提出,建立上级法院对下级法院法官的评价机制。结合实际审判的经验和思考,我们建议可以予以拓宽,探索建立上下级法院办案责任的双向制约机制:一方面,上级法院对下级法院案件质量监督工作进行指导和监督,二审、再审案件法官可以对一审、原审法官是否存在违法审判情形等提出监督意见;对下级法院拖延不办、隐瞒不报等问题,责令其限期办理或汇报,必要时可依法依规启动调查程序。另一方面,赋予下级法院对上级法院改判、发回重审案件的监督建议权,下级法院认为二审法院发改裁判存在问题的,通过审判管理的信息系统向上级法院提出异议,协助上级法院把关二审裁判的质量。

健全和落实科学的司法责任制,是一项复杂、艰巨的系统工程,必须有一系列的配套制度保障。首先,必须与当前的以审判为中心的诉讼制度改革、员额制改革等结合起来,还权于审判组织和法官,实现裁判权力与责任的主体统一;其次,要完善法院人员分类管理改革,合理确定法官准入门槛,适度灵活管理法官的员额规模,合理界定法官、审判组织的办案数量,完善法官职业保障;最后,深化司法公开,依托大数据平台,实现各级法院案件信息联网进行实时跟踪监督。大数据+司法公开,辅以更加智能的信息抓取和分析功能,海量的生效案件可以通过现代信息科技对其内在合法性及各种设定要素进行分析,提升司法责任制的监督保障水平。同时,推动法官职业保障、薪酬待遇的同步提升,真正让法官职业能成为全社会尊重和向往的职业,让法官成为"全面推进依法治国"战略最核心的力量。

参考文献

一、英文原著

1. Andrew Heywood, *Key Concepts in Politics*, N. Y. St. Martin's Press, 2000.

2. Commission on Global Governance, *Our Global Neighborhood：The Report of the Commission on Global Governance*, Oxford University Press, 1995.

3. Richard Clayton and Hugh Tomlinson, *Fair Trial Rights*, Oxford university Press, 2001.

4. Tim Koopmans, *Courts and Political Institutions：a Comparative View*, Cambridge University Press, 2003.

二、外文译著

1.［德］古斯塔夫·拉德布鲁赫:《法学导论》,米健译,中国大百科全书出版社 1997 年版。

2.［德］黑格尔:《法哲学原理》,范扬、张企泰译,商务印书馆 1982 年版。

3.［法］亨利·法约尔:《工业管理和一般管理》,迟力耕等译,中国社会科学出版社 1982 年版。

4.［法］皮埃尔·特鲁仕主编:《法国司法制度》,丁伟译,北京大学出版社 2012 年版。

5.［美］埃尔曼:《比较法律文化》,贺卫方、高鸿钧译,清华大学出版社 2002 年版。

6.［美］贝勒斯:《法律的原则——一个规范的分析》,张文显等译,中国大百科全书出版社 1996 年版。

7.［美］查尔斯·A.比尔德:《美国政府与政治》(上册),朱曾汶译,商务印书馆 1987 年版。

8.［美］哈罗德·F.戈斯内尔、理查德·C.斯莫尔卡:《美国政党与选举》,复旦大学国际政治系译,上海译文出版社 1980 年版。

9.[美]汉密尔顿、杰伊、麦迪逊:《联邦党人文集》,程逢如等译,商务印书馆 1997 年版。

10.[美]理查德·A.波斯纳:《法律的经济分析》(上),蒋兆康译,中国大百科全书出版社 1997 年版。

11.[美]理查德·波斯纳:《联邦法院:挑战与改革》,邓海平译,中国政法大学出版社 2002 年版。

12.[美]迈克尔·罗斯金等:《政治科学》(第 9 版),林震等译,中国人民大学出版社 2009 年版。

13.[美]约翰·V.奥尔特:《正当法律程序简史》,杨明成、陈霜玲译,商务印书馆 2006 年版。

14.[日]冈泽宪芙:《政党》,耿小曼译,经济日报出版社 1991 年版。

15.[意]贝卡利亚:《论犯罪与刑罚》,黄风译,中国大百科全书出版社 1993 年版。

16.[英]丹宁:《法律的正当程序》,李克强、杨百揆、刘埔安译,法律出版社 1999 年版。

17.[英]弗里德利希·冯·哈耶克:《自由秩序原理》,邓正来译,生活·读书·新知三联书店 1997 年版。

18.[英]格里·斯托克:《作为理论的治理:五个论点》,华夏风译,《国际社会科学》1999 年第 2 期。

19.[英]霍布斯:《哲学家与英格兰法律家的对话》,姚中秋译,上海三联书店 2006 年版。

20.《列宁全集》第 37 卷,人民出版社 1984 年版。

21.《马克思恩格斯选集》第 2、4 卷,人民出版社 1995 年版。

三、中文著作

1.《周礼·秋官》。

2.《法学词典》,上海辞书出版社 1989 年版。

3.《林伯渠文集》,华艺出版社 1996 年版。

4.《审判管理研究与参考》(第 2 辑),法律出版社 2014 年版。

5.《谢觉哉日记》(下),人民出版社 1984 年版。

6.《政法工作五十年——任建新文选》,人民法院出版社 2005 年版。

7.白刚:《中国政治制度史》(第 1 卷),人民出版社 1996 年版。

8.柏扬:《中国人史纲》(下),时代文艺出版社 1987 年版。

9.本书编写组编:《关注全面深化改革热点　专家学者十二人谈》,中共党史出版社 2014 年版。

10.本书编写组编写:《党员干部不可不知的 365 个常识》,中国方正出版社 2013 年版。

11.蔡定剑:《历史与变革——新中国法制建设的历程》,中国政法大学出版社 1999

年版。

12. 曾维东、曾维才主编:《中华苏维埃共和国审判史》,人民法院出版社 2004 年版。

13. 曾宪义、赵晓耕主编:《中国法制史》,中国人民大学出版社 2013 年版。

14. 曾宪义:《中国法制史》,北京大学出版社 2000 年版。

15. 陈传明、邹宜民:《管理学原理》,南京出版社 2001 年版。

16. 陈光中:《刑事诉讼法》,中国政法大学出版社 1999 年版。

17. 陈光中等:《中国司法制度的基础理论问题研究》,经济科学出版社 2010 年版。

18. 程春华:《民事证据专论》,厦门大学出版社 2002 年版。

19. 樊崇义主编:《诉讼原理》,法律出版社 2009 年版。

20. 范愉、黄娟、彭小龙编著:《司法制度概论》(第 2 版),中国人民大学出版社 2013 年版。

21. 范愉主编:《司法制度概论》,中国人民大学出版社 2004 年版。

22. 高一飞、龙飞:《司法公开基本原理》,中国法制出版社 2012 年版。

23. 公丕祥:《当代中国的审判管理——以江苏法院为视域的思考与探索》,法律出版社 2012 年版。

24. 公丕祥:《当代中国的司法改革》,法律出版社 2012 年版。

25. 龚祥瑞:《西方国家的司法制度》,北京大学出版社 1993 年版。

26. 韩大元主编:《比较宪法学》,高等教育出版社 2003 年版。

27. 何华辉:《比较宪法学》,武汉大学出版社 1988 年版。

28. 胡鞍钢等:《中国国家治理现代化》,中国人民大学出版社 2014 年版。

29. 黄竹生:《司法权新探》,广西师范大学出版社 2003 年版。

30. 江伟主编:《民事诉讼法专论》,中国人民大学出版社 2005 年版。

31. 江伟主编:《中国民事诉讼法教程》,中国人民大学出版社 1990 年版。

32. 姜安、赵连章、刘彤主编:《政治学概论》(第 2 版),高等教育出版社 2009 年版。

33. 李方民:《司法理念与方法》,法律出版社 2010 年版。

34. 李静等:《中国特色社会主义审判制度的发展与完善》,法律出版社 2003 年版。

35. 梁琴、钟德涛:《中外政党制度比较》,商务印书馆 2003 年版。

36. 刘成安:《法官依法判案的困惑及应对》,《法律方法》(第 11 卷),山东人民出版社 2011 年版。

37. 刘崐林:《对"人民法院独立进行审判,只服从法律"的认识》,江西司法厅编印:《业务学习参考资料》1955 年版。

38. 刘政、程湘清:《人民代表大会制度的理论和实践》,中国民主法制出版社 2003 年版。

39. 龙岩市中级人民法院、古田会议纪念馆合编:《闽西苏区法制史料汇编》,内部刊物,准印证号:岩新出(2008)内书第 180 号。

40. 罗豪才、吴撷英:《资本主义国家的宪法和政治制度》,北京大学出版社 1983 年版。

41. 彭真:《论新中国的政法工作》,中央文献出版社 1992 年版。

42. 齐炳文主编:《民间组织:管理·建设·发展》,山东大学出版社 2000 年版。

43. 齐树杰:《民事上诉制度研究》,法律出版社 2006 年版。

44. 钱锋:《社会转型时期司法运行规律探索》,法律出版社 2013 年版。

45. 钱锋:《审判管理的理论与实践》,法律出版社 2012 年版。

46. 瞿同祖:《清代地方政府》,范忠信、晏锋译,法律出版社 2003 年版。

47. 全国人大常委会办公厅研究室编:《人民代表大会制度建设四十年》,中国民主法制出版社 1991 年版。

48. 尚洪立主编:《司法改革前沿问题研究》,人民法院出版社 2011 年版。

49. 沈志先:《法院管理》,法律出版社 2013 年版。

50. 沈宗灵:《法理学》(第 4 版),北京大学出版社 2014 年版。

51. 沈宗灵主编:《法学基础理论》,北京大学出版社 1988 年版。

52. 孙关宏、胡雨春主编:《政治学》,复旦大学出版社 2010 年版。

53. 孙海龙编著:《深化审判管理》,人民法院出版社 2013 年版。

54. 孙继虎主编:《政治学原理》,华中科技大学出版社 2013 年版。

55. 孙琬钟、李玉臻主编:《董必武法学思想研究文集》(第四辑),人民法院出版社 2005 年版。

56. 孙琬钟、应勇主编:《董必武法学思想研究文集》(第七辑),人民法院出版社 2008 年版。

57. 谭世贵、梁三利等:《法院管理模式研究》,法律出版社 2010 年版。

58. 谭世贵等:《中国法官制度研究》,法律出版社 2009 年版。

59. 王晨编著:《审判管理体制机制创新研究》,知识产权出版社 2013 年版。

60. 王惠岩:《政治学原理》,高等教育出版社 2006 年版。

61. 王利明:《司法改革研究》(修订本),法律出版社 2001 年版。

62. 王亚新:《社会变革中的民事诉讼》,中国法制出版社 2001 年版。

63. 许崇德主编:《宪法》,中国人民大学出版社 2009 年版。

64. 许崇德主编:《宪法学》,当代世界出版社 2000 年版。

65. 杨一平:《司法正义论》,法律出版社 1999 年版。

66. 叶孝信主编:《中国法制史》,复旦大学出版社 2002 年版。

67. 袁廷华:《中国特色政党制度研究》,中国书籍出版社 2013 年版。

68. 张恒山等:《法治与党的执政方式研究》,法律出版社 2004 年版。

69. 张培田:《法的历程——中国司法审判制度的演进》,人民出版社 2007 年版。

70. 张文显主编:《法理学》(第 4 版),高等教育出版社、北京大学出版社 2011 年版。

71. 张文显主编:《良法善治——民主法治与国家治理》,法律出版社 2015 年版。

72. 张希坡:《马锡五与马锡五审判方式》,法律出版社 2013 年版。

73. 赵丽江编:《政治学》(第 2 版),武汉大学出版社 2012 年版。

74. 中共中央宣传理论局:《六个"为什么":对几个重大问题的回答》(2013 年修订版),学习出版社 2013 年版。

75. 周三多等:《管理学》,复旦大学出版社 1999 年版。

76. 周淑真:《政党和政党制度比较研究》,人民出版社 2001 年版。

77. 周叶中主编:《宪法》,高等教育出版社、北京大学出版社 2000 年版。

78. 朱福惠主编:《宪法学原理》,中信出版社 2005 年版。

79. 朱力宇主编:《依法治国论》,中国人民大学出版社 2004 年版。

80. 最高人民法院办公厅:《大法官论审判管理》,法律出版社 2011 年版。

四、中文报纸

1. 陈瑞华:《司法公正与司法的被动性》,《人民法院报》2001 年 3 月 19 日。

2. 贺卫方:《司法神秘化该如何祛除》,《南方周末》2008 年 9 月 25 日。

3. 蒋安杰:《两权改革:中国审判运行机制的微观样本》,《法制日报》2010 年 12 月 1 日。

4.《最高人民法院建立:一段辉煌历史的记忆》,《人民法院报》2011 年 6 月 29 日。

5. 江必新:《行政机关负责人出庭应诉不能做表面文章》,《人民法院报》2011 年 7 月 13 日。

6. 吕芳:《探索破解法院"立案难"与"执行难"》,《人民法院报》2012 年 7 月 29 日。

7. 习近平:《坚持严格执法公正司法深化改革　促进社会公平正义保障人民安居乐业》,《人民日报》2014 年 1 月 9 日。

8. 习近平:《凡属重大改革都要于法有据》,《新京报》2014 年 3 月 1 日。

9. 王秋艳、王红丽:《保障被告人行使最后陈述权》,《检察日报》2014 年 11 月 12 日。

10. 杨昌平:《说起立案难　最难民告官》,《北京晚报》2014 年 11 月 21 日。

11. 习近平:《切实增强宪法意识　推动全面贯彻实施宪法》,《人民日报》2014 年 12 月 4 日。

12. 王韶华:《"以审判为中心诉讼制度"的三重意蕴》,《人民法院报》2014 年 12 月 12 日。

13. 赵瑞罡、张雪花:《发挥庭审的决定性作用要把握好五项关键》,《人民法院报》2015 年 4 月 22 日。

五、中文期刊

1. 蔡虹:《民事再审程序立法的完善——以〈中华人民共和国民事诉讼法修正案(草案)〉为中心的考察》,《法商研究》2012 年第 2 期。

2. 曾娇艳、黄书建:《试论刑事裁判文书的量刑说理制度》,《法治研究》2007 年第 9 期。

3. 陈光中、龙宗智:《关于深入司法改革若干问题的思考》,《中国法学》2013 年第 4 期。

4. 陈光中:《证据裁判原则若干问题之探讨》,《中共浙江省委党校学报》2014 年第

6 期。

5. 陈桂明：《我国民事诉讼上诉制度之检讨与重构》，《法学研究》1996 年第 4 期。

6. 陈瑞华：《司法裁判的行政决策模式——对中国法院"司法行政化"现象的重新考察》，《吉林大学社会科学学报》2008 年第 4 期。

7. 陈卫东、方振华：《我国司法改革目标述论》，《江苏社会科学》2002 年第 6 期。

8. 程味秋、周士敏：《论审判公开》，《中国法学》1998 年第 3 期。

9. 崔永东：《审判管理的目标、方法与路径》，《河北法学》2015 年第 3 期。

10. 方乐：《审判权内部运行机制改革的制度资源与模式选择》，《法学》2015 年第 3 期。

11. 傅郁林：《审级制度的构建原理——从民事程序视角的比较分析》，《中国社会科学》2002 年第 4 期。

12. 高一飞、祝继萍：《英国微博庭审直播的兴起》，《新闻与传播研究》2012 年第 3 期。

13. 高一飞：《论审务公开》，《电子政务》2012 年第 12 期。

14. 高一飞：《论数字化时代美国审判公开的新发展及其对我国的启示》，《学术论坛》2010 年第 10 期。

15. 高一飞：《庭审直播问题的法与理》，《法学》2006 年第 11 期。

16. 公丕祥：《认真总结审判经验　切实提高司法能力》，《人民司法·应用》2008 年第 23 期。

17. 顾培东：《再论人民法院审判权运行机制的构建》，《中国法学》2015 年第 5 期。

18. 广东省高级人民法院研究室理论研究小组：《法官办案责任制的健全和落实》，《人民司法》2014 年第 7 期。

19. 郭锋：《建立违反法定程序干预司法的登记备案制探讨》，《法学杂志》2014 年第 7 期。

20. 郭毅敏等：《法官员额：理论逻辑、现实背景及制度构建》，《湖北行政学院学报》2007 年第 1 期。

21. 何帆：《论上下级法院的职权配置》，《法律适用》2012 年第 8 期。

22. 何贞斌：《我国民事诉讼审级制度与二审具体问题研究》，《四川师范大学学报》2014 年第 4 期。

23. 河南省开封市中级人民法院课题组：《违法过问案件登记制度的完善》，《人民司法》2014 年第 5 期。

24. 胡云腾、范跃如：《审判权与审判管理权运行机制研究》，《人民司法》2011 年第 15 期。

25. 胡治超：《程序公正与中国法治之路》，《法律适用》2003 年第 8 期。

26. 扈君：《论公开审判与保守审判工作秘密的界限及关系》，《河北大学学报》2004 年第 1 期。

27. 黄勤武：《中级法院民事二审审判职能冲突之协调》，《法律适用》2007 年第 9 期。

28. 季金华：《理性司法观的培养：司法权威的观念支持》，《法律适用》2014 年第 1 期。

29. 季卫东：《程序比较论》，《比较法研究》1993 年第 1 期。

30. 冀放、冀祥德：《司法公开的审查和限制》，《求是学刊》2014 年第 4 期。

31. 江必新、程琥：《司法程序公开研究》，《法律适用》2014 年第 1 期。

32. 江必新：《法官良知的内涵、价值及其养成》，《法学研究》2012 年第 6 期。

33. 江必新：《论司法能力建设》，《法律适用》2005 年第 4 期。

34. 江国华：《通过审判的社会治理——法院性质再审视》，《中州学刊》2012 年第 1 期。

35. 江国华：《走向能动的司法——审判权本质再审视》，《当代法学》2012 年第 3 期。

36. 李良栋：《执政党应当善于通过国家政权领导国家生活》，《理论视野》2010 年第 1 期。

37. 李亚虹：《从美国大选看政党政治与司法独立》，《二十一世纪双月刊》2001 年第 4 期。

38. 李佑标等：《关于司法改革、司法公正及司法独立》，《法学前沿》1999 年第 3 期。

39. 刘作翔、徐景和：《案例指导制度的理论基础》，《法学研究》2006 年第 3 期。

40. 龙宗智、袁坚：《深化改革背景下对司法行政化的遏制》，《法学研究》2014 年第 1 期。

41. 龙宗智：《论建立一审庭审为中心的事实认定机制》，《中国法学》2010 年第 2 期。

42. 陆开存：《人民法院审判管理机制创新的路径》，《审判研究》2012 年第 1 辑，法律出版社 2012 年版。

43. 骆弘毅：《法治视角下的法院内部监督》，《中山大学学报论丛》2007 年第 11 期。

44. 马长山：《藐视法庭罪的历史嬗变与当代民主化走向》，《社会科学研究》2013 年第 1 期。

45. 苗炎：《司法民主：完善人民陪审员制度的价值依归》，《法商研究》2015 年第 1 期。

46. 聂德宗：《依法裁判的含义及实现条件》，《社会科学研究》1999 年第 1 期。

47. 宁立标：《论公民的受审判权及其宪法保护》，《西北政法学院学报》2004 年第 2 期。

48. 齐奇、朱深远：《司法如何沐浴阳光——浙江法院推行阳光司法的实践与思考》，《观察与思考》2012 年第 1 期。

49. 齐文远：《提升刑事司法公信力的路径思考——兼论人民陪审制向何处去》，《现代法学》2014 年第 2 期。

50. 任俊琳：《民事再审功能的重新审视——兼评我国〈民事诉讼法〉第 179 条的再审条件》，《法学杂志》2012 年第 10 期。

51. 任永安：《论司法行政化及其解决之道》，《暨南学报》（哲学社会科学版）2009 年第 5 期。

52. 宋英辉、李哲：《证据裁判原则评介》，《政法论坛》（中国政法大学学报）2003 年第 4 期。

53. 苏晓宏：《法治转型与司法主导——中国社会主义法治的路径选择》，《华东政法学院学报》2003 年第 1 期。

54. 孙海波：《走向不确定法律状态下的司法裁判——论疑难案件裁判的经验与方法》，《西部法学评论》2013 年第 4 期。

55. 孙佑海：《司法审判去行政化是国家治理体系和治理能力现代化的重要突破口》，《法制与社会》2014 年第 6 期。

56. 吐热尼萨·萨丁：《论审判公开的限度——以庭审直播为视角》，《学理论》2014 年第 2 期。

57. 汪敏、王亚明：《审判公开例外的考量及反思》，《唯实》2012 年第 8 期。

58. 王克田：《浅谈基层法院运用微机进行审判管理》，《山东审判》1995 年第 6 期。

59. 王韶华：《司法公开与审判秘密》，《人民司法》2014 年第 5 期。

60. 王亚明：《审判公开的价值权衡与路径选择》，《法律适用》2013 年第 3 期。

61. 吴洪淇：《从经验到法则：经验在事实认定过程中的引入与规制》，《证据科学》2011 年第 2 期。

62. 夏锦文：《当代中国的司法改革：成就、问题和出路——以人民法院为中心的分析》，《中国法学》2010 年第 1 期。

63. 谢佑平、万毅：《司法行政化与司法独立：悖论的司法改革——兼评法官等级制与院长辞职制》，《江苏社会科学》2003 年第 1 期。

64. 许建兵：《中国特色审判管理机制构建之构想》，《法律适用》2009 年第 9 期。

65. 许耀桐：《论党和法治的十大关系》，《科学社会主义》2015 年第 1 期。

66. 严存生：《社会治理与法治》，《法学论坛》2004 年第 6 期。

67. 杨凯：《审判管理理论体系的法理构架与体制机制创新》，《中国法学》2014 年第 3 期。

68. 杨小利：《人民陪审团制度改革：困境与出路——从比较法的角度》，《法律适用》2011 年第 5 期。

69. 于群：《民事审级改革略论》，《河北法学》2006 年第 10 期。

70. 俞亮、张驰：《试论我国民事诉讼认证规则的改革与完善》，《中共天津市委党校学报》2003 年第 3 期。

71. 虞政平：《我国再审制度的渊源、弊端及完善建议》，《政法论坛》（中国政法大学学报）2003 年第 2 期。

72. 张培田：《新中国审判制度曲折演变的史实考论（1957—1976）》，《甘肃政法学院学报》2005 年第 3 期。

73. 张弨、贺少锋：《论人民法院内部监督机制的完善》，《法律适用》2003 年第 7 期。

74. 张卫平：《法国民事诉讼中的诉权制度及其理论》，《法学评论》1997 年第 4 期。

75. 张泽涛：《法院向人大汇报工作与司法权的行政化》，《法学评论》2002 年第 6 期。

76. 赵学玲：《审判权去行政化的反思》，《中国法律评论》2014 年第 1 期。

77. 周国均：《刑事证据关联性新探》，《政法论坛》1987 年第 5 期。

78. 周军、李春华：《裁判文书深度公开问题研究》，《法律适用》2015 年第 2 期。

79. 周玉华、朱庆祝：《加强审判管理保证严肃执法》，《山东审判》1995 年第 1 期。

80. 朱立桓：《国外法院裁判与民意冲突解决的基本经验》，《比较法研究》2012 年第 2 期。

责任编辑:张　立
版式设计:孙文君
责任校对:陈艳华

图书在版编目(CIP)数据

审判权运行机制改革研究/卢上需等 著. —北京:人民出版社,2017.9
(法治战略研究丛书/曹文泽,叶青,顾功耘主编)
ISBN 978 - 7 - 01 - 017931 - 5

Ⅰ.①审…　Ⅱ.①卢…　Ⅲ.①审判-司法制度-改革-研究-中国
　Ⅳ.①D925.04

中国版本图书馆 CIP 数据核字(2017)第 157868 号

审判权运行机制改革研究
SHENPANQUAN YUNXING JIZHI GAIGE YANJIU

卢上需　樊玉成 等　著

人民出版社 出版发行
(100706　北京市东城区隆福寺街 99 号)

涿州市星河印刷有限公司印刷　新华书店经销

2017 年 9 月第 1 版　2017 年 9 月北京第 1 次印刷
开本:710 毫米×1000 毫米 1/16　印张:25.75
字数:380 千字

ISBN 978 - 7 - 01 - 017931 - 5　定价:85.00 元

邮购地址 100706　北京市东城区隆福寺街 99 号
人民东方图书销售中心　电话 (010)65250042　65289539